わらしべ集

乾の巻

室井光広
muroi mitsuhiro

深夜叢書社

わらしべ集　《乾の巻》……………目次

III

言霊節考

Ⅳ

読み・書き・ソリチュード

装丁——髙林昭太

◉わらしべ集《坤の巻》　目次

わらしべ集　《乾の巻》

無くもがなの序

はじめに出逢ったのがいつだったか思い出せないのだけれど、卓越した思想家ハンナ・アレントの「ヴァルター・ベンヤミン」論中のひとかけらの文——かれベンヤミンは、「生まれながらの文章家であったが、一番やりたがっていたことは完全に引用文だけから成る作品を作ることであった」——が長い間、脳裡をつかずはなれずしている。いや、ドン・キホーテ的な見果てぬ夢を思わせるこの一文はいつしか、背中のあたりにはりついてとれないわらしべと化したといいかえたほうがいいかもしれない。

ベンヤミンの場合、完全に引用文だけから成る作品を作ることが、引用語辞典の類を編む作業と一線を画すものとしてどのように構想されていたのかについて、ここでは深入りできない。

東洋の著作家のはしくれとして、私は先頃みつけたばかりの南宋の大詩人陸游の遺言めいた詩篇「児《じ》に示す」をまずは引用＝服用してみる。岩波文庫版をかりると曰く——「文能《よ》く骨を換《か》う　余《よ》に法無く／学は但《た》だ源を窮めて　自《み》ずから疑わず」（詩は先人の作の骨格を入れかえて、同様の作品を作ればよく、他に方法などない。／学問はただ根源をきわめつくして、そこに疑問をさしはさまぬことだ)。

換骨奪胎という四文字熟語を以前から聞き知ってはいたものの、晩年の大詩人がここまで明快に断言しているとは思わなかった。しかも、「私は歯が抜け頭が禿げて来て、やっとそのことを悟った。／お前の親爺は事の本質を見抜くのが、情けないほど遅いのだ」とつづけているではないか。見事可憐遅＝「事を見ること　憐れむ可《べ》く遅し」の一行を、何事につけ遅れを窮めてきた当方は、現代日本語ふうに「見事に可憐なまでに遅し」と訓《よ》んで悦に入った次第だ。

漢詩から教えられた「遅」い認識を、ついでにもう一つ、加えてみようか。

陸游が畏敬した唐の大詩人杜甫の詩篇に用いられた〈引〉なる漢語の意には、歌が含まれる。引用もまた、歌の一種だった。漢和辞典を引いて眺めるうち、引用の〈引〉が、いかにも当方が従事して久しいスペシャルな〝引出物〟を準備する作業の全体像をあらわしていると、今頃になって思い知らされたのだった。かの喜歌劇『こうもり』を真似て挙げてみれば、引きよせる、まねく、さそう、引き抜く、しりぞく、推薦する、ひきたてる、あげ用いる、もってくる、のばす、せめを負う、のべる、口実とする、みたす、求める、さがす。そして――うた（歌）。さらに、はしがき、序の意も見出されたのである。

*

柳田国男の『国語の将来』に付された「未完初校序」というマボロシの文は、「全篇皆序文のようなこの本に、巻頭の辞などはよけいな飾りであるが……」と書き出される。

全篇皆序文のような——とは何と物深く愉快な言い止めであろうか。長い間、当方が不肖の弟子たらんとしてきた古今の文人たちのほとんどが、キルケゴールがものしたおどけた本『序文ばかり』にいう——「書物をかく情熱はまったく感じないが、自分のかいたものであれ、他人のかいたものであれ、そんなことはおかまいなしに、とにかく、ある書物に対する序文をかくことに、まったく夢中になってしまうような瞬間をもったことがたしかにある」種族であった事実に今さらながらに心付かされ、自分も全篇皆序文とみなされるふうのワラウべき文集を、と念じた結果、〝児戯〟にひとしい本書が出来た次第だ、とはじめにいわせてもらいたい（本書誕生の実際の機縁については、あとがきに記す通りであるが……）。

私はこの十数年、「完全に引用文だけから成る作品」に近づく見果てぬ夢を抱いて、いつ果てるともしれぬ編纂体フィクシオネス（？）『エセ物語』を書きついできた。一方、柳田読みという〝遅読〟の化身のようなヨミの歳月も短くない。

そうした事情も手伝い、本書の中身（何を）というよりトーン（いかに）について一言するのに、非学者・研究者のスタンスを貫いた不世出の碩学が読み開いたひとかけらの日本語を引いておきたいと思う。

全篇皆序文と自ら形容した『国語の将来』所収「昔の国語教育」の五「話の発達」の書き出しはこうだ。

子供は今でもカタルという動詞を、群の遊戯に参加するという意味だけに、使っている例が多くの地方にある。加担《かたん》などの怪しい漢字を宛《あ》てるカタウドという語、もしくは男女の結合をカタラウという語も古くからあるのを見ると、この方がかえって本義であったことはまず疑いがない。そうすると浄瑠璃その他の語り物のカタルも、現在はすでに二つ別種の行為のように、考えかかっている者も多いか知らぬが、もとは単に二人以上集まった人の前で、匿《かく》すところなく、もしくは特に告げ知らせんがために、叙述することだけを意味したものと解せられ、要点は今日いうところの Publicity にあり、（後略）

カタウドなる日本語に救いをみてとる一方、仲間うちの閉鎖性に陥る危険を感じる折には、柳田が「夢うつつのデタラメ」と形容した巫女よろしく、それをカタコトとホンヤクしてもいいし、また柳田とは対照的な文体をもつ巫女的学匠折口信夫のいう「片歌」をひき寄せてもかまわない。片歌とは、歌の半分という意味ではなく、「歌」という完全な形に対して不完全な形、「片なり」の形ゆえに付けられた名だと定義する折口に従えば、カタウタ形で「かけられる時、あはせずに居られなくなつて答へる。そこにかけあひが出来る」。カタウタは「元来必ず対者を予想し、相手の答へを誘ひ出すと言つた誘惑的な語感の深い様式だつた」（「短歌論」他）。

折口のいう「誘惑的な語感の深い」カタウタのイメージを、私は勝手に柳田のカタウド考に接合させて受けとめた。カタキ（敵）のカタも、二つで一組を作るものの一方の意でカタ（片）に重なるそうだ。たとえ異質な他者へのカタリかけであっても、それがウタ（歌）である限り本源的に対話的な私語＝ささめごとたりうると私は信じたい。

＊

本書の中身は、たしかにその多くが〝書きものをめぐって書いたもの〟なのだけれど、〝序文を書く気分〟にまかせて本意をのべれば、――遊びに熱中する子供あるいは秘め事を耳うちし合う恋人同士の私語＝ささめごとがたち現われる日本語の本源にひたすら思いを寄せたつもりのカケハシ集なのである。本書において、カケハシは欠け端＆架け橋の二重語として意識されている。私が子供や恋人よろしく熱中したカケハシ（をめぐるカタウタ）は、たぶんある局面でカケハシーシといいかえてもいいような覚醒と陶酔の両方の作用をもつ謎の麻薬と化しているだろう。

恋人の如き単独者とカタラウことを常としたキルケゴールが、――現代では、善き読者たることはひとつの芸術である、などというおどけた思想のために一瞬間でも無駄にしたり、ましてや善き読者となるために暇をかけたりしようなどという気になる人がいなくなった……（『反復』）と書いたのは、十九世紀半ば近くのことである。

しかしカケハシーシ服用者の私は、芸術家にはなれずとも、キルケゴールのいう「おどけた思想」のために暇をかけたりしようなどという気になる人は、二十一世紀初頭の現在でもきっと存在すると信じたい。その人に詩的乾坤の書を掲げ、〈わたしの親愛なる読者よ〉とキルケゴールを真似てよびかけたいのである。

一寸法師に代表される「小さきもの」をめぐる「小さな真実」を探究した柳田のひとかけらの日本語考によれば、ワラ（ン）べ（童）とワライ（笑）とは同源だという。私はこれにさらに——万葉名歌の〈石ばしる垂水《たるみ》の上のさわらびの萌え出づる春になりにけるかも〉にも顔を出すワラビをつけ加えたうえで、一種子供じみた〈反復〉に終始する本書タイトルを、狂言伝書『わらんべ草』や春のワラビ採りと重なる「わらしべ集」とした次第である。

引用の織物を編む当方のスタンスにはドン・キホーテ的な二つのカタムキがあるようだ。一つは、あらゆるテキストを〈世界文学〉として読む（それが不可能なものについては書くのをさしひかえる）こと、もう一つは、パブリックなテーマの中に〈この私〉にとって痛切な何かをさがし出すこと——。ほとんどオブセッションに近いこの二つのカタムキも、ワラ（ン）べ（童）とワライ（笑）のようにつながっていると思うがどうだろうか。

警句をあらわすエピグラムには、繊細かつ独創的な詩の小片という古い語義があったそうだ。私はほんとうは序のかわりに、カケハシーシとして〝着服〟吸引する次のようなカタウタふう寸鉄詩《エピグラム》——わらべ歌ならぬわらしべ歌？——を本書扉に掲げるつもりだった。

一本の藁しべ？　多くの者が、水面に引いた鉛筆の線にすがりつく。すがりつく？
溺れる者として救いを夢見ている。

（F・カフカ）

I

ワラシベ長者考

ワラシベ長者考――柳田国男『雪国の春』に寄せて

わらしべや常民どもが夢のあと

1

柳田国男が『雪国の春』に結実する東北地方への旅をしたのは、大正九年（一九二〇）の八月から九月、つまり雪国の春とは正反対の季節であった。

天明三年（一七八三）に郷里の三河の国を出立して、秋田角館で七十六歳の生涯を終えるまで、まさしく日々旅にして旅を栖《すみか》とし、東北各地の民衆の生活を詳細に書きしるす多くの貴重な紀行・日記を残した菅江真澄に対する行き届いた愛情深い解説がなされたのもこの書である。

東北文学の成立の一端についても言及し、山伏文化の深層に光を与えた同書をめぐり、柳田にまさるとも劣らぬ旅の人宮本常一は、『評伝柳田国男』の中で「山伏は文化の伝播者として大きな貢献をしたばかりでなく、日本に山伏が存在したということ自体が日本の文化の特色を物語るものであるといっていい。旅はそのような現実を気付かせてくれるものである」と、興味深い洞察を示したのだった。

彼等は今日なお小さな足跡を残し、後姿を見せ、または肌の透くような薄絹の袖を顔に当てて、燈火のかなたに坐していることもある。しかも何が因縁でかくまで我々と親しい神に現れるかは謎である。

『雪国の春』所収「豆手帖から」中の一篇「樺皮《かばかわ》の由来」の終りにある一節を、さらに前後を端折って引いてみた。「何が」書かれているか、手っ取り早く知りたい向きにはいささかもどかしい思いをさそう柳田国男の文の「かなたに坐している」謎に迫るためであるが、民俗学門外漢のわれわれに宮本のような追尋が可能でないのはことわるまでもない。

右の一文にいう「彼等」とは、「佐々木鏡石《きようせき》君が近ごろ研究を発表した奥州の座敷童子《ざしきわらし》」を指すのだけれど、「今日なお小さな足跡を残し、後姿を見せ」、「我々と親しい神に現れる」ソレは、柳田の文業を深く敬愛するわれわれにとって、〈失われた日本を求めて〉柳田が追尋したあらゆるテーマに潜み隠れるもののように思われる。

引用文は、「鳥居竜蔵氏等はよく好んで有史以前という語を使う。自分はそれよりも世人が今少しく、有史以外を省みんことを希《ねが》う者である」とつづく。

『有史以前の日本』等の著書をもつ鳥居竜蔵は、明治―昭和期の考古学者、人類学者で、柳田の同時代人だ。文献中心主義の歴史学と一線を画す民俗学を構想しつつあったこの時期の柳田のすこぶる困難な立ち位置を象徴するものが「有史以外」という曖昧な言揚げである。「有史以前」というと、「歴史が存在しない」と受けとられかねないが、もちろん「有誌以前」――文字資料出現以前のニュアンスで用いられたものだろう。

文献に重きをおく歴史学に背を向ける柳田は、しかし、文字以前の、たとえば考古学に代表される「有史以前」にも与せず、「有史以外」を省みたいという。文字資料という名の「燈火のかなたに坐している」ザシキワラシは、「主として右の樺皮の家にいる」と書かれる一文の中で、樺皮はカバカワとも表記され、オクユカシキ人のマナザシにしか捉えられない存在を暗示するかのようだ。オクユカシは奥行カシで、「見たい、聞きたい、知りたい」が原義だそうだけれど、柳田の手になる紀行文の体裁をもつすべての文の中に、その「奥」を探訪する〈おくの細道〉が縦横無尽に広がっている。試みに「樺皮の由来」という小篇一つを反復して読み込んだだけでも、読者はあえかな柳田版〈おくの細道〉の縮図を入手しうるはずだ、とまずはいってみるものの、白樺の樹皮を利用した「寒い山国に於て発明せられたるパピロス」の形をした縮図の読みとりは容易でないことを「白状」せざるをえない。

巻頭の表題作「雪国の春」三の書き出しに見出される「白状をすれば自分なども……」のフレーズは柳田の文の片隅に少なからず顔を出す、ささやかだけれど重要ない廻しだと直覚するわれわれの脳裡に、柳田国男と付きが良くない東北の作家太宰治の第一創作集『晩年』プロローグ部分の一行――「白状し給え。えゝ、誰の真似なの？」が突然よみがえる。

「春永く冬暖かなる」地の海近くに生れた柳田自身、「本さえ読んでいれば次第次第に、国民としての経験は得られるように考えて」安心しきっていたが、故郷の春と、雪国の春とが「ほとんと似も付かぬものであったこと」を、永く知らずに過ぎていた。「……いつかは必ず来る春を静かに待っている。こういう生活が寒い国の多くの村里では、ほぼ人生の四分の一を占めていたのである。それが男女の気風と趣味習性に、大きな影響を与えぬ道理はないのであるが、雪が降れば雪見などと称して門を出でて山を望み、もしくは枯柳の風情を句にしようとする類の人々には、ちっとも分らぬままで今までは過ぎて来たのである」（「雪国の春」）

この表題作は、じっさいの気候と暦の上での春とのズレに明らかな雪国の春の二重性の話から、和歌に代表される日本文芸ひいては文化全般のスノビスム（という語がつかわれているわけではないが）の型、その奥深く根深い問題に、比類のない詩的言語によって肉薄してゆく一篇である。

柳田国男は、学者・研究者に対するのと同様、「枯柳の風情を句にしようとする類の人々」に根源的な内省をうながしつづける一方、自らの立ち位置をめぐって率直な「白状」をいとわなかった。民俗学的関心と詩人としての感受性が一体化した本書、その姉妹篇ともいうべき『海南小記』、『秋風帖』『豆の葉と太陽』『東国古道記』などにおいて、柳田は終始、旅人としてのわが身のいわくいいがたい〝置きどころの無さ〟に言及している。

たとえば『東国古道記』の「はしがき」は「かつては日本でも山に入り、または農村に紛《まぎ》れ込んで住むことを、世を遁《のが》れるなどといった文芸があって、実は自分たちも若干はそれにかぶれていた」とはじまる。

「居住者と旅人、朝夕見て暮らす者と去って恋々と憶《おも》い返す者とは、いつの世になっても大きな対立であろう」としたうえで、柳田はつづける、「私は一生を旅人として送ったような人間だから、一方の考え方にはまことに親しみが薄い」と。

旅人とわが名よばれん初しぐれ

柳田が引いているわけではないが、芭蕉『笈の小文』の出立吟がまたわれわれの脳裡を去来する。「一生を旅人として送ったような人間」が、「誰の真似」を？　と問う時、本書に登場する江戸期の「寂しい旅人」菅江真澄を浮かべるのが自然だろうけれど、より根源的な地平で、柳田の文の祖師としうるのは、やはり芭風俳諧の確立者と言わざるをえない。芭蕉的旅人は、またこうもつぶやく。

うき我をさびしがらせよかんこどり

後に確立された民俗学が、はたして柳田が心血を注いでわがものとした農（業）政（策）学のような実学たりうるのかどうか、覚つかぬ思いにとらわれるけれど、少なくとも柳田民俗学がさいごのさいごまで「かんこどり」を永遠の旅の道づれとみなしていた一事を、膨大な柳田の文業の中の、とりわけ紀行文から看取しうるのである。

2

「実は自分たちも若干はそれにかぶれていた」の「それ」はいわゆる隠遁を指したものだが、柳田の文業を時には民俗学の枠組をとり外した地平で受取りたいとさえ願うわれわれは、かれを「幽冥教」教祖、「散歩党」党首、「峠会」代表幹事という三つの非在の団体・組織の創始者とみなし、その信者・党員・会員になって久しいことを「白状」する。いずれも民俗学確立までの過渡期に、柳田自身がいささかおどけた口調で言揚げした団体・組織名だ。

『遠野物語』刊行より五年前の明治三十八年発表の談話「幽冥談」は、怪談的なるものへの柳田の関心をもりこむが、そこに「幽冥教」という「伝道の困難な」「公に認めることのできない宗教」への言及がある。柳田によれば、雑談と冗談は同源語だそうだ。「幽冥談」のあちこちに見出される諧謔的口吻は、雑談＝冗談を愛惜する幽冥教教祖ならではのもので、民俗学確立以後も失われることがなかった。常民のユートピアを説いてやまぬ幽冥教の伝道はたしかに困難をきわめた。

どこにも存在しない場所が原義のユートピアを見据える実在しえぬ宗教の教祖は「幽冥談をするのに、ほかの人の見方と僕の見方と考えが違っているというのは事実である。ほかの人は怖いという話でも、どこか昔話でも聞くような考えで聴いている。僕はもっと根本にはいって因《よ》って来たる所を研究しようという傾きを有《も》っているのです」と語る。

冗談めいた語り口の中に、後年本格化する「根本にはいって因って来たる所を研究しようという傾き」をめぐる非凡な雑談の本領が発揮されている。

「この世の中には現世と幽冥、すなわちうつし世とかくり世というものが成立している。かくり世からはうつし世を見たり聞いたりしているけれども、うつし世からかくり世を見ることはできない」とも語られる。

様々な学問ジャンルを横断しながら展開された教祖の雑談＝冗談は、つまるところ、右にいう「かくり世」との交信のタマモノといっていいが、その交信を何よりも重視した幻の集団が、昭和十六年刊『豆の葉と太陽』所収の一篇「武蔵野の昔」にちらりと顔を出す「散歩党」である。

「有史以前という語は時々耳にするが、これを武蔵の一平原と結び付けて聴くときは、まことに奇異の感じがする」と「武蔵野の昔」で教祖は語る。の感じがする」と「武蔵野の昔」で教祖は語る。前後を端折ってしか引けないのが残念だけれど、この「武蔵の一平原」が、冒頭でふれた「樺皮の由来」の奥州のありようと通底することは容易にみてとれるだろう。

「人間に文字あり京都に記録あることが、いささかもこの地方を有史以後にはしてくれておらぬのである。そうして我々散歩党の最も切に知りたいのは、この静かな田舎の背後に続いている昔である。眼醒《さ》めんとしている人々の前の宵の夢である」(「武蔵野の昔」)

早くに幽冥教に入信し、さらに「我々散歩党」の仲間入りを果たしたわれわれは、右のような一文を読み、「静かな田舎の背後に続いている昔」や「眼醒めんとしている人々の前の宵の夢」を切に知りたいというオクユカシキ願いの共有をあらためて確信できるものの、その困難さに思いを馳せずにはいられない。幽冥教一般信徒、散歩党平党員が教祖と同じヴィジョンをもちあわせるのは絶望的だと考えるからである。

そこで、第三番目の峠会をひき寄せてみる。

『遠野物語』と同じ年に発表された「峠に関する二三の考察」(『秋風帖』所収)中のフィナーレの章を、教祖は、「自分の空想は一つ峠会というものを組織し、山岳会の向うを張り、夏季休暇には徽章《きしょう》か何かをつけて珍しい峠を越え、その報告をしゃれた文章で発表させることである」と書き出し、自ら「さぞかし人望のない入会希望者の少ない会になるであろう」と予言した後、すぐに「冗談は抜きにして峠越えのない旅行は、まさに餡《あん》のない饅頭《まんじゅう》である。昇りは苦しいといっても、曲り角から先の路の附け方を、想像するだけでも楽しみがある。峠の茶屋は両方の平野の文明が、半ば争い半ばは調和している所である。ことに気分の移り方が面白い。さらに下りとなれば何のことはない、成長して行く快い夢である」と、話を転じる。

この一文が書かれてから百年余り経った現在、「峠の茶屋」は夢マボロシの存在になりつつある、などという月並みな感想しか抱けないわれわれは、せめて、峠会結成にまつわる一文が、散歩党根本綱領、ひいては幽冥教のお触れ書きと深い縁でつながっていることに思いを馳せ、祖師の素志に報いたい。ところが、殊勝な表白をしたためた舌の根もかわかぬうち、おそらくは祖師の眉をしかめさせる類の「外国思想の受売り」めいた振る舞いに出るのは、どうしたわけだろう。

柳田国男とは別種の理由から「一生を旅人として送った」漂泊の人W・ベンヤミンが一九三二年『フランクフルト新聞』に滞在先の「イビサにて」つづった一文の終りには「山を下る」というタイトルがついている。そのさらに最終部はこうだ。

いちど、孤独に山を登りつめ、疲れ果てて山頂に着き、それから向きを変えて、自分の体軀全体を震撼させる足取りで山を下って行った者にとって、時間は緩むのである。彼の内部のいくつもの隔壁が崩壊し、彼はまるで夢のなかにいるかのように、もろもろの瞬間の砂利を通り抜けて、ゆったりとした足取りで歩いてゆく。時折彼は立ち止まろうとするが、それができない。彼を震撼させているのが思考なのか、それともでこぼこ道なのか、それを誰が知っていようか？　彼の身体は、一歩ごとに変化する真理の像を見せてくれる万華鏡になっているのだ。

（岡本和子訳、『ベンヤミン・コレクション6』所収）

逍遥する哲学者の系譜に属する二十世紀指折りの思想家ベンヤミンはすでに無理を承知で引き寄せた太宰治とは別次元でわれわれの祖師と縁が深いとはいい難いであろうけれど、ベンヤミンを読みつつ、まるで柳田国男の手になる考察のようだという驚きにつつまれた経験をわれわれは一度ならずもっている。右の「山を下る」なども、同種の考察の典型に数えあげたくなるのである。

3

峠越えのない旅行は、まさに餡のない饅頭である、とわれわれは祖師の口真似をする。では、本書『雪国の春』にはいかなる種類の峠越えが見出されるだろうか。そう問う時、柳田的峠越えはたちまちベンヤミンのそれのように内面化されずにはいない。現実の峠越えが念頭に置かれた一文、あるいは峠などどこにも見えない海辺の土地を経巡る一文であれ、「かんこどり」の声にひかれて「孤独に山を登りつめ」る柳田のヴィジョンは必ずといっていいほど文中で「向きをかえる」。以後は、「一歩ごとに変化する」。こうした独自の転位を、『秋風帖』所収の「野の火・山の雲」にある常民ふうに平たい言葉をかりて〝ひっくりかえり〟とあらわすこともできようか。天竜川の渡場にさしかかった旅人は書いていた——越えて向うへ下ることを、この辺では「ひっくりかえる」という、と。

ベンヤミンと柳田をシンクロナイズさせながら、われわれはさらにつづける——「ことに気分の移り方が面白い。さらに下りとなれば何のことはない、成長して行く快い夢である」という柳田文を、ベンヤミン的に翻訳したものこそ、「……山を下って行った者にとって、時間は緩むのである。彼の内部のいくつもの隔壁が崩壊し、彼はまるで夢のなかにいるかのよう……」の一節に他ならない、と。たえず〈これは紀行文ではない〉という声がテキストの「かなた」から聞こえてくる『雪国の春』に代表される祖師の紀行文は、「一歩ごとに変化する真理の像をみせてくれる万華鏡」である、と。

穴をのぞきながら回すと、色紙が動いて模様の変化が楽しめる万華鏡は、本書のいたるところに見出される。とりわけ興趣をそそるのは、時折姿を見せる特異な噺家のそれとでもいうべき語りのトーンである。たとえば、冒頭でふれた「樺皮の由来」の次の章「礼儀作法」のこんな調子――「雪の頃に来て下さらなくっちゃア何もならぬ。これは覇気《はき》ある東北人士の折々用いたまう一捞である。はいはいこれには一言もないようなものだが、実はこの沢この野山に、雪の積って寒ういくらいは、想像の及ばぬほどの別乾坤《べつけんこん》でもない。それよりも夏中やって来たばかりに、かつて想像を試みたこともなかったものを、どうです私は観て還るのであります」。

一般に民俗学的探訪で採集される範囲は、物や行為などにあらわれたもの（有形文化）、ことばにあらわれたもの（言語芸術）、信仰としてあらわれたもの（心意現象）という三つのカテゴリーに分類されるそうだが、われわれとしては、れっきとした学問的視座よりも、すでに宣言したたぶんに道化味のある三つ――幽冥教信徒、散歩党党員、峠会会員――を統合したマナザシで師父の万華鏡をたのしみたいと思う。

民俗学確立後の昭和十五年発表の『豆の葉と太陽』自序には、「旅を逍遥と最も近いものに、したいというのが我々の久しい志であった」と書かれている。この「逍遥」のニュアンスがよくはわからないものの、「隠り世」に坐す謎のカミの存在を信じる「我々散歩党」が思い浮かべるのは、たとえば岩波文庫版『おくのほそ道』所収の古注釈書「奥細道菅菰抄《おくのほそみちすがごもしょう》」に登場する「芭蕉翁伝」に瞥見される――「今はむかし、逍遥遊のおきなといふものあり。細河のながれに和歌水をくみながら、老のさゞ波高なみをこえて、滑稽の島にせうえうして、つゐに其しまもりとなりぬ」というひとくさりである。「逍遥遊のおきな」すなわち芭蕉かどうかのセンサクは無用としたうえで、われわれはさらに大正十三年発表の「旅中小景」をひらく。そこで旅人は汽車の窓から眼を出して、よく気をつけて見ていたのだが、「どうももうなくなってしまったものらしい」とつぶやく。

> なくなってしまったというのは、芭蕉の『奥の細道』にもちょいと書いてある巨大なるシトマイ（尿前）の長者の旧宅のことである。六年前の谷うつぎの花盛りに、私がここへ来て遊んでいた時にはまだあった。

名高い一句「のみしらみ馬のしとする枕元」が詠まれた、と土地の人が信じる今は「あばらや」となった幻の家に思いを馳せつつ、旅人は「尿前どんの最後の主人には、一つだけ妙な道楽があった」という「世間の噂」を紹介する。それは内儀を取り替えるという妙な癖で、一代に何遍と算えることのできぬほど、女房を出してはまた迎えた、それで身上をつぶしたのだ云々と。しめくくりはこうである。

しかもその昔風の大邸宅だけは誰が何と言っても、損じ放題にして売らなかった。その珍らしい家がもうなくなったらしいのだ。そうしてこの峠を汽車が走っている。

本書以外の文ばかり引いて気がひけるけれど、幻の峠会主催者の文体列車がしばしば確信犯的におこなう脱線話をもどいたと居直るつもりもないから、急いで本題にもどる。右の一文の翌年に本書表題作「雪国の春」が、さらにその翌年には、これまで幾度か現代日本文学全集の類に収められて世人をおどろかせてきた名品「清光館哀史」が発表された。

この瞠目に値する一篇も、「もうなくなってしまったもの」をめぐる柳田的〈詩〉＝ポエジーの化身であるといっていいだろう。「哀史」なる語には、有史以前でも以後でもない有史「以外」のニュアンスがこめられているのではないか。

4

『雪国の春』の中核をなす「豆手帖から」（大正九年）の掉尾を飾る「浜の月夜」は、「清光館哀史」と並んで高い文学的評価を受けて久しい一篇である。「淋しい踊り」を軸に語られる「小さな漁村の六年間の変化」は、浜の話にもかかわらず、「眼醒めんとしている人々の前の宵の夢」をとらえるべく内面化された峠越え＝ひっくりかえりのポエジーを孕む。すでにみた「樺皮の由来」と同様、幽冥教信者のマナザシは、「越えて向うへ下る」その「かなた」に踊っている精霊あるいは奥に坐す魂に思いを馳せずにはいられない。

「白状すれば」われわれは、この見事な二篇にとどまらず祖師の全文業を、「一歩ごとに変化する真理の像を見せてくれる万華鏡」として、つまりは広義の文学として受取りつづけてきたのだった。東北万華鏡の名にふさわしい『雪国の春』でも、「有史以外を省みん」とのべた次の一章において祖師は「流行と正風との論は、単に古池の徒のみの管轄すべきもので無い」と書き、風流を追い求める文芸の徒と一線を画す立場を崩していないが、しかしわれわれのみるところ、祖師の内省に、ありふれた風流を内面化した芭蕉的〈風流のしれもの〉（風雅の道に徹底する者）がひそみ隠れていたことは疑いえない。われわれは本書を、『おくの細道』同様の、風流の道の痴れ者による心にくい贈り物とみなしてよいのである。

シレモノのヴィジョンは、「小さな足跡を残し、後姿を見せる」ものを見のがさない。たとえば「津軽の旅」で、「千年来の恋の泊りが、今や眼前において一朝に滅び去らんとしている」姿は土地の女たちのものだけれど、「その後姿は殊に物哀れで」といったん書いた後、シレモノはいいはなつのだ――「立小便などをして行く様子までが詩であった」と。

「贈り物は、相手がはっとするほどに、その心を深く打つものでなければならない」といったのはベンヤミンだった。

われわれがまずもって「はっとする」のは、「豆手帖から」が先のベンヤミンの紀行文と同じく、〝世のため人のため〟をスローガンに掲げる新聞に連載されたことだ。「一歩ごとに変化する真理の像を見せてくれる万華鏡」にみちたこの種の文を、少なくとも今日の新聞の類にみつけるのは困難だと思うからである。たしかに新聞記事ふうのトピックがないわけではない。東日本大震災をくぐり抜けたばかりの列島人にとって、たとえば「町の大水」、そしてとりわけ「二十五箇年後」の一篇にただようアクチュアリティは、「心を深く打つ」贈り物たりうるだろう。

あるいはまた地方活性化をめぐる「大切なる急務」を説く「おがさべり」は、どうか。「男鹿風景談」のサブタイトルがついた「おがさべり」とは青森、秋田地方の方言で「余計なおしゃべり」を指すが、「日本の旅行道はこれからまだ大いに進歩するであろう。それを待つ間の退屈を紛らすためには、やっぱり我々も何か余分のおしゃべりでもしているの他はないのである」とはじまるものの、エピローグ部分には、「そこで在来の型を破ってこんな無益なる予言のごときものをしなければならぬことになった」とある。本書が説く「旅行道」を象徴するやりとりを、「おかみんの話」の中にみつけたわれわれは、そこに芭蕉が「幻住庵記」に記した風雅の誠を一語であらわした〈夏炉冬扇〉（時節に合わず役に立たないもの）の美学を重ね、さらに「はっとする」。

オシラサマを所持する「品格の盲人」の地方的な作法についてあれこれセンサクをつづける奇特な〈逍遥〉の徒は、ある村の村長に詰《なじ》られる。

「そんな事を知って何になさるかと、ああ村長さん、何のためにもならぬ学問に、吾々は執心しているのです」

この「吾々」が次の章でおこなう自問自答の例を一つ引けば――「こんな処で何を運搬するつもりだろうか。さあ、大方、『せきばく』でも運ぶのであろう」。

柳田的に話を前後させれば、「町の大水」の次の――「どうしても寝られぬ晩があって、こんなつまらぬ事を考えた」とはじまる「安眠御用心」の〈夏炉冬扇〉ぶりにも、われわれは静かに「せきばく」を運ぶ心持ちとなる。

宿屋の表二階というやつは風情の多いものだが、蚤《のみ》の多い晩だけは賛成しかねる。前口上にそうあるので「ことに東北では雨戸を立てないから、およそ町中の一夜の出来事は、ことごとく枕頭に響いて来る」ありさまに苦情をのべるのかと思いきや、「有史以外」を見据える峠会主宰者独自の〝ひっくりかえり〟がなされる。

皿小鉢の甲高い音楽、赤ん坊の啼き声、若い衆の笛の音、そして「本当に憎いやつ」一番鶏の鳴き声……いや、これ以外に、寺で撞かれる鐘、「せっかく静かな雪の晩」の夜番のどなり声、拍子木を叩く音……。

〝ひっくりかえり〟のヴィジョンが提示されるのは、プルーストの小説のひとくだりを思わせるこの後――「つまり前代の我々は永く寝ては大変だから、なるたけ四辺近所を物騒がしくしておいたのである」というあたりからだ。「蚤でも蚊でも必要な機関だ。かつてある老人が若い者に言って聴かせていた。もし蚊という者がいなかったら、お前達はきっと外でばかり寝て、そうして身体を悪くするだろうと。この意味から言えば、蚤もまた天然無代価の枕時計であって、ただ近世の鶏などと同じく、いささか時間の精確でないのを遺憾とするばかりである」とつづく一節に、読者は、ある種の笑いを浮かべながら尿前の関の「よしなき山中に逗留」した折の一句「のみしらみ馬のしとする枕元」をつぶやくに違いない。

『笈の小文』で芭蕉は、「つゐに無能無藝にして只此《ただ》一筋に繋《つなが》る。西行の和歌における、宗祇の連歌における、雪舟の絵における、利休が茶における、其貫道する物は一なり」と書いた。すかさず柳田においても、とつけ加えたいわれわれは、『雪国の春』と『おくの細道』に貫道する物は一なり、とつぶやくのだが、本書にみてとれる「一筋」のサンプルを「雪中随筆」中の一篇「藁蒲団」からもう一つ引いて、「いわれなき註解」を終りたい。

鈴木牧之《ぼくし》の名品『北越雪譜《ほくえつせつぷ》』に描かれた信州秋山郷の山家の――「藁で造った一人用二人用の叺《かます》の中に、夫婦親子が頸から下を差し入れて、囲炉裏の四側にごろごろと寝ている」光景をめぐって、柳田はさりげない筆致で読む者を「はっと」させる指摘をする。「かつて一度は我々一同の祖先も、美女も勇士もこうして藁の中に、寝ていた時代があったのである」と。

この国の民族が、「今もって稲を作らずには片時も安心しておられぬというわけは」とつづく一節で、われわれの民俗学的通念は「ひっくりかえる」。稲と日本人の深い関わりは柳田学の最大関心事の一つだが、しかし、ここでは、「年々の新藁と、新籾殻《もみがら》とがたくさんに入用であった時代が、あまり久しかったゆえに今もその癖が抜けないのである」と語られる。

そして次に紹介される「一筋の背中の蒲団」なるエピソード――。

ある貧家の少年、寝藁寝藁とよくいうので、見得坊《みえぼう》の父がこれを戒め、人の聞く前では必ず蒲団といえと教えておくと、チャンよ、こなたの背中に蒲団が一筋くっついておるわ、といったという類の話である。あるいは寝所の帳台を恥隠しなどと名づけて、その敷居を高くしたのは、中の寝藁を見せぬためだったと今でも信じている地方もある。そのように万人共通の昔をさえ、恥ずる傾きがあるゆえに、不必要に田舎の古風が、だんだんと軽んぜられることになったのである。

むろん遠い昔の話になりはてているけれど、しかし「田舎の背後に続いている昔」「目醒めんとしている人々の前の宵の夢」――それは、「実は淋しい者でないと、これを後の世には伝え得ない」（『豆の葉と太陽』自序）と、さいごまで祖師の口真似をするわれわれは、「一筋の背中の蒲団」の中に、芭蕉のいう「此一筋」を確認できたと実感したあげく、俳聖の高名な一句をもどいて詠む――わらしべや常民どもが夢のあと、と。

『雪国の春』に結実した大正九年の夏の東北海岸行を、私はかつて〈おくの細道〉をもどき〈沖の細道〉として受取り直したことがあった。あの〈3・11〉に遭遇した時、未曽有の震災ルートに重なるこの細道行に、ワラをもつかむような仕方ですがりついていたのだった。

今、一筋のわらしべがもとでになって次々とより高価なものと交換してゆき、ついに長者になった昔話「藁しべ長者」を思いおこす。大昔貧乏でなんともかともしようない人が大和の長谷の観音様に参り、どうかお助け下さいと朝から晩までいっしょうけんめい拝んでいた。ある夜明け方、不思議な夢を見る。観世音が夢枕に立ち、これから下向の路で最初に手の内に入ったものを、賜わり物と思って持って帰れとお告げをしたのだ。柳田の再話ではこうである。

ところが長谷のお寺の大門を出ようとするときに、どうした拍子でか、つまずいて転びました。

起き上って気が付いて見ますと、知らぬ間に自分の手に、一本の藁しべを摑んでおりました。それではこれがあの夢のお告げの、観音様の賜わり物であったのか、心細いことだと思いましたけれども、根が信心深い男ですから、その藁しべを大切にして持って出て来ました。（『日本の昔話』）

私は以前、率直にいって藁しべ長者に代表される物語のパターンに関心がもてなかった。物々交換をしながら次第に高価な品を入手して裕福になるいわゆる至富譚には、私が愛惜するアンデルセン童話「父さんのやることはすべてよし」にみられるような〝逆さまポエジー〟の愉快さがないと思われたからだ。貧しい点では同じ後者の主人公は、わらしべ長者とは逆の交換を次々とやってのける。牛を羊と、羊をがちょうと、がちょうをにわとりと、しまいにはなんと腐ったりんご一袋とにわとりを、というように。

アンデルセン童話の落ちは読んでのお楽しみだが、さて、私はわらしべ長者をていねいに読み直し、主人公が一本の藁から柑子→布→馬というプロセスを経て最終的に入手したのが――柳田の再話の表現では「少しばかりの田」と家、という巨万の富とはほど遠いものであることを知るに及び、少なくとも、『今昔物語』にまでさかのぼって確認できる日本常民の夢のつつましさに胸うたれたのだった。

ちっぽけな藁しべ一筋につながる有史以外の常民の「宵の夢」を透視し、ついには日本列島全体の「しまもり」として比類のない「賜わり物」を残した柳田国男こそ、異能のワラシベ長者の名にふさわしいと私は思う。

『野草雑記・野鳥雑記』に寄せて

ノンセンスの如くに野草花咲けり
事典めくらず名は無きままに　（『漆の歴史』）

1

柳田国男の類まれなる散文を前にするたび、想い出す言葉がある。

この作品のどこにも、論理の仕組み、あるいは諸理念と素材との弁証法的な戦い、といったものは姿を現わしていない。ゲーテの散文《プローザ》は、演劇のパースペクティヴをもったものであり、思慮深い、習得された、創造的な思考構造に小声で耳打ちされた作品である。ゲーテにあっては事物や事柄がみずから語るのではなく、それらのものが言葉に至るには詩人を頼らねばならないのだ。それゆえにこの言語は、明瞭でありながらやはり控え目であり、澄みきっていてしかも目立つことはなく、極端なもののうちにあってなお如才ない。

以前に、W・ベンヤミンにまつわる文章を書いた折に作成したノートにも写されていた右の言葉を、私はてっきりベンヤミン自身のものと思い込んでしまったようで、今般、当方が拠ったちくま学芸文庫版『ベンヤミン・コレクション2』(浅井健二郎編訳)所収の「ゲーテ」を確認したところ、誰やらの(前後関係からしてシラーか)著作からの引用文だった。

のっけから曖昧な話になってしまったが、柳田国男の語り方に免じてゆるしてもらおうと思う。もともと外国語で書かれた著作を翻訳で受取るしかない凡庸な読書人であるわれわれにとって、翻訳文は常に誤読の危険と隣り合わせの難所を孕む。にもかかわらずわれわれは、どうせ誤読が避けられぬのなら、せめてそれが創造的誤読につながるものであってほしいと念じながら、隔靴掻痒の感を一種マゾヒスティックに愉しむ他ないなどと悲愴にして滑稽な決意に身をゆだねたりもする。

ベンヤミンのゲーテ論の中にハリツケられた先の引用文は、ゲーテの代表的教養小説『ヴィルヘルム・マイスターの修業時代』に関するものだが、「論理の仕組み、あるいは諸理念と素材との弁証法的な戦い、といったようなもの」のような言葉づかいにさっそく難所を見出す思いのわれわれは、ここではただ、散文《プローザ》というルビ付きの語に眼をこらす。それが、「創造的な思考構造に小声で耳打ちされた」ものであるという一点にだ。

ゲーテの散文において、事物や事柄がみずから語るのではなく、「それらのものが言葉に至るには詩人を頼らねばならない」——われわれの創造的誤読がこの一行にかかっている。ゲーテの根源的詩人性と匹敵しうる散文を書きえた柳田国男の言語は、「明瞭でありながらやはり控え目であり、澄みきっていてしかも目立つことはなく、極端なもののうちにあってなお如才ない」のである。

今、われわれの前に置かれている『野草雑記・野鳥雑記』も、詩人頼みの言葉、つまりは詩的言語によってつづられた――「明瞭でありながらやはり控え目であり、澄みきっていてしかも目立つことはなく……」の特徴をもつ散文の典型だ、とまずはいっておく他ない。

原語を確認できない身の上であるにもかかわらず、われわれは先の引文を韻文の如くに思いみなして舌頭に千転させたあげく、「……でありながらやはり」「……ていてしかも」「……のうちにあってなお」といった訳語に共通するイデーのようなものを深読みする。孤独よろしく誤読をおそれず、さらにたたみかけると、このイデーは、ゲーテを尊崇した西欧名うての文人たちをとらえた――〈ニモカカワラズというカカワリ方〉にゆき着くはずだ。柳田国男は、そのすぐれて世界文学思想的なカカワリ方をわれわれに教えてくれる、この国にあって稀有な存在である。

一国民俗学という言葉に象徴される、一見閉じられた世界ニモカカワラズ、柳田の散文は、欠け端でありながらやはり……欠け端を扱っていてしかも……欠け端のうちにあってなお……いつのまにか欠け端が架け橋に変化するかもしれぬという詩的な予感をわれわれに与えずにはおかない。野への限りない郷愁を誘う『野草雑記・野鳥雑記』のいたるところで、読者は控え目で澄みきった詩的予感の風に吹かれることになるだろう。

たとえば「九州の鳥」に、こうある。

しかも自分などの驚いているのは、そういう思い思いの咄嗟《とっさ》の趣向かと思う昔話に、なお見遁《みのが》し得ない共通の動機のようなものがあって、それが殆《ほとん》と日本の全国に一貫している事である。単に頑是《がんぜ》ない聴衆の好奇心を充《みた》すためならば、入って行く必要もなかったろうと思う説明に入っていることである。これには何か隠れたる約束があるのではないか。即ち天然はむしろ各地の鳥の言葉を、ちがった聴きように誘おうとしているにかかわらず、歴史はいつも根強い暗示を以て、我々の解釈を一方に引付けているのではないか。

プラトンは、驚異の情こそ智を愛し求める者すなわち哲学するものの情だ（『テアイテトス』）と書き、その弟子アリストテレスも、驚く人は今も昔もまず哲学することを強いられる（『形而上学』）と書いた。出典を明記できないが、ゲーテはたしか詩篇において、驚くために私は存在する、とうたっているはずだ。

哲学などという言葉をひきあいに出せば、柳田は苦笑するかもしれないが、しかしわれわれは日本の近・現代を通し、柳田ほど徹底した根源性・総合性をもって智を愛し求めた〝フィロソフィアの人〟を見出すことはできないのである。詩人として出発した柳田は、シェイクスピア『ロミオとジュリエット』にいう「不幸に泣くものの甘いミルクとしての哲学《フィロソフィー》」を苛烈に追い求めたニモカカワラズ、ハムレットのセリフ――「この天地のあいだには、人間の学問などの夢にも思いおよばぬことが、たくさんあるのだ」という「隠れたる約束」への驚きの念を、終始心に刻んで民俗学の畑を拓いたのだった。

「自分などの驚いているのは……」とはじまる先の一節にみられる柳田の驚きは、一見世界文学思想から遠く離れた、極東の列島内部の、しかも、月並みにしてありふれた鳥の昔話をめぐるものである。

九州の鳥の言葉が、少しばかり東国とちがっているように思う柳田を友人の多くが「笑って信じなかった」とあるが、私なども、その友人の笑いと同種の感慨を初読時に抱かされた。ウグイスやホトトギスに代表される野鳥の世界について「土地土地の、彼らの方言が出来ているらしい」と推測をのべた後、ついには「鳥の言葉にも地理があり歴史があることは、我々はつとに家々の鶏においてこれを経験している」というほとんど断言に近い言い廻しに、独特のユーモアを看取しつつ、われわれは驚く。

切れ端、欠け端として掲げた先の引用文が、いかに柳田的に〝物深い〟架け橋たりうるかに、われわれはもっと驚かねばなるまいが、今はまず、「天然はむしろ各地の鳥の言葉をちがった聴きように誘おうとしているにかかわらず、歴史はいつも根強い暗示を以て、われわれの解釈を一方に引付けているのではないか」というくだりに顔を出す〝物深い〟実存的接続辞――「にかかわらず」に注意しておく。

2

柳田の散文を特徴づける、ニモカカワラズという実存的接続辞が、なぜ〝物深い〟のか。そもそも「物深」とはいかなる状態を指す言葉なのかについて知りたい。数千年来の常民の習慣・俗信・俗説には隠された深い人間的意味があるはずとの信念によって編まれた『遠野物語』のオープニング部に「国内の山村にして遠野よりさらに物深き所にはまた無数の山神山人《やまのかみやまびと》の伝説あるべし」と、そして

『山の人生』にも「我々が空想で描いて見る世界よりも、隠れた現実の方が遥かに物深い」と登場することの「物深」なる語を、いくつかの小さな国語辞典で引いてみたがのっていなかった。『広辞苑』によれば、「奥ふかい」「趣が深い、おくゆかしい」「縁故がふかい」の意だそうである。

ついでに「奥行かし」に重なる「おくゆかしい」を『広辞苑』で引いておくと――「知りたい、見たい、聞きたい」「奥深くて慕わしい、深い心づかいがあって引きつけられる」。

柳田国男は、日本民俗学という外観をもつ物深くおくゆかしい――控え目で澄みきった膨大な著作をわれわれに残した。どれも日本民俗学の創始者・確立者の名に恥じないが、驚くべきことに、その大半が、学問的な専門分化を嫌う身ぶりもあらわな、ジャンル不明の〈話〉の体裁をとっているものなのである。

中野重治は、多岐に渉る柳田学について「学問の領域がその特殊性をきびしく保ったまま、文学の読者にも開放されていると思う」と語ったが、ここにも、「……でありながらやはり」「……ていてしかも」「……のうちにあってなお」といった実存的接続辞による表現と同質の、〝詩人を頼る散文〟への驚きの念をみてとることができよう。

表現されたものなどが単調で、気分の高揚やしみじみとした情感が感じられない……考え方が即物的で、高い精神性や現実からの飛躍がみられない様子を指す「散文的」なる日本語は、大方の国語辞典に「詩的」の反対語としてのっている。

われわれが冒頭でふれたゲーテのプローザ（散文）は英語で prose、その形容詞形の prosaic は「ありのままの、率直な」の他に「単調な、平凡な、ありふれた、つまらない」の意もある。ドイツ語の

prosaisch もフランス語の prosaique もほぼ同意である。もしかしたら、日本語の「散文的」はこれらの翻訳語に由来するのかもしれない。

急いで付け加えたいが、私のこうした談義は語学的関心にではなく、柳田のいう「思い思いの」言葉の背後にある「なお見遁し得ない共通の動機のようなもの」に基づいている。

「ありのままの、率直な」回想をすれば、四半世紀以上も前、本書や『蝸牛考《かぎゅうこう》』といった柳田の著作にちりばめられた種々の方言の変化についての言説にはじめて接した時、私はそこに「単調な、平凡な、つまらない」感じを抱かぬわけにはいかなかった。変化をヘンカではなく妖怪変化のヘンゲとみるような視座が案内する、ニモカカワラズの架け橋を渡り損ねたのであるという他ないが、しかし、私の受取り損ねは、柳田学に隠れ潜む本源的パラドックスと無縁ではなかったと今にして思うのである。

「平凡と非凡」なる一篇で柳田は、自分は平凡人の歴史を専門に研究している者だと語る。おびただしい柳田学の著作におけるメイン・テーマともいうべきこうした宣言はたしかに、平凡人たるわれわれを悦ばせるものなのだけれど、平凡を追尋する柳田の散文が単調で平凡な地平にとどまることはただの一度もないのである。

『野鳥雑記』所収の「須走から」の中で、「今度の旅行」で体験した「神秘」にふれ、柳田は、「これは既に散文の領域でない。私たちの役割に残されたものは何があるかと思うようだが、幸いに因縁があったからコカワラヒワの一些事《さじ》を記録して置こう」というような語り方をする。われわれの視点から裏返せば、詩的な「因縁」があれば、「些事」をめぐる散文的記録も「神秘」に肉薄できる、となるのだけれど、ここで柳田が「私たちの」つまり民俗学を志向する者らの「役割」が「散文の領域」にあるとみなしていることを踏まえて、たとえば『野草雑記』の表題作に眼を転じると、次のような言い草——通常「言い種」の借字とされるこの日本語もなにやら柳田的だ——に出くわす。

日本に佳い単語を増加して行こうという努力には、動植物学者もたしかに参与しているが、幸か不幸か彼等は散文家であるために、少しでも歌よみの苦労を察してくれない。どこの国でも学名は本名でないのだが、我邦《わがくに》では精細を旨とするの余り、二階三階を積重ね穴蔵をほり下げて、時には三十一文字《みそひともじ》と背競《せいくら》べをしようという長い名が作られている。

「どこの国でも学名は本名でないのだが……」という一行に、私はまた、ファーブル『昆虫記』の中の一章「幼年時代の思い出」のひとくだりを思いおこす——「こんな風にして語彙が生れて来たのだ。この語彙のお蔭で、他日私は野の舞台で踊る幾千もの俳優、道の縁で我々に微笑みかける幾千もの花に、その本名で挨拶出来るようになったのだ。別に何の気なしに助祭が口にした言葉は、私に一つの世界を、本名で呼ばれる草と動物の世界を示現してくれた。膨大な学名辞典をいくらか調べることは、いつかまたの日に譲って、今日のところはのびたきの思い出話をしておくことにしよう」(山田吉彦・林達夫訳、岩波文庫)。

『野草雑記』の表題作の初出は『短歌研究』昭和十一年四月である。前年に日本民俗学講習会を開催し、全国的な組織として「民間伝承の会」の設立と、機関誌『民間伝承』の刊行の決定といった年譜的事項を参照するまでもなく、還暦をすぎたこの時期の柳田は、動植物学者が散文家であるために歌よみの苦労を察してくれない、というような嘆きを共有する立場にはなかった。うたのわかれ＝文学との決別は、もはや遠い青春の出来事だったはずだ。あるいは、『短歌研究』誌の読者に寄り添ったものいいをしたにすぎないのかもしれないが、われわれの驚きは、神秘を見据える真正の詩と、ある種の平凡と退屈さを見据える散文との間に柳田学が架け渡しつづけたニモカカワラズの虹の橋に向けられている。その虹の橋は、限りなく二律背反の外観を呈するのである。

ゲーテが好んだ言葉を使えば、柳田学の二律背反は、終始〝生きいきした〟ものだった。小林秀雄は「信ずることと知ること」の中で、「柳田さんには沢山の弟子があり、その学問の実証的方法は受継いだであろうが、このような柳田さんが持って生れた感受性を受継ぐわけには参らなかったであろう。それなら、柳田さんの学問には、柳田さんの死とともに死ななければならぬものがあったに違いない」と語っているが、欠け端を架け橋に変える――詩的言語を散文に接ぎ木させる柳田の〝生きいきした〟感受性は、最晩年に「沢山の弟子」をつき離す行動に出た。長い歳月にわたり手塩にかけて作りあげた民俗学研究所を、八十二歳の折、一年後に解散または閉鎖することを決定し、そして八十五歳に至っては、「日本民俗学の頽廃を悲しむ」という題目の講演によって後進に抗議する行動に出たのである。この間の詳細な事情をわれわれは知らない。おそらく、〈親鸞は弟子一人も持たず候〉と同質の、虹のようにたわむ逆説的構造をもつ感受性がなさしめたものだったろう。

縁故がふかい「奥」に行ってみたい、深い心づかいがあって引きつけられる――ソレを知りたい、見たい、聞きたい……が原意のオクユカシキ文人柳田国男を、私はゲンシ（原始・原詩）人などと命名したことがある。逆説のない思想家は情熱のない恋人のようなもの、といいはなった北欧のオクユカシキゲンシ人キルケゴールが想い出される。「奥」につながる「原」（柳田自身の言葉では「原《もと》の力」）への探究心の烈しさにおいて、柳田は、ゲーテやキルケゴールやベンヤミンやファーブルにまさるとも劣らぬゲンシ人だった。根源的な物深さに呪縛されたゲンシ人の失望・絶望を、民具という単なる物の収集が民俗学者の仕事だと信じて疑わぬような弟子たちが理解できなかったのも無理はない。〝生きいきした〟二律背反は、われわれのみるところ、柳田学が出発当初より抱えていた旅の道づれだった。

3

光り輝く逆説ともいうべき二律背反病をひきおこすモノノケは『野草雑記・野鳥雑記』でも、随所に出没する。注意深い読者はいたるところで「思慮深い、習得された、創造的な思考構造に小声で耳打ちされ」、「本名で呼ばれる草と動物の世界」が開示されるのを実感するだろう。

たとえば『野草雑記』のオープニング「記念の言葉」で、「身の老い心の鎮まって行くとともに、久しく憶い出さなかった少年の日が蘇って来る」と語られるファーブル的な一節――「人も草取りを日課にする年になると、もはや少年の日の情愛を以てこの物に対することが出来ない」。この変化を「寂しい」と感じるニモカカワラズ、憂き我を寂しがらせよ、と閑古鳥（郭公《かっこう》）に向けてうたったたったオクユカシキ俳聖芭蕉を畏敬する柳田のペンはすぐに〝生きいきした〟転位をとげる。「よい草いやな草」のもろもろについて「自身庭に降りて直接の交渉に当るまでは、眼の前にいながら丸で知らずにいた」――ゆえに、子供でなくなったということもそう悪いものではない……「私は今も草取りによって少しずつ学んでいるのである」と。

こうしたモノとの生きいきした「交渉」談義は、野草や野鳥、そして本書の姉妹編というべき『孤《こ》猿《えん》随筆』における、永い間われわれの友だちでありながら敵でもありつづけてきた――犬や猫を含む、近くて遠い、遠くて近い獣たちをめぐる話にもそのまま架橋される。

芭蕉が呼びかけた閑古鳥すなわち郭公をめぐる『野鳥雑記』の表題作には、憂いある者はことにこの鳥の声に耳をそばだてざるをえなかった、とある。柳田が著作において「寂しい」と洩らす時は嫌悪の情や批判の意を込めていることも多いが、「嫌いという感情は不毛である。侮蔑の行く先は袋小路だ」という小林秀雄の言葉を引くまでもなく、モノとの生きいきした交渉につながる道は一義的な寂しさの奥にある。その奥行カシキ道は次のような文の中に隠れているだろう。

畠に耕す人々の、朝にはまだ蕾《つぼみ》と見て通った雑草が、夕方には咲き切って蝶の来ているのを見出すように、時は幾かえりも同じ処を、眺めている者にのみ神秘を説くのであった。静かに聴いていると我々の雀の声は、毎日のように成長し変化して行く。ある日はけたたましい啼声を立てて、彼等の大事件を報じ合おうとしている。これが人間でいえば物語であって、集めまたは編纂して歴史となるべきものであろうが、あれを構成して行くめいめいの悩みと歓びとの交渉配合が、こんなに人生の片寄った一小部分であったことを、今までは頓《とん》と心付かずにいた。

昭和三年発表の『野鳥雑記』の表題作の「二」全文を引いてみた。

　このプルーストを思わせる一節にほんの少し顔を出すありふれた鳥の代表格の雀――柳田によれば、スズメという語は本来、小鳥の総称だそうである――は、『野鳥雑記』というスペシャルな噺《はなし》の場である寄席《よせ》において、いわば真打ち格の位置をしめる。私が愛惜してやまぬユーモアにみちた「談雀」は『野鳥雑記』のトリをつとめる一篇だ。昭和初年にあって、ありふれた小鳥のシンボルである雀を野鳥にかぞえあげること自体稀有な視点だったのではと私などは思うが、最近の知見では、この十数年の間に、われわれの列島における愛すべき雀の数は激減しているという。この変化はただ一義的にわれわれを寂しくさせるが、そうした現代のわれわれに「談雀」は真のオクユカシサを伴った慈しみの情を与えてくれる。雀一羽一羽の貌を見分け、その啼声を聴き分けるゲンシ人は、「人間でいえば物語であって、集めまたは編纂して歴史となるべきもの」を夢想したあげく、ついにこう宣言するのだ――「立派に雀和辞典は活版になし得る」と。

　欠け端を架け橋に変えるゲンシ人の方法の柱に、〈何を〉ではなく〈いかに〉を重視するゲーテ的なモノの見方がある。〈何を〉を気にかけずにいるのはむずかしい。われわれもそうだが、にもかかわらず、〈いかに〉の視点でこの一節に、既出の「野草雑記」からの一節を重ねると、見事なまでに符合するモノが浮かび上がってくる。卑近なモノの代表格の野草のたたずまいや野鳥の啼き声の成長・変化といった欠け端に注意していれば、やがてそれが「歴史」に架橋される。われわれに要求されるのは、それを「学ぶ」というより、「今までは頓と心付かずにいた」というあの『徒然草』的語り方が暗示するふうの物深いありように「心付く」態度である。

『野草雑記・野鳥雑記』を手にとったわれわれは、柳田のいう動植物学者の「参与」による手引きがほしくなったりもするだろうけれど、オクユカシキ道に「心付く」態度にとってそれよりはるかに大切なのは、――「道は小鳥の翼の中、星の篝火《かがりび》の中、移りゆく季節の花の中に隠されている」（タゴール「道ができている場所では」山室静訳）といった詩的直観だ。この直観は、「膨大な学名辞典をいくらか調べることはいつかまたの日に譲って、今日のところは……」のような語り口を愛惜する。

「詩の発展はすなわち無限であろうが、それは今少しく未知の自然の方に、眼を向けかえなければならぬように考えられる」（『野草雑記』）と、ゲーテの『形態学論集』の中にあってもおかしくないことをさらりといってのける柳田は、人間にややもすれば疎外され敵視もされる雑草タケニ草をめぐる物深い言い草――「しかしタケニ草の世もまた開けた。人と交渉する言葉は多くなり、それがまた追々と耳に快いものとなろうとしている。この落莫《らくばく》たる生活があわれを認められ、終《つい》に人間の詩の中に入って来るのも、そう遠い未来ではないように思われる」をもって『野草雑記』の表題作をしめくくる。

はたして二十一世紀初頭の現在、「人間の詩の中に」この雑草が位置をしめるに至っているかどうかは問わずにおく。『野草雑記・野鳥雑記』は昭和十五年に、柳田自身の装丁によって世に出たものであるが、柳田が逝去した昭和三十七年の九月に初版が刊行された角川文庫版の解説に「抗議するすべも持たぬ野鳥や野草の生活は容赦なくふみにじられ、追いたてられて、間もなく地上から姿を消す運命にあるものも多いとききます。……もうすこし自然を愛し生命をいたわる心持を多くの人々が持たないと、二十年三十年の後には、日本の国土は大変なことになりそうな気がして来ます」（丸山久子）

とある。だが現実に三十年以上の歳月が経過した現今の列島の現状についてつぶさに語る資格を私はもちあわせていない。

モノが真に生きいきとするキワミに現われるモノノアワレを感受できるゲンシ人だけが、無限の「詩の発展」と「未知の自然」探究との間に虹の橋を架ける、という信仰を共有する民俗学徒ではないわれわれ門外漢は、ほんとうにほんとうの物深さとモノノアワレを「知りたい、見たい、聞きたい」と念じるオクユカシイ思いの深さにかけて人後に落ちぬ、と申したてて柳田学に入門する。だが、ありふれた欠け端を歴史に架橋する力量をもたぬわれわれ平凡人が、ある種の鳥よろしく師父の常套的言い草を民草の一人となったつもりで真似れば、それは文字通りのお笑い草にしかならないのである。にもかかわらず『野草雑記・野鳥雑記』の中にわれわれは、いやこの私は、悲愴にして滑稽なくさぐさの慰みグサとなる言い草を見出して感動する。

お笑い草が慰みグサにヘンゲする『徒然草』的一節を一つだけあげてみると、『野草雑記』オープニングの「記念の言葉」の――「おかしい経験は人とこの話をして見たいと思うのに、大抵の場合は草の名を知らない」。

この言い草のオカシサに、われわれは、現代日本語の「変だ、いぶかしい、怪しい」の一義性に収まりきれぬニュアンスを感じとる。同じくだりに「思いがけぬ滑稽」とある通りの可笑しさを加えてもなお足りない気がする。モノノアワレと並ぶ日本語文学に貫流する情緒的アーキタイプの一つであるオカシ――「興をそそられる」という根源にさかのぼってはじめてわれわれの気が済む。野草や野鳥について人と話をしてみたいと願うにもかかわらず、その当のものの名を知らないのでどうすることもできない。このありふれた二律背反的もどかしさを共有する者は誰でも、根源的なオカシサに包まれるはずだ。

『木綿以前の事』中の芭蕉を賛美した一節で、柳田は俳聖が「人生の片隅の寂しさをも、見落さなかった」と記すが、こうしたモノノアワレに通底する慰みグサに付きモノの「寂しさ」とわれわれが凡人として感じる一義的な寂しさとの間に、オカシサの場合同様、あえかな差異線を引いておく必要があろう。

『源氏物語』「鈴虫」の巻で、光源氏が、月を見るといつも「物あはれ」を催すけれど、中でも今夜の新鮮に輝き出した月の景色にはいろいろなことが心に浮かんでくると語るくだりがある。故人となったにつけいっそう恋しく思い出される柏木なる人物について、光源氏は「花・鳥の、色にも音《ね》にも、思ひわきまへ、いふかひある方の、いと、うるさかりし物を」(花の色、鳥の音など、その情趣をめぐって、語りがいのある点が、じつに行き届き優れていた人でしたのに)と形容している。

『野草雑記・野鳥雑記』の著者柳田は、われわれにとってまさしく「花・鳥の、色にも音にも、思ひわきまへ、いふかひある方」である。光はまた、柏木亡きあとは、「おほやけ・わたくし、物の折節《おりふし》の匂ひ失せたる心地こそすれ」(公私ともにその催し事の風情が失せたような気がする)とも語っているが、柳田学こそは、皇室さえもそれに含まれると柳田が断言した日本常民の「おほやけ・わたくし、物の折節の匂ひ」を、われわれに思いおこさせる散文世界といっていいだろう。

学問に背を向けた姿勢をそれとなく暗示させる「雑記」なる語にこもるオカシくもオクユカシイ「物あはれ」に注意しながら、「花鳥」にまつわる絵画を語った切れ端をまた引用してみる。『野鳥雑記』所収の「絵になる鳥」の、「私の話は前置きが長くて、本文はかえって僅かしかないが……」とはじまる一節。

即《すなわ》ち画は人間の美しいという尺度が定まって後に、それを自然にあてはめて合格したのを採ったものと、多くの歴史家は説明するのであるが、もう自分等はそれを信じなくてもよいと思った。夢で見たもの幻《まぼろ》しで感動したことが、強く残っていなければ神の像は描かれぬ如く、かつてある日の物の哀れというものが、自然に我手を役してその面影を再現させようとしたのが、言わば我々の技芸の始《はじめ》であった。写生の真に迫るということは、恐らくは単に心の鏡の澄みきっていたことを意味する以上に、更にそれ自身の光というものがあって、特に力強くある物を照そうとした結果であろうと思った。鳥が人間の魂の兄弟であることを信じていた者は前代には多かった。

ニモカカワラズのカカワリ方を暗示する柳田の語り——「前置きが長くて、本文はかえって僅かしかない……」といったオカシク、アワレな語りにみちたあべこべ・逆さま祭に参画するわれわれ凡人は、あのベンヤミンの〈アウラ〉論を思わせるイデーへの理解は不可能だとあきらめるとしても、「写生の真に迫るということは、恐らくは単に心の鏡の澄みきっていたことを意味する以上に、更にそれ自身の光というものがあって……」という箇所の、「単に……する以上に、更に」の言い草をも、ニモカカワラズ性の一つとみなす。

柳田学は、総じて、根源的なオカシサの探究に熱心だった。柳田自身が、バカやボクの源にあたるとされる中世日本語にいうオコ（烏滸）なる道化の語りを志向することさえあった。オカシサをさがし求めたにもかかわらずカナシク、アワレなその語りに宿るモノを、生きいきした二律背反とか光り輝く逆説とか形容した所以だ。

もう自分等は、多くの歴史家をハジメとする学者の説明を信じなくてもよい……と、あさましくも口真似をするわれわれ「烏滸」なる者の末裔が、最も大切にしたいのは、「夢で見たもの幻しで感動したことが、強く残って」いるもの、すなわち「物の哀れ」を根底に据える技芸の始源にかえれという――「明瞭でありながらやはり控え目であり、澄みきっていてしかも目立つことはなく……」の特徴をもつゲンシ人の教えである。

現代日本語のオカシサやカナシヤやアワレは、いずれも、人間の全円的な喜怒哀楽すなわち感動をあらわしえた「原《もと》の力」を失い、一義的な明瞭さをもつものになりはてている。柳田の散文が「明瞭でありながらやはり控え目」な印象を与えるのは、オカシとアワレが曖昧とさえいえる独特の仕方で統合されているところからやってくると思われる。柳田の文業をていねいにたどる読者は、オカシ・アワレ・カナシというような現代のありふれた重要語の用法が「原の力」からすれば、『野鳥雑記』表題作に記された――「片寄った一小部分であったことを、今までは頓と心付かずにいた」心持ちに一度ならず染まることだろう。

柳田国男は、野草や野鳥のような身近な存在を通して、近・現代的な「一小部分」を「原の力」に架橋させるすべを、数多くの欠け端を架け橋にヘンゲさせる機縁を、風のようにわれわれに告知してやまない。だが、誰が風の姿を見たでしょうという高名な詩の切れ端も思い起こされる。柳田学がさし招く起源の風景には『徒然草』にいう「虚空」の風、おそらくはこの世のどこにも無いユートピアに特有の、控え目で澄みきった詩的な風、帰属する場所を持たぬまま諸ジャンルを横断する風が静かに流れている。

『孤猿随筆』に寄せて

「なんて名前かね」
「オドラデク」
「どこに住んでるの」
「わからない」
（F・カフカ「父の気がかり」）

1

柳田国男の文章は、小さな話の集積物である。小さな話は、『孤猿随筆』自序にいう「小さな真実」を孕む。自序によれば、その真実は、「歴史の存在を無視せられていた者」らにまつわるものだ。柳田はいう――「記憶のない所にも歴史があるということ、文書がいささかも伝えようとしなかった生活にも、なお時代の重要なる変遷はあって、尋ね知ろうと思えばこれを知る途《みち》は確かにあるということ、この二つは日本民俗学の出発点であった。もし獣類にもそれが安全に断言し得られるとすれば、まして人をやという推論を下すことも容易であろう。そういう予想がある故《ゆえ》に、実は私の話は一段と楽しいのである」と。

楽しさの淵源は、小児の心にある。「たとえば泣いている子のために犬を喚《よ》び、猫を指ざすとすぐに気を取られて、次にどういう話が出るかを待とうとする。猿や兎というような語を発して見ると、一度はだだをこねるのを中止して、それがどうしたかを聴こうとし、話が古臭かったりつまらなかったりすると、改めてまたあばれ出すのである」

柳田自身の幼年期には絵本が少なく、話題の動物も多くは平凡であったが、それでもこれを喜び聴こうとする念慮は小学校までも続いていたという。かかる「念慮」をめぐって、柳田は、「話術と相対する聴術とも名づくべきもの」の錬磨に言及する。

すぐれて柳田的なネーミングと思える「聴術」の錬磨の内実は、しかし、容易につかめない、とまずは率直にみとめておいたほうがいいだろう。

はたしてわれわれ自身、群れを外れる孤猿（まぐれ猿）や孤狼（独り狼）、お告げをし人に憑き飛脚をつとめる狐、復讎《ふくしゅう》する狸、化ける猫、何代にもわたって庭に棲む野良猫や飼い犬の観察等々の「小さな話」から成る『孤猿随筆』を童の〈小さな心〉にかえって読みすすめれば、「歴史の存在を無視せられていた者」――忘却されたものらの歴史を復元することが可能であろうか、と問うのは保留し、大人の通念をとりあえずカッコに入れる態度それ自体の中に「聴術」の秘訣が隠れ潜むのではという予感を胸に、日本民俗学の父が「実は私の話は一段と楽しい」と語るがままを信じたいと思う。「話が古臭かったりつまらなかったりすると、改めてまたあばれ出す」かどうかも保留するとして、われわれはともかくも小児にもどり、日本民俗学の父の話に耳を傾けたいと念じる。

じっさいの父の話は、児童なみのアタマではとうていついてゆけない……などともグチらず、「親々の談話には世上の風聞、事件の顚末《てんまつ》や人の噂というような、新たな材料が際限もなく加わって、自然に子供の理解の外へ出ることになったが、以前の平明簡易なる人生においては、これが老幼共同のたった一つの話題であった時代があって、それ故にまた特に児童をして、こんなに深い興味を抱かしめるようになったのかと思う」といった言い草を素直に受け入れることからはじめる。

ともすれば、だだをこねたくなる小児の心は、たとえば父のこんな言葉も聴きのがさない――「大きな生徒には勉強ということがあって、心に染まぬことでも骨を折って覚える。小さな子供はこの点は自由だから、気に入ったことでないと言おうともわかろうともしない。それだから何でも目を丸くし耳を尖《とが》らせるような話が必要だったのである」。

柳田学が「小さな話」の集積物であるというささやかだけれど重要な事実の確認から出発したわれわれは、『野草雑記・野鳥雑記』の「雑記」や『孤猿随筆』の「随筆」なるタイトルにも〈小さな心〉の変種が込められているのを直覚する。本書（『孤猿随筆』岩波文庫）に収録されているわけではないが、自序に言及されている『一目小僧その他』所収の一篇「熊谷弥惣左衛門の話」は、「私の小さな野心は、これまで余程の廻り路をしなければ、遊びに行くことの出来なかった不思議の園――この古く大きくまた美しい我々の公園に、新たに一つの入口をつけて見たいということであります」と語りはじめられる。

心に染まぬことでも骨を折って覚えなければならない、大きな生徒のやる勉強――それと正反対のものが、ウサギを追って穴に飛び込んだあのアリスを待ち受けたワンダーランドに「遊びに行く」感覚である。

「狩小屋以前から」人間と生活の隣を接し、友としてまた敵として互いに注意を喚起する存在でありつづける動物たちが人間といかに交渉したか、さらに人間生活と感情の内部でいかなる位置の占め方をしてきたかを、各地の伝承・物語・記録と自身の見聞・記憶とを織り交ぜながら考察する『孤猿随筆』の中身が、たちまち「子供の理解の外へ出ることに」なるニモカカワラズ、われわれはあくまで「気に入ったことでないと言おうともわかろうともしない」小児の自由を手離さずに、父の架けるニモカカワラズの橋を渡りたいと願う。

父の説く「聴術」の何たるかはよくわからぬままだとしても、その術が、子供の本来の遊びがそうだったように、〈何を〉ではなく〈いかに〉を問う自由に関わっているのでは、という予感につつまれる。たとえば、雑談・雑記・雑話といった記述を雑草のように愛惜したその方法自体に〈いかに〉が潜んでいるし、また柳田の歴史についての言い草などは、〈いかに〉を問う自由を引き寄せぬ限り理解することは困難であるように思える。

「最初からの目的であった狐飛脚の話が、だんだんと遅くなるばかりだから、もういい加減に切り上げよう」といったスペシャルな脱線咄の大家お得意のフィナーレを迎える「狐飛脚の話」の中の、次のような「歴史」観を、「不思議の園」に遊びに行くことをこい願うすべての読者が「必要」とするだろう。

狐の吐く息は夜陰にはやや光るとか、または牛馬の骨を口にくわえてあるくとかいう説を、批判して見ようというような気持は私にはない。そのようにしてまでもこの事実を、まことこの世の中に存在するものと、見なければ気が済まぬという所に歴史があるのである。

唐突を承知で付言すれば、ここで私は畏敬する文人J・L・ボルヘスの超短篇「『ドン・キホーテ』の著者、ピエール・メナール」の一節を想いおこす――「メナールは歴史を、真実の探求ではなく、その源泉と規定する。歴史的真実は彼にとって、かつて起こったことではない。かつて起こったとわれわれが判断するところのものだ」（鼓直訳『伝奇集』岩波文庫）。

2

柳田学が拠った「小さな話」に宿る「小さな真実」は、「歴史の存在を無視せられていた者」らの歴史をあぶり出す。『孤猿随筆』は「何の動機もなく、何の下心もない文章の集」だといいながら、一方で、記憶の無い所に歴史を尋ね知る方途は「確かにある」と信じることが日本民俗学の出発点だという動機と下心をあらわにする柳田国男は、ゲーテがその自伝に冠した秀抜なタイトル――〈詩と真実〉を日本学のフィールドで追尋しつづけた類まれなる散文家であった。

何の動機も何の下心ももたぬ書物はありえない。にもかかわらず〈何を〉よりも〈いかに〉を尋ね知る方途はあると信じること――その信仰を、ゲーテがそうよばれた「詩人哲学者」たちは共有する。私はボルヘスなどもその共有者に数えるのだけれど、柳田国男は、日本における数少ない詩人哲学者の一人だった。

「我々が空想で描いて見る世界よりも、隠れた現実の方が遥かに物深い」(『山の人生』)とする出発当初からの柳田の視座はゆるぎないものだったが、しかし「隠れた現実」=真実を浮きぼりにするにあたって、柳田の文体の奥に隠れた詩(人)がどれほどの異能を発揮したかを、われわれは『遠野物語』によって体感できる。民俗学の最前線の情報に疎いわれわれの耳にも、『遠野物語』を、遠野の伝承として無自覚に扱えないという大方の見方は届いているけれど、われわれはここでも、「気に入ったことでないと言おうともわかろうともしない」小児の心にたちかえったあげく、「詩」のフィルターを通さない事実に真実を視ようとは思わぬとダダをこねさえする、とだけ書いておきたい。

先の自序で「あるいは今はまだこれを空想だと評する人があるかも知れぬが、自分だけはこの小児が獣の話を愛する癖を、狩小屋以前からの遺物かと思っている」と語るその「空想」は、柳田の場合、忘却されたものらの歴史を明らかにするために必須の、詩と真実とに架け渡された虹の橋の役割を果たした。詩(文学)との決別を自らに宣言したにもかかわらず、事実に真実を見据える柳田の天性の詩人としての視力は死に至るまで衰弱することがなかったのである。

隠れた現実のほうが「物深い」というときの日本語「モノ」に注意しよう。モノいいが気にくわない・モノもいわずに(言葉)、コネがモノをいった・モノ凄い(効力、効き目、威力)、モノのわかる人・だってそうなんだモノ(道理、筋道、理由)、モノに取り憑かれる・モノノケ・モノ狂い(人間の精神生活を支配する、人間以上の不可思議な存在)。

右はごくありふれた「小さな」国語辞典にのっている程度のモノのいろいろだが、柳田国男をこそ、モノ本来が孕む矛盾――道理・筋道を指すにもかかわらず反理性的でもある――を直視しつづけた本源的なモノカキとよぶべきだろう。種々の物狂いに寄せた本源的なモノカキの関心は『孤猿随筆』にもしるく浮き立っている。本書は単なる身近な動物の話ではなく、その忘却された歴史を、いわばケモノというモノの怪《ケ》をつきつめんとするカキモノである。

本書が世に出た時代、すでに人間とケモノのモノ深い交渉の歴史は闇に閉ざされつつあった。まして二十一世紀初頭に生きるわれわれにおいてをや。現在のわれわれが「コネがモノをいった」というような感覚で、以前の人々は「ネコがモノをいった」ことを信じていた。理性と非理性とのボーダー=不思議の国に棲むモノノケをモノにする根源的モノカキは、それを批判するのではなく、「まことこの世の中に存在するものと、見なければ気が済まぬという所に歴史がある」と信じた。

多くの野の草が児童を名付親にしていたことを説く『野草雑記』などでも、柳田は、幼い人たちが〈ぜひとも……しなければ気がすまなかった〉というような書き方をしている。

柳田のカキモノに学問的なものとは別種の満足を求めてしまいがちなわれわれは、読み終るたび、何か根源的な地平で、〃気が済んだ〃感慨を覚える。それはまさしく、小児的な満足感に近い。「人間が泣くということの歴史。こんな頓狂《とんきよう》な問題」について書かれた「涕泣史談」の中で柳田は、今日大人はいうまでもなく子供でさえ「泣くということが一種の表現手段であったのを、忘れかかっている」と語り、われわれに気が済むまで泣いた小児の頃に味わった感動としての慟哭を思い出させる。「涕泣史談」は「歴史は私などの見るところでは、単なる記憶の学ではなくて、必ずまた反省の学でなければならぬのである」としめくくられる。反省は、われわれをどこやらへ遡行させる。ボルヘスが創作した作家メナールがこだわった歴史の源泉にも重なるそのどこかは、どこにもないどこかというにひとしい曖昧な場所である。

たとえば「坂川彦左衛門」という一篇で、「拒み難き霊の力によって、身の恥になることをも語る」とされる物狂いをめぐって、柳田は「人が物狂いの言葉を謹み聴いて、単なる健康の故障とは視なかった以前の習わし」と書く。この「以前」がいったいどれくらい前の事なのか、明確にその歴史が記されることはまずない。それどころか、ごく普通の意味の歴史を問いただそうとする者をあらかじめ牽制するかのように、「歴史としてこれを研究しようとする人々は、多過ぎるほどいるにかかわらず、いつでも作者により年代に別《わ》けて、似たような解説ばかりをくり返しているのは、誠に気の利かない分類法であった」とのたまう。

ここで「気の利かない分類法」とされているものと、先の「……と、見なければ気が済まぬという所に歴史がある」という断言は、〈何を〉ではなく〈いかに〉を重視する詩と真実の架橋法によって、どこにもないどこか、すなわちユートピアの地平で対峙するだろう。

柳田国男は、心に染まぬことは理解しないという小児の〝気が済む〟まで、話を展開した。気が利かない大人の常識をやんわりしりぞけながら、柳田は、「これまで余程の廻り路をしなければ、遊びに行くことの出来なかった不思議の園」への入口をさし示す身ぶりをやめなかった。

われわれはその不思議の園への入口あたりで、カフカの超短篇「父の気がかり」に登場するモノノケ「オドラデク」を思わせる物深いモノに出逢うのである。廻り路をせず、よくよく眼をこらしつつ、変化がヘンカにとどまらず妖怪変化のヘンゲであることを見据えれば、柳田の文体の片隅の暗がりに、小児の心の化身ともいうべきザシキワラシに似たモノノケは容易にみつけられるはずだ。ただし、

「先《ま》ずざっとこういう話をぽつぽつとしたのを、目を円《まる》くして彼等は聴いていた」（「対州の猪」）とある箇所の「彼等」と同じ態度を保持すれば、の話である。

詳細な祖述はできないけれど、『孤猿随筆』に収められた「旅二題」のような文章に、民俗学的な前提など何ひとつないまま接した無心の読者であればあるほど、驚きのため「目を円く」する度合いは高まるだろう。それは、文壇＝文芸のお座敷に背を向けたザシキワラシ作家が書かずにはおれなかった「小さな話」のヘンゲ——特異な小説とよぶ他ないものである。

『遠野物語』で有名になったザシキワラシは東北地方のみに伝承される小児の姿をしたモノノケだが、われわれの知るところでは、富貴の家の奥座敷に棲みつく云々の話とは逆に——これにとり憑かれたものには衰滅が到来するとのいい伝えもある。われわれ好みのいい方で極言すれば、柳田国男にとり憑いたこのモノノケは、閑古鳥が「憂き我」である芭蕉をそうさせた如く、あらゆるお座敷を根源的に淋しくさせる——ザシキアラシと記してもよいような存在なのだ。詩人哲学者という柳田に敬遠されるおそれのある呼称をあらため、苦しまぎれにザシキワラシ作家などとよんだ所以である。

3

「旅二題」のかわりに、「どら猫観察記」の物深いフィナーレを引いてみる。

差当《さしあた》り自分の疑問としている点はもう述べ尽したと思うが、最後になお一つ附添えたいのは、日本の各地方の方言の不可解なる変化と一致とである。猫をヨモという県があり狐をヨモという県がある。鼠を「嫁が君」というのも、あるいはヨモの転訛かも知れぬ。雀をヨム鳥という処もある。南の方の島々、殊に沖縄においてはヨーモといえば猿である。言葉の感じはいずれも霊物または魔物というにあるらしいが確かでない。そうして琉球にはもうそのヨーモ猿はいないのである。

「ある犬の探究」や「ヨゼフィーネという歌手、または、ねずみ族物語」、それに前生を猿として生きた者の講演「ある学士院への報告」といった興趣尽きぬカフカの動物寓話を愛読する私などは、右の一節に、「父の気がかり」の書き出し——「一説によるとオドラデクはスラヴ語だそうだ。ことばのかたちが証拠だという。別の説によるとドイツ語から派生したものであって、スラヴ語の影響を受けただけだという。どちらの説も頼りなさそうなのは、どちらが正しいというのでもないからだろう。だいいち、どちらの説に従っても意味がさっぱりわからない。もしオドラデクなどがこの世にいなければ、誰もこんなことに頭を痛めたりしないはずだ」（池内紀編訳『カフカ短篇集』岩波文庫）を重ねてしまったりするのだけれど、もちろん、柳田学をれっきとした学問として「勉強」する志をもつ者がきけば、あまりよろしくない意味で「目を円く」することだろう。移行、通路、一つのキレハシをあらわす〈パサージュ〉なるキーワードにユートピアへの架橋を夢見た思想家W・ベンヤミンは「フランツ・カフカ」の中で、オドラデクを「忘却された物たちがとる形態」だと喝破したが、私は柳田のいう「歴史の存在を無視せられていた者」をオドラデクの同類・仲間とみなしたいのである。

「どら猫観察記」フィナーレの直前には、まるで噺家のような口吻の〝オチ〟がある。尻尾のない猫をめぐり柳田は、「これも日本の文化史において、相応に重要なる一史蹟であるかと思う」などと、いったん、おごそかな歴史家ふうのものいいをしたうえで、「狐飛脚の話」に顔を出す語をかりるなら「道化味」ある断定をおこなう。「外国人の珍しがる話としては、日本の猫には尾がないということだ。あってもなくてもよいという譬《たとえ》に、猫の尻尾の諺があると聴いて、舌を巻かなかった白人は稀なのである」と書いた後、「私の長話も実はこの猫の尻尾だ」と落とすのである。

いやしくも日本の文化史の相応に重要なる一史蹟について語る者の話が、「あってもなくてもよい」とは！　学者研究者でなくとも、ヤレヤレのつぶやきが洩れ出るだろう。だが、小児の心の化身たるザシキワラシの幻影を見る者にとって、そのヤレヤレは近現代の意味──「疲労した時、またあきれはてた時などにいう語」から、たとえば『日葡辞書』にあるふうの──「安心したり深く感じたりした時にいう語」（『広辞苑』）に遡行せねば〝気が済まない〟のだ。なぜなら、柳田国男という根源的モノカキの、「日本の各地方の方言の不可解なる変化と一致」を見据えつづけたそのモノの見方が、一貫して、日本をめぐる「小さな真実」を告げしらしめるモノノケへの気づかいにみちていたことを知っているからである。

私はかつて柳田の「地名考説」を読んでいて、「近江甲賀郡などは元は鹿深野とも書き、カウガではなくカフカであるが、地理的状況から判断して、これも同じく古語の別種の表わしかたではなかったかと思う」というような一節に出くわした際、小児的にたわいもないヤレヤレを発し、「カウガではなくカフカである」と、「あってもなくてもよい」モノいいを繰り返したりした。そのカフカはあるノートに、――ハウスゴット（家の神）ほどすばらしいモノはない、と謎めいたことを書き記しているが、このハウスゴットが、オドラデクがそうであるように、世界の大宗教が語りあきぬ大いなる神と異質の、ささやかな謎めいたかそけき存在であることに、近代以降の文人で柳田ほど深い思いを寄せたものはいないとわれわれはみている。今ここで柳田の〈家の神〉をめぐる諸論考を精読するのはかなわぬことだが、日本の父たらんとした柳田国男の文業ににじんでいるものの正体をつかめずとも、それが物深い「父の気がかり」によって支えられていることだけは、どの一篇にもみてとれるのである。

「先生の学問」というエッセーで、折口信夫は、柳田が「随筆的喜びをもって書いた」と、その文業の本質を的確にのべたことがある。『孤猿随筆』と名づけられた本書の源流に、たとえば、柳田が親しんだ蕉風俳諧の一つの到達点とされる『猿蓑』、さらにはその芭蕉も愛読した『徒然草』のようなカキモノのポエジーが位置していることは明らかだ。「狐飛脚の話」に『徒然草』中の「土大根《つちおおね》」のエピソードがさりげなく登場するが、その登場のさせ方一つからも、柳田が同書をいかに深いところで自家薬籠中のモノとしていたかが窺われる。

「つれづれなるままに、日ぐらしすずりにむかひて、心にうつりゆくよしなしごとを、そこはかとなく書きつくれば、あやしうこそものぐるほしけれ」という序段に顔を出す「つれづれ」や「ものぐるほし」なども、柳田的に遡行したうえで受取り直しておく必要があるだろう。『孤猿随筆』において柳田が何度かふれている「物狂い」の形容詞化が「ものぐるほし」（物＝魔性のモノに取り憑かれて正気を失っている）であるが、あらゆるモノカキが経験する――いや、経験しないでは気が済まぬ

「ものぐるほし」いとは、実存の旅の道づれとして狂気を、振り分け荷物のように心身に帯びた状態だ。「つれづれ」をめぐっても、鬱屈や暇を含みながら、やはり『日葡辞書』が「徒然《とぜん》。または、徒然な」という表記であげているもっとも原始的な意味——「ひもじい」＝満たされずに、何かを求めている切ない状態——を引き寄せておきたい。

柳田自身の文例を引けば、『野鳥雑記』所収の「初鳥のことなど」で、かつての家々の正月がいかに晴々と心の改まるものであったかについてふれた一節——「自分たちの年始状と初刷との中に、ごろんと寝ころんでいるような新年の、徒然なものであることに始めて心づくのである」。「方言は我々の眼前の事実」と説く『蝸牛考』の初版序にはやはり『徒然草』の人物への言及が見出されるが、さらにその中核部分の「東北と西南と」にこうある——「トゼンという語は徒然の音《おん》というよりほかに、別の起原を想像し得ないものだが、北九州ではやや弘い区域にわたって、これを単に退屈というだけでなく、淋しいまたは腹がへったという意味に用いて、トゼネエなどという形容詞が出来ている。南秋田の海近くの地においても、自分は直接にその同じ語の同じ意味に使われるのを耳にした」。

「単に退屈というだけでなく、淋しいまたは腹がへったという意味」の「徒然《とぜん》」が、「眼前の事実」として——芭蕉にとっての閑古鳥のように柳田の耳を衝《う》ったこの現場にも、ザシキワ［ア］ラシ作家の生涯を呪縛した言葉というモノノケが躍動していたといっていいだろう。

多くの著作において柳田が常用した「原《もと》の力」探索の見地から、『徒然草』の兼好法師と柳田をつなぐ芭蕉の自画像についても瞥見しておきたい。堀切実編注『芭蕉俳文集』（岩波文庫）の上巻をひらくと、「閑居ノ箴《しん》」の冒頭部は「あら物ぐさの翁や」、これに呼応させたとおぼしき「あら物ぐるおしの翁や」は『徒然草』序段をふまえたものとわかる。

根源的に「淋しい」閑居者になきかける閑古鳥——に象徴されるモノノケに感応する物狂いの資質に恵まれた事実を柳田は自伝的文章で自らみとめている。『徒然草』第二百三十五段は、そうした物狂いの器について記された稀有な文である。主のいる家に何の関係もない人間が勝手気ままに入ってくることはない、と書きだされるそれは、通行人や狐や梟《ふくろう》や木霊《こだま》に棲みつかれてしまう主人のいない屋敷をめぐる記述の後、無常思想を反転させたうえで簡潔にいい切る——「虚空《こくう》よく物を容《い》る」と。鏡は色形がないからこそ一切の物の姿が来て映るし、大空（虚空）は一切を包容する。ちょうどそれと同じようにわれわれ人間の心もまた主体がない状態であってはじめて様々な思いが自由にやってきて映るのであり、もし心に主があるならそう多くのことどもは入りこみはしないであろう。

兼好から芭蕉へ、そして柳田へとうけ継がれた多種多彩なモノを受け入れる心は広大なものというより、ケモノに関する話を聞くことに貪欲な好奇心をあらわにしないでは気が済まぬ童の無心に重なる〈小さな心〉と思われる。かかる主なき心映えの持主は、『徒然草』第七段にある通り、「世は定めなきこそいみじけれ」……この世は無常だからこそ妙味があり、もしそうでなければ「もののあはれもなからん」と感ずるイデーを共有する。つれづれは時にポジティヴに求められるべきモノでもあり、だからこそ第七十五段には「つれづれわぶる人は、いかなる心ならん」（つれづれの境遇を苦にする人は、どのような気持ちなのだろうか）とも書かれるのである。

折口信夫は先述のエッセーで、柳田学の基礎を「先生すら無駄読みをしたと思うていられたかも知れぬ文学書」だと断じたが、柳田国男の文業に、われわれは本源的なつれづれ（退屈）を、その満たされずに、何かを求めている切ない状態の背後に、兼好法師や芭蕉につらなる詩人として出発した柳田の詩と真実が封印されていると見て取る。『野辺のゆきゝ』と題された柳田の新体詩集の巻頭にある「夕ぐれに眼のさめし時」は、こうつづく——「うたて此世はをぐらきを／何しにわれはさめつらむ、／いざ今いち度かへらばや、／うつくしかりし夢の世に、」。

この、メランコリックなメロディーは、われわれのみるところ、本人が封印したにもかかわらず、柳田の全生涯全文業の「をぐらき」片隅に、通奏低音として流れている。『孤猿随筆』にも読者はその音を聴取するだろう。

柳田は折にふれ、つれづれなる境遇の読者自身をして「いざ今いち度かへらばや、／うつくしかりし夢の世に、」とつぶやかしめる。たとえ「うつくしかりし夢の世」がユートピアの代名詞だとわかっていても、われわれは、疲労と落胆のヤレヤレを、「ヤレヤレメデタイ」(『日葡辞書』)とつかえるような夢の世をこい求めてやまない。

折口信夫の言葉をさらにかりるなら「学者ぶった事をするのは恥がましいという、謙虚な心持ちから」柳田学は「ヂレッタントだという風な形をとられた」。随筆の身辺雑記という外観をもつにもかかわらず、柳田的雑記の〈私性〉は〈われわれ〉のつれづれを満たす普遍的なユートピア=不思議の園への架橋を志向する。この性格は柳田学という名の〈エセー〉=〈試み〉の書全体にあてはまる。日本の文芸に深く浸透していた笑いの起源を探る、「涕泣史談」の姉妹篇ともいうべき「笑の本願」には、たとえばこんな不思議なモノいいが見出される——「文学の予言というものが我々にならばできる。私にできるとまでは無論言わぬが、試みることだけは許されている」。

柳田のいう「我々」と「私」の差異がどんなものなのか、ここで深く問うつもりはない。ただ、柳田的に「試みること」のささやかな実践として、当方も本稿において「われわれ」なる語を小児がおもちゃをふり廻すように使ってきた、とでも弁明しておけば気が済むのである。個と集団の理想のあり方について、本書が明確な答えを出しているわけではないけれど、群れを離れた孤猿や孤狼にふれる時の語り方に、民俗学的集団性から外れて久しい近現代人の孤独を重ねるような読み方――少なくともそれを「試みることだけは」われわれに許されているだろう。『野鳥雑記』所収の「村の鳥」には、こんな一節がある――「私たちはまた余りにも孤立的で、たった一人で出来もせぬことを考えているから、むだをするのである。天然も実は人類がその管理者だ。これから多くの集合の力で、計画してこれをもっと好いものに改めることにしなければならぬ」。

スペシャルな噺家がかもしだす道化味と淋しさがこもごもの『孤猿随筆』は、昭和十四年十二月に刊行された。太平洋戦争勃発の二年前だが、日中戦争の泥沼化一つとっても、すでに日本は「気がかり」だらけの状態に突き進んでいた。同年に発表された「坂川彦左衛門」には、こう書かれる――「今は幸いにして昔を粗末にしない世の中にはなっているが、それへ出て来るのはただかみしもを着たような人ばかりで、多数の純朴な者の心を捉えていた、悠々たる美しい夢は既に皆、こなごなに砕けてしまった後なのだから淋しい」。

例によって「かみしもを着たような人」がどんな輩を指すのか、また、「多数の純朴な者」が、具体的にいつの時代の誰をいうのか、ほとんど明らかにはされていない。

にもかかわらず、われわれの気が済むのは、「あら物ぐさの翁や」「あら物ぐるおしの翁や」という芭蕉的自嘲に重なる「実は私の話は一段と楽しい」という口上と裏合わせの淋しさの背後に、日本近代における最も物深いドン・キホーテ的見果てぬ夢を見出すからであろう。

少なくともこの私などは、本書を何度か通読するうち、たとえば「松島の狐」のフィナーレで披露される――「小学校の休み日の日中に、宿直室に寝転んでいた人がふいと起きて見ると、窓の外に窓いっぱいの顔をした大猫が来てうずくまっていたという」柳田の子供ですら「笑って信じなかったほどの話」――後出の一篇「猫の島」で「窓一ぱいの猫の顔」として追記される「奇抜な新鮮味のある空想」を、素直に信じ受け入れる自分を見出して驚いたのだった。

II

極私的ルネッサンス考

極私的ルネッサンス考——泥縄式古典論

私は教えない。私は語るだけだ。
（M・モンテーニュ）

泥棒を捕まえて縄をなうという言葉が、私は好きである。もっと正確に、好みの事態に引き寄せて曲解してしまえば、泥棒が出現したときだけ縄をなう、となる。あらゆる批評の出発点であり終着点でもある感動という一事の背後に、この泥棒が潜伏している。他人の宝物を盗む者、あるいは他人の所有物に心を盗まれる者が、ここにいう泥棒の定義だ。他人の宝物、他者の所有物も、むろん喩的に拡大される。盗むことが盗まれることにひとしいこの特異な磁場についての基礎訓練をわれわれは一応教育現場で受けているはずなのだが、教えることと学ぶことの相互構造をもつ教育現場では、しかしひたすら縄のない方ばかりが強調され、かんじんの泥棒の正体はいっこうに明らかにされない。このことはじつは誰の責任でもない。教えられるときに真に学ぶという無駄のない同時状況がなかなか成立し難いその機微については誰よりも教える側の人間が敏感であってしかるべきだ。一般論でなく、心ある者なら誰しもが自らの来し方をふり返って察知せざるをえないのであるが、だとすればここには教育論の地平などはるかに超えた「遅れ」と「反復」の問題が横たわっている。

すべてのことが学ばれうる。一切が記された聖なる書物がすでに存在する。われわれの世界史は無限定の教育現場である。卑小な個人史を背負った私がその広漠とした現場にぽつりと在る。コノ私の思索・行為・仕事は、アノ一冊の窮極の書物のいわば註記にすぎない。補注作成を思いたった者の前にはしかし先達があらわれてくれる。私のなかのコソ泥が、先達としての華麗な大泥棒たちから何やらひそひそ耳うちされる。とにもかくにも、わが身のうちに正真正銘の泥棒が誕生したという実感が大切だ。他人様の創造物にそいつは夢中になっている。お宝を奪ったつもりで、心をすっかり奪われている。異のもの他のものにとり憑かれたそいつは、やがて他人様の創造物を先祖の遺産と言いかえる。そして今さらにように、闇の口座からいつなんどきでも好きなだけ引き出してもゆるされる先祖の遺産つまりは古典という月並みな認識に至り着いて嘆息する。そんなことはとっくの昔に習ったじゃないか。たしかに教育現場で、教養として教えられたあるいは知った記憶はある。だが、教えを受けた、もしくは知ったそのとき、真の偸盗《ちゅうとう》意識は目覚めていなかった。盗んで心を奪われたい欲望はせり上がっていなかった。教える立場にいなくても、たいていの人間の中に潜む「教えてあげたい人間」がつぶやくだろう、「今頃になって」と。

泥棒を捕まえて縄をなうドラマに付きものといっていいのが、この「なぜ他ならぬおまえが」「今頃になって」である。情報を得た時と何事かを真に学ぶ時とのズレのなかでこのセリフは永遠のイノチを与えられているといっても過言ではない。世界史の文化現象としてのルネッサンスは教科書に記述されている限りの時と場所でしか発生しなかったかもしれないが、この私にとっての貧弱なルネッサンスは生涯いつの時点で、どういうものに関してまきおこるかわからないのだ。一身上のルネッサンスはときに逆行現象の形になることもある。一身上の都合で、ある時あることに「目覚める」のが個人史上のルネッサンスの意味である。私はだから、ルネッサンスを文芸復興などではなく「泥棒の目覚め」と訳しておこう。

自らの仕事をあらゆる角度から徹底的に研究することにかけて、野蛮人と百姓と田舎者にしくものはない、と断言したのはバルザックだったが、われわれもそれにあやかりたく思うので、野蛮人＝百姓＝田舎者そのサンミイッタイを以下「ペザント」と総称する。

純粋百姓の息子であるこの私に「泥棒の目覚め」がおこった。四十の馬齢を重ねてしまった「今頃になって」である。これまでにも「遅れ」と「反復」を特徴とする一身上のルネッサンスに身を浸した経験は多々ある。かつて軽蔑したものにも頭を下げるときがやってくるだろう、といったのはゲーテで、作家ジェイムズ・ジョイスはその箴言を『ユリシーズ』中に刻んでいたと記憶するが、わがルネッサンスの対象もご多分に洩れずはじめは小ばかにしていたようなものが多い。長いことイカレタ占星易学術はその一つである（四つの体液による性格占いへのシェイクスピアの固い信仰の念や、臨終の父に自分が誕生日の何時に生れたかを大まじめに問いただそうとしたジョイスの因縁の算法に対する異常なまでのこだわりを、私は共有できた）。またある年からは、しばしば純文学の運命とも重ね合わされる日本農業に参画しその瀕死の病状を身をもって知らされた。祖父母や父母が反復した田畑耕作の全工程に生れてはじめて（今頃になって！）従事してみたというわけである。そんな男に、オペラが、とくにモーツァルトオペラやワーグナーの楽劇がとり憑いたとは笑止千万であるが、男のなかの冷眼批評家にどんなにせせら笑われても、泥棒が目覚めた事実はいかんともしがたい。たとえばモーツァルト音楽が比類なくすばらしいとは、いわずもがなの古典的認識であり、男も、人並みの教養としてその認識をもってはいた。だが、盗みつづけたあげくすっかり心を奪われるという磁場にとり囲まれると、教養は遠ざかり、それまでオペラに抱いていた貴族趣味的イメージうんぬんといういかにもペザントらしいこだわりと偏見も消失した。山間の日本農業が末期症状を呈しているという誰もが知る新聞記事的知識を、農の末路をおのが足でたどり、その枕辺にじっさいにカラダを運び、臨終に立ち会う行為との間にあるのと同じ径庭が、peasantry と pedantry との隔たりにもひとしい差異がそこにはある。「今頃になって」男は、あらゆる pedantry は peasantry で迎え撃たねばならぬなどとわけのわからぬことを口走ったあげく、先祖の仕事、いや父母が一生を埋没させた割に合わない仕事（米作り中心の農業ではなく、総合的畑仕事に近い）に眼を向け、たとえ真似事でもそれをカラダで知りたくなった。先祖が限りなく反復作業した同じ土地が男の前にある。しかし、この男がこの作業をこの土地でするのはこれがはじめてなのだ。私が祖霊のオモカゲを求めて尋ねてゆくと、その昏い黒板にはたとえば――下ノ畑ニ居リマス（羅須地人協会の黒板に書かれた宮沢賢治の伝言）と刻まれている。私は意識「下」（＝深層）の多様な畑《フィールド》に降りてみるのである。

歴史という反復の土地に祖霊の声がこだまする。一回性のこの私がそれを背景に不器用なアリアをうたう。才能のあるなしをこえ、全古典に対峙する個人の位置関係をオペラ的に表現すればそういうことになろう。私が何かみすぼらしい内容の自作の歌をうたう。すると、背後の古典があのギリシャ悲劇の場面のようなコロスとなってある種のメッセージをエコーさせる。半端批評家としての男がモーツァルト音楽の絶対的魅力がわかったと言い募れば、たとえばコロスはささやくだろう、「そんなことはすでに小林秀雄が才知あふれるやり方でやってのけたではないか」と。急いでつけ加えなくてはならないが、オペラ的な、あまりにオペラ的な磁場においては、演劇的セリフとしてさしたる衝迫力をもっていないような表白であっても、背後のコロスと何らかのハーモニーを形成するのである。もちろん、それはすでに理想郷での物言いになっている。一般の言語芸術でそんなことはありえないし、音楽それ自体にあっては言葉など所詮信用されてはいない。言語芸術の側にいるわれわれは、「言葉など信用しない」という通俗的セリフを信用しない、と言いきったうえで言葉にとって一種の桃源郷といっていいマボロシの場所に向かって歩をずらす。そうして、音楽にも当方の側に少しばかり身を運んできてもらう。声楽という突堤で双方は出会うのだ。声というやつは……この霊妙なる存在は……と当方がアリアすると、向こうも、言葉はひっきょうどうでもいいが肉声ということに関しては、われわれも多大なる関心を払っている、と応じる。肉声が、音楽と言葉とのボーダーに位置するという単純な事実は決定的に重要である。このボーダーで言語芸術は何を盗みとるのか？　言葉がコトダマ化する瞬間を盗み見たうえで、声に名づけえぬエコーを帯びさせる仕方を盗みとるのである。玄妙な、あえかな瞬間である。その桃源郷にあって肉声のハーモニーを「知る」とは、日本語の古義にあるような性的関係をむすぶ事態にも似た何かである。ボーダーのさらに向こうにはおもむかず、つまり音楽固有の陣営に身を移しきることは思いとどまり、あくまでボーダーライン上に身を浸して音楽的精神なるものを「知った」後、こちら側に帰ってくると、どんな体験が可能になるか？　たとえばわれわれは誰でもかけがえのないものとの永訣を経験しなくてはならないが、そんな瞬間にこそエコー体験の玄妙さがあらわになるだろう。無数の人々が無数に味わってきた体験をこの私もはじめて反復するその瞬間、言葉はたしかに無力化する。しかし言葉の完全な消失が願われるわけではない。ただ極端に省力化されるだけだ。ごく単純な肉声がえらばれ、それに万感の思いが込められる。居合わせた人々はそれぞれの思いで言う、さようなら、と。あのボーダーから帰還したわれわれも、たとえばオペラの代表的言語でつぶやいてみる、アディオと。するとたちまち、アディオ＝さようならという単純きわまる肉声、この紋切り型のあいさつを、反復性のえもいわれぬハーモニーとともに魔法にかけてしまったモーツァルトオペラの、ほんの些細な断片が思いおこされるのである。かくして、ペザントの息子が、「駄目ですか」「駄目でしょう、衰弱が止まりませんからな……」という宮沢賢治の詩行にも似たささやきがあちこちに聞こえる東北の寒村で立ち会った臨終の枕元においても、「汝滅びゆく者、Don 百姓《ペザント》よ、アディオ、アディオ」のリフレインにモーツァルト的エコーあれかしと切実に願われたのであった。

　オペラをめぐる一身上の矮小なルネッサンスの只中で、手作りの舞台が創設される。いや、舞台など無く、とり憑かれた泥棒が盗んだ声音をうたい散らし、でたらめな舞踏をやらかす場所ならどこでもかまわない、そこが舞台とみなされるだけなのである。泥棒はたしかに入った。言語芸術はこれを放置しておくわけにはゆかない。遅れ遅れても、捕縛の縄がなわれなければならない。あのジョウモンジンふうのやり方で、〝泥〟の器に何らかの〝縄〟をおし当て、〝文《あや》〟あるいは〝綾〟を表出したいのだ。くどいようだが、盗んで心を奪われるという感動の発作を見てから抑制の縄をなう、この順番にわれわれはこだわるのである。たとえば、学問と教養としての仏教や語学がはじめに在るのでなしに、賢治の驚異的作物に沈潜するうち、法華思想を学習したくなったり、オペラにとり憑かれているうち、イタリア語を勉強したくなったりする、という個人的ルネッサンスに特有のこの泥縄ふう遅れの構造に。

*

テーマの性質上、古典コロスの中からはまずもって、〈あらゆる芸術は常に音楽の状態を憧れる〉というウォルター・ペーターの予言をひくのが順当であろうが、先にもふれたようにわれわれは彼方にのびた突堤でめまいと戦慄の発作を体感した後、言語芸術に帰還しなくてはならない立場である。はっきりした区分けは無理としても〈音楽というよりむしろ声楽〉というふうな微妙な差異を強調しておく必要がある。ボーダーの共通項になっている「声」と「響き」をめぐる古典のアリアを聴くことからはじめてみよう。

げに、はかなきことなれど、声にめづる心こそ、そむきがたきことに侍りけれ。さかしう聖《ひじり》だつ迦葉《かせふ》も、さればや、起《た》ちて舞ひはべりけむ。（『源氏物語』「椎本」）

源氏の子息薫のセリフである。俗界のあらかたに諦念がつのるせいで学芸の造詣などもちあわせぬ自分のような者でも、ただひとつ音楽への愛情（声にめづる心）だけは棄てきれないというこのアリアにわれわれは同調し、賢い聖僧であった迦葉《かしょう》尊者とやらに不遜にもわが身を同一化させ、佳境に入ればわれわれも「起ち上って舞いもする」とうたう。何よりも、わが国が世界に誇りうる長篇物語が書かれた時代すでに「声」が音楽のシンボルとして使用されていた事実に着目する。声が木霊（エコー）となり、ついには言霊化するプロセスにこそ、言語芸術が音楽ことに声楽から盗みとれる宝物の全部が隠されている。その盗みを成功させるためには、盗まれるものにとり憑かれる経験（＝泥棒の目覚め）がなければならない。言いかえるなら、声→木霊→言霊のメタモルフォーシスの媒介（＝メディア＝巫女）となるものこそ、とり憑かれの状態なのである。

泥棒の七つ道具のひとつにわれわれの場合「引用」をかぞえてよいが、そのやり方も、くり返しになるが（七つ道具のさらにひとつが「反復」である）古典の破片が、貧寒なこの私のへっぽこアリアを辛うじてハーモナイズしてくれるコロスとして設定されるように演出する必要がある。圧倒的な古典の嵐（＝コーラス）を背後に、あえぎつつ、かぼそくも自分一個のアリアをうたいきることがわれわれにとっての批評行為である。あらゆることがすでにクラシックにかきこまれている。桃源郷に位置するその古典からのコーラスが、貧弱なこの私のアリアの背後で、鳴り響く。私が何かうたい、あるいは「引用」によってうたわせると、後方で〈みっともない二番煎じはよしなさい〉とか〈そんなことはすでに……も言っている〉とか〈みえすいている〉とか、まれには〈なかなかいいセンだよ〉とか合唱するのだ。どんなにみっともない内容のアリアを私がうたっても、クラシックコーラスの方が私に合わせてハーモニーを創り出してくれる。ほんとうの古典はそういう自在な力を内蔵しているものだ。私はそう信じて、うたう。そう信じる情熱を支えてくれるものが、とり憑かれの状態だ。

小林秀雄の大著『本居宣長』の中から、泥棒にふさわしく、ひとつ孫引きをしてみる。

龍樹霊狐《タツコダマ》などのたぐひも、すぐれてあやしき物にて、可畏《かしこ》ければ、神なり。（『古事記伝』三之巻）

宣長も、そしてまた小林秀雄も「声にめづる心こそ、そむきがたきことに侍りけれ」と語らずにはおれない「さかしう聖だつ」人物であったと思われる。「起ちて舞」うような心持ちで彼らは文字を刻んだ。むろん彼らの場合、能的な翁の舞といわなくてはならないだろうが。『本居宣長』の中で、小林は言う。「言霊」という古語は、生活の中に織り込まれた言葉だったが、「言霊信仰」という現代語は、机上のものだ、と。龍や狐とともに「すぐれてあやしき物」と宣長があげている「樹霊」に注目するわれわれの視点を「机上のもの」としないために必須のものこそ、声→木霊→言霊と変成をうながすわれわれ自身の精神のとり憑かれ状態である。現代語の「言霊信仰」が机上のものだ、つまり学問的教養語にすぎないというとき、その裏には、おそらく――言霊はじぶんにとってリアリティにみちあふれたものだ、なぜならほとんど僕はそれを信じているから、というあの小林節のアリアがながれているのであろう。率直にいって私自身は宣長の「文」に感動できるほど古文の素養をもちあわせているわけではないのだけれど、「すぐれてあやしき物」がそれゆえに「可畏《かしこ》」き存在であり、ついには「神」とみなされてよいとする宣長の思想にはとり憑かれ状態の精神のみが体感しうる「響き」をめぐるメタモルフォーシスの形而上学が横たわっており、それはひいてはわが国古典に貫流する主声音である。この声音をオペラ的地平へ運んでゆくまえに、わが国民俗の滅びゆく声の集大成者の言に耳をかたむける。私は民俗学という学問とほとんど関わりのないところで柳田国男の「作品」を読む。ペザントの裔として、おのが先祖の思い出への烈しい郷愁におそわれたあげく、やはり泥棒が目覚めた後に、感謝のとり憑かれ状態で読むのである。ちょうど「野蛮人＝百姓＝田舎者」として郷里の水田に身を浸したとき、ソコに稲作のみでなく、ヘテロなる畑仕事（フィールドワーク）の全貌を幻視せずにおれなかったのと同様の心情で……。

『口承文芸史考』所収「口承文芸とは何か」の中で、「音頭といふものゝ最初の技術」についてふれながら、柳田は書いている。

ちやうど群衆の手振足拍子がよく揃うて、俗に踊がしゆんで来たといふ時刻は、何か新らしい物語をして聴かせるのに、最もよく適した機会でもあつた。それを見て取つて彼等の希望に投じ、又是非とも聴かせて置きたいと思ふことを、踊の調子と合せて長々と説き立てることが、音頭の地位に立つ者の昔からの習はしであつたかと思はれる。今は伝はつて居らぬ神話といふものの話し方も、恐らくは是と最も近いものであつたらうが、踊はたまく〳〵その独自の異常心理によつて、彼に絶えたものを此に永く保存することが出来たのである。

（『定本柳田國男集』第六巻より）

口承文芸の前提条件として声とエコーの響く舞踏の磁場があったことが平明で抑制された文章で語られている。「何か新しい物語をして聴かせるのに、最もよく適した機会」に「今は伝はつて居らぬ神話というものの話し方」を重ね合わせると、われわれの興味関心のマトであるオペラ的磁場が浮上してくる。どんなに「是非とも聞かせて置きたいと思ふこと」でも、「長々と説き立て」られる物語は退屈である。口承文芸の担い手である「音頭の地位に立つ者」たちはそのことを本能的に見抜き、踊りの「しゅん」を利用した。踊りの「異常心理」こそが神話の苗を植え付ける最適の場所であることを知っていた。現代の言語芸術にとっても有効な神話創成法の原型がここにある。ペザントのまなざしから現代詩ふうのイメージを広げてみる。……神話の苗を植えるというふるまいは、条坊制の如く整然と並ぶ優等生の苗の行間に〈雑《ヘテロ》〉なる草を植え直す御田植祭を演じることである。「文」を書くとは、絶えざる〈品種改良〉を経た優等生としての言葉の苗を用いて行を創ることでしかないという厳然たる事実に深く傷ついていない書き手はわかりやすい文法破壊者となる道をえらぶだろうが、われわれ「文」のペザントが幻視する神話空間は行の間に誕生する。新手のスノビズムの信奉者にすぎないといわれるのを覚悟であらためて自問する。「文」のペザントとはどんな種族か、と。その主食は稲の行間に生える雑草である稗《ひえ》であり、その祖霊の名を〝稗田のオレ〟という。あくまで主の文法に従って言葉の苗を植える仕事に忠実だが、「異常心理」の底では行間の草で田植えをやり直すという妄想をたくましくしている。すなわち稗田のオレは「しゅん」を見はからって行間を祝祭化し、正書法に支配された言葉の列を無効化し形骸化させようともくろむ。行間の闇は行を創り出すことによってしか見据えられぬというあたりまえの事実に彼は敏感だ。「神話といふものの話し方」の母胎が行間の虚無にあるとしても、「しゅん」はつねに行を反復することからしか生れないという事実に。……P・ヴァレリーの「レオナルド・ダ・ヴィンチの方法序説」の欄外に（まるで流れ星のように！）、私の曖昧きわまるイメージを簡潔にひきしめてくれる定義がある。曰く、〈文《あや》〉とは、〈空《くう》〉への応答、可能態の補充で、いわば、自由を充たし、自由を無用とするものである。

かりにはっきりと伝わっている場合でもあらゆる神話は形骸をさらす宿命を免れえない。その神話を産み出した言霊(＝行間の闇に跳梁する謎のスピリット)への感受性だけが形骸(＝行として立ち並ぶ正なる言葉)にイノチを吹き込むことができる。柳田の文体がそうした感受性によって支えられていなければわれわれは彼の全集に盛られたおびただしい話にただ退屈する他ない。しかしそれは、反復の問題に接続している。ここでは柳田が民俗という衣裳をまとった言霊の収集家であったこと、彼自身の言葉をかりれば類まれな「音頭の地位に立つ」翁であったことを確認しておけば足りる。彼が収集した民俗譚を語る主体もまた稗田のオレであると私は曲解する。

「異常心理」を母体とする神話の誕生について、滅びゆく声とエコーを「永く保存すること」に成功したコレクターにきいた後は、「音楽の精神からの」というサブタイトル付きの書――『悲劇の誕生』の作者を召喚してみよう。「憑かれた状態にするということは、いっさいの劇芸術の前提である」と、われわれ好みのアリアをうたいつつ、F・ニーチェは次のように書いている。


ディオニュソス的に興奮せる全大衆の象徴であるギリシア悲劇のコ、ー、ラ、ス、は、こう理解することによって完全に説明されるのである。われわれは、近代の舞台におけるコーラスの地位、ことに歌劇のコーラスの地位に慣れて、ギリシア人のあの悲劇のコーラスがなぜ本来の「所作」よりも古く・いっそう根源的で、否、いっそう重要であるべきか、ということを――このことは、伝承によってじつに明瞭に伝えられてきたのではあったが――理解することができなかった。さらにわれわれは、コーラスが卑しい下僕的な人からのみ成り立つ、否、はじめは山羊のような半人半羊神《サチュロス》からのみ構成されていた理由を、あの伝承されてきた高い重要性および根源性と調和させることができなかった。また奏楽席《オーケストラ》が舞台の前にあることは、われわれには常に謎であった。しかるに今や、われわれの到達した洞察によれば、舞台場面は所作とともに、結局のところ根源的には、ただ幻影としてのみ考えられたということ、唯一の「現実」はまさにコーラスであるということ、なのである。しかもそのコーラスとは、幻影を自己の中から産み出し、そしてその幻影について、舞踏と音と言語という象徴的表現の全部をもって語るものなのである。

(『悲劇の誕生』八、阿部賀隆訳、傍点原訳文)

アポロ的とディオニュソス的という対概念によってニーチェがスリリングに解析してみせたギリシャ悲劇の内実について無知であることを私は隠そうとは思わない。ただ目覚めた泥棒を一時的にも縛りつけておく縄を用意する必要性だけがせり上がっている。後年の哲学者がこの書物をどう否定し去ったかも問わず、また同書を産み出す原動力となった「ワーグナー主義者」ニーチェの去就を詳細に洗うこともしない。引用箇所の種々の用語の学問的せんさくもおこなわない。教養の欠如をさらけ出したまま、与えられた断片のみを素材に縄をなう。断片は稗田のオレにとって、ひっこ抜かれた行間の草のようなものだ。支えになるのは、ニーチェが音楽の毒にあてられた言語芸術の側の巨人のひとりだという周知の事実である。盗賊たちが盗んだものをさらに盗むのです、それよりやさしい方法はありません——とは、ワーグナー畢生の大作『ニーベルングの指環』の序夜「ラインの黄金」にあるセリフだが、桃源郷にある至高の宝を手に入れようとするわれわれもひたすらこの方法に頼るしかないようだ。学問的著作という外観をもつ『悲劇の誕生』の副題「音楽の精神からの」は、音楽の毒がまわってとり憑かれ状態になった精神をふんじばる縄を……という註記に思える。そして音楽の毒がディオニュソス的ならば、この縄がアポロ的であるとわれわれは勝手に定義する。晩年の哲学者は言語芸術の側に留まる者でありながら自ら縄を解き放ち、それを焼き払ってしまった。この「憑かれた状態」を見よ、と彼はうたったが、その声がはたして音楽を超克するものたりえたかどうかわからない。

若き日のニーチェよりはるかに小さなスケールで私も音楽の中の特に声楽にとり憑かれた。私の出自、それに風土性も考慮に入れ、このとり憑かれ状態を、柳田翁の作品世界に親しいキツネ憑きならぬオペラ憑きと命名しておくことにする。すでにくり返したように声楽というところにちからこぶを入れ直し、先にひいたニーチェの思想的演奏の断片をあらためて享受しよう。背景知識が乏しくとも、〈雑〉なる草で御田植祭を決行する如き価値転倒はこの断片にしてすでに見出される。西欧文化圏の埒外にいるわれわれは、すなわち、価値転倒という場合でも、転倒される価値そのものが根付いた試しがない風土に生きるわれわれは、新進気鋭の文献学者ニーチェの洞察に二重の驚異を感じる。「近代の舞台におけるコーラスの地位、ことに歌劇のコーラスの地位に慣れ」るのにもそれなりの歳月がかかるわれわれにとって、これまで「理解することができなかった」という箇所はほっと一息つけるが、次につづく断定は、われわれ自身に何らかのとり憑かれ状態がディオニュソス的泥棒が棲みついていなければ、とうてい理解できない（＝なうことができない）種類の、アポロ的縄である。舞台場面が「幻影」にすぎず、コーラスこそが唯一の「現実」であるとの指摘は、泥棒自身が縄をなっているような衝迫力をもつ。ギリシャ悲劇におけるコーラスが「所作」よりも「古く」「根源的で」「いっそう重要であるべき」その理由は「伝承によってじつに明瞭に伝えられてきたのではあったが」、いわば近代の迷妄によって霧の彼方に追いやられてしまった（わが国の場合は、柳田が書いていたように、神話の語り方ははっきりした伝承として残らなかった）。

ニーチェの指摘をうけ、あわててアリストテレス『詩学』やホラティウス『詩論』をひもとく。コロスもまた俳優の一人であり、全体の一部分でなければならないとアリストテレスはいい、ホラティウスはさらに道徳的な役割を果たすことをコロスに求める。『詩論』にはこう書かれている――「コロス（合唱隊）は俳優の役割をこなし、一人前のつとめをしっかりと果たさなければならない。また、幕と幕のあいだで歌う歌は、主題に役立たないもの、主題に合致しないものであってはならない。コロスは良い人間の肩をもち、親切な助言をあたえ、怒った者を制止し、あやまちを犯しはせぬかと恐れる者の味方でなければならない。コロスは質素な食卓の食事をほめ、恩恵をもたらす正義と法と、町の門が開かれたままの平和を称えなければならない。コロスは秘密を守り、神々に祈りを捧げ、不幸な者には運がめぐってくるように、傲慢な者は運に見捨てられるようにと願わなければならない」（岡道男訳）。

「幻影を自己の中から産み出し、そしてその幻影について、舞踏と音と言語という象徴的表現の全部をもって語る」この本源的コーラスの復権を前提に、夢幻戦慄ならぬ無限旋律をあみだしたのがワーグナーであり、『悲劇の誕生』の背後にワーグナー音楽への熱烈なオマージュに重なる意図があったという言い方も許される。しかしわれわれにとって重要なのは、オペラと呼ばれることとさえ拒否して音楽演劇の構築をめざし、またそれに成功したワーグナーの世界にもニーチェ同様じゅうぶん震駭されたあげく、言語芸術の世界へ帰還するときの身のふり方である。われわれが先に命名したオペラ憑きは、むろんワーグナーが創造した総合音楽劇やロッシーニ、ヴェルディ、プッチーニ等その本流ともいうべきイタリアオペラの毒をも含めた事態だ。かの『ニーベルングの指環』のように、宝はさいごにはかえるべき場所にかえしてやらねばならないが、盗み心にとらわれた「異常心理」にせめて縄をかけてみたいのである。ワーグナーに対して近親憎悪的感情をつのらせ、文字通り追随を許さぬ地平へ歩んでいったニーチェの道程から外れても、泥棒の姿だけは見失わぬように注意する。わが国の風土がどれほど貧弱であれ、文化用語の定義には実感による裏付けが必要だ。真の翻訳には依然として媒介＝巫女が必須なのである。「ディオニュソス的口吻」を柳田のいう「独自の異常心理」と、「悲劇のコーラス」を「音頭の地位に立つ者」と、とりあえず置きかえて理解することは決して不当ではない。踊る阿呆に見る阿呆、同じ阿呆なら……という「音頭」のうながしをわらうのはかんたんだが、実際に、呆れるほど単純な歌詞や踊りの「所作」にカラダごと参加し、田植えふうの「反復」を実行してみない限り、行間の闇に生れる神話を受け入れられる「異常心理」を体感することは不可能である。神話が受け入れられなければ、言葉はエコーをもちえず、言霊を孕めない。反復の阿呆のなかに、近代の「幻影」をふき払う、「現実」＝リアリティが潜んでいる。リアリティを求めて、ルネッサンスにつきものの〈いにしえにかえれ〉音頭を反復の阿呆＝泥棒にうたわせれば、アリストテレスの「文学＝叙事詩・劇」なる原定義もよびおこされる。クラシックの殿堂を支える二本の柱である叙事詩と劇を、教養として読むのではなく、創作者の「幻影」を受けとめてくれる「現実」としてのコーラスとみなす態度が不可欠である。このとき、近代的な意味での古典主義の定義はくずれてしまう。古典コロスは一切を孕むものとしてあり、われわれはそれによって産み出される存在なのである。

興味関心《インタレスト》をつのらせるインテレサントな精神は、所有権《インタレスト》には興味を示さぬがポゼッション（所有）のもう一つの意味「憑依」に深く関わる。憑き物は真にインテレサントな精神にツキモノというわけだ。ここでバルザック的百姓（paysan）とインテレサントを結合させた〝インテレザン〟を、いわゆる快楽主義者のエピキュリアンと対極に位置する種族として――無理を承知で造語しておきたい心持ちにもなる。ディドロやダランベールが編んだ『百科全書』――かかる書物も「文」のペザントは〝百姓全書〟とでも置きかえて読む習性をもつ――の中に設けられた一項「インタレスチング」(Intéressant)の冒頭を引く。

> 一般的な意味において、インタレスチングは無関心の反対物であり、すべて私たちの注意を呼びさまし、私たちの好奇心を刺激するものは、インタレスチングと名づけうる。(中略) 叙事詩または劇詩において、私たちが一つの状況《シチュエーション》をインタレスチングだ、というのは、それが私たちの気にいるから、またはそれが私たちのうちに何か快的な、または不快な感情を呼びさますからだけではなく、それが私たちの精神を宙ぶらりんと期待の状態のうちに保ち、それが、私たちに一つの結果、一つの結末に到達することを望ましめるかぎりにおいてである。
>
> （桑原武夫編訳）

＊

「憑かれた」古典主義を生ききった「文」の人に登場してもらうための最低限の磁場はなんとか準備されたものとしよう。オペラ憑きという憑きもの体験以前にも、私はたとえばS・キルケゴールの著作やJ・ジョイスの小説言語に心魅かれてはいた。だが、私のなかに憑きもの＝コソ泥が侵入する前には、こうした「文」人が大怪盗であることがほんとうにはわからなかった。音楽の毒杯を自らすすんでのみ干し、身も心も奪われ、そして奪われっ放しというのが通常の泥棒だとするなら、大怪盗とは、さらに究極のところで音楽の富を言語の側に奪い返すハナレワザをやってのける者のことである。盗んだつもりが盗まれていたコソ泥の自覚があってはじめて、大怪盗の芸当の何たるかがわかった。

音楽の富を文学世界に奪還するといえば、たちどころに学識コーラスが流れてくるだろう——そんなことはボードレールが、そしてサンボリストたちがやってしまったじゃないか、と。われわれは虚心にこの声に耳をかたむける。あわてて文学史のテキストをひもとくかわりに、たまたま手近にあるT・S・エリオットの「ボードレール」なる短い批評文の中の、さらにたった一行を引く。

He is discovering Christianity for himself;
(彼は独力でキリスト教を発見しようとするのです)

あるいは次の一行でもいい。

He is beginning in a way, at the beginning;
(彼はある意味で、はじめから出直そうとするのです)

引用文の前後は、いわゆる「思想を薔薇の花のにおいをかぐように味わう」感性の論理で固められているが、われわれにはこれらのたった一行で十分だろう。思考や感覚の意識的なレベルよりはるか下層まで貫いてすべての言葉を活性化する「聴覚的想像力」という卓抜な造語をあみだした大詩人の、ひかり輝く思想のシンプルなアリアといっていい。キリスト教はたとえ宗教から切り放されたとしても膨大な文化的累積物として個人の前にある。そのキリスト教をボードレールが「独力で発見」せんとしたと言い切るエリオットは、すこぶる霊妙な逆説に逢着する。真摯な才能が「伝統」を前にして必ず突き当たる逆説に。この逆説への理解がなければ、行間の闇で御田植祭を敢行せんとする徹底した古典主義への道は切り拓かれえない。キリスト教を「独力で発見」することなど誰にも出来はしない、と、ロマン主義者に対立する古典主義者は言うだろうし、そもそも「旧来の陋習《ろうしゅう》」物の典型であるキリスト教を「発見」すること自体ナンセンスだと、あのニーチェなら言うだろう。古典的伝統論者に背を向け、晩年のニーチェにも追随せず、ひとすじの苦しい「逆説」の隘路《あいろ》をゆくと、『悲劇の誕生』の世界から出発しながら特異な言語宇宙を創出した精神にゆき会う。キルケゴールは「独力でキリスト教を発見」した近代最大の才能であり、ジョイスは「独力で小説言語を発見」した極北の巨人である。二人に外見上の相似はほとんどない。「はじめから出直そうとする」いとなみを前者は

「反復」（＝受取り直し）と命名し、後者はそれを「死と再生」というテーマにふうじ込めた。と、図式的にいえばそうなるが、われわれが強調するのは、オペラ憑きを本格的に体験してはじめて彼らの精神の沃野に相渉ることができるという一点である。多数のキルケゴール研究者やジョイス学者の発する――そんなことは……がすでに指摘済み、といったコーラスをさほど気にしないで、できうる限り「独力で……」「はじめから……」のアリアを頼りにわれわれの泥縄オペラは先へ進む。

二人とも、出身風土からいえばどうすることもできない田舎者、いやジョイスふうに書けば「異中者」だった。この事実にこだわるのはもちろんペザントの裔《すえ》である私自身の立場に起因しているのだがそれだけではない。われわれは誰でも「いなか者」どころか、まったくの局外者、いわば「いなかった者」である。ある文明圏の中で生い育つ「異」なる存在が、あたかもその文明の恩沢に浴して「いなかった者」の如くにふるまう。みにくいアヒルの子のようにやがて圏内からの脱出を図る。キルケゴールはこのアンデルセン的パターンにも一線を画した。「異中者」のアヒルはほんとうは美しい白鳥の卵に生れついており、したがってどこかよその場所に「異」が解消するところがある。「井中者」のカワズが田舎を脱出すれば、大海のような美麗な芸術の都が待っている。アンデルセンの実人生の縮図ともいえるこのプロセスをキルケゴールは異化のまなざしをもって眺めつづけた。息苦しい逆説が彼の前に立ちはだかった。

ジョイスはみずからの脱出状況を「自発的亡命」と呼んだ。自発的という形容語に、逆説へのしなやかな感受性が看取される。アイルランド芸術復興運動に与しなかった彼は、偏狭なナショナリズムの圏内から自発的に亡命し、ヨーロッパ中央へ身を移し、そのまま故国にもどらなかった。一見、白鳥の卵に生れついたみにくいアヒルの歩みのようだが、しかしこのアヒルは生れ育った「アヒルの庭」に終生こだわりつづけた。

逆説はどこに棲みなしているのか。「いなかった」者にも似たまなざしを武器に、文化的田舎者が「異中者」でありつづけようとするときの棲家の中に、である。大怪盗は、ヨーロッパ中心部へ盗みに出かけた。われわれの着目するオペラもその盗品の一つであるが、他の品々も含め、逆説のふろしきに包まれている。青年期のキルケゴールはモーツァルトオペラに身も心も奪われてしまった。ジョイスはプロの声楽家に自らなろうとしたほどの熱狂ぶりだった。時代環境からいってワーグナー音楽の圧倒的影響下に育ったと思われるが、流浪の果ての寄寓地から容易に想像されるようにイタリアオペラの〝実践的〟批評家でありつづけた。デンマークのコペンハーゲンやアイルランドのダブリンといったヨーロッパの周縁に生をうけた彼らにとって、こうした音楽の富は中央ヨーロッパ文化のシンボルだった。ふろしきの中の他の盗品に目をやる。ヘーゲル哲学が、ヴィーコ歴史循環哲学が、ダンテがシェイクスピアが……と数えあげればキリもなく、またあらゆる著作家にあてはまる「影響をうけたもの」の平凡な列挙にすぎなくなるけれど、われわれが最後に目をこらす、これらの品々を包むふろしきの逆説性に思い至るとき比類のないものとなる。大怪盗のふろしきそのものの生地はと問われれば、キルケゴールの場合、キリスト教、ジョイスにあっては英語、とそれぞれ位相のちがうものをあげてもさしつかえない。キルケゴールはキリスト教から出発し、キリスト教に回帰した。しかし晩年の彼は、ほんとうのキリスト教はどこにも存在しないし、かつてどこにも存在しなかった、自分の任務は「キリスト教界にキリスト教を導入することだ」と言い放った。田舎者＝異中者のキリスト教をつきつめたあげく、祖霊のバイキングのような戦闘性で、制度としてのキリスト教社会、すなわちヨーロッパ社会の根幹にゆさぶりをかけた。かかるキリスト教はキリスト教の全史において空前絶後であろう。キリスト教を破壊するキリスト教、キリスト教の全歴史を葬り去るキリスト教……それならいっそキリスト教の立場そのものをあとかたもなく葬送してしまえばいいではないか、と超人のアリアをうたうニーチェ思想にむけても、苦しい逆説的立場が強調されねばならない。ジョイスの作品が書かれた英語も同じ立場に立たされている。ケルト人の末裔である作家にとって英語は「習得された言語」であり、母語を簒奪《さんだつ》した者らの言葉である。いわば巨大なペザント国家出身のジョイスはしかしケルト語では書かなかった。大怪盗は簒奪者らの巨大なお屋敷にしのび入り、富をふろしきに織り込んだ。ジョイスは英語で書き、そしてついにはその英語を破壊したというジョイス学者らのコーラスをわれわれはここで神妙に拝聴する。『ユリシーズ』中のジョイス自身のアリアをもじっていうなら、彼が作品を書いた言語の歴史は彼がそれから醒めようともがく悪夢のようなものだった、となろうが、逆説を見据える立場から言い直すと、はじめから英語を破壊するという目的を実行しようとしたのではなく、エコーとコトダマを付着させたまま稗田のオレとして書いた結果、つまり〈雑〉なる草で聖御田植祭を実践したあげく、英語として判読不可能な豊穰なる荒《野》に至り着いたのだし、醒めようともがく悪夢がつづいたからこそ『フィネガンズ・ウェイク』のような作品は産出されえたのである。愚読する一巻本のジョイス書簡集より、前後関係も無視したまま、わが眼を衝つ作家二十五歳時の言葉のカケラを引いておく。……really knows and understands the Irish peasant, the backbone of the nation,……

＊

キルケゴールとジョイスを同じ土俵でとり組ませ、何らかの共通する文学思想をひき出すなどという比較文学思想的こころみにわれわれはさしたる期待を抱いていない。正真正銘の田舎者である私の個人的憑きもの体験をふまえ、文学や思想をオペラ的に聴く磁場について少しでも普遍的に語れたらと願うばかりであり、その願いを実現しえた精神をよび出してみただけのことである。『ユリシーズ』第九挿話でひろったDane or Dubliner「デンマーク人たるとダブリン人たるとを問わず」というフレーズなどを口遊《くちずさ》みながら、徹底した古典主義者をめぐる論議をいまいちどむし返さなくてはならない。『悲劇の誕生』でニーチェが明言してみせた悲劇本来のコーラスの重要性――は、あらゆる創作者の試金石ともいうべきものだ。「近代の舞台におけるコーラスの地位」はこの重要性を隠蔽してしまったけれど、それは本来、舞台の「所作」の付属品ではない。エリオットの「伝統と個人の才能」の中の高名なアリアが学識コーラスから流れてくるのを承知のうえで、私はかまわずレチタティーヴォ(叙唱)する。個人としての才能は、芸術の舞台に参入する場合、つねに古典コーラスに伺いをたてねばならない。新しい才能は時代の産物であると同時に、古典コロスによって産み出される存在なのである。この逆説に鈍感な創作者は真の才能と呼ばれるに値しない。われわれのいう徹底した古典主義者とは双面神だ。この「私」の経験に帰着する批評精神が「われわれ」を自称せざるをえないのもひとえに双面的ありようにかかわっている。私とわれわれとの間を自在に往復するとき教養としての古典は消え、代わりに重層的な声が聞こえる。「異常心理」という舞台の上に古典山脈が立ちあらわれ、声はたちまちエコー化する。聖なる苗の間に、ひき抜かれて消えたはずの〈雑〉なる草が幻視されるのはそのときだ。とり憑かれの耳に入るとエコーは言霊に変わる。「音頭」の口からどんなに荒唐無稽な物語が語られても、もはやそれは神話たりうる。群舞するディオニュソスの泥棒に、古典コロスからアポロの縄が華麗に投げかけられるこの舞台こそわれわれのイメージするオペラ憑きのリアリティである。田舎者が異中者とエコーし、あるいは井中者（井の中のカワズ）と響き、やがて居なかった者というコトバまでとり込むといったたわむれを単なるダジャレゲームとして軽視してはならない。言霊とは何かという問いなどに誰もはっきり答えられるはずはないし、答えてもたちまち自足状態もしくは閉塞状態に陥るが、それは〈縁〉を翔ける語のたわむれという外観を呈するものだとはいえる。「文」のペザントは、あらゆる事物を特異な〝縁側《エニシサイド》〟で考えることを好む。日本古典に親しい言葉の〈縁〉にみちびかれつつ、オペラのハーモニーに相当するものが、声・木霊・言霊というサンミイッタイの言葉の桃源郷（＝「どこにも存在しない」という意味のユートピア）セットだと念をおし、キルケゴールとジョイスなる典型的異中者をわれわれなりのやり方でアンサンブルさせてみるのも一興であろう。古典コーラスの山脈にむかってうやうやしく遥拝する彼らはサンミイッタイのコトダマ信仰者であった（私のひとりよがりのいい方ではそうなる）が、その彼らの声はもはやわれわれにとってクラシックコーラスに位置するものとなっている。古典重層山脈への信仰の無いところでは、声は決してエコー化しない。

この段階にしても他の各段階にしても、その特色を私が概念的に述べることのできるのは、いつもただそれが存在するのをやめる瞬間だけのことである。しかしまた、かりに私がその特性をきわめて完璧に叙述し、かつその根底を提示することができたとしても、いつもなにか、私が言いつくしえないが、しかも聞かれることを欲するものがあとに残るのである。それは、言葉のなかに確保されるにはあまりにも直接的なのである。いまパパゲーノに関しても事情は同じである。いつも同一の歌、いつも同一のメロディーである。彼は終わればはじめ、しょっぱなからなんどでもくり返す。

(『あれか、これか』第一部の二、浅井真男訳)

モーツァルト音楽とくにオペラに魂を奪われたひとりの男の手になるモーツァルト歌劇論の一節である。男は「モーツァルトの音楽が私を、感奮させて偉大な行動に駆りたてずに、元来持っていたわずかの分別をも彼のためになくした阿呆にしてしまった」というふうにドン・キホーテ的ありさまを報告している。作者自身のモーツァルト賛歌に重なるとしても、思想オペラの大作『あれか、これか』の登場人物のひとりに語らせているという結構に注意する必要がある。キルケゴールは、あまりに詩人的な、そしてあまりに小説家的な思想家であった。そのオペラ憑き文体は、おびただしい詩や小説ふう断片を孕んでいる。「さかしう聖だつ」境地へおもむかねばならぬ宿命を負ったこの天才も「声にめづる心こそ、そむきがたきことに侍りけれ」のアリアをリフレインする精神の持主だった。詩から宗教にわたる地平に彼は虹のような橋を架けた。『あれか、これか』はその架橋工事の最も秀麗なサンプルだ。出発点の詩の荒野においても終着点である宗教世界においても、ともに問題となったのが「反復」である。例によって、引用文を、一種の演奏として、あるいはアリア、レチタティーヴォとして聴こう。『あれか、これか』全篇（そして彼の全著作）が、あからさまに音楽の手法・形式で書き貫かれているのだから。音楽にイカレタ精神が奏でる定番の言葉がまず置かれるのはいたしかたない。どんなに巧妙に分析しても、音楽的妖精を概念の縄でしばりあげることはできない。かりにできたとしても、そのときには妖精は死んでいる。完璧な語り方が可能な才能（キルケゴールはこの数少ない才能の持主だ）の場合でも「いつもなにか、私が言いつくしえないが、しかも聞かれることを欲するものがあとに残る」と書かれた後にくる「彼は終わればはじめ、しょっぱなからなんどでもくり返す」という一行に注意しよう。すでに聴いたボードレールに寄せるエリオットのアリア「彼ははじめから出直そうとする」をエコーさせてみるのが出発点である。P・ヴァレリーの古典的アリアを待つまでもなく、精神は反復を嫌う。反復が止んで、はじめて精神は目覚める。反復を最大の武器とする音楽に対して言葉はアンビヴァレントな心情に宙吊りにされる。懸垂状態の中で、言葉は着地点をさがす。むろん大怪盗の精神は、例外なく巨大な振幅運動のすえに、華麗な着地の舞を舞ってみせたのである。コソ泥は、音楽とくに声楽に重点を置き、声・木霊・言霊というサンミイッタイの重層物こそが、音楽の反復を言葉の側にひき寄せるものだと言い募る。だがそれは本稿の結論にすぎない。オペラのフィナーレと同じように、結論らしきものが出るときには愉楽の中身が終焉をとげてしまう。もっと演《だ》しものをひきのばして反復を愉しみつつ、同時に反復の絶対的意味をさぐらなくては、と思うがそんな芸当が可能だろうか。たとえば先の引用文の直前には「パパゲーノは探索し、ドン・ファンは享楽し、レポレロはあとから調査する」とある。こんな芸当は音楽にしか出来ない、とため息つけば類語反復的嘆きのアリアになってしまう。日本人の手になる比類のない名著——そうした月並みな反復的形容語をかぶせて反復読書を愉しんでいい小林秀雄の『モオツァルト』から、モーツァルト書簡だとされる一節の、さらに断片を孫引きする。

……後になれば、むろん次々に順を追うて現れるものですが、想像の中では、そういう具合には現れず、まるですべてのものが皆いっしょになって聞こえるのです。

音楽の構想におそわれるときの状況を語った天才モーツァルトの刻印として名高く、今では偽作とされるこの書簡からわれわれがうけとる音楽的富のイメージとはどういうものであるか。「ちょうど美しい一幅の絵あるいは麗しい人でも見るように、心のうちで、一目でそれを見渡します」との一行が引用文の直前にある。一目で見わたせる一幅の絵、「すべてのものが皆いっしょになって聞こえる」一大ハルモニアの殿堂——かかる事態を小説言語に実現させようとしたのがジョイスであった。キルケゴールは「探索」するパパゲーノと「享楽」するドン・ファンと「あとから調査する」レポレロが「皆いっしょになって」登場する思想オペラ『あれか、これか』を創りあげた。私は「私」しか代弁できぬとしても、批評精神は古典コーラスとしての「われわれ」の声に従って「享楽」する「私」を検証せねばならない。すべてのものが皆いっしょになって聞こえる……すさまじいこのオペラ憑きのアリアを反復して聴こう。登場人物の複数の声もコーラスもいっしょになって聞こえる。言葉の世界では「むろん次々に順を追うて現れるものですが、想像の中では」、声→木霊→言霊がいっしょになって受容されること……それがキルケゴールのいう「私が言いつくしえないが、しかも聞かれることを欲するもの」の正体だとわれわれは強引に規定する。たとえば私の敬愛するJ・L・ボルヘスは、作家は先祖の全過去で書かねばならぬとアリアした。先祖の全過去とは古典コーラスのことであるが、モノカキ・ペザントの私がこれまでいささか「我田引水」的に使用して来たこの言葉を、ではジョイスはどんなふうに表現しているか。

……彼の声の中に保護された民族。死せる物音。かつてどこかにあったすべてのものの万有の倉《アカーサ》の記録。

（『ユリシーズ』第七挿話、伊藤整・永松定訳）

「彼（神）を愛し、嘆称せよ……」とつづくこの一節はジョイスの言霊信仰の表白である。万有倉庫は先祖の全過去に重なり、同挿話の「アイルランドの風景の卓絶せるパノラマの中に、我等の魂を沐浴せしめよ……」という宣言の「パノラマ」は尋常の絵画ではなく、研究者にはっきりと偽作だと断言されてなお、われわれにとって捨て難いものとしてこだわるモーツァルト偽書簡に出た、一目で見渡せる一幅の絵の如きものだ。万有倉庫＝古典コーラスの声にジョイスほどイカレタ小説家はいない。それはもはや古典主義者ジョイスという命名によってもおおいつくしえないものである。仕方なくわれわれはニーチェの独自のギリシャ悲劇論をかりて、古典コロスをみちびく他なかった。反復叙唱するなら、声・木霊・言霊なるサンミイッタイの響きがいっしょになって聞こえる耳の持主でなければ万有倉庫を幻視することはできない。そうしたオペラ憑きの耳をもたなければ、次のような文章にあらわれる声の絶対性はわからない。

なんという沢山な墓だ！　ここにいるこれらの死者が、どれも以前にはダブリンを歩き廻っていたのだ。信仰あつき人々だったこの死者たち。君たちが今生きているように我々もかつては生きていたのだ。

それに、あらゆる人を覚えていることはできないだろう。眼、歩きかた、声。うん、声は、できるな。そうだ、蓄音機だ。あらゆる墓に蓄音機を据えつけるか、それとも家に置くといいんだ。日曜日の晩飯がすんでから、死んだ曽祖父《ひいおじい》さんをかけてごらん、……

（『ユリシーズ』第六挿話）

英語圏に「いなかった」われわれは、わけても語学力その他の学識に乏しいこの私は、『フィネガンズ・ウェイク』はもちろん『ユリシーズ』にしても総合的に味読できる自信はほとんどないと告白せねばならないが、しかし少なくとも『ユリシーズ』までの彼の作品を、いや文体オペラを、謎の「蓄音機にかけて」聴くこと——「うん、それは、できるな」とつぶやくことは可能である。私のイメージする蓄音機とは、声・木霊・言霊がいっしょになって聞こえてくる装置である。『フィネガンズ・ウェイク』を全的に理解する「ことはできないだろう」、おそらく何人にも。にもかかわらずわれわれはジョイスを読む。彼は、声・木霊・言霊を孕んだ言葉で書きつづけた。大怪盗は大暴れを演じ、ついに一切の捕縛の縄を破って逃走した。サンミイッタイの言葉は、英語という枠組を外して暗黒舞踏をくりひろげた。ニーチェの『ツァラトゥストラはこう語った』や『この人を見よ』が超人思想を表現したのにならえば、晩年のジョイスは『声・木霊・言霊はこう語った』や『この言葉を見よ』とタイトルしてよいような書物を創り、「超・言葉の思想」を描いてみせた（文学思想の小心者である私個人は、これまでも示唆してきたように、晩年より初期中期のニーチェが、『フィネガンズ・ウェイク』よりも『ユリシーズ』までのジョイス作品が好きであることを隠そうとは思わない。キルケゴールの場合も、either, or のいずれかの選択ではなく、選択の幅そのものを多声的に描破した『あれか、これか』が私の最愛の書である。大怪盗たりえぬ者は――ディオニュソス的泥棒の跳梁を存分にゆるしてやらねばならないが、また、最後までソレを縛るアポロの縄をなうことを忘れるべきでない、とつぶやく他あるまい。泥と縄、縄と泥――それがわれわれの譫言《うわごと》である）。「かつては生きていた」人々――先祖の全過去で書こうとするジョイスも「あらゆる人々を覚えていること」などできはしない。そこで声にこだわった。ジョイスが描破する声は「言いつくしえないが、しかも聞かれることを欲するもの」である。こうした声とその響きへの感応はあのボードレールの「万物照応」を教養語として想起したりしても十分には理解できぬ気がする。やはり唐突なようでも我が国固有の声音をひきあいに出したほうがいいだろう。この国でのオペラ憑き第一号ともいうべき作家永井荷風はエッセー「鐘の声」の中で「西行も、芭蕉も、ピエール・ロチも、ラフカヂオ・ハアンも、各《おのおの》その生涯の或時代において、この響、この声、この囁《ささや》きに、深く心を澄まし耳を傾けた。しかし歴史はいまだかつて、如何なる人の伝記についても、殷々《いんいん》たる鐘の声が奮闘勇躍の気勢を揚げさせたことを説いていない」と書いている（岩波文庫版『荷風随筆集（上）』）。「むかしの人々と同じような心持で、鐘の声を聴く最後の一人ではないかというような心細い気がしてならない」という作家の耳は鐘の声に声・木霊・言霊を聴いていたのである。『源氏物語』の中でも特に私の好きな巻「総角《あげまき》」かられいの如く突然の古典コーラスを引く。「雪の、かきくらし降る日、ひねもすにながめ暮らして、世の人の、すさまじきことにいふなる、十二月《しはす》の月夜の、曇りなくさし出たるを、簾垂《すだれ》まきあげて見給へば、向ひの寺の鐘の声、枕をそばだてゝ、『今日も暮れぬ』と、かすかなる響きを聞きて……」――断腸亭主人が耳をそばだてたのと同じ鐘の響きだ。この余韻にわれわれは『ユリシーズ』第九挿話の Bells with bells with bells aquiring.(「響き合う鐘と鐘と鐘」)という一行を重ねたうえ、さらに次のような一節をもエコーさせてジョイス的蓄音機の操法に習熟したつもりになる。

空中高くキイキイと軋る音と、そして重々しいブンブンという音がする。聖・ジョージ教会の鐘だ。時間を知らせて鳴る、高い陰気な鉄の音だ。

Heigho! Heigho!
Heigho! Heigho!
Heigho! Heigho!

十五分前だ。次のは、空中に響くその反響だ。三度の鐘の音が。

(『ユリシーズ』第四挿話)

＊

「昔の人々と同じような心持で」声を聴くことができた小林秀雄による『モオツァルト』は、精神がしりぞけ、その沈滞からの「亡命」を図るような種類のくり返しや重複ではなく、絶対的意味をもつ反復への洞察に貫かれた書物である。そこには、たとえ数百篇の詩作を実践した（私はその凡手の一人だ）ところでとうてい到達しえぬ詩的直観が紡ぎ出す純粋アリアがいくつも登場する。

ヴァイオリンが結局ヴァイオリンしか語らぬように、歌はとどのつまり人間しか語らぬ。モオツァルトは、ほとんどそう言いたかったのかもしれぬ。

彼は、人間の肉体のなかで、いちばん裸の部分は、肉声であることをよく知っていた。彼は声で人を占うことさえできただろう。

声の万能占い師モーツァルトを語る小林の筆致は冴えわたっている。われわれがすでに執着してみせた音楽と言語芸術のボーダーに小林もおり立つ。いかがわしいと指弾される宿命をもつ易学占星術にとり憑かれた体験の主である私の方は深く満足しつつ読むのだけれど、われわれが不満というより一種の不安を抱かされるのはたぶん、『モオツァルト』の著者の位置が音楽の側に寄りすぎているという、言葉の側にとり残された者のいくぶん被害妄想的な感触に起因する。「ダ・ポンテはモオツァルトに不思議なシンフォニイを書く機会を与えた。というのは、ここに肉声というすばらしい楽器が加えられたということであり、何も『ドン・ジョヴァンニ』という標題を有し、『ドン・ジョヴァンニ』という劇的思想を表現した音楽が現れたというわけではない」。こうした小林の物言いは、モーツァルト音楽の批評として鋭い正論である。「音を正当に語るものは音しかない真理」もまたしかり。小林の受け売りを写せば、モーツァルトのシンフォニーの最初の大解説者はワーグナーであり、その評言によると「楽器主題の異常に感情の豊かな歌うような性質にある」、つまりモーツァルトの楽器はまるで肉声が歌うように聞こえるという点に最大の特色がある。差異線は至るところに引かれる。たとえばモーツァルトとワーグナーそれぞれの音楽の間にある差異は小さくないはずだが、ベートーヴェンやモーツァルトと括った場合のドイツ音楽とヴェルディやプッチーニ等のイタリアオペラとの間のそれよりは大きくないだろう。思考の差異線をどこに引くかはむろん各自の自由だし、つつましく上品で〝思想的な〟深みを湛えるドイツ音楽と比べれば、常軌を逸したとまでに感じられる大仰なパッションに満ちたイタリアオペラの擁護はスタンダールやジョイスに一任すれば足りる。そうした興味深い差異について音楽的に立ち入る論議をするのは本稿のテーマからそれる。私としてはただすこぶる大雑把な差異線を引いておきたい気がする。器楽が人並みに好きだけれど、器楽のみの世界にあって泥棒の目覚めを感じることはめったにないと……。音楽史に無知な私は、たとえば、ドイツにおいて完成の極点に達したシンフォニーの源流がオペラの序曲であったという断片知識に接しただけで今さらのように首肯する。この音楽史的事実が私は気に入った（「いまさらのように驚くのはよいことである」は、極私的ルネッサンスを鼓舞する小林秀雄の名アリアだ）。そもそも交響楽はギリシャ悲劇にまでさかのぼる肉声芸術のイントロダクション音楽にすぎなかったと、シンフォニーをおとしめることに眼目があるのではない。「歌はとどのつまり人間しか語らぬ」「人間の肉体のなかで、いちばん裸の部分は、肉声であること」。小林秀雄のこの見事なまでの直観のアリアを、言語芸術の側は音楽との共有財産ともいうべき原点として認識すべきだと主張したいだけである。声・木霊・言霊がいっしょになって流れ出る蓄音機を備えつけた精神には〈楽器というすばらしい肉声〉も矛盾した表現にうつらない。モーツァルト器楽の「歌うような性質」を洞察しえたワーグナーは、〈楽器というすばらしい肉声〉を本源的コーラスとして響かせえたが、その神話的肉声の無辺際性に誰よりも強く感応した作家こそジョイスだった。『フィネガンズ・ウェイク』に着手した頃の作家は、万有倉庫という無辺際の蓄音機の操作に乗り出した。矛盾表現などはもはや問題にならなかった。それどころか、言葉に歴史的に根拠の或る重層的な矛盾を孕ませながら小説を書いた。一つの単語にはたいてい多義性がある。時代によって、また国によって同一語源でも多種の語義を孕む。当たりまえの事態である。だがジョイスはこの多義性を殺さずに、彼のいう「重ね塗りの仕事」を断行した。〈雑〉なる草を抜きとらずに正なる苗を植えつけようとした。あたかも、多種の楽器が同一パートを演奏すると き同時に鳴るように、その楽器のように書こうとした。「まるですべての語義が皆いっしょになって聞こえるのです」と、モーツァルト偽書簡をまねていえば、そうジョイスも叫びたかっただろう。『モオツァルト』の一語をかりるなら「精神生理学的奇蹟」と呼ぶしかない事態がジョイスをも襲撃した。

ジョイスのワーグナー受容に関しては作品の中にいくつかの言及があるようだが、以下は影響うんぬんの話ですらない。ジョイス学にうとい私は、この作家がどういうものからどの程度影響をうけているかの精密な研究（ジョイスのような小説家の場合そうした詮索が必要になることはやむをえない）に通暁していない。ただ、オペラ憑きとなった実感だけを頼りに、単なる連想を書いてみようと思う。学識コーラスからどんな指摘が流れてくるかわからないが、要は、共通する思想の摘出などではなく、声・木霊・言霊をめぐる何らかのハルモニアを愉楽できさえすればいい。私の連想というのはもったいぶるほどのものでなく、モーツァルトの手紙の中でも特に名高い、いわゆる「ベーズレ書簡」を読んだとき、それが『フィネガンズ・ウェイク』の原型あるいは雛型のように思えた、というただそれだけのことである。訳者を苦しめる一連の手紙のひとつ、一七七七年十一月五日付の冒頭を引く。

最愛のベーズレ、ヘーズレ！

なつかしい手紙、たしかに入手——（窮死）しました。叔父上——（うまうえ）とバース令夫人——（兎夫人《ハース》）とあなたがお元気——（お天気）の由知りました——（きりました）。ぼくらも神様のおかげで健康——（犬公）です。今日パパ——（ハハ！）——の手紙——（ゆがみ）——たしかに落手——（落下）。あなたもぼくのマンハイムから出した手紙——（滴水）——を受けとった——（はぎとった）——ことと思います。結構、構結！　さて何か面白い話。司祭さんが——（野菜さんが）——また卒中された由、残念です。どうか神様のお力で——（おしかりで）——それ位でとまるよう——（豚丸よう）祈ります。あなたは小生が——（厚生が）——アウグスブルクを出発する前に約束したことを堅くまもる、それに今に——といってくれますが、ぼくはとてもうれしく——（くやしく）——思います。その上、あなたは書いているぼくに、いう、打ち明ける、聞かせる、知らせる、言明する、宣明する、願望する、熱望する、希望する、意欲する、正にせんとする、命ずる、予告する、報告する、報知する、知らしめる——肖像を送れと——合点だ、ぬからず——（ぬかるみ）——送りますよ。もちろん、神かけて、君の鼻に糞。

（『モーツァルトの手紙』吉田秀和編訳）

（後略）

『フィネガンズ・ウェイク』はたんなる駄洒落や地口の文体で書かれているわけではないことはいうまでもなく、したがってこれらの引用の言葉自体を指してジョイス的というつもりもないのだけれど、語呂合わせや無意味な語音の付け加え、同語反復や同意語の積み重ね、さらには語順の入れ換えや逆さ綴り……といったベーズレ書簡に流れる声とエコーが後期のジョイス文学と無縁のものとは思えないのだ。私の連想は、すこぶる霊妙な翻訳装置をくぐり抜けて走らなくてはならない。ベーズレ書簡が『フィネガンズ・ウェイク』に影響を及ぼしているかどうかの事実（おそらくそんなものはないだろう）についてはほったらかしたまま、まず、それ以前の復活神話『ユリシーズ』のカケラを故人の骨のようにひろう。新聞記事の文体で書かれる第七挿話にK・M・AとK・M・R・I・Aという二つの見出しがある。前者は「俺の尻をなめろ（kiss my arse）」、後者は「俺の貴きアイルランド人の尻をなめろ」だ。かつてジョイス文学最大の理解者E・パウンドは、作家の強迫観念について〈審《イー》美学的《スセティック》〉をもじって〈尻美学的《アースセティック》〉といった。音楽に興味を持たぬ詩人は「悪い詩人である」もしくは「悪い詩人になる」と書いたパウンドだったが、晩年のジョイスのとり憑かれ状態にはさすがに一線を画す他なかった。われわれのみるところ、dirty Dublinをなめ尽くすのはジョイスの華麗多彩をきわめる文体そのものである。古典コロスの声を聴きすぎて物語作家としての分別をなくしたキホーテの如き人物がかかげた見出しの背後に、「道化が一人いて、そいつはよく跳ねるが、ぼくのように書くわけではありません。ぼくと来たら、豚がおしっこするように書くんだから……」という、脱糞や放屁をまるでライトモチーフみたいに反復的話題にする少年モーツァルトの手紙の一節を重ねてみるのは悪くない。連想ははてしなくつながるが、第九挿話のこんな一節はベーズレ書簡的感性への激励のコトバといってもいいのではないか――「お前は大へん、うまくやってのけたぞ。神学的論理学的言語学的の混合物をただ混合するがよい。Mingo, minxi, mictum, mingere.(小便している。小便した。小便したる。小便する)。

さて次の作業は以前に引いた「まるですべてのものが皆いっしょになって聞こえるのです」の偽手紙からただちにモーツァルトオペラのポリフォニーを想いおこし、そのうえで、ベーズレ書簡はモーツァルト音楽の多声性が天使的なおさなさで言葉の次元に発露したものなのだと受けとり、一方、『フィネガンズ・ウェイク』にも「いっしょになって聞こえる」高度な文学的ポリフォニーが横溢するが、原型をさがすまなざしでみればまさしくベーズレ書簡と同質の天使的児戯の要素があるとみめることである。「後になれば、むろん次々に順を追うて現われるものですが、想像の中では、そういう具合には現われず」というその「想像の中」と同じことがモーツァルト音楽の中では実現された。つまりベーズレ書簡の混乱・脱線・無秩序の世界はひとたび音楽に変えられれば完全なハーモニーにメタモルフォーズした。ところが文学にあっては、いくら「想像の中」そのままを実現しようと志しても「すべてのものが皆いっしょになって聞こえる」といった事態は悪夢に終始する他ない。「次々に順を追う」ことをやめ、同時的ハーモニーがいっきょに現出する瞬間は言葉の世界に求むべくもない。しかしジョイスはこのオペラ的桃源郷いや魔境を紙の上に求めてドン・キホーテの歩みを敢行した。先年刊行された『フィネガンズ・ウェイクⅠⅡ』の訳業をたたえて、ほんの一断片だけでも写してみたい。


声大喝采合切再度《せいだいかっさいがっさいさいど》！

というのもいまのは大気を清める者の天上からの声、ごろろん瑩敏《えいびん》どんだん墳然《ふんぜん》と下界のぶるるん瘞歎《えいたん》がくびく墓迁然《ぼうぜん》の地へ届いたからで、その発響現象《はっきょうげんしょう》によって音響拡大《おんきょうかくだい》され、大地《だいち》に住《す》まう不祥者《ふしょうもの》たちはみな、嚢天《のうてん》から褄《つま》っ先《さき》まで、ト怖畏《フィ》ードルディー、跿浮《トフ》ィードルダムとばかりに、地震喪失《じしんそうしつ》してしまった。

声大《せいだい》なる神《かみ》よ、聞《き》きたまえ！

声大なる神よ、どうか聞きたまえ！

（柳瀬尚紀訳）


これを読むとき必要なものが、ベーズレ書簡の背後に「いっしょになって聞こえる」――それと同質の何かであること。われわれの言葉でその何かを反復断言してしまうなら、声・木霊・言霊というサンミイッタイの響きに他ならない。ベーズレ書簡にみなぎる祝祭的「異常心理」をもってジョイス語の響きに感応してみよう。「声大なる神」を『ユリシーズ』に出た万有倉庫と解しても許されるだろう。音頭取りのうながしでわれわれも唱える。「声大喝采合切再度」と。ジョイスの原典から外れてもかまわず、「再度」に浄土、極楽の「西土」を、そして衆生を済いネハンに渡らせる「済度」をエコーさせつつ躍るわれわれのふるまいはすでに「発狂」＝「発響現象」である。「不肖者」＝踊る阿呆＝オドルデクである私は「かつては生きていた」「不祥者」の声を万有倉庫にさがす。倉庫自体が巨大な蓄音機であったことに「今さらのように」気づいて「大気を清める者の天上からの声」をかける。古典コーラスが流れてくる。卑小な私は畏怖するけれども、「声大喝采合切再度」を唱えながらの舞踏の只中で、畏怖はふいに「怖畏」と逆さまにもなる。「喝采」も湧きおこるオペラの磁場で、再度、西土、済度、アゲイン、とさらに喚《おら》ぶ。おびただしい稗田のオレたちが創り出したなつかしい故地にいきなり帰れば、その喚びは、さしずめ「声ヤ声ヤ、反復の踊りだあ！」といったところか。むろん〝セイヤセイヤ〟が〝井蛙〳〵〟もしくは〝粗野〳〵〟だとしてもいたしかたないのである。

＊

何しろ、ぼくはオペラの話しかききたくないのです。ただ劇場にいて、声をきいていれば、――ああ、それだけで、もうまるで夢中になってしまうのです……　（一七七七年十月十一日付）

オペラを書きたいという、ぼくの願いをお忘れにならないでください！　オペラを書く人だときくと、どんな奴でも羨ましくなります。アリアをきいたり、みたりする毎《ごと》に、悲しくて泣きたくなります、でもイタリア・オペラで、ドイツのじゃありません。それもオペラ・セリアで、ブッファじゃありません！

（一七七八年二月四日付）

こうした率直な願いはそっくりそのままオペラ憑き（＝オペラ好き）の「文」人にもあてはまるものだった。ただ「声」さえ聞いていればもうそれだけで！　キルケゴールにもジョイスにもこの至福の叫びをくり返す歳月があった。「文」の人の場合の「声」はエコー・言霊が「いっしょになって」いるものであるから、「羨まし」さはいっそう切実だ。「文」の世界でのオペラは、沈黙の音楽とならざるをえないのだから、「アリアをきいたり、みたりする毎に、悲しく泣きたくな」る心持ちにはモーツァルトとまったく別種のものがはりついている。「私は文体にのみ興味がある」というジョイスの有名なセリフにも、われわれの耳には「ぼくはオペラの話しかききたくない」の反響が感じられる。彼にとって、オペラ憑きを「文」の世界で踊らせる唯一の「音頭」が文体だった。声・木霊・言霊を満載した語を、あらん限りの文体の中に織り込むこと。そのために英語が「文法的傍若無人」（ボルヘス）の状態に陥ろうと知ったことではなかった。いや、それこそはひそかに願っていたことでもあった。「このオペラで、スティーヴン、最も素晴らしいところだ。お聴き」（『ユリシーズ』第二挿話）といった語りかけはジョイス作品のいたるところにエコーするオペラ憑きの文体だが、その「最も素晴らしいところ」は「文」の世界にあっては音楽ほどわかりやすくはない。『ダブリン市民』所収の短篇「痛ましい事故」の主人公ジェイムズ・ダフィー氏について作家は書く「彼はモーツァルトの音楽が好きだったので、時々オペラやコンサートに行った。これが彼の生涯の唯一の気晴らし《ディシペーション》だった」。このディシペーションを作家が少なくない年月共有したであろうことは想像できるのだけれども、じつに四百種以上にものぼる歌が反響しているという『ユリシーズ』第九挿話中の、たとえばこんなひとくさりになればどうか。

Bound thee forth, my booklet, quick
To greet the callous public,
Writ, I ween, 'twas not my wish
In lean unlovely English.
(我が小さき本よ、
行きて厚顔なる公衆に挨拶せよ。
痩せて見すぼらしき英語にて書くは
我が願いにはあらざりしを。)

歌か、詩か、ジョイスの自作なのか、誰かの文体のもじりなのか(それとも直前に出てくる「ジュバンヴィルの本」やハイドの「コノートの恋の歌」中のフレーズなのか?)、註記も見当たらないので私には皆目見当がつかないけれど、確認しておくべきなのは、ジョイス作品中の「最も素晴らしいところ」さえ、「汚辱に育まれた音楽」(『フィネガンズ・ウェイク』)とならざるをえなかったことだ。田舎者=異中者の一種の復讐のアリアは壮絶をきわめたのである。引用の詩歌もどきの前半は、キルケゴールがうたったものとしても読める。彼は「小さき本」のほとんどを偽名で刊行した。ここで再び

『モオツァルト』をひらき、「彼は、音楽の世界で、スタンダアルのように、たくさんの偽名を持っていたとも言えようか。モオツァルトという傀儡師《かいらいし》を捜してもむだだ。偽名は本名よりも確かであろう」という小林節に聴き惚れておくのもよい。「厚顔なる公衆」とのたたかいにキルケゴールの晩年は費やされたのだったが、彼の場合はジョイスとはちがい、母国のデンマーク語で書くことが特別な意味をもった。彼の時代、知識階級はフランス語やドイツ語を主に使用していた。彼はアンデルセンと並んで、他ならぬ母国語、「痩せて見すぼらしき」デンマーク語を用いて世界に通用する文学思想世界を創出したはじめての人だという位置づけさえ許される。「でも、デンマーク語で書くのであって、ドイツ語なんかじゃない！」モーツァルト書簡のくちぶりで彼はそう叫んだにちがいない。

それにしてもふしぎなのはモーツァルトの手紙の引用の最後「それもオペラ・セリアで、ブッファじゃありません」という言葉である。ここにいうセリアが、serious fiction（純文学）などという場合のシリアスと関係があるのかないのかわからぬが、ブッファは大衆受けする喜歌劇を指すらしいから、それと対照的な、主に宮廷などで演じられる伝統的なオペラのことと一応理解したうえで、さてそれではモーツァルトを不朽の芸術家たらしめている三大（四大でも六大でもいいが）歌劇などはどちらなのか。途方もない逆説的奇蹟とでもいうしかないけれど、『フィガロの結婚』も『魔笛』もキルケゴールが唯一絶対の存在としてオマージュをささげた『ドン・ジョヴァンニ』も、ブッファに分類される。『あれか、これか』第一部のモーツァルト狂の男に作者は「『フィガロ』も『ドン・ファン』も、モーツァルトの手から出てきた形では、オペラ・セリアに所属するということは注目すべきこと」と書かせている。これに対し「正しくはオペラ・ブッファ。ここでオペラ・セリアと言っているのは、本来のオペラのジャンルをさすのではなく、作曲されていないせりふのない、いわゆる通作オペラをさす」という訳注がついていて、わかったようなわからないような心持ちになる。けれど識者の指摘を受け入れながらも、われわれが読むときの力点は「モーツァルトの手から出てきた形では」に置き、さらに「モーツァルトの志の内部では」と深読みする。三大歌劇と呼ばれるオペラはたしかにどれもブッファであった。

『ロッシーニ伝』なる大著をものしたかのスタンダールは自伝『エゴチスムの回想』で「私が生涯において情熱をこめて愛したのは、チマローザ、モーツァルト、そしてシェイクスピアのみである」（冨永明夫訳）と断言したが、同自伝第七章には次のような一行もある。

……私の大きな関心はそのころやはりオペラ・ブッファにあった。　（傍点原訳文）

モーツァルトが若年の頃より書くのを夢見たオペラ・セリアの成功作で私が反復鑑賞しえたのは初期作品の『イドメネオ』とスタンダールがそのさいごのシーンを涙なしではみられないと評した最晩期の作品『皇帝ティートの慈悲』くらいしかない。『あれか、これか』の男が『フィガロ』や『ドン・ジョヴァンニ』をついついセリアであると思い込んだ――そう誤読する方がまだしもわれわれにはわかりやすい。とくに『ドン・ジョヴァンニ』の場合、ブッファでありながらセリアの要素を大幅にとり込むという自己矛盾的様相が濃厚なのでなおさらそうだ。神話に取材する荘厳なセリアの分野で仕事をするのを望んだ芸術家が大衆喜歌劇を「くだらないもの」とみなす、その態度は、serious fictionの立場に立つ誰にとってもごく当たり前である。逆説的奇蹟は、ブッファという「くだらないもの」を形式にして、従来のセリアを超える至高の内容を盛り込んでしまったところにある。「痩せて見すぼらしき」ブッファ形式にて書くは「わが願いにはあらざりしを」――ジョイス節でモーツァルトの偉業をうたえばそうなる。庇《ひさし》を貸して母屋を取られる式にいうと、声楽史はモーツァルトにブッファを貸してセリアの魂を盗られたのであるが、いずれにしろ、この辺の事情を音楽学的精密さでのべるのは私の任ではない。『あれか、これか』の男同様、「自分には音楽のことはなにもわからないことをよく承知しているし、私が素人であることはいさぎよく承認するし、私が音楽理解者という選民に所属していないこと、私が、せいぜい異常な抵抗しがたい衝動にうながされて遠方から門のところまでやってきたが、それ以上先へ進めない」立場にいるからだ。「音楽理解者という選民に所属していない」という言葉は、われわれ好みの田舎者＝異中者＝「所属していない」者のこだわりのアリアである。男を襲った「異常な抵抗しがたい衝動」を説明できるのもブッファとセリアをめぐるモーツァルトの畏怖すべき（ジョイスふうにいえば、怖畏ええええ！　と叫びだしたくなるような）芸当しかない。『ドン・ジョヴァンニ』を評したスタンダールの卓抜な一語「耳におけるシェイクスピアの恐怖」がキルケゴールにもジョイスにもとり憑いた。この憑きものと共に、うたい踊りつつ「異常心理」を利用して独特の神話を語るのが彼らの究極の願いだった。ジョイスの場合、ホメロスの神話を二十世紀において、しかもヨーロッパ中央からすれば田舎の小都市を舞台によみがえらせんとした。キルケゴールにあっては、神話でなく、文字通り神の、真正の神の話を「厚顔なる公衆」につきつけるのがねらいだった。われわれはもはや、オペラという言葉を音楽的地平から解放し、あのギリシャ悲劇のコーラス同様、根源にまでさかのぼる意味を付与してかまわないだろう。「作品・仕事《オペラ》」の原義を出発点に据え、オペラ憑きに正常に「作用《オペレート》」してもらって「異常心理」をかもし出す「助け《オペラ》」となってほしいと切に願うのだ。オペラポゼッション＝オペラ好き＝憑きの精神とはまた「作品・仕事」好き＝憑き、「作品・仕事」にとり憑かれた精神の謂でもある。キルケゴールやジョイスの作品と人生には「声大なる神」の「助け」が降臨した。古典フレーズふうにいうなら、神が彼らのうちに働き（operatur）給うたのである。

最初の長篇小説の中で、ジョイスは主人公スティーヴン・ディーダラスのやわらかな少年心理に寄り添った文体でこう書く。

……神様というのは神様の名前で、これはちょうどぼくの名前がスティーヴンなのとおんなし。デューというのはフランス語の神様で、だからこれも神様の名前だ。だからだれかが神様においのりしてデューといえば、神様にはすぐに、おいのりしてるのはフランス人だなということがわかる。しかし、世界じゅうのさまざまな国語みんなに神様のためのべつべつの名前があって、そして神様にはおいのりしているみんながべつべつの国語でいうことがわかっても、それでもやはり神様はいつもおんなし神様だし、神様の本当の名前は神様だ。

（『若い芸術家の肖像』第一章、丸谷才一訳）

たわいのない内容だが、おそらく原文には例によって文体の音楽が流れているのだろう。こういう幼い「意識の流れ」にも、ベーズレ書簡と同質の感性がひそみ隠れている。オペラ憑きの何たるかを理解したものには、スティーヴンの「神様」論議は、声・木霊・言霊によってなされていることが看取できる。同じ章に登場するケイシーさんなる人物の叫び「アイルランドに神様はいらない!」「アイルランドには神様があんまり多すぎる」に、日本人であるわれわれは胸衝かれる。「いなかった者」であるがゆえにキリスト教の単一神がうまく想像できないように感じられるばかりでなく、八百万《やおよろず》の神々の在す echoland(こだまの国)に棲む者同士の親近感があるからだ。英語圏の人々が、喜怒哀楽の折々に洩らす Oh, my God! とか Jesus Christ! の感嘆詞の実質がわれわれにわからないことはいうまでもないけれど、オペラ憑きの echoland にあっては、たとえば Oh, my Mozart! とか Amadeus! などをかかる感嘆詞がわりに、そう一種のノリトとして新しく使ってみることさえ可能である(モーツァルト信者の誰もが、この心持ちを共有してくれるだろう)。文学はついに「おいのり」にきわまるものといっていいが、ジョイスが『フィネガンズ・ウェイク』で断行したのは、「世界中のさまざまな国語」の同時併用によるノリトであった。モーツァルトオペラなら、そんな芸当も朝飯前だ。しかし「文」に音の助けはない。現出させるのは「音のない光明」(『ユリシーズ』第二挿話)の世界である。そこで確認のようにつぶやかれるセリフは、

……神よ、私は此処でたのしげな声を立ててはいけないのでした。(『ユリシーズ』第六挿話)

である。モーツァルトオペラから、真の「おいのり」の作者が学べるのは、やはり、セリアとブッフ

ァをめぐる魔術的転倒の中にある。われわれなりの言葉でくくってしまえば、その転倒劇の中心主題とは、『フィガロの結婚』ならぬ〈聖俗の結婚〉に他ならない。『ドン・ジョヴァンニ』中の、あの「カタログの歌」などは、かかる聖俗婚姻の典型的サンプルである。いったいこれほど下卑た、猥雑きわまる（が今日ではいかなる演劇的衝撃力も持ちえない）詞がこれほど蠱惑《こわく》的な音楽でうたわれたためしがあったろうか。ものにした女を、〈イタリアでは六四〇人、フランスでは五三〇人、……そしてわがスペインでは、はやすでに一〇〇三人〉と数えあげ、〈スカートをはいたのなら、どんな女でもかまわない〉とつづくレポレロのアリアを耳にしたときの、十九世紀半ばの田舎都市に生きた精神の天才の困惑にみちた「異常な抵抗しがたい衝動」のありさまをわれわれはしばし想像してみなくてはならない。『あれか、これか』の男は、このレポレロのアリアを「ドン・ファン本来の叙事詩」とみなして分析をつづけている。ジョイスの時代ははるかにわれわれに近いし、彼の音楽的震源地はワーグナーであろうが、しかし〈聖・俗の結婚〉劇は彼のメインテーマでありつづけた。しかも二つの極みはそれぞれ「異常心理」によってデフォルメされた。荘厳なワーグナー音楽の「聖」にも、かなしみの領域にまで高められるモーツァルトの「たのしげな俗」にも、ジョイス文学は「じしんそうしつ」のノリトをあげる。自信喪失と受けとらせておいて、じつは音楽的震源地をなみしてしまう「地震喪失」（『フィネガンズ・ウェイク』）を宣言するのだ。

機会は沢山あるだろう。俺に女を一人まわわせ。交尾の季節に。神よ、涼しきさかりの時を彼らに与え給え。そうだ彼女と雉鳩のように接吻せよ。

（『ユリシーズ』第一挿話）

訳者の親切な註記によって、この「さかり」うんぬんの「おいのり」の部分にシェイクスピア『ウィンザーの陽気な女房』中のセリフが反響していることを知らされたからいいものの、ファン心理を共有する者にとっても「現代」の置かれた文学状況にただ吐息するしかないくだりである。この書物がある種の人々の眉をひそめさせたのも無理からぬところだ。神への呼びかけとともに、かくも下品な文句を置くとは！ 詞の背後に鳴っている無音の文体ハーモニーが感知できなければ、「カタログの歌」の詞同様、さえない「劣情」を刺激する文言以外の何ものでもない。一人の広告取りをめぐる二十世紀「本来の叙事詩」はそうした低い低いモラルの地を這いつくばる存在である。ここではたとえば『フィガロの結婚』第三幕の伯爵夫人のアリアを想いおこしておくのもよい。幸福だった日々を追懐するこの美麗なメロディーが、荘厳でシリアスでなければならぬ「戴冠」ミサK・三一七、アニュス・デイ冒頭とほとんど同じであるため、モーツァルトの宗教曲における「ふまじめさ」がある種の人々によって取り沙汰されているというエピソードを。広告取りブルームのつぶやきは徹底した「ふまじめさ」を文体メロディーによって付与されている。伯爵夫人のアリアとミサ曲という双子はともに音楽的美しさが保証されているけれど、ブルームの頭に鳴り出すのは「単純なダブリン人の声」(flat Dublin voices) にすぎない。「おや、メアリィのズロースのピンがない。どうしていいかわからない、落ちないようにするのには　落ちないようにするのには」といったような第五挿話に出るこの「劣情」ソングの「ピン」という文字通り些細な小物ひとつとってもわれわれはその背後の憑きものを、再び『フィガロの結婚』から見つけ出して愉しまなくてはならない。たとえそれが見当ちがいであっても、だ。第三幕の終りで伯爵がものにしようとする侍女スザンナからもらった手紙を読むシーン。留めてあるピンで指を刺し、思わず指を吸い、ピンを捨てて洩らすレチタティーヴォ、「まったく女というやつはいつもの癖で、どこにでもピンを刺すが、はあ、その心は読めたぞ」——どう読めたのか、レオポルド・ブルームに訊こう。

彼はまだその手紙をポケットの中でいじりながら、手紙からピンを抜きとった。普通のピンかな？ 彼はそれを地面に捨てた。どこか彼女の服からとったものだ。ピンで止め合わされている女の服。女どもがいつもピンを何本も持っているのはおかしな話だ。棘のない薔薇はない、か。

（『ユリシーズ』第五挿話）

*

「わが国では、モオツァルトの歌劇の上演に接する機会がないが、僕は別段不服にも思わない。上演されても眼をつぶって聞くだろうから。僕は、それで間違いないと思っている」と書くときの小林秀雄は、「彼の歌劇には、歌劇作者よりもむしろシンフォニイ作者が立っている」という判断に立っている。われわれは、モーツァルトが器楽と声楽いずれの分野を本領としたかという論議にはさほどとらわれない。小林もそんなことに力こぶを入れたわけではないだろう。音楽家モーツァルトにとってはどっちでもいいことだから。しかし、言語芸術の側へ憑きものを運び去ろうとする者にとっては

「眼をつぶって聞く」行為には、言葉の神棚にむかってするノリトとなるような象徴がこもる。ジョイスの処女作『ダブリン市民』中の白眉「死者たち」にはこうある。

……歌い手の顔を見ないで声だけを聞くことは、すみやかで確かな飛翔の高揚を感じ取り、分ち合うことだった。（高松雄一訳）

「すみやかで確かな飛翔の高揚を感じ取り、分ち合う」ために、われわれはさらに『若い芸術家の肖像』第二章の終り近くへ「飛翔」しよう。

……彼の頭脳そのものがむかついていて無力だった。商店の看板の文字も読みとることができない。自分の奇妙な生活態度のせいで、現実の外へ飛び出してしまったように思われた。現実の世界からは彼に働きかける者も語りかける者もなかった。ただ心の底での、きちがいじみた叫び声のこだまが聞えるだけ。彼は地上の、あるいは人間の、訴えかけにも反応を示すことができなくて、愛や歓喜や友情の呼びかけにも黙りこんでいて無感覚だったし、父親の声にはうんざりして疲れ果てていた。（丸谷才一訳）

現代文学の原風景ともいうべき一節である。音楽から感じとる「すみやかで確かな飛翔の高揚」などみじんもない地平に「文」の人は歩をすすめる。「分ち合う」べき声は、心の奥底に沈んだまま

「叫び声のこだま」を創る。オペラにあふれる「愛や歓喜や友情の呼びかけ」から彼は遠ざかる。「現実の外へ飛び出してしまったように思われたというその「現実の外」とはいったいどんなところか。「父親の声」をはじめ「現実」からの声に「無感覚」になって「うんざりして」いる事態はまだまし で、『ユリシーズ』のレオポルド・ブルームに至っては、「俺は自分の声にあきあきした」とつぶやく。究極の退屈の魔境を描破したおそるべき一行といわなくてはならない。彼は、——ヴォーリオ・エ・ノン・ヴォレイ(voglio e non vorrei. 嫌いなものが好きになる)というオペラ憑きの呪符をとなえながら意識の川を流れてゆく。「気持ちがよくなって」くるのは自分の声をできるだけ「荘重に反響させながら」、——Don Giovanni, a cenar feco m'invistati.(ドン・ジョヴァンニ、今夜の晩餐にお主はわしを招いたのじゃな)とうたうときくらいだ。こうした目鼻立ちのはっきりした歌も『ユリシーズ』までである。われわれが言揚げしたオペラ憑きとは、じつはその憑きものがおちた後、言葉の(縄をなう)《野》に逐《お》いやられる宿命をもつ者のことだ。憑きものおちて陽が暮れて——。「憑かれた者」はいつか根源的に「疲れた者」になる。

『ユリシーズ』の「セイレーン」挿話を書きあげた頃、作家は友人にこう語った。「音楽の技法や方法を探究してそれらをこの章で用いてからというもの、もう音楽のことはどうでもよくなった。大の音楽の友であるぼくは、もう音楽を聞くことができない。仕掛けがみんな見えて楽しむことがもうできない」。また、一九一九年パトロンであったハリエット・ウィーヴァーに宛てた手紙では「各挿話が芸術文化の各領域(修辞学、弁証法)を一つずつ扱っていく都度、あとには焼け野原がのこるのです。『セイレーン』を書いて以来、私はどのような種類の音楽も聞けなくなってしまいました」とも書いている。ジョイスは「焼け野原」を burnt up field と表記するが、憑きものおちて陽が暮れる者をつつむ《野》暮な世界といいかえることもできるだろう。

〈聖・俗の結婚〉劇に震撼された『あれか、これか』の男の歩みの方も追ってみよう。

「上演されても眼をつぶって聞くだろう」という小林の位置とたいへん近いところへこの男も身を運ぶ。それを描く思想オペラの文体のあざやかさに感応しよう。「われわれは音楽を聞きたいときには眼をつぶりがちである。このことは多かれ少なかれすべての音楽にあてはまるが、『ドン・ファン』にはヨリ高イ意味デ《イン・センス・エミネンティオリ》妥当する。眼が働くやいなや印象は妨害を受ける。なぜなら、あの作品のなかに提示される劇的統一は、聞くことから生ずる音楽的統一にくらべれば全く従属的で、欠点の多いものだからである」という部分は先に引いた小林のモーツァルトオペラ一般論と全く重なる。もしかしたらキルケゴールの文章を小林が読んでそのエコーを受けつつ書いたのかもしれないと思わせるほどだ。そんなせんさくはどうでもいい。オペラの輝かしい殿堂から、ひそかに、荒れはてた言葉のあばら屋という外観をもつ《野》に移動しなくてはならないわれわれが感動するのは、「このことを私は自分自身の経験から確信している」とつづく次のくだりである。

　私は舞台のごく近くに坐ったこともあるが、音楽のなかにすっかりもぐりこんでしまいうるように、しだいに遠くの席に坐るようになり、劇場の一隅を求めるようになった。私がこの音楽をよく理解できるように、あるいはよく理解できると信ずるようになればなるほど、ますますそれから遠く離れるようになったが、冷淡さのためではなく、愛のためであった。なぜなら、この音楽は遠くから理解されることを望むからである。そのことは私にとってはなにか謎めいたところを持っていた。私には、入場券を買うためならいくら払ってもいいと思った時期もあったが、いまではそのために一ターラーも払う必要がない。私は外の廊下に立っていて、観客席から私をへだてる壁によりかかっている。そこで聞けば、あの音楽は最も強い効果を持つ。それは私からへだてられた独立の世界である。私はなにも見ないが、聞くためには十分近くにいるのである。しかも無限に遠くにいるのである。

（『あれか、これか』第一部の二、浅井真男訳）

「なにか謎めいたところ」のある高度なレトリックに支えられたこの文章自体の背後にもやはりオペラ憑きの「音頭」が存在する。スティーヴン・ディーダラスが「自分の奇妙な生活態度のせいで、現実の外へ飛び出してしまったように思われた」というときの「外」に、男が書く「外の廊下」をわれわれはアンサンブルさせる。「地上の、あるいは人間の訴えかけ」や「愛や歓喜や友情の呼びかけ」がうずまく「現実の世界」から遠ざかるスティーヴンが内にかかえる「叫び声のこだま」を男も共有しているだろう。十九世紀と二十世紀の違いはもちろん大きいとしても、「観客席から私をへだてる壁」はスティーヴンが幻視する「現実の外」への扉に近似したものだ。この扉をあけたところには、「ユリシーズが乗り越えて行くべき音楽の誘惑」（ジョイス書簡）がたゆたい、さらにそこを過ぎゆくとそれぞれに異なる「無音の光明」世界が待ちうけている。ベートーヴェンのオペラ『フィデリオ』を観たときのF・カフカの日記の「すべてが、歌手も音楽も観衆も隣席の人びとも、すべてが深淵よりも遠くにある」という一行なども反響させつつ、『あれか、これか』の男の切実な言葉のカケラを同じように切実な思いを込めてさらにひろう。

　音楽を発見するために、私が国境のはずれまで出かけていく私の既知の国は言語である。

……いま音楽は精神的に規定されているのだから、音楽が一種の言語と呼ばれたのは正当なのである。

……私はいまだかつてシンフォニーを、言葉は必要でないとする高級な音楽だとみなしたことがないのである。（同前）

　言葉、言葉、言葉――というシェイクスピアのアリアを男はうたいまくっているわけだが、「シンフォニーを、言葉は必要ないとする高級な音楽だとみなしたことがない」なら、ではいったいどんな音楽なのか。それをはっきり言うことができないため男は同語反復におちる。われわれも同じ運命にあることはすでに明らかにされた通りである。「音楽が一種の言語と呼ばれる」磁場にわれわれはこだわった。シンフォニーをいかなる音楽とみなすか、というより、シンフォニーでさえ肉声の交響のように聞こえる音楽の「発見」のためにわれわれは「国境のはずれまで出かけてゆく」人種である。「言語をつらぬいて進む運動によって音楽をいわば盗み聞きするために」という男がかかげる旗印はわれわれの泥縄式論考のテーマと完全に一致する。しかし、旗印のもとに最終的にどこへ向かうのかは、スティーヴンと男とがそうであるように、それぞれまるで異なるし、また異なっていい。「盗み」とられた音楽の宝を、われわれはオペラ憑きと命名したのだったが、「言語をつらぬいて進む運動」と呼ぶにふさわしいことなどちっともできなかった。気に病むことはない。モーツァルト狂の男もいっている、「私はこの研究全体を放棄しよう。……この研究は熱烈な愛が無にひとしいものについてやる議論のようなものだ。それでも価値はあるのだ——愛する者たちにとっては」と。

たしかなのは、泥棒の姿だけはありありと目撃したということだ。声楽と文学とのボーダーを逃げ隠れする反復泥棒の正体は肉声だった。すぐれて西洋的な総合芸術であるオペラも文学思想も、この肉声にそれぞれの意匠を凝らしてみせる。すなわちオペラの側は器楽や舞台美術や演劇や建築等によって、われわれの側は再三くり返したように、木霊・言霊の無音の伴奏によってである。反復の絶対性への扉のカギをなぜ肉声が握るのかについて最後にわれわれなりの表現をしておく必要があろう。反復が絶対的な意味をもつ（キルケゴールはこれをテーマに一冊の本を書いた）のは、「死と再生」（ジョイス小説の主題であった）に関係するときに限られるが、肉声こそは「死と再生」装置のささやかな、しかし決定的なモデルなのである、と。「音楽は演奏されることによってしか本来的には存在しない」——音楽の外面的な不完全さも、より高度な精神性もともにそのことにアカシをもつ、とモーツァルト信者の男はまた書いている。われわれは誰でも声の演奏家だ。しかも肉声演奏は厳密には一人一人異なる。今さらのようにそのことに驚くとき、ジョイスの〝蓄音機〟がわれわれの肉声に備えつけられる。声はいつまでも死につづけることができる。と同時にいつ、どこででも生れることができる。あらゆる人間が、ヨミガエリ能力をもつ声の持主であり、また、かつてその持主であった。

ヨミガエリはときに変幻のカタチでわれわれを訪れることもある。古典コーラスに属するヴァレリーが鳴らす鐘の声「海辺の墓地」の一行──「風　吹き起る……生きねばならぬ」の「風」なども典型的な声の変幻であろう。声は、「泥棒の目覚め」をうながす鐘の音であり、本源的にルネッサンス（再生）そのものなのだ。古典にかえるルネッサンスのアリアをうたう際にもわれわれはまず何よりも声の響きに感応的でありさえすればいいのである。たとえばウォルター・ペーターの古典作物『文芸復興』にいかなる学問的事実が書かれているか一読しても明確にならない事態がかつてあったとしても、ひとたびとり憑かれ状態で想起すれば、十五世紀ルネッサンスは「実際に成就しえたこと」よりも「為さんと企て、あるいはあこがれたこと」によって偉大であったのだという主声音が響いてくる。十五世紀イタリアでのその事情を、一身上のルネッサンスにあてはめて悪かろうはずがない。『地獄の季節』で洩らされた「俺は架空のオペラになった」というつぶやきなども「実際に成就しえたこと」の類ではあるまい。泥棒の目覚めさえはっきりしていれば、古典コロスと学識コーラスとの間に差異線が引かれることもある事情がのみ込めてくる。そうなれば、古典コロスからの「我田引水」はどんなに乱脈をきわめてもかまわない。真の古典とはそうした乱脈に対して無尽蔵に寛容だからである。世阿弥が強調した「古を稽《かんが》ふる」ものとしての反復、〈稽古〉を引き寄せる一方で〈湯王の沐浴盤の銘には「毎日なんじを完全に新たにせよ、それを再び、さらに再び、永久にくりかえせ（苟日新、日々新、又日新）」という意味の字が刻んであったそうである〉といった反復をめぐるエコーに感応し、退屈なくり返しと絶対的な差異線の引き方を学んだつもりになるのもいいだろう。表現が呪文になるまで──「声大喝采合切再度！」

闇を通って広野原——トレーン文学をめぐって

「私は文体のみに興味がある」
"I am only interested in style."
と語った作家ジェイムズ・ジョイスは最後の実験作『フィネガンズ・ウェイク』を「進行中の作品」"Work in progress"と命名した。われわれのテーマ〈隠喩としての列車とは何か?〉が、その命名の中に隠れている。進行中の作品、すなわち列車——そう書けばたちどころに「トレーン、ウクバール、オルビス・テルティウス」を書いたホルヘ・ルイス・ボルヘスが浮上してくる。が最初の引用は、別の作家のものである。

……いったい何時だろうと、私は考えてみる。列車の汽笛が聞える。それは、遠くまた近く、森や小鳥の歌のように距離を教えながら、つぎの駅に向って旅客の急ぎたどってゆく曠野《こうや》のひろがりを描いてみせる。そしてその旅人のたどりゆくささやかな路は、新しい土地や、しつけぬ行為や、今もなお夜のしじまのなかを追っかけてくる見なれぬ明りのもとで交わしたさっきの雑談やら別れの挨拶やら、目前に迫った帰宅の楽しさなど、およそそうしたものからくる興奮のために、彼の思い出のなか深くに刻みつけられることだろう。

（『失われた時を求めて』第一巻、新潮社版）

《列車推理《トレーンミステリー》》ものといわれる推理小説のジャンルを、ここでイメージしてみるのも悪くはない。刻々と移動する列車の中でおこった事件は謎と神秘を増幅する。通常の殺人事件が固定された「現場」をもっているのに比して、列車内事件はそれを特定できないからである。

トレーン・ミステリーはたちまちわれわれの人生そのもの――移動する「現在地」へ隠喩的に拡大される。「上野発青森行夜行列車」という名称は、ある人間を生没年（地）で表示したものと同じだ。事件は、そのプロセスに在る。上野から青森までに経過したすべての土地と流れ去った時間のいずれか一点で事件は発生した。謎解きはまずその一点を特定しようと努める。乗り降りする客の存在なども考慮すると「列車推理」はきわめて複雑な様相を呈するというわけだ。

われわれの興味をひく文学はもちろん推理小説ではないが、《トレーン・ミステリー》は列車をめぐるポエジーを探究するわれわれが拝借したい言葉でもある。「いったい何時だろうと、私は考えてみる。列車の汽笛が聞える」とプルーストは書く。この一節がいったいどういう場所でかかれているかを想像してみるとプルーストが発見した文体が〈ポエジーとしての列車〉であったことがわかる。文体にのみ興味をもつと断言したジョイスも、そして「トレーン、ウクバール……」（原語の綴りは train ではなく tlön だが）を書いたボルヘスもそうだった。

「それは、遠くまた近く、森や小鳥の歌のように距離を教えながら、つぎの駅に向って旅客の急ぎたどってゆく曠野のひろがりを描いてみせる」とプルーストはつづける。これはじつは有名な「長い間、私は宵寝になれてきた」云々のオープニングの一節のすぐ後の文章である。つまり寝床にいる「私」の空想だ。そしてこの「私」を描写する作者は孤独なコルク張りの部屋にいる。牢獄のような場所で作者は回想のパノラマをひろげてゆくが、文字通りの記憶を開陳するのではない。一点を撮った写真をつなぎ合わせるようにではなく、列車からみる風景のように回想は流れる。過去はまさしく「失われて」はいるが、トレーンに乗り込んだ文体は「生きつつある」旅の姿を絶えず現前化しなければならない。先の引用文全体を一読して、これが「宵寝」のベッドの中という視座からつむぎ出された文章であるとはとうてい信じ難いであろう。

迷宮入りする事件ばかりを扱う推理小説などはすき好んで読まれもしまいが、トレーンにとり憑かれた作家はありふれた事物を片っ端から迷宮化し、これを文体にとり込む。謎解きなどそっちのけで、「事件」などおこりようもない人生のひとこまに事件をさがす。

……汽車がぐるぐるまわった線路を通るときに、一つの町があるいは右にあるいは左にあらわれることがある、それと同じように、同一人物が種々の相を呈して、他の人の目にまるで違った数人の人間が次々に立ちあらわれるかのように見える、そんなふうにして——しかもそれによって——時が流れたという感覚を与えます。(井上究一郎訳)

一九一三年十一月十二日、夕刊紙「ル・タン」のインタビューにこたえたプルーストの言葉である。列車に乗ったときのこうした体験は誰にでもおぼえのある平凡なものだ。が、その風景に輪廻するポエジーの暗喩をよみとる精神は、事物の背後に時の迷宮を創作する。「同一人物が種々の相を呈して、他の人の目にまるで違った数人の人間が次々に立ちあらわれるかのように見える」――そんな文学的めまいを持病に持つ者は、通常の推理小説的結構を解体してしまう。犯人が「数人の人間」に分裂するような推理小説があるものではない。理にかなう謎解きがすべて終ったところからはじまるミステリーがあるものではない。

さらにプルーストはこうも語る。

そうです。私にとって小説とは、平面心理学であるばかりでなく立体心理学（時間のなかの心理学）なのです、時間というもののあの目に見えない実体、私はそれを取り出そうとしたのです。しかしそのためには、経験の持続ということがあらわされなくてはなりませんでした。

（同前インタビュー）

作家が「取り出そう」とした「目に見えない実体」――それを〈タイム・トレーン・ミステリー〉と命名すればよいか。時間そのものをとりだすには科学者や哲学者の方法がある。だが、かれはあくまでも美と神秘を享受したい作家だ。「経験の持続」――すなわち謎の列車にのり込んだうえで「立体心理学」探究の旅がなされねばならない。

「プルーストは今日のフランス文学最良の作家です……その文体の新しさは彼が把えた現代の生のありようを表現するために必要だったのです」と、そのプルースト論のなかで書いたジョイスは、『失われた時を求めて』の文体は斬新ではあるが実験的とはいい難いと「本音」を吐露したうえで、「今日の生命力ある文体は川の流れのようにあるべきであって、その流域の多様な色彩と感触を取り込むのです」とつづける（引用は、大澤正佳著『ジョイスのための長い通夜』による）。

　この「川の流れ」が、われわれのテーマであるトレーンのポエジーに重なるのはいうまでもない。そうしてまた〈言葉を音符のようにしてしまいたい〉という願いもまた——。ジョイスの磁気圏にいた頃のサミュエル・ベケットは『フィネガンズ・ウェイク』について、「ここにおいては形式はすなわち内容であり、内容は形式である……ジョイスの作品はなにものかについて書かれたものではない。そのなにものかそれ自体なのだ」（傍点原訳文）とのべ、また、ウィリアム・ブリセットなる人物にふれて、「この作品は音楽に似ているのではない。それは音楽なのだ」と断言しているそうである（前記『ジョイスのための長い通夜』による）。

「形式はすなわち内容であり、内容は形式である」典型的芸術が音楽だ。文学のジャンルでは「純粋詩」なるものがそれに該当する、と夢想したのはサンボリストたちだった。詩と散文とにかけられた虹のような橋——そこをトレーンが走り、その下を「生命力のある文体」の川が流れる。

　たとえ満員の通勤電車であっても、感性さえ磨き込めばトレーンは華麗な詩魂の棲処になりうる。目的の駅におりることだけを強調しなければ、移動体そのもののような複眼、プルーストのいう「立体心理学」の講習所になりうる。そこに必要なのは、ひとつの天体から別の天体へゆくのは、隣の農場に行くようなものだというボルヘス的感性である。

ジョイスはプルースト文学を「実験的」とはいい難いけれど、現代文学の数少ない同志だと感じた。ボルヘスは「革新家の変え得るところは知れている。マラルメやジョイスの、すばらしいが、えてして解読不能な作品を思い出してみよう」と、いったん書きながらも、すぐに「とはいえ、こうしたもっともらしい屁理屈は、疲労の結果というところだろうか」とつづける（『ブロディーの報告書』まえがき）。さらに講演録『ボルヘス、オラル』では、読者に苦労を強いるような小説はそれ自体欠陥をもっているのだと語る。

ボルヘスにもまた「すばらしいが、えてして解読不能な作品」に精魂をかたむけた歳月があった。「ウルトライスモ」なる前衛文学運動時代がそれである。晩期ボルヘスはこれを否定したが……。

作家にとって、何が「実験的」かは一様ではない。読者にとってと同じように。〈読者に苦労を強いる小説〉という場合の「苦労」とはどういうものか。ある者は『失われた時を求めて』という大作に、退屈や苦痛を感じる。短篇だけに情熱を注いだボルヘス文学に「苦労」する読者もいるだろう。「平面心理学」に終始する推理小説に退屈を感じる読者のなかには、プルーストやジョイスやボルヘス——その三者三様の実験を同程度に愛惜する人もいるかもしれない。その人こそはこの小稿の文学的恋人だ。

プルーストにとりついたトレーンは「立体心理学」のまなざしをもたらした。母や祖母や召使フランソワーズ、オデット、アルベルチーヌ、スワン、シャルリュス氏等々のおびただしい人物たちが「私」のタイム・トレーンに乗り込んではどこやらの駅へ降りてゆく。やがて「私」に時を見出させる必須の乗客として彼らはひき寄せられた。

ジョイスの「川の流れ」は、「その流域の多様な色彩と感触を取り込む」と宣言し、これを実践した。『失われた時』がわかる読者は、しかし「流域の多様な色彩と感触」とは、肥大した都市が排出する下水やゴミのようなものかというかもしれない――ジョイスの作った奇怪な造語の群や、その「文法的傍若無人」（ボルヘス）ぶりを眼のあたりにして。われわれはそのキモチを十分理解したうえで、ジョイスの言葉を復唱する、「その文体の新しさは彼が把えた現代の生のありようを表現するために必要だった」と。


この半球の文学は、（中略）観念的な事物に富んでおり、それらは詩的要請に従って、瞬時に喚起されたり溶解したりしている。時としてそれらは単なる同時性によって決定される。視覚的と聴覚的の二つの言い方で形成される事物がある。たとえば昇る日の色と遠い鳥の叫びとで。多くの言い方から成る事物もある。泳ぐ人の胸に当たる太陽と水、閉じた瞼の裏にみえる漠としたふるえるばら色、川や眠りによっても運ばれるたゆとう感じ。これらの二次的な事物は他のものと結びつけられうる。ある省略を用いれば、その経過は実際には無限となる。一つのとてつもない言葉で作られた有名な詩も数ある。この言葉は、作者によって創りだされた詩的事物を成す。

（中略）

トレーンの古典文化には、ただ一つの修練、心理学の修練しかないといっても、けっして誇張ではない。他のものはすべてそれに従属している。わたしはあの天体の人びとが、空間でなく時間の連続としてのみ展開するような精神的プロセスの連続として、宇宙を認識していることに気づいた。

ボルヘスの「トレーン、ウクバール、オルビス・テルティウス」（篠田一士訳）中の一節だ。「川や眠りによっても運ばれるたゆとう感じ」の中にジョイス文学が位置するし、「ただ一つの修練、心理学の修練しかない」という「トレーンの古典文化」はプルーストの「立体心理学」に通じる。ジョイスもプルーストも「空間でなく時間の連続としてのみ展開するような精神的プロセスの連続として、宇宙を認識している」トレーン人といっていいのだ。「詩的要請に従って、瞬時に喚起されたり溶解したりしている」その天体は、詩の王国である。詩人が〈闇あれよ〉と命じる限り光は存在しえない。盲目の詩人ボルヘスの「観念」の動きがそのまま神の言葉たりうる。たとえば、石の敷居があるとする。それは「乞食がそこへやってくるあいだは存続していたが、彼が死ぬと消え失せ」る、といったふうに在る。視力を奪われた詩王が、散策するその足がふれている間だけしか敷居は存在をゆるされない。詩人が「数羽の鳥」を承認する。するとそれに付随して、鳥がその上空を飛んでいる「円形競技場」が辛うじて「廃墟」を免れる。

「同一人物が種々の相を呈して、他の人の目にまるで違った数人の人間が次々に立ちあらわれるかのように見える、そんなふうにして——しかもそれによって——時が流れたという感覚を与えます」というプルーストの小説論は、ボルヘスのトレーンにあってさらに前衛化され、「観念的な事物」は「単なる同時性によって決定される」という。「視覚的と聴覚的の二つの言い方」「たとえば昇る日の色と遠い鳥の叫びとで」あらわされる事物があるという。詩の観念連合のようなものを、あくまで短篇として描破せんとするボルヘスの野望はすさまじいもので、私などは舌をまきながら積極的にその魔術の手中におちてゆく。もとより、「昇る日の色と遠い鳥の叫びとで」形成される事物などは詩のなかにしか存在しない。が、プルーストの「宵寝」の描写を再び想いおこす。ベッドの中で、「いったい何時だろう」と考える「私」の耳に「列車の汽笛が聞える。それは、遠くまた近く、森や小鳥の歌のように距離を教えながら」旅客に「曠野のひろがりを描いてみせる」というその筆の運びはトレーン的文体と呼ばれていい。フランス語原典を検証もせずにいうのであるが、「遠くまた近く、森や小鳥の歌のように距離を教えながら、次の駅に向って旅客の急ぎたどってゆく曠野のひろがりを描いてみせる」のは実はプルーストの文体なのだ。「新しい土地やしつけぬ行為や、今もなお夜のしじまのなかを追っかけてくる見なれぬ明りのもとで交わしたさっきの雑談やら別れの挨拶やら、目前に迫った帰宅の楽しさなど、およそそうしたものからくる興奮のために彼の思い出のなか深くに刻みつけられることだろう」とつづく一節を、われわれは望むならジョイス的に解読することもできる。これは、くたびれきった平凡なサラリーマンが退社後夜の電車にゆられている光景を「立体心理学」の手法で描写したものだ、というように。

「一つのとてつもない言葉で作られた有名な詩も数ある」とボルヘスがトレーン文学を解説するが、そうした「とてつもない言葉」こそ、ジョイスの実験小説の主人公であった。「一九〇四年六月十六日」や「一夜の夢」を選択し、そこに全世界をねじ込むというジョイス文学は、「ある省略を用いれば、その経過は実際には無限となる」トレーン文学に一致する。

＊

トレーン文学が喚起するイメージをわが国にさがすとするとまっさきに浮かぶのが『銀河鉄道の夜』の宮沢賢治である。この詩人にして童話作家であるばかりでなく実践的宗教者でもあった稀有の表現者はべつに前衛芸術家を意識していたわけではない。あのキルケゴールと同じように、彼にあって詩人の想像力は宗教的志によって止揚されねばならぬものとして位置づけられていたため、〈トレーン〉は痛ましいほどの変質をとげる。賢治はやむにやまれぬ情熱をおさえかねて何度か出郷した。文字通り列車にのっての出奔である。上京して筆耕で自活しながら「大都郊外の煙にまぎれん」と願ったが、すぐに帰郷する。そのまま在京生活をつづければ文芸家として同時代に名を知られたであろうが、イーハトヴォという手作りのユートピアや幻想の銀河鉄道はついに敷設されずにおわったかもしれない。

キルケゴールの父親は、外出したがる少年の手をとって部屋の中を散歩したというエピソードがある。さあ眼をつむってごらん、と父がささやく。息子がいう海岸や街の風景を父は眼前のもののように物語る。知人と話もし、店先のくだものの味わいさえ生きいきと伝える。半時間もたたぬうちに息子はほんとうに一日中外を歩きつめたように疲れはててしまう。

この話を、宮沢賢治の詩と宗教をめぐる想像力のありように私は重ねてみずにはおれない。イーハトヴォなどどこにも実在しない。賢治の眼前にあったのは負性を刻印された東北の山河である。眼をつむった父と子の部屋のように、賢治の文学宇宙は選択された。鉄道は旅を誘ってやまない。トレーンは、文学者賢治を吸引してやまなかった東京に通じている。が、宗教の志が一カ所に根を下ろすことを命じる。こうして「暗い部屋」に特異な想像力が生れる。それはじっさいに自在に旅行できるもののまなざしによるものではない。ある場所でうごけない。しかし想像はおさえられない。トレーンが動き出そうとする。——どうなるか？　この列車はついに翼を得て舞いあがる。銀河鉄道の誕生である。

ガタンコガタンコ、シュウフッフッ、
さそりの赤眼が　見えたころ、
四時から今朝も　やって来た。
遠野の盆地は　まっくらで、
つめたい水の　声ばかり。

大正十二年五月、「岩手毎日新聞」に十一回にわたって掲載されたという「シグナルとシグナレス」の導入部である。『銀河鉄道の夜』の第一稿は大正十三年頃に成ったと推定されているところからみると、この小篇童話はその前身のようなものだ。『銀河鉄道の夜』のようなある意味では自在な空想にみちた完成品と比較して「シグナルとシグナレス」は賢治の想像力の暗喩として読むことが可能である。ガタンコガタンコ、シュウフッフッと「凍えた砂利に湯気を吐き」「四時から今朝もやって来た」のは「軽便鉄道の一番列車」であるが、それはこの小品の主人公ではない。ヒーローとヒロインとおぼしきものは、「電信柱」たちである。それは当然、自由に動くことができない。旅をつづけて到着する列車を迎えたとき、「ぶんぶんとうなり」「かたんと白い腕木を上げ」るのがせいいっぱいだ。だが思いはつのっている。「かがやく白けむりをあげてやって来る列車を迎える」仕事のなかで本線のシグナル柱と軽便鉄道のシグナレスはささやかな交流をする。ときに「まるでもう消えてしまうか飛んでしまうかしたいと思いました。けれどもどうにも仕方ありませんでしたから、やっぱりじっと立って居たのです」という箇所には、たぶん、当時の賢治自身の身の置き所のようなものが語られている気がする。柱たちの友は西風や太陽や近くの建物の屋根がいるだけだ。いやもう一つ、夜になってからの星ぞらへの祈り。

シグナルはシグナレスへの恋をうち明け、「結婚の約束をして下さい」といい、シグナレスもこれにこたえる。しかし、二人にとってその約束が何をもたらすというのか。そのもどかしさが読む者に無類の哀しみを与える。シグナルは必死で話しかける。「いろいろお話しますから、あなたはただ頭をふってうなずいてだけ居て下さい。どうせお返事をしたって僕のところへ届きはしませんから、それから僕の話で面白くないことがあったら横の方に頭を振って下さい」と彼は切迫した口調でいう。おまけに近親者たちは結婚に反対だ。

「シグナレスさん。ほんとうに僕たちはつらいねえ」と話しかけられて「ええ、みんなあたしがいけなかったのですわ」とシグナレスはうなだれる。シグナルは「ああ、シグナレスさん、僕たちたった二人だけ、遠くの遠くのみんなの居ないところに行ってしまいたいね」とつぶやく。

この童話のささやかな救いは、倉庫の屋根に好意で呪文をとなえた二人が銀河の夜の中に肩を並べて立っているという夢を一緒にみる場面である。「とうとう、僕たち二人きりですね」「僕たちの願いが叶ったんです。ああ、さんたまりあ」とシグナルは感嘆の叫びをあげる。が、しかし夢はたちまち覚め、「二人はまたほっと小さい息をしました」という一行でそれは終っている。

*

E・ケストナーは『人生処方詩集』の「序文」のなかで「……自分の悩みを他人《ひと》から明確に表現されることはいい気持のものである。表現は薬になる。それに他人もわれわれと同じで、われわれよりも幸福に暮しているのではない、ということを知ることは、健康にいい。また偶《たま》には他人の感ずるのと正反対のものを感ずることも慰めになる」(小松太郎訳)と書いている。「孤独に耐えられなくなったら、怠け癖がついたら、失恋したら……」といった人生行路にふりかかる病の処方箋としてかかれたというこの有名な詩集の巻頭を飾るのは「列車の譬喩《ひゆ》」という一篇である。そのはじめと終りのスタンザを引用する。

ぼくらはみな同じ列車にこしかけ
時代を旅行している
ぼくらはそとを見る　ぼくらは見倦きた

ぼくらはみな同じ列車に乗っている
どこまでか　誰も知らない

ぼくらはみな同じ列車で旅行している
現在は、希望をもって
ぼくらはそとを見る　ぼくらは見あきた
ぼくらはみな同じ列車にこしかけている
そして　多くはまちがった車室に

この巻頭詩はどんな処方箋に分類されているかをみると、「人生をながめたら」というコードにふりあてられている。つまり、人生は列車だとケストナーはいう。「突然けたたましく汽笛が鳴る！／列車は徐行してとまる／死人がゾロゾロ降りる」「死人は過去のプラットホームに／黙って立っている／列車はまた発車する　列車は時代を走る／なぜだか　誰も知らない」と、ぶきみにも物哀しくケストナーは詩《うた》う。目的のわからない列車としてのわれわれの人生（ここではその余裕がないがこのケストナーの詩と対比してわが国の現代詩人石原吉郎の「葬式列車」を読んでみるのも一興である）。「多くはまちがった車室」にのり込んでしまっているという詩人の譬喩は、「慰め」になる。その軽妙で投げやりでさえある詩魂は、たしかに先にふれた宮沢賢治の詩世界とは「正反対のもの」かもしれないが、賢治の植物や岩石への愛情が「孤独に耐えられなくなったら……」というケストナー的人生処方のはてに生れた内実は知っておいたほうがいいだろう。しばりつけられたシグナルとシグナレスの愛情交流は、ひそかに処方箋をつづった。かれらだって、幸福になる「薬」をのみたかったのだ。それをのんでかれらが乗りこんだのは地上の列車ではなく銀河にまでとどく幻想のトレーンではあったが——。

＊

これまで登場した表現者たちの共通点をひとつあげるとすれば、それはやはり「言葉を音符のようにする」という文体の手法であろう。『失われた時を求めて』の最終巻でプルーストは、「作家にとっての文体は、画家にとっての色彩と同様に、技術の問題ではなくて、視像の問題なのである。文体とは、この世界がわれわれ各人にいかに見えるかというその見えかたの質的相違を啓示すること、芸術が存在しなければ各人の永遠の秘密におわってしまうであろうその相違を啓示することなのである」(井上究一郎訳)と書く。「見えかたの質的相違を啓示すること」はむろん易しくはない。眼前の風景は誰の眼にもみえている。誰でも過去の記憶と化した風景をもっている。これを文体が統括する。過去、現在、未来を貫流するタイム・トレーンが文体の上を走り出す。「見えかたの質的相違」は個々の言葉によって構成されねばならぬが、それは音楽としてたゆたうものとなる。〈今は山中、今は浜……〉というのはやさしいトレーンソングだが、今は山中でも浜でもなく、山中かと思えば浜で、浜かと思えば鉄橋を渡っているという「流れ」そのものがトレーンの文体だ。演奏されている間だけ現前する風景としてそれは流れる。ガタンコガタンコ、シュウフッフッ！　とそれは鳴る。

列車としての文体はどんな「乗客」をも取り込む。様々な特性をもつ乗客は、交響曲を構成する楽器のようなものだ。客のくしゃみや赤ん坊の泣き声といった雑音、騒音さえも、文体交響曲のなかに位置を与えられる。「列車は徐行して止まる／死人がゾロゾロ降りる」「死人は過去のプラットホームに／黙って立っている／列車はまた発車する　列車は時代を走る／なぜだか誰も知らない」（ケストナー）が、死者を含めた全乗客の「失われた時」を秘めた事物は「詩的要請に従って、瞬時に喚起されたり溶解したりしている」（ボルヘス）。

あらゆる形式が文体列車の客となる。たとえばアンデルセンは童話という形式を発見し、キルケゴールは特異な形而上学的形式を創りあげた。宮沢賢治の文体はそのいずれをも生きようとした。ジョイスは、小説の文体の枠を極限まで拡大したあげく、その中にすべての形式をぶち込んだ。アンデルセン童話ふうのカケラがあるかと思えば女性作家の作品の反響もある。これら全部を楽器たらしめようとした。

プルーストは他人のものまねの天才であり、音楽家にあこがれた。ジョイスは本気でオペラ歌手をめざし、若き日にコンクールに挑んだこともある。盲目の詩人ボルヘスの脳髄の中にはホメロス以来の詩魂のメロディが列車のように往来していた。キルケゴールはおさえてもおさえても湧きあがる詩人の想像力を駆使して特異な思想オペラを創作した。彼同様恥ずかしそうに隠していたが、宮沢賢治の感性は、つねにガタンコガタンコ、シュウフッフッというトレーンソネットを奏でていた。その賢治と同じ東北言語圏に属する、トレーン人寺山修司は、自伝的作品『誰か故郷を想はざる』の発端

「汽笛」を次のように描いている。

私は一九三五年十二月十日に青森県の北海岸の小駅で生まれた。しかし戸籍上では翌三六年の一月十日に生まれたことになっている。この二十日間のアリバイについて聞き糺すと、私の母は「おまえは走っている汽車の中で生まれたから、出生地があいまいなのだ」と冗談めかして言うのだった。

聴覚的想像力をめぐって——T・S・エリオット小考

エリオットは、ヴァレリーと並んで、この国で一時期たいへんなもてはやされ方をした詩人・批評家でした。私は一九五五年の生れですが、世界的な現象の一環であるそういうジャーナリスティックなブームの余波を少しだけ記憶しています。

昨年、日本エリオット協会の佐藤亨さんから、『ポッサムに贈る13のトリビュート——T・S・エリオット論集』(英潮社)への寄稿を依頼された折、いろいろ調べてみたのですが、今現在、流通しているもので特に入手しやすいエリオットの著書——若い世代が比較的安価で手に入れられるものといえば具体的には文庫本ということになります——が、ミュージカルの原作『キャッツ』(ちくま文庫)くらいしか見当たらなかったのに、おどろかされました。

エズラ・パウンドもいっているようにジャーナリズムやアカデミズムがどんな処遇をしようと、ホンモノの作品は必ずヨミガエリをとげるものだと信じていますが、それにしても、あまりにわびしいと感じた次第です。

エリオットはあるエッセーの中で、現代は本が出すぎるといい、いやしくも物の読める人間が、過去の作品よりも、はるかに多くの現存する作家の著作を読むというこんな時代はかつてなかった……とため息まじりに語りました。しかし、今日の状況はエリオットの時代の比ではありません。

私ども文芸の読書人のはしくれは、特に若い世代に対して、ゲーテが特別の思いを込めた〈世界文学〉への愛を伝える義務があります。〈世界文学〉への愛を共有する者は、かつてサマセット・モームがいった通り、コズモポリタン（世界市民）になります。古典が比較的安価な文庫に入っていることは、こうした文学のコズモポリタンを育成する伝道活動においてとても有意味です。私の年若い友人の一人である文芸批評家の田中和生氏は、重厚長大な文芸思想関係の本が文庫で入手できる事態を、読書という国の「民主主義」に相当すると表現しました。エリオットの著作がこうした民主主義からしめ出しをくっているのは良いことではないでしょう。

エリオットの持論をひとことでいうと——一個人の才能は究極のところで文学神殿に奉げられるためにある。……大事なのは芸術で芸術家ではない……一にも二にも〈世界文学〉信仰——エズラ・パウンドのいう文学共和国への忠誠心が必要となる。しかし、こうしたことの真意を正しく伝えるためにも、巨大な才能であるエリオットの著作が神殿の奥に隠されたままであってはなりません。

さてしかし、じつはエリオット論集が刊行されてまもなく、作家の大江健三郎氏が文芸誌「群像」に長篇小説『さようなら、私の本よ！』の第一部で「むしろ老人の愚行が聞きたい」を発表されました。はじめに、西脇順三郎訳で「もう老人の知恵などは／聞きたくない、むしろ老人の愚行が聞きたい／

不安と狂気に対する老人の恐怖心が」というエリオットの詩が掲げられていることからも知れる通り、エリオット作品の小説的受取り直しを敢行されたわけで、当方のわびしさも慰められる所があったのですが、この大作についてのべるのは私の手にあまります。適任者がいずれ詳細な論及をおこなうでしょう。

この小説で、主人公の語り手はエリオットについて「これまでよく理解できていないと感じながら、しかも忘れられなかった」というふうにいっています。主人公にとって忘れられない本が、十九歳の冬に大学生協の書店で買った――「原詩に翻訳と解説を合わせた深瀬基寛」のものです。その本にはダストカヴァーも掛かっていたが、主人公はそれを外して当時めずらしかった布の表紙をしげしげと見ます。「淡い緑色だったものが色褪せて、上のへりから茶色のしみが降りて来ている……」(傍点原文)マルセル・プルーストなら〝魂の初版本〟と呼ぶ、こういう類の本が誰にでも一冊か二冊あるでしょう。

残念ながら、私自身は、エリオットに対して、エリオット論集で、池田栄一氏が書いておられるような、いわゆる青春期の出会いの体験をもっていません。このことは最初に率直に申し上げておきたいと思います。私がエリオットを翻訳で曲がりなりにもまともなかたちで読んだのは、遅れ遅れてモノカキのはしくれとなった三十代も半ばすぎの頃で、それもエズラ・パウンドへの傾斜という媒介を通してでした。パウンドとエリオットとの出会いにただならぬものを感じたのですが、そのパッションの背後に潜む領域――エリオット自身は終始沈黙をまもった――について、暗示的な仕方ででも「さわって」みたいというのが本日の私の話のテーマとなるでしょう。

私は三十すぎてから、ある大学院の片隅でエリオットの詩と批評の原典講読会に、特別の許しを得て参加していました。ルンペン物書きを無料で迎え入れた故・奥井潔先生は、文字通り手取り足取りでエリオットのむずかしい作品を読み解くヒントを数多く教えて下さったばかりでなく、貧しい男に物質的な援助をおしみませんでした。たいへん個人的な話で恐縮ですが、忘れ難いことだと思い、この場をかりて先生の御霊に厚く感謝の意を表せずにはおれません。

エリオットという名をきくと、私はどうしても心優しい弁慶のような先生の姿を想いおこしてしまうのです。ちなみに先生のエリオット頌は『イギリス文学のわが師わが友』(南雲堂)に収められています。

さて、数年つづいたその講読の場でご一緒したのが、現在、青山学院大学で英文学・アイルランド文学を教えておられる佐藤亨さんでした。佐藤さんとは意気投合し、シェイマス・ヒーニーの第一評論集『プリオキュペイションズ』(国文社)の共訳作業までやらせていただくことになりました。

五年ぐらいかけて『プリオキュペイションズ』を文字通り悪戦苦闘のすえに翻訳しおおせたその過程で、エリオット独自の詩概念として特に名高い二つのキーワード——「客観的相関物」と「聴覚的想像力」をあらためて考え直す機縁が与えられたのでしたが、もちろん浅学非才ゆえに、半分も「理解できていないと感じながら」しかも、ずっと忘れられないものとして、現在に至っております。

佐藤さんは先頃『異邦のふるさと「アイルランド」』(新評論)というしっかりした学術書でありながらとても読みやすい本を刊行されました。「異邦のふるさと」は木島始氏の訳詩集からとられたものですが、〈世界文学〉信仰を共有する者がめざす「精神の土地」（ヒーニー）を象徴する言葉だと思います。

私は今、二十世紀文学最大の怪物作家マルセル・プルーストとフランツ・カフカという、文字通り世界文学の双璧をなす二人の作家を、同時に検証する一種無謀な作業に従事しつつ、自分にとっての「異邦のふるさと」を探索中なのですが、たとえばフランスの作家モーリス・ブランショのすぐれたカフカ論の中に、「ここでカフカは、本来的に伝達不可能な自分のさまざまな感情の『客観的対応物』を作りあげることに成功したのだ」というように、オブジェクティヴ・コレラティヴが使用されています。

この語はご存じの通り、エリオットのエッセー「ハムレット」に登場するものです。「ハムレットはあのソネット集と同じように、シェイクスピアが明るみに引き出して凝視すること、つまりこれを処理して芸術作品に変ずることが出来なかったある何ものかで充満しているのである」（奥井潔訳）とエリオットはいい、詩人が表現すべき特定の情緒をあらわす公式となるような外的な事物・事件・状況を、それが与えられれば直ちに情緒が喚起されることになる客体がシェイクスピアのハムレットには欠けているため、作品としては失敗作といわざるをえないと断定しました。

これに対しては以後、種々の論評が加えられたはずですが、私はその詳細に通じていません。

詩人や作家は「明るみに引き出して凝視すること」が困難な肉の棘を抱えていることが多い。それを作品に変成させるには、主観的なものを客観化させる手続きがいる。オブジェクティヴ・コレラティヴ（客観的対応物）はこの手続きを指していると理解していいでしょうか。

直接に関係するかどうか心もとないのですが、プルーストは『見出された時』の中でこう書いています――「……つとめて思いをひそめながら、感覚を、それと同じだけの法則、おなじだけの思想をもった形象に翻訳する、つまり、自分にわいている感覚を、薄暗がりのなかから出現せしめ、それをある精神的等価物に転換するように努力しなければならない……」。

次に、オーディトリー・イマジネーション（聴覚的想像力）とは、「音節やリズムに対する感覚であり、思考や感情の意識層のはるか下まで、浸透し、あらゆる言葉に生気を与え、最も原始的で忘れ去られたものにさえしみ込んで、根源へと遡っては何ものかを取り戻し」「最も原始的な精神と最も文明化した精神」を融合する想像力のことです。

大江健三郎氏が深く読み込んで自らの文学の屋台骨の一つに取り込んだ翻訳書に、深瀬基寛のオーデン詩集があります。私も遅ればせながら、ずいぶん昔、原詩といいだ・もも氏の解説つきのせりか書房版（一九七一年初版）を古書店で買いました。この本の「オーデン点描・あとがき」で深瀬基寛が書いているように、エリオットからオーデンに受け継がれた詩の技法としての聴覚的想像力は、「単語の音と意味の完全な一体化、必要な場合にはむしろ逆に両者のあいだの反撥的な緊張、母音と子音とのあいだの巧妙極まる感応、殊に子音の連発による非連続感の表現」をさらに極度にさせたものです。

しかし、こうした技法を、原詩のリズムに寄り添って味わう語学的な能力が、私にはありません。小林秀雄の言い草ではありませんが、私はほとんどすべての名だたる世界文学を翻訳によって味読することに居直って、これまでやってきました。

深瀬基寛は、先のあとがきの中で、「翻訳とは半透明のことだ」(Translation is translucence.) というエリオットのエピグラムにふれ、「一方に詩の翻訳絶対不可能説を、他方に絶対可能説をにらみ合わせた翻訳中道説である」と解説しています。

ヒーニーの評論集には、詩の引用も多く、われわれは、これを訳す過程で、エリオットの言葉を幾度もかみしめたのでした。

しかし、私は今日の話で、この「半透明」のイメージもエリオットが、ハムレットのように(あるいはハムレットを創作したシェイクスピアのように)抱えていた「解く術のない謎」に結びつけたいと考えているのです。

半透明という言葉は、私の貧しい聴覚的想像力の中で、アンビギュイティ(あいまいさ、多義性)、アンビセクトラス(男女の見分けがつかない、両性に感応する)、アンフィビアン(両棲類動物)、アンビヴァレンス(両面価値性)といった語の接頭辞につながっています。

エリオット文学における「アンビヴァレンス」のテーマを追尋している研究者も少なからずおられると想像しますが、今日は、あまり時間の余裕もないので、エリオット入門者にすぎない当方のような読者に最もふさわしいデビュー作「プルーフロックの恋唄」や『荒地』の中の、ほんのひとかけらの詩行に注目して、その背後に潜む両棲類的魔物の存在を暗示するにとどまることになるでしょう。

I Tiresias, though blind, throbbing between two lives,
Old man with wrinkled female breasts, can see

自慢できることではありませんが、イェイツ、エリオット、オーデン、そしてヒーニーといった大詩人の主たる作品の原書のほとんどを、私は友人の佐藤亨さんから、いただきました。ヒーニーの第三詩集 *Wintering Out* にことよせていうと、「冬を生きぬく」最中、食うや食わずの状態にあえいでいた当方に、佐藤さんはせっせとこれらの魂の糧を〝さし入れ〟してくださったのでした。三十代、四十代という働きざかりにノラ犬暮しをする他なかった私は、当時、ボードレールの有名な言い草「パンなしに三日生きることはできるが、詩なしには決して不可能……」を複雑な思いで何度もかみしめたものです。

さて、先にかかげた詩行のかけらは、佐藤さんがさし入れてくださったと記憶する Faber and Faber 版の *Collected Poems* の *The Waste land* のⅢ「劫火の説教」から引きました。

平井正穂・高松雄一訳の『イェイツ　エリオット　オーデン』（筑摩世界文学大系）所収の深瀬基寛訳ではこうなっています。

このわたしティレイシアス、盲目ながら二つの性のあいだを動悸して、
しなびた女の乳房をもった老人、このわたしには見えますする、

『荒地』の全体像を解読する能力は私にはとうていありません。ただ、私はこの詩につけられた自注を重視します。ひとかけらの詩行に登場する人物が、『荒地』全体、ひいてはエリオット文学の秘密

の花園の全貌を解明するカギをにぎっている。と、そう私がいうのではなく、自注に書かれているのです。

ティレイシアスなる人物は“though blind, throbbing between two lives...”という。この部分には種々の解釈があり、たとえば「……二つの生に脈が通い」という訳もあります。

エリオットの自注を読んでみると、私にとってはたいへん驚くべきことが書かれています。「ティレイシアスは、たんなる傍観者にすぎず、またもちろん『登場人物』でもないのだが、やはりこの詩のなかではいちばん重要な人物である。つまりこれが、他のすべての人物を結びあわしているからである。……この詩に出てくるどの女も、すべてひとりの女とみることができ、しかもこの両性が、ティレイシアスのなかで合体している。事実ティレイシアスの見るものがこの詩の実体にほかならない」(傍点原訳文)。

こう書いたあと、作者はさらに、オウィディウスの『変身物語』からティレイシアスに関する全文を「人類学的にきわめて興味深いもの」として引きます。

エリオットはある講演で三詩人の文学史上の評価をめぐり「ダンテは十ページ、ダンは一ページ、ラフォルグは脚注に相当する」と語りましたが、脚注めいたものにこそ、「本来的に伝達不可能な自分のさまざまな感情の『客観的対応物』」を見出せる場合があります。

男女両性のいずれのよろこびをも知っていたティレイシアスが、なぜそうなったのかについてオウィディウスの『変身物語』は、こう語る。あるとき森の中で、交合している二匹の大蛇を棒でなぐった時、彼は男から女に変わり、それが七年もつづいた。八年目にまた同じ蛇に出くわしたので、再度なぐると、もとの男の身体にもどった。

ティレイシアスは、ユピテル神に男と女と、交合の差異の喜びはどっちが大きいか、と問われ、女の方だと答えてユピテルの妃、ユノの怒りを買って盲目にされた。しかしユピテルはティレイシアスを憐れんで彼に未来を予言する能力を与え、盲目にされたことのうめ合わせをしたという。

ティレイシアスの見ているものが、この作品の内容に他ならない、という作者の自注は、人類学的・民俗学的にばかりでなく、エリオットが「明るみに引き出して凝視すること」が困難と感じられたものにつながる「性」の秘密の見地からも非常に興味深いといわなくてはなりません。

本日の演題にむりやり接合させれば、私は、この盲目の両性的老人ティレイシアスがもつ能力をこそ「聴覚的想像力」のサンプルとみなしているのです。

詩の登場人物全体を統合する人物、彼(もしくは彼女)の観察し述べるところがエリオット詩の実体(the substance)であると考えているのです。

他ならぬ盲目の人間が見ているもの——聴覚的想像力という表現でしか、この矛盾を解くことはできないでしょう。

エリオット論集によれば、エリオットのホモセクシュアリティをめぐる研究が少なからずあるようですが、私はそれらをまったく知りません。最初の妻ヴィヴィアン・エリオットをはじめとする最新研究ばかりでなく、すでにエリオットの生前に書かれながら、エリオットの反撥にあって出版停止になったというものすら読みえておりません。世界文学史における性的マイノリティの問題の重要性を痛感させられたのはごく最近のことですが、きっかけとなったのはプルーストの大作の精読でした。

性的マイノリティが聴覚的想像力にいう――原初的・根源的なものにさかのぼってなにかをとり戻す〈良い耳〉の持主であった事実に、私は何よりも心うたれました。

ここで私は、エリオットが注に書かなかったことにふれなくてはなりません。ティレイシアスなる人物は、精神分析が注目してやまぬギリシャ悲劇――ソポクレスの『オイディプス王』の物語に登場する盲目の予言者です。舞台となる地ギリシャのテーバイは、しばしば旧約聖書のソドムに重ねられます。

このダブルイメージもプルーストの『失われた時を求めて』を精読することでつかむことができました。

いわゆるオイディプス・コンプレックスの起源の風景ともいうべきこの物語で、オイディプスはどんなふうに生れたか。テーバイの王ライオスは若い頃、ある王子に同性愛を抱き、不自然な行為をしたために呪いをうけ、アポロから、子を儲けてはならぬという厳命をうけたにもかかわらず、妃と交わってオイディプスが生れる。王は子を山中に捨てさせるが、子はひろわれて成人し、父親をそれと知らずに殺し、母親と結婚する。

ティレイシアスという人物は、オイディプスが先王ライオスの殺害者であることを知りながら、容易にそれを語ろうとはしません。

プルーストの『失われた時を求めて』の第三篇『ゲルマントの方』に、このティレイシアスにふれたくだりがあります。召使の料理女フランソワーズが、主人である話者を含む家族に向かって、あまりあけすけな答えができなくて「ティレイシアスのような口のきき方をしていた……」と。フランソワーズは、直接表現できないすべてのことを一つの文句に盛りこむ術を心得ており……「そればかりか、そうした言葉すら用いずに、沈黙や一つの品物をおくやり方でそれをほのめかすこともできたのである」（鈴木道彦訳）と話者はいっています。

盲目の人物が、すべてを見透している……というエリオットの自注の書き方に、私はプルーストの話者のいうほのめかしをみてとるのです。

二〇〇二年に、エリオット最若年期の「ノートブック」に書かれていた未公開詩篇とその注の全訳――『三月兎の調べ――詩篇一九〇九―一九一七』（クリストファー・リックス編、村田辰夫訳、国文社）が出ました。私はこれをいち早く、珍しく自費で買い、文芸雑誌での書評をかって出たりした記憶があります。六百頁をゆうにこえる大著なのでここでその詳細にふれるわけにはいきませんが、エリオットが生きていればたぶん刊行の許可を与えることはなかったと思われはするものの、この『三月兎』が、エリオットの詩活動の源をなしていることはたしかです。

たまたま同じ出版社から出ているジョン・ボズウェル著『キリスト教と同性愛』（大越愛子・下田立行訳）を私は最近になっててていねいに読ませていただいたのですが、これは学問的にもしっかりした研究書で、多くのことを学びました。詳細にはふれられませんが、中で一つだけ、兎が西欧において「雌雄が入れかわる」両性的動物だと信じられていたことをあげておくことにします。中世のある百科全書が野兎について書いた文章が引用されているのですが、そこでは雄の兎の両性具有と共に、テイレイシアスが引き合いに出されています。

「J・アルフレッド・プルーフロックの恋唄」という詩篇は、既刊詩集の詩篇と未公開詩篇群をつなぐ架け橋となっていることが『三月兎』をよむとわかるわけですが、私は、この未公開詩篇の中でとりわけ、「聖セバスチャンの恋歌」という詩篇に引きつけられます。

若年期のエリオットに強い印象を与えたオスカー・ワイルド『ドリアン・グレイの肖像』や三島由紀夫の『仮面の告白』を読めば、聖セバスチャンの原像が、ある種のスペシャルな性意識の持主――性的マイノリティにとって強い愛着のシンボルと化し、一種の符丁として流通していることがわかります。

私は原著をみていないのですが、『三月兎』には、私の間違いでなければ、ただ一つだけ、図版がありまず。アンドレア・マンテーニャ『聖セバスティアヌス』で、キャプションに、本書「聖セバスチャンの恋歌」参照、とあります。

エリオット自身は、書簡の中で「ただこれには同性愛的な（homosexual）ものは全くありません」と強調しているのですが。

『三月兎』の注によれば、エリオットが使った homosexual という語は、当時の新語の類だったそうで、ＯＥＤの初出例は、バーナード・ショー（一九一四年）です。

同注には、「聖セバスチャンの絵」についての評言――「同性愛者は聖セバスチャンを特に礼賛する。裸体と男根的な矢の組合せはしびれさすものがある」も引かれています。

プルーフロックの恋唄の前身に、聖セバスチャンの恋歌がある事実を、私は重く受けとめざるをえません。これはエリオットが批判してやまなかった、伝記的事実への覗き趣味といった次元のこととは違う――テキストに滲む実存的〝肉の棘〟の問題なのです。
例によって、ひとかけらの詩行――架け橋ともなる欠け端を「プルーフロックの恋唄」から、引きましょう。

I have heard the mermaids singing, each to each.

I do not think that they will sing to me.

深瀬基寛訳では「おれは聴いたおぼえがある、人魚の群が歌い交わしているあの声を／あの声はおれに歌いかけるんじゃァないらしい」となっていますが、その they が自分に歌いかけているのではないらしい、という部分が重要なほのめかしを含むことを、私は、プルーストやカフカによって告げ知らされました。

人魚たちは波に乗って沖のほうへ泳いでゆく。白く黒く水のおもてを風が吹き、うしろになびく波の穂がしらをくしけずりながら。赤や茶色の海藻にくるまった「海の乙女」のお伴をして、わたしたち――「君と僕」は海の部屋にずいぶん長居して……

そしてさいごの一行はこうです――“Till human voices wake us, and we drown.”（やっと人声に眼が醒めるかと思ったら、わたしたちは溺れてゆく）。

「わたしたち」がはっきりと人魚の仲間だといっているわけではありませんが、「人間の声」と隔てられた異類意識を「わたしたち」――「君と僕」が共有しているイメージが伝わってくる気がします。『荒地』のI「死者の埋葬」は「君！　偽善家の読者！――わが同胞！――わが兄弟！」というボードレール『悪の華』をふまえた呼びかけで終っていますが、この「君」＝「わが兄弟」は、プルーフロックの「君」と同類といっていいでしょう。

再度、ティレイシアスが登場した『荒地』Ⅲの、自注に眼がひき寄せられます。偏頗な眼だと、さぞかし冥界のエリオットを怒らせるでしょうが。

To Carthage then I came
Burning burning burning burning

この原詩三〇七行～につけられたノートはこうです。――聖アウグスティヌスの『告白』中の言葉「それからわたしはカルタゴに来た。すると恥ずべき色欲の大釜が、いたるところわたしの耳もとで、ふつふつと音を立てていた」参照。

この「恥ずべき色欲の大釜」が具体的にどんなものであるか『告白』を読んでも明確にはなりませんが、私は、この巨大「おかま」の番人として、同じⅢで強調された両性具有の予言者ティレイシアスを想い浮かべるのです。

旧約聖書のソドムとゴモラ、ギリシャ神話のテーバイ（のオイディプス）が、アウグスティヌスのカルタゴの同類的存在であることは、ここでは多くの根拠をあげられませんが、ほぼ間違いないでしよう。
聴覚的想像力の機能の一つとされる「根源へと遡っては何ものかを取り戻し……」というその根源に、すでにふれたヒーニーの「精神の国」(a country of the mind) も含まれます。「異邦のふるさと」の異邦が「最も原始的」な世界に求められることもある。奥井潔先生が翻訳されたD・H・ロレンスの紀行『エトルリアの故地』(南雲堂)――の故地 (places) は今この世界に、現実の地理上のものとして視覚的にとらえられるものとしてあるのではなく、聴覚的想像力により根源へと遡って取り戻されるものです。私どもが関心を抱く〈世界文学〉の巨人がいつもたちかえる旧約聖書やギリシャ神話もそうした精神の国――異邦のふるさと――故地です。

私は、作品が告げしらさずにはおかぬ真実を、詩人の伝記的事実の中にさがし求める情熱を、エリオットに抱いたことはありません。エリオットが『荒地』で、われよりまされる匠と呼んだ盟友エズラ・パウンドには抱いたことがあるのですが。

しかしパウンドに抱けば、必然的に、異様なまでにドラマティックな出会いをしたエリオットとの「紐帯」にも、向けられずにはいませんでした。今の私にはその余裕がないのですが、この二人の関係の背後には、カフカとM・ブロートとの友愛にも似た、限りなくホモエロティックな磁場が疑いなく存在したとみなしています。

二人――「君と僕」の関係があからさまにホモエロティックなものといっているわけではなく、根源的な友愛にかたむく資質を二人の――「同胞」はもっていた……このことが理解できなければ、一番かんじんな作品の中核をなす、ある大事なものがみえなくなってしまう気がします。

プルーストやカフカが、世界文学史上、最高最大の、スペシャルな耳の持主であった事実に、私はここ数年、圧倒されてきました。

二人は、じつは、人魚を内に孕む男、人魚の男であったというのが私の推測ですが、そういう秘密の領域に、もちろんエリオットは特別敏感でした。彼の編集になる雑誌『クライテイリオン』で、カフカ特集が組まれましたし、プルーストに関しては、一九二二年、『ソドムとゴモラ』が刊行された頃、エリオットは『クライテイリオン』編集者として寄稿を求めています。

エリオットがパウンドやジョイス同様、強く魅惑されたオデュッセウスの冥府下りの物語と、たとえばカフカは、一見無縁のようにみえますが、その作品をよく読みこめば、随所に、オデュッセウスの影を見出すことが可能です。しかしこのテーマについても今日は深追いできません。

聴覚的想像力の典型的化身として、私はティレイシアスなる予言者に注目しましたが、カフカ文学のキャラクターたちが耳を澄ます声も、オーディトリー・イマジネーションと有縁であると考えます。イェイツから、エリオットを経て、オーデン、さらにはヒーニーへと受け継がれた想像力の内実について語る準備がまるでできていないので、代わりにというのも変ですが、いくつかの、少しばかり異なる世界から作品の一部を引かせてもらいます。ひとつはカフカの長篇『城』の次のような一節です。

受話器をとると、まるで聞きなれない雑音がした。たくさんの子供の声が一つになったようでもあり――雑音ではなく、遠くの、ずっとずっと遠いところの歌のようでもあり――まさにありえないやり方でもって高い、強い一つの声が合成され、なまくらな聴覚よりも、もっと深いところへ強引に押し入ろうとしているかのようだった。Kはただ聞いていた。左腕を電話台に突いて、じっと聞き入っていた。
(池内紀訳、白水社)

私はこういう一節に、エリオットのいう「思考や感情の意識層のはるか下まで浸透し、あらゆる言葉に生気を与え、最も原始的で忘れ去られたものにさえしみ込んで、根源へと遡っては何ものかを取り戻し」「最も原始的な精神と最も文明化した精神」を融合するオーディトリー・イマジネーションの最もすぐれた発揚をみるのです。

『城』の他の箇所には、――「あの人の言うことをほんとうに聞こうとしてごらん。うわべだけ聞くんじゃなくて、ほんとうに聞くんだよ」というセリフもあります。カフカが熱読したデンマークの思想家キルケゴールの『あれか、これか』の中から、このいわくいいがたい〈耳〉についての表現をさがせば、「……聞こえてくることを洩らさず聞きとり、聞いたことを耳の秘密の通路を通して心の奥深くにかくまう耳」となるでしょう。また、二十世紀を代表する文芸学者M・バフチンがドストエフスキー論の中でいっている言葉も想いおこされます――「良い耳の持主はいつでもカーニバル的世界感覚のほんのかすかな残響さえ聞きつけるのである」。

ついでに私の敬愛する文人ボルヘスについて語りたくなりました。エリオット文学の中核にあるティレイシアス同様盲目となる運命にあったわがボルヘスは、講演集『七つの夜』(野谷文昭訳、みすず書房)の掉尾を飾る「盲目について」の中でこんなふうに語っています。視力を失った時、何かでそれをうめあわせしなくては……と彼は決意する。可視の世界を、耳で聴く世界と取り替えようと。ボルヘスの場合、それは自らの祖霊たちの言語とその詩作品をわがものにすることでした。「五十世代も前の先人たちが話していた言語」に彼は帰ろうとしました。「その言語に帰り、それを取り戻そうとしている」と彼が語るその営みにも、私はエリオットのいう聴覚的想像力のサンプルを見出した気になったのでした。

さいごにカフカが青年G・ヤノーホに語ったとされる言葉を引いて、エリオットの聴覚的想像力をめぐる脱線だらけの――『四つの四重奏』の「バーント・ノートン」の表現をかりれば"Distracted from distraction by distraction"「逸脱によって逸脱から（さらに横道へ）逸脱している」ふうの――話を終ります。

ある物語を聞きとるためには耳が必要だし、その耳の成熟には永い時間がかかる。

プルートス詣で——ギリシア喜劇全集に寄せて

正確な表記ではないかもしれないが、遠い昔——二十歳前後の頃に聞きかじったギリシャ語に、スプードゲロイオスなるものがある。ヨーロッパ古典語どころか英語すらマスターできなかった人間のいいかげんな記憶によれば、その意味は、〃オモシロマジメ〃。

私はこの語を当初、面白くてタメになる、というような通り一遍のニュアンスでとらえ、すぐれた文学（作品）が孕む普遍的な価値を表現したものだと考えた。それが間違いだったというつもりはないけれど、後に自らが著作家の末席を汚すに至り、虚構作品及びそれをめぐる批評（のようなもの）を書きつづける過程で、オモシロ（あるいはイカガワシサ）とマジメとは劇的拮抗状態のまま融合していることに気づかされた。

スプードゲロイオスの学問的背景が明確でないにもかかわらず、私はアリストパネースふうの喜劇的精神にあやかってつづける。喜劇的なオモシロサと悲劇的なマジメサとが、演劇の主神ディオニュソスに従う、上半身は人間だが山羊の脚の下級神サテュロスのように「合体した姿をもつ」——それが世界文学史に貫流する（あるいは潜流する）スプードゲロイオス文学の伝統なのだ、と。

喜劇と悲劇とどちらに心ひかれるか、というこれまた通り一遍の問いをひきよせ、おおざっぱに答えると――いわゆる純文学の読み書きを志向する者のご多聞にもれず、当方なども悲劇にかたむく嗜好だった。やはり若年の頃、純文学にあたる英語に、シリアスなる形容がつくことを知って頷いたりもしたが、浮き世の波に人並みにもまれる体験によって、本人にすれば再起不能と感じられたドン底状態からはい上がる時、魂の救いとなった文学の特質として先のスプードゲロイオス（まじめな笑話）が浮上したのだった。

浮き世は、もともと憂き世とも書いた。ありふれているものの、喜劇的に大げさにいうなら、日本文学に貫流（潜流）する世界観の変遷史をこの一語に凝縮してみてとることができるだろう。

この世はつらく苦しく、定めなくはかない。頼りになるものがなく、思うようにならない、それはまさに憂き世である。平安の頃に、この世ははっきり「憂き世」と規定され、その憂き世をどう生きるかに文学のテーマが移り、さらに平安末期には定めなき無常の世、鎌倉末期には不定夢幻の世、室町には厭うべき穢土という観念が付加された。室町末期になると厭世思想に根ざした享楽思想が発生して「浮世」と表記されることも多くなり、江戸時代初期には当世、当世流行の意、さらには好色の義をも含むようになったという。

『日本国語大辞典』他から、あくまで喜劇作家の気分でパクりつつ、端折って引用してみた。ついでに『広辞苑』をひらくと、仏教的な生活感情から出た「憂き世」と漢語「浮世《ふせい》」との混淆した語、とある。

憂き世・浮き世――と並べてみれば、少なくとも私の眼にはこれがスプードゲロイオスに似た構造をもつ融合語に映る。浮き世は憂き世と、ついに切り離せない。憂き世の認識を手放せないにもかかわらず、いやそうであるがゆえにこそ、この世を浮き世とみなす。語るに値する文学史の根源にそのマナザシが光り輝いている。

「厭世思想に根ざした享楽思想」は、世界文学に特記される喜劇的精神と地つづきのものであろう。ダンテの『神曲』の原タイトルが〈神聖喜劇〉であることを無知なる当方は遅れて知り、深く納得した。バルザックの全作品の総称は〈人間悲劇〉ではなく〈人間喜劇〉でなければならないことについても。

私はこの十年ちかく、ド素人の分際でありながら喜劇的好奇心と情熱のおもむくまま、〈世界文学イニシエーション〉シリーズと名づけたドン・キホーテ的プロジェクトに従事してきた。その笑うべき見果てぬ夢のプロジェクトの全容について述べるのはさし控えるが、世界文学史に貫流（潜流）するスプードゲロイオスの正体に肉薄したつもりのプロジェクトのおよそ三分の一を占める批評篇（残り三分の二は創作篇）は三部から成る。既刊分は、『カフカ入門――世界文学依存症』『ドン・キホーテ讃歌――世界文学練習帖』（ともに東海大学出版会）、『プルースト逍遥――世界文学シュンポシオン』（五柳書院）。この三部作で批評篇は終了し、目下、プロジェクトは創作篇に移行した。批評篇は四百字詰めで約千五百枚、創作篇は三千枚の予定だが、生きているうち目鼻がつくかどうかもおぼつかない。

まったくもって浮き世離れした仕事というほかなく、われながらタメ息がでるばかりだけれど、喜劇的精神を忘れずにつけ加えるとすれば、私はこのタメ息の質にも注目している。浮き世離れを憂き世離れと切り離さず、おおむね疲れたり失敗したりしたときに発せられる「やれやれ、またしくじった」のつぶやきに、「やれやれ、めでたい」といった感動をあらわす元意を無理にでも重ねて用いたいと、ドン・キホーテ的に願っているのだ。眼前にみえるのは、風車や床屋の金だらいにすぎないのだが、キホーテ（的精神）は、それらを巨人やマンブリーノのカブトとみなして夢という名の妄執を織るのである。

三部作で私が追尋したスプードゲロイオス文学伝統の最高峰に位置するセルバンテス、カフカ、プルーストといったような大作家が、ことさらギリシャ喜劇を愛読した証拠はほとんど見出せないのだけれど、文学的伝統の河床は不可視のものであることが多い。

プルーストの大作『失われた時を求めて』は、世界文学史を流れる無数の川を集約した巨大な海の如き虚構体である。その名づけることが困難な場所には、プルーストが神殿と呼ぶものが建っている。カフカ文学でいえば、測量士がついに行きつけない謎の「城」にも似たその神殿に収められた富を、たとえば私は「プルートス」と名づけたりした。

『失われた時を求めて』の中で、ある公爵夫人が、社交界で、アリストパネースを朗読というべきところをアリストテレースを朗読……と言い間違えるエピソードが登場する。アリストパネースの喜劇についての言及があるわけではないが、上流婦人の眉をひそめさせる部分を数多くもつアリストパネース、ひいてはギリシャ喜劇的な要素は、私見によれば、プルースト文学の屋台骨を構成するものといっていい。

アリストテレースをまともに読んだことのない当方にも、その哲学書が社交界での朗読におよそ向いていないのではという推測は容易につく。一方、アリストパネースが、お上品な上流社会の宴席での朗読に、別の理由でふさわしくないことも。

あえて喜劇的に単純化すれば、アリストパネースは過激な下品さイカガワシサも辞さぬ構えのオモシロオカシサ、アリストテレースは理性的・学問的キマジメサを代弁する。世界文学の集約的産物たる『失われた時を求めて』には、実在の喜劇作者とは異なるプラトーン創作の（『饗宴』に登場する）アリストパネース的諧謔にあふれる一節もあれば、アリストテレース顔負けの文芸論・芸術論的分析もある。オモシロオカシイ風俗描写と、批評家・哲学者はだしのマジメな分析が、浮き世と憂き世のように接合した文体となって読者に迫り、圧倒する。

そこには、M・バフチンがF・ラブレーやドストエフスキーの作品に即して見事に解析してみせたサカサマ・カーニバルの二十世紀文学的展開がある。そのバフチンがいっているわけではないが、私の脳裡に浮かぶサカサマ・カーニバルの世界文学史上最もオモシロオカシイ例は、シェイクスピア『マクベス』の冒頭に出る、三人の魔女の呪文――Fair is foul, and foul is fair! に集約される。きれいはきたない、きたないはきれい……という訳のみでは、このあべこべ呪文の全容を理解することが困難になるだろう。

プルーストが描いた社交界の夫人によるアリストパネースとアリストテレースの言い間違いの背後にも、悲劇は喜劇、喜劇は悲劇といったあべこべソングを聞き収める特別の耳が必要である。

この特別の耳の持主の一人、F・カフカの文学を、私は若いころ、ひたすらメランコリーの文脈に沿った悲劇的な視点で受取った。自身の卑小な憂鬱体質にひき寄せて読みすがっていた。しかしじつはカフカは『審判』のような厳粛で陰鬱な内容の作品をすら喜劇として読まれることを願っていたのである。定めなきこの世の掟を象徴するような不条理きわまりない出来事にひきずり込まれる『審判』の主人公ヨーゼフ・Kは、おどろき不安につつまれるニモカカワラズ――つまり悲劇的状況ニモカカワラズ、やがて次のように思い定める。

「これが喜劇であるのなら、逆に自分も一役買って出てやろう」

「逆」をめぐるこのつぶやきは、プルースト文学にあってもいたるところで魔術的変奏をとげる。プルーストの話者は自らを「破れ金庫をもつ蓄財家」にたとえたりする。

かかる精神のありようを、私は、コメディアン志望のメランコリカーと命名した。スプードゲロイオス文学の主人公の大半にあてはまる命名だと信じている。

コメディアン志望のメランコリカーは、アリストパネース『蛙』に出てくる「蛙白鳥」のような存在だ。ギリシア喜劇全集第三巻所収の脚注には「白鳥は美声で歌うとされたが、蛙の場合はその逆で、対照的な両者を合わせて不思議かつ滑稽な動物にした」とある。

アリストパネースとアリストテレースを間違えた公爵夫人のノリで、私はしばしば世界文学の集約者プルーストをアリストパネース作のプルートス（福の神）ととり違えた（ふりをした）。世界文学の富の神がまつられた神殿を詣でる者は、こうしたとり違えをすら、「不思議かつ滑稽な」ものとみなさねばならない。

自由人を夢見て──『ドン・キホーテ』後篇刊行四百年に寄せて

わたしがこれから述べようとしていることは、すでに誰かによって少なくとも一度は、ことによると何度も言われたことがあるかもしれない。しかし、わたしにとって大事なことは、内容の真実性如何であって、話題としての目新しさではない。

右は、敬愛するボルヘスの「『ドン・キホーテ』の部分的魔術」というエッセーの書き出しである（中村健二訳『続審問』岩波文庫）。

ここなる自称〈ボルヘスの不肖の弟子〉は四半世紀ほど以前、その名は思い出せない（ということにしておく）が、とある文芸誌の新人文学賞評論部門で、ボルヘスにまつわる「すでに誰かによって少なくとも一度は、ことによると何度も言われたことがあるかもしれない」テーマについて受取り直した拙作をひろってもらったのを機に著作家の末席を汚すに至った人間だ。

今、神聖で美しいものに決定的なダメージを与える意の日本語「汚す」を用いたが、他ならぬ最愛の作家の最愛の作品について再びオマージュを捧げる機会を与えられた喜びのあまり、かの哀れな郷士の如く、理性を失ったあげく、偉大な先人作家のセルバンテス頌の「真実性」に、卑小な思いを寄り添わせる一種の〝聖域汚し〟を、おそらく本稿においても繰り返すことになるだろう。

いや、もっとドン・キホーテ的に〝愉快な〟ものいいをすれば、こうした当方の滑稽にして無謀な振る舞いを黙認するばかりか、使嗾《しそう》してやまぬ書こそ、生みの親たるセルバンテスのいう「あらゆる不快感がのさばり、あらゆる侘《わび》しい物音によって支配されている牢獄のなかで生まれたかのような、やせて干からびた、気ままな息子、いまだかつて誰ひとり思いついたことのないような雑多な妄想にとり憑かれた息子の物語」なのである。

いまだかつて誰ひとり思いついたことのないような雑多な妄想は、生みの親から遺伝したものだ。私はこれまで『ドン・キホーテ』を三回ほど通読した。右は、その二回目の岩波文庫版（牛島信明訳、二〇〇一年）の「序文」から引いたが、何度読んでも味わい深いので、ついでに書き出しも加えておこう——「おひまな読者よ。わたしの知能が生み出した息子ともいうべきこの書が、想像しうる限り、最も美しく、愉快で、気のきいたものであれかしと著者のわたしが念願していることは、いまさら誓わなくても信じていただけよう。しかしわたしもまた、蟹は甲羅に似せて穴を掘るという自然の法に逆らうことはできなかった。されば、教養のないわたしの乏しい才知をもってしては……」。

「蟹は甲羅に似せて穴を掘る」の部分が原語でどうなっているのか「教養のない」ただの読者にはわからないけれど、別の翻訳ではたしか、あらゆるものは己に似たものしか生まぬ……というような表現だったと思う。

に明らかだろう。

私が本稿をものするにあたって「念願していること」は、くだくだしく説明するまでもなく、すで

目に一丁字も無い無教養な従士サンチョ・パンサが、書物の化身ともいうべき主人に対抗すべく、対話の道具としたのは、民衆知の化身ともいうべきコトワザ、しかもおびただしい数のそれであった。その中に、〈蟹は甲羅に似せて……〉に相当するものが含まれていたかどうか（あるとすればどんな表現になっていたか）にわかに思い出せないけれど、人はその器相応の言動しかしないもので、思考の範囲が限定されている意のこのコトワザは、まさしく「おひまな読者よ」と呼びかけられたわが身におあつらえ向きと思わざるをえない。

今、あらためて『日本国語大辞典』をひもとくと、自分の大きさに合わせて穴を掘るということから生れたコトワザには、「人はそれぞれ相応の願望を持つものだ」のニュアンスもあるようだ。自分の力量、身分に応じた言動をすることとほとんど同じだろうが、「それぞれ相応の願望を持つ」というところに、〈見果てぬ夢〉を見出したい含みが今の当方にあることを隠そうとは思わない。

私が、憂い顔の騎士（あるいは郷士）の物語に出遭ったのは、二十代の半ばすぎ――「人生の道の半ばで正道を踏みはずした」実感に包まれはじめた時期だ。道を踏みはずして暗い森の中に迷い込んだ後の世界文学のスーパースターの遍歴には、やはり大詩人の先達の導きがあったけれど、ただの読者の前にそうした頼もしい案内人は現われなかった。「これを読まないというのは、文学が私たちに与える最高の贈り物を遠慮すること」だとまでボルヘスが語るダンテ（の『神曲』）を正しく受けとる「道を踏みはずして暗い森の中に迷い込んだ」者が、どうして憂い顔の騎士の遍歴には、案内人無

しでも「自然の法」にのっとるふうについていけたのか……ここには「わたしにとって大事な」種類の聖域汚しの「真実性」の問題が横たわっている気がするけれど、本稿の主たるテーマからはいささか外れてしまうだろうか。

読書、とりわけ古典のそれは、何より自由をたっとぶもののように私には思われる。何を、いつ、どんな状況下で読むのか、すべてが自由である。もちろん教師のすすめや教科書での出遭いがキッカケになることもあろうが、やはり人それぞれの「相応の願望」にもとづく自由選択の中に、その人にとって最も大事な何かが隠れていると思う。

自由な読書の履歴にあって文学史的時系列などはほとんど意味をもたない。たとえば私の場合、二十歳の頃、ドストエフスキー病にかかったが、その大作家が、「これまで天才によって創造されたあらゆる書物の中で最も偉大な、最も憂鬱な書物」「現在までに人間の精神が発した最高にして最期の言葉である」と称えた『ドン・キホーテ』をひもとくまでには、なお数年を要した。

ボルヘスを師父と仰ぐようになったのは、『ドン・キホーテ』体験の後である。冒頭でふれたボルヘスのエッセーを読む前に、現代文学の最前線を鮮やかに告知する『伝奇集』の中でも、とりわけ衝撃的な短篇として――「『ドン・キホーテ』の著者、ピエール・メナール」をあげなくてはなるまいが、すでに『ドン・キホーテ讃歌』などの拙著に書いたので、ここではボルヘスのエッセーの方を道しるべにしつつ、私自身の「相応の願望」を埋めるにふさわしいちっぽけな穴掘りをやらせてもらう。

ボルヘスは、『神曲』やシェイクスピア作品と比較した場合、『ドン・キホーテ』は写実的だとのべた後、すぐにその写実性が十九世紀のそれとは根本的に異なっているとつけ加える。コンラッドやヘンリー・ジェイムズが現実を小説に取り入れたのは、現実を詩的なものと考えたからだが、セルバンテスにとって、詩と真実は反意語であった。セルバンテスはわれわれに十七世紀スペインの詩を創りだしてくれたが、彼にとってはその世紀もその当時のスペインも詩的なものではなかった。ドン・キホーテが読みふけった騎士物語『アマディス』の広大かつ曖昧な地理に対して、セルバンテスはカスティーリャの埃道とうす汚い宿屋を持ち出す。

　ボルヘスがでっちあげた二十世紀の作家ピエール・メナールよろしく、自称不肖の弟子は、師父の卓抜なエッセーをさらに「転写」したい誘惑にかられるが、二十世紀において「独創的《オリジナル》な作家」は存在しえないという独創的なイデーを小説の形にもり込むその語りの凡庸な模倣に終るのが目にみえているので、さし控える。

　ボルヘスが語ったのは十七世紀と十九世紀の写実性をめぐる差異である。しかし、極東の島国で文学の練習生を志すバルバロイがそこに見出したのは、ヨーロッパ中心の文学に対する周縁的なまなざしだった。詩と現実が反意語で……と語るボルヘス自身の立ち位置を、卑小なわが身にひき寄せずにはおれない当方は、カスティーリャの埃道とうす汚い宿屋に思いを馳せ、それがボルヘスの故地ブエノスアイレスの「現実」に重ねられていると深読みした。ラテンアメリカの周縁の地に生れ育ちながら、最も偉大なスペイン作家セルバンテスに対し、カスティーリャ人にも劣らぬほどの親近感を抱いていたボルヘスは、セルバンテスの『模範小説集』に寄せた序文で「スペインの批評界はセルバンテスをあまりに高く評価するあまり、検討し吟味することなく、すぐに敬意を表してしまう。例えば、ドン・キホーテになることを夢見たアロンソ・キハーノの発明者にとって、ラ・マンチャというのがどうしようもないほど散文的な、埃っぽい田舎にすぎないことを指摘した者すらいないのだ」（牛島信明訳）とも書いている（『序文つき序文集』所収、国書刊行会）。

東北南部の「どうしようもないほど」非文学的な奥深い山間の村に生れ育った当方がはじめて『ドン・キホーテ』を岩波文庫旧訳版で読んだ時にはさほど気にもとめなかったが、二回目の新訳版訳注の一節──「ラ・マンチャはスペインでも最も荒涼とした地方で、伝統的な騎士道物語の、城などからなる華麗で貴族的なロマンスの舞台とはまさに対照的である。いうまでもなく、これもセルバンテス的パロディの一端といえよう。ちなみに、マンチャ mancha は普通名詞で、『汚れ、不名誉』の意である」は、印象に刻まれた。

ただの読者は、漠然と、ラ・マンチャなる地名が架空のものではと考えていたので、これが実在することに少し驚いた。しかし、もっと忘れ難いのは、普通名詞の「汚れ、不名誉」をあらわすマンチャのほうだ。

世に名高い「ラ・マンチャの男」なるミュージカルをみたことが一度もない田舎者は、以後、「ロマンスの舞台とはまさに対照的な」マンチャの男をひそかに名のり、詩（歌）の十年選手から転じたことをふまえ、汚れっちまった散文野郎として生きようと決意を固めたのだった。

ボルヘスによれば、セルバンテスの文体ほど欠陥の多いものはない。繰り返し、弛み、断絶、構文の誤り、さらに無意味なあるいは不適切な形容詞に満ちているからだが、しかし、にもかかわらず「ある本質的な魅力がそうした諸々の欠点を帳消しにしたり、和らげてしまったりする」という。その理由は、「わからない」。「単なる理屈では説明することのできない類の」秘密が横たわっているそうだ。

セルバンテスの文体の「欠点」にボルヘスがどんな語を使っているか知らないけれど、普通名詞mancha が含意する「汚れ、しみ、汚点、傷」とまるで無関係とは思えない。

初読から二十年余りも後、『ドン・キホーテ』を三度目に通読した頃、鈍感な田舎者にも世界文学の巨匠たちがこの書をいかに深いところで受けとめたか等について少しはわかりかけてきたが、この期に及んでも、汚れっちまった散文野郎は、「単なる理屈では説明することのできない類の」心理をふり払えないでいた。

ラ・マンチャの男というより、ただのマンチャの男である当方がたちかえるのはその原点だ。いや、男が不適当なら、マンチャの人といいかえてもいい。

新訳が出るたび読み直したいと願いながらも、なかなか果たせずにいるのだが、それぞれの特徴をもつ訳者の労作に感謝する一方、翻訳とはフランドルのタピストリーを裏から見るようなものという作中の言葉を思い出してしまったりする田舎者にとって、やはり原点にたちかえる時に重要なのは、M・プルーストのいう「魂の初版本」——つまり初読の岩波文庫旧訳版（永田寛定訳）である。

「魂の初版本」のどこやらの章には、たとえば次のような対話があったはずだ。

〈「そこにおるのはどなた？　どういう人じゃ。もしや、わが身に満足しておる者のひとりではないか。それとも、悲しんでおる者の仲間かな」

「悲しんどる者の仲間じゃ」と、ドン・キホーテ〉

「そこにおるのはどなた？　どういう人じゃ」と、自分が訊かれたような気がする田舎者は、今なら即座に、応じる——ここにいるのは、マンチャの人です、と。

マンチャの人の脳裡には、別の章に登場する次のようなつぶやきもよみがえってくる。〈ドン・キホーテどのには直らないでいただきたいもの……直りましたら、あの人ご自身のおもしろさだけでなく、ひいて従士のサンチョ・パンサどのの一言隻句、一挙手一投足は、気鬱症をも陽気症にいたしかねませんからね〉

不正確な引用の仕方にも、「汚点、しみ」がまじることをわびる他ないけれど、そうした正確さなど何ほどにも思わぬわがサンチョが味方してくれるかもしれないという期待もある。『ドン・キホーテ』を三回通読したそのたび毎に、田舎者の心に去来したのは、ただひたすら「自由」になりたいという一念だった。もっと具体的にして痛切なことを白状すれば、キワメツキの自由を味わうことで、宿痾の「気鬱症」を治癒させたいという「相応の願望」があったのである。

「頭をもたげて、できたら陽気になせえ……この病気をなおすにゃ、お医者はいらねえ」というサンチョの言葉を私は単純に信じた。事実、サンチョは、物語の進展につれて、類まれなる医者の役割を演じるようになる。彼はいう——「わしゃこの世におる医者のなかで、一ばん運のねえ医者だよ」と。他人の治療にわが血を流す、とも彼が語るそのキリストもどきの〈血のあがない〉に潜むものを、主人のドン・キホーテは「ふしぎな力」と呼ぶ。キホーテは従士にいう——「おまえのふしぎな能力は無償の授かり物」だと。

もうこのへんで十分だろう。愛すべきサンチョにとどまらず、わが最愛の作家——自ら作中人物の口をかりて「詩作よりも不幸に通じた男」といわしめた——の手になる作品それ自体に宿る「ふしぎな力」「無償の授かり物」の何たるかを知るのに、さほどの準備はいらない。ただ、内なるmanchaを「不幸に通じた類まれな医者」の前にさらけ出して自由になる勇気がありさえすればよいのである。ドストエフスキーのように大っぴらに宣揚こそしなかったが、この医者にこっそりとかかった二十世紀を代表する作家にF・カフカがいることを、当方が遅れ遅れて気づいたのは、ボルヘスとはまったくタイプの異なる文人W・ベンヤミンの著作を通してだった。

自らの類まれな非商業的作品群を「汚物」と呼んだあげく、その焼却を遺言して生涯をとじたこの非凡な作家を、私は拙著で〈コメディアン志望のメランコリカー〉と命名させてもらったのだったが、ベンヤミンは親友宛書簡の中でこう書いている。

カフカの姿を、その純粋さとユニークな美しさを歪めずにえがきだすためには、それが挫折したひとの姿である、ということからけっして目を離してはならない。この挫折の事情としてはいろいろのことがあるだろう。たぶんかれには、究極の失敗が確かに思えてから、途上のすべてが夢のなかでのようにうまくいったのだ。かれが自身の挫折を力説したときの熱烈さほどに、思考にあたいするものはない。（晶文社版ヴァルター・ベンヤミン著作集15『書簡Ⅱ　1929-1940』野村修編訳）

拙著にも引いた一節だが、本稿のテーマとおぼしきものに照らして受取り直す時、ここにいう「カフカの姿」が、セルバンテスの姿に重なってしまう。「悲しんでおる者の仲間」たる憂い顔の騎士の「純粋さとユニークな美しさ」を正しくとらえるために最も大事なのは、「それが挫折したひとの姿」

だという一点だ、といいかえても許される気がするのだ。
前篇のタイトルに郷士とされたドン・キホーテは、十年後に刊行の後篇で「騎士」に変わる。この変化の意味合いは専門家にまかせるとして、本稿としてはすでにふれた「ドン・キホーテになることを夢見たアロンソ・キハーノの発明者」というボルヘスの言い止めを思いおこせば足りる。「究極の失敗が確かに思えてから、途上のすべてが夢のなかでのようにうまくいった」というベンヤミンのカフカ像にまつわる言葉を、ドン・キホーテとサンチョの遍歴の旅がくり返す「究極の失敗」劇に重ねることは、さほど難しくはないと思うが、最後にもう一つ、カフカ同様の「気鬱症」者のベンヤミンが、カフカの文章の中で「もっとも完璧なもの」と断定した草稿を引いておきたい。

サンチョ・パンサは――ついでに言えば、彼はこのことを一度も自慢したりしなかったが――長い歳月をかけて、夕べや夜の時間にあまたの騎士道小説や悪漢小説をあてがうことで、のちに彼がドン・キホーテと名づけることになった自分の悪魔を、わが身から逸らしてしまうことに成功した。この悪魔はそれからというもの、拠り所を失ってこのうえもなく気違いじみた行ないの数々を演じたのだが、こうした狂行は、まさにサンチョ・パンサがなる予定だった攻撃の矛先というものを欠いていたので、誰の害にもならなかったのである。自由人サンチョ・パンサは平静に、ことによると一種の責任感から、このドン・キホーテの旅のお供をし、ドン・キホーテの最期の時までその旅をおおいに、そして有効に楽しんだのだった。

（「フランツ・カフカ」西村龍一訳、浅井健二郎編訳『ベンヤミン・コレクション 2』）

このカフカの断章は、ボルヘスが畏友ビオイ＝カサレスの協力のもとに編んだ「短くて途方もない話」から成る『ボルヘス怪奇譚集』（邦訳は晶文社刊）にも収められている。「サンチョ・パンサについての真実」「真説サンチョ・パンサ」などと訳されるタイトルは、カフカ手稿にはなく、編者マックス・ブロートが刊行時に付けたものだそうである。

III

言霊節考

言霊節考——深沢七郎論

深沢七郎論、と書いただけで、たちまち作家の白笑《うすらわらい》の表情がうかんでくる。深沢七郎をしかつめらしく論じることの困難や滑稽は、彼の作品や人となりに関心を寄せたことのある者なら誰でもわきまえている。「白笑」は、「楢山節考」以前の、処女短篇のタイトルである。私には白笑という漢語をウスラワライと訓む教養がなかったけれど、深沢文学の屋台骨である得体の知れぬユーモアを象徴するコトバとして、それはまことに適切だと思う。哄笑とも、そして微笑ともちがう謎のウスラワライを浮かべたまま作家は生涯にわたる移動をくり返した。「深沢七郎商店」の屋号も、商う品目もひんぴんと変わり、顧客となった人々はその都度驚いたものだったが、ついには、この商店が全国を股にかけて移動する屋台のようなものであることに気づいた。深沢文学の屋台骨とは大建築の柱梁でも「身代」や「財産」の喩でもなく、文字通り自由に取り外し出来る移動屋台の骨組であった。最後の小説集『極楽まくらおとし図』に付した「あとがき」で深沢は言う、「書けば、いくらかの稼ぎになるが、そういう稼ぎは好きではなく、商人育ちの私は、なにか、商売をしていなければ不満で、それも、小さなアキナイで、屋台店のように、簡単に初められて、いつでもやめられる商売が好きだ」と。哄笑や微笑は高度の精神のタマモノである。むろん深沢文学にもユーモアがないわけではない。しかし描写の陰に寝ている作家の顔にたたえられた不敵な白笑はそれらの息の根をとめてしまうほどに特異なものだ。このあたりの事情を、深沢七郎と「ねじれの位置」のような交わりをした作家三島由紀夫に語ってもらうと、こうである。

……はじめのうちは、何だかたるい話の展開で、タカをくくって読んでいたのであるが、五枚読み十枚読むうちに只ならぬ予感がしてきた。そしてあの凄絶なクライマックスまで、息もつがせず読み終ると、文句なしに傑作を発見したという感動に搏《う》たれたのである。

　しかしそれは不快な傑作であった。何かわれわれにとって、美と秩序への根本的な欲求をあざ笑われ、われわれが「人間性」と呼んでいるところの一種の合意と約束を踏みにじられ、ふだんは外気にさらされぬ臓器の感覚が急に空気にさらされたような感じにされ、崇高と卑小とが故意にごちゃまぜにされ、「悲劇」が軽蔑され、理性も情念も二つながら無意味にされ、読後この世にたよるべきものが何一つなくなったような気持にさせられるものを秘めている不快な傑作であった。今にいたるも、深沢氏の作品に対する私の恐怖は、「楢山節考」のこの最初の読後感に源している。

（「小説とは何か」、傍点原文）

死の直前に書かれた三島の遺作評論の一節であるが、選考委員の一人として「楢山節考」を世に送り出した当時の選後評にも「変なユーモアの中にどすぐろいグロテスクなものがある。（略）最後の別れのシーンで、あそこを思い出すと一番こわくなる。そのこわさの性質は父祖伝来貧しい日本人の持っている非常に暗い、いやな記憶ですね」とあるから、三島のうけた衝撃がどれほど烈しいものであったかが分かる。「美と秩序への根本的な欲求をあざ笑われ」「崇高と卑小とが故意にごちゃまぜにされ」「理性も情念も二つながら無意味にされ」といった表現が、深沢文学にただよう白笑のありようを見事に言いあてている。

「貴顕」（三島自身の言葉だ）の世界を描きつづけた作家には嫌いなものがたくさんあった。たとえば三島は野球やゴルフが嫌いだった。あるいは、太宰治の文学が嫌いだった。その生理的な嫌悪感については、すこぶる率直に書きしるしているが、嫌いだと言いつのっただけであって、「おそろしい」「こわい」とはいっていない。エッセー等をみると、嫌悪の情ではなしに「恐怖」を感じるものへの言及は意外に少ない。「深沢氏の作品に対する私の恐怖」というのがその一つであるが、ここではもう一つあげてみる。音楽、である。先の太宰嫌いが記された「小説家の休暇」という日録ふうのエッセーの中で、「音という形のないものを、厳格な規律のもとに統制したこの音楽なるものは、何か人間に捕えられ檻に入れられた幽霊と謂った、ものすごい印象を私に惹き起す」と書き、「人間精神の暗黒な深淵のふちのところで、戯れている」「こんな危険なものは、生活に接触させてはならないのだ」とまで断言している。「意味内容のないことの不安に耐えられない」ので、音楽を享受できたためしがないともいっている。こうした実感は、後年、『音楽』という小説にさえなった。

嫌悪感と恐怖感とはまるで無縁のものではないが、哄笑や微笑とくだんの白笑との間に横たわる径庭によく似た違いがある。嫌悪という感情の背後には自己への信頼が、自信がある。「不快」の領域へ双方がにじり寄ることがあっても、「この世にたよるべきものが何一つなくなったような気持にさせられるものを」嫌悪感は秘していない。

正当文壇（？）から「小唄作家」とあざ笑われもした深沢七郎こそは「意味内容のないこと」を演奏する、音楽の本質そのものの如き文体の所有者であった。音楽と深沢文学に対する三島の正直な反応が酷似しても不思議ではない。もっとも、深沢の白笑は音楽へも向けられている。「理知と官能との渾然たる境地にあって、音楽をたのしむ人は、私にはうらやましく思われる。（略）音楽がはじまると、私の精神はあわただしい分裂状態に見舞われ、ベートーベンの最中に、きのうの忘れ物を思い出したりする」と三島は書いたが、深沢は、「クラシックの音楽は音をたのしむのではなく、音楽に思想だとか、感情だとか、空想だとかをのせようとしたもので音楽とはちがった道だと思う」（「いのちのともしび」）と断じ、次のようにつづける。

音楽は音の高低やメロディーなどが目的ではなく、また歌とは別なものだと思う。音楽はリズムで表わすより外に方法はないはずである。

こうした考えは文学にももちこまれ、「小説もそれと同じことで思想などを盛り込むことは邪道だと思う。ジャズにはリズムと迫力のある音があって、それが材料だが、小説にはそれに該当するものは？　何だろう？　と考えたりする」（「書かなければよかったのに日記」）という問いをみちびく。

三島と深沢の音楽観は対極的なものだが、「人間精神の暗黒な深淵のふちのところで、戯れている」危険きわまりないものという三島の定義と、「音楽はリズムで表わすより外に方法はない」が小説の世界でそれに相当するものは何か？　という深沢の問いとを虹のようにむすぶ架け橋として、われわれは言霊節というキーワードを提出する。「音という形のないものを、厳格な規律のもとに統制」する音楽は、「人間に捕えられ檻に入れられた幽霊」のようだと三島は戦慄し、一方、深沢は「音の高低やメロディーなどが目的ではなく、また歌とは別なものだ」と、いささか乱暴な消去法をおこなう。まったく異なった方向をもつこの二つの音楽論のベクトルをある地平で強引に交わらせてみる。その地平に、付着した手垢をていねいに取り去ったうえでわれわれが受取りなおす言霊が乱舞している。言葉は、音のように「無形態」ではなく、「意味内容」が賦与されているので、作家三島由紀夫を安堵させる。言葉の「意味内容」はしっかりと檻に囲われているから安心だが、「幽霊」すなわちコトダマは人間の作った檻を易々と抜け出てしまう。ギタリスト深沢七郎は、「音の高低やメロディー」を音楽の「目的」とせず、また「歌」さえもしめ出してしまう。なぜか？　歌は歌詞を、「意味内容」をもちうるからである。だが、ギタリストは遅まきながら小説家となった。小説家は、否応なく「意味内容」のある言葉をあやつらねばならない。ギタリスト作家は苛立ちながら問う。「音の高低やメロディー」「歌詞の意味」などを最終的に無化してしまうような音楽固有の「リズム」を体現する文体とはどういうものか？　と。

言葉は、「人間精神の暗黒な深淵」におりてゆくことができる。三島が畏怖した音楽はその「深淵のふちのところで、戯れている」。言葉もまた「人間に捕えられ檻に入れられた」ものだが、三島の怖れる音楽はその檻の中の「幽霊」である。音楽論をすこしずつ文学論へ移行させてみる。すると、言葉というサブスタンスから遊離した、しかしまったく切り離されたものではない不可視の「リズム」がとらえられる。言葉で書かれた「楢山節考」が三島をあれほどこわがらせたのは、そこに言霊節の演奏がなりひびいていたからである。

深沢七郎は演奏するように小説を書いた。彼はギターを手にとるようにペンをにぎり言霊節を弾きはじめる。「意味内容」を要請する批評に対して白笑でこたえる。文章はいうまでもなく音ではないから必然的に「意味」を分泌する、だが、言霊節の演奏者はその意味を充電させ詩に変身させる。深沢は楽器のようにペンをとり、そして思い出す。思い出は「楢山節考」という作品となって結実した。思い出は彼の実人生の記憶ではない。三島のいう「日本人の持っている非常に暗い、いやな記憶」である。〈わたしのおばあさんのおりんがね……〉というような「リズム」で彼は語りだすが、おりんは深沢の血縁ではなく、「楢山節考」に描かれた村も作家の故郷ではない。時代とて定かではない。けれど作家は思い出すように書いた。まるで実の祖母から炉端できいた体験談を文字に記すように――。無数の死者たちの霊の「リズム」が彼の耳にはきこえる。この「リズム」が彼のつむぐコトバを音符にした。あとは不可視の譜面をみながら黙って演奏すればいいだけだ。哄笑も微笑も生者のものだ。死者の言霊がうたう「ふしまわし」ばかり聴いている彼の表情には白笑が固着する。白笑は、言霊節をうたうときの芸人のせいいっぱいのサーヴィスなのだ。

おびただしい職業を経験し、むしろやらなかった商売を数えたほうがはやいくらいだというほどの深沢の人生で、唯一持続したのはギター演奏だった。小説をやめていたときもギターだけは手放さなかった。深沢は、たしかに「小唄作家」であった。だがその日本的小唄はギターによって演奏された。このことは深沢文学のネジレの構造をみきわめるのにたいへん重要である。小品集「ポルカ」のタイトルをここにかかげてみよう。日本風ポルカ、支那風ポルカ、江戸風ポルカ、落語風ポルカ、講談風ポルカ、廓風ポルカ、ポルカ・アカデミカ、歌舞伎風ポルカ、編曲風ポルカ、浪曲風ポルカ、ポルカ・パントマイム、ポルカ・クラシカ、自叙風ポルカ……といったあんばいである。併せて他の彼の創作の名を思いうかべる。甲州子守唄、安芸のやぐも唄、べえべえぶし、アラビア狂想曲、いやさか囃子……。深沢七郎が文学的演奏ということにどれほど呪縛されていたかが分かる。その「編曲」のありようの比喩が〈ギターで演奏される小唄や民謡〉なのである。「オーケストラで歌謡曲をやれば、どんなにいいだろう」とは、短篇「花に舞う」（『極楽まくらおとし図』所収）の一行だが、もっとも庶民的な楽器であるギターは、「小さなオーケストラ」にもなりうる。能力さえあれば流行歌を交響楽的に演奏することもできる。この楽器は深沢七郎の文学そのものである。「日本人の持っている非常に暗い、いやな記憶」を深沢は文体五線譜に露わにした。しかしその演奏は西洋生れのギター（しかも彼が弾いたのはクラシックギターだ）によってなされた。深沢の文学的演奏の無比の特色がここにある。日本人の暗い記憶、などは凡百の民俗学書にのべたてられている。それらは、いわば〈三味線によって演奏された民謡〉にすぎない。深沢は民謡が好きだったが、日本的楽器によって日本風に弾かれる民謡に関心をしめさなかった。異化への情熱、すなわち特異な批評精神が、作家の「演奏」を困難なものにしていたのだ。白笑はその困難の自嘲的発露とでもいったらよいか。

深沢七郎は、批評家の投網から白笑をうかべつつ身をすりぬけるのに成功はしたが、自らのうちに飼い育てていた「どすぐろいグロテスクな」批評のワナにはまり込んで、終生癒えることのない深い傷を負った。

深沢の批評精神は行間に躍っている。それは行のあらわす「意味」に重きを置かない。彼は根っからの演奏家だった。彼の人生の古代的おおらかさをいっきょに破砕し、中世的異端審問のえじきたらしめた「風流夢譚」事件は、歌詞の意味を軽視する演奏家の当然の姿勢がまねき寄せたものであった。もしも作家が〈三味線で民謡をひく〉類の演奏家であったなら、こうした事件を誘発することもなかったにちがいない。日本的なものを日本的に演奏するというのは、彼を抹殺しようとした者たちにとってお気に入りの「音楽」だったのだから。「風流夢譚」を「F小説」と抽象化し、「諧謔小説を書いたつもりなのだが殺人まで起った」と淡々と事後報告した彼の真意を汲みとって、われわれはこの事件の「意味内容」を縷々記述するのをやめよう。「諧謔」に盛られた「思想」や「意味」など彼自身最初から軽蔑していたことは、この夢譚の主である「私」の「革命ですか、左慾《さよく》の人だちの?」という一語からもみてとれる。音楽の「意味」に復讐された演奏家——深沢を襲撃した悲劇の主題はそのことに尽きる。

……題名だけが判れば、歌詞など判らなくてもいいのだ。破裂しそうなリズムに合せて、思いきりの声をだしてエルヴィスが歌っているのを聞いていると、頭の中がカラッポになってすっきりするのだ。そして、手や足がこきざみにゆれて、押えつけられた様な手や足の力がぬけて軽くな

（「東京のプリンスたち」）

るのだ。

……おくまの歌う子守歌は手毬歌で、

ひとつ、ひと代さんはオメメが痛いよ
ふたつ、ふな代さんは太い川へ落込《ツッペッ》た
みッつ、みち代さんはみんなのお顔を突つくよ、

と、歌の意味などは考えないで口から出まかせである。本当の歌はこんな歌ではないがそんな歌の文句を思いだして歌っている余裕はないのだった。おくまのアタマの中はぼーっとなっているのだった。

（「おくま嘘歌」『庶民列伝』所収）

どれも同じ節だし、唄うというよりウワ言のように口走るのだ。意味などもなんのことだかわからない。「月さん休みの唄」はそんな歌で、みんなが唄うのだから意味などどうでもいいのだった。

（「アラビア狂想曲」『みちのくの人形たち』所収）

「意味」への呪詛がリフレインと化している。歌詞などどうでもいい、「リズムに合せて」ともあれ声を、音をだす。「押えつけられた様な手や足の力がぬけて軽くなる」ために。「本当の歌」がどんな歌詞だったか思い出せないが、「口から出まかせ」にうたう。「唄うというよりウワ言のように口走」ったその歌詞の意味は、しかし殺人事件までひきおこしてしまった。「（これは運命だから）と私は決

めていた」（「数の年令」）と深沢は回顧し、逃走中のありさまを「流浪の手記」というエッセーにまとめもした。「F小説」事件はまさしく作家の運命であった。が、この事件は、整形手術の「前後」のように位置していない。彼の生来の白笑はこの大手術によって消失するどころか、ますます不敵さの度合いを増し、みがきがかかった。私の書いたF小説が、と、彼は弾き語りのようにいう、まえまえからあこがれてやまなかった「流浪」のライフスタイルを完璧なものにしてくれたのだ、と。

ところで「F小説」の発表に際しても少なからぬ関わりをもつ三島由紀夫の生涯も、深沢の逃亡とほぼ時を同じくして急激な転調をとげた。深沢をおそった「こわいもの」に三島がどのように対処したか？——転調の内実をそう問うことに置きかえてみてもいい。この問いへの解答のヒントを、われわれは深沢の短篇「流転の記」の冒頭の一行に見出す。

汚いものを払いのけるように、嫌いなものや怖いものを書けば不思議ではなくなるものである。

やや舌足らずではあるが、二人の作家の不可思議なえにしを想えば、なんと暗示的な一行であろうか。「嫌いなものや怖いものを書けば」の「書けば」を、「怖いものになってしまえば」「……すり寄ってしまえば」「……同一化してしまえば」と言い換えることで、三島由紀夫の晩年の行動の謎の一部がときほぐされる。『仮面の告白』のあまりに有名な一節——汚穢屋《おわいや》になってしまいたい！　というひりつくような衝動を感じる幼い「私」。……少年時代、生理的嫌悪を抱いて聞いた、剣道をする人々の奇声が、長じるに及んでは一種の快楽を感じるようになったという告白。『豊饒の海』ばかりかエッセーでもくり返される感懐がわれわれの脳裏をよぎる。
音楽愛好家たちを、三島は「檻のなかの猛獣の演技に拍手を送るサーカスの観客」のようなものだといい、「しかしもし檻が破れたらどうするのだ」と不安を表白した。「こんな危険なものは、生活に接触させてはならないのだ」という彼の警鐘を、そっくりそのまま「F小説」事件にあてはめれば、「意味」を考えないで「口から出まかせに」うたう「危険な」方法は文学に接触させてはならなかった、となるだろう。現実に「檻」は破れ、作家は襲われ、「観客」は沈黙のままにそそくさと姿をくらました。「F小説」を推輓したという理由で、三島も深沢同様護衛付きの生活を余儀なくされた。われわれが驚くのは、あたかも深沢が「意味」を考えずに出まかせにうたった歌がまきおこした事件の「恐怖」に、以後の三島が同化してしまおうとしたこと、そしてついには、「私も腹一文字にかき切って(死んでしまおう)と、私は辞世の歌を作ったのだ」と記した深沢の夢譚を実演するかのように、おのが生首を「スッテンコロコロ」と斬って落としてしまったという「因果物語」に、である。
晩年に独特の境地を拓いた秀作『みちのくの人形たち』所収「をんな曼陀羅」の中で、深沢は書いている。

……私の故郷だけの風習かもしれないし、いまはそんな風習はなくなったかもしれない。私だけにしか意味がないことだろう。だが、私だけに意味あることだから驚嘆する。

「楢山節考」以来の作家の創作モチーフを集約したような言葉である。しかし、「私だけに意味あることだから驚嘆する」という作家魂と、「みんなが唄うのだから意味などどうでもいい」という口癖との間に横たわるネジレやズレが消えてなくなったわけではない。このネジレとズレに生息した深沢の批評の苦さを、彼の作品に即して考えてみなければならない。「母を思う」というエッセーには、「私はよく口から出まかせの替歌をブツブツいうことがあった」と書かれている。この奇態な習癖は創作の輪郭を形づくった。そこで深沢の武器とした批評はパロディ精神と命名されるのが一般的だ。ところが作家はいつまでもその定義の中にいてくれない。パロディというからには本歌あるいは原テクストが存在しなければならないが、深沢七郎の批評はその本歌も創り出してしまっているからだ。「楢山節考」の「考」という一字に注意しよう。どうして「楢山節」ではなく「……考」でなければならないのか。言い換えれば、なぜ「楢山節」という歌の世界を物語る作家としてではなく「楢山節」を考察する批評家のように書かねばならなかったのか。あわただしく答えてしまえば、それが言霊節の異名だったからである。「楢山節」は「日本人の持っている非常に暗い、いやな記憶」が奏でる「耳には聴えない」音楽として遍満する。批評家のような作者は、作中に、次々と替歌をちりばめる。替歌は「口から出まかせ」のものでしかないが、オリジナルである「楢山節」が誰かによってうたわれるときは姥捨てされる年寄りに「その年の近づくのを知らせる歌」となる。「楢山節」の歌詞である本歌も替歌もすべて作者の創作らしいが、「替歌ばかりが先にたくさん出来て困った」という深沢の述懐はこの作品の特異な批評性をものがたっている。実在しない作品を論評する批評家――それが「楢山節考」をかいた作者の正体だ。ありもしない本歌を想定して次々と替歌をつくる者は、もっと厳密にいえば実践的批評家と呼ばれなければならない。ありもしない本歌とは言霊節に他ならぬ。

「その日、おりんは待っていた二つの声をきいたのである」という印象的な一行が、イントロの部分に置かれる。二つの声とは、楢山まいりへの死の呼び声と、息子に新しい嫁が来るという知らせとである。「楢山祭りが三度来りゃよ　栗の種から花が咲く」というその盆踊り歌を、おりんは「もう誰か唄い出さないものかと」待っていた。「この歌は三年たてば三つ年をとるという意味で、村では七十になれば楢山まいりに行く」と作者は説明しているが、おりんにとって近代人間心理的な歌の「意味」など反芻されるイトマもない。孫のけさ吉が「口から出まかせ」にうたう替歌はたしなめておけばそれですむ。が、本歌が唄い出されれば事態は一変する。本歌が声となれば楢山まいりが現実のものとなる。「特別の時しか唄わない」そのうたがエコーとなって村にひびくとき、歌詞は「意味」をもつものではなく、「たましい」を孕む。この「たましい」が命令のようにおりんをつきうごかす。

出たらめにうたう替歌はホンモノになりえない。あらゆるパロディ作品が一流のものになれないのは先験的だが、もしも替歌が本歌を創りだすものだとしたら、もはやその替歌はパロディではない。学匠折口信夫のこんな言葉のカケラが思いおこされる——「本歌の起りを追いつめて行くと、替え歌なるものが其である。古代から替え歌は沢山あって、伝来正しい宮廷詩の間にも、これが沢山這入っている」（「枕草子解説」）。

すでに引いた「おくま嘘歌」の「本当の歌はこんな歌ではないがそんな歌の文句を思いだして歌っている余裕はないのだった」という一節のすこし先には、「……と歌ってそこからさきは口の中で歌っているだけである。『うーうん、うーうん』とふしまわしだけを口の中で言ってるだけになった。大きく息をするのを隠そうとしているのだった」とある。「貴顕の人」の祖霊の歌には『古今集』や

『新古今集』のような本歌が現存する。名作古典の類はほとんど呼んでいないが、『万葉集』だけはぼろぼろになるまで愛読したという作家が思いを寄せる無名の人々にも「本当の歌」があるにはあるのだが「思いだして歌っている余裕」がない。

「本当の歌」とともに楢山に行くおりんがあらわれる。深沢七郎自身、やがて「F小説」事件をキッカケに、おのれの「楢山」をもとめ日本中の山河を彷徨することになる。

花咲港まで三日も歩いて私は根室へ着いたのである。「ううーウ」と苦しいうめき声で鳴るのは船と船の衝突を避けるために灯台から鳴らす霧笛である。ひるまだが、霧で宵闇のように暗い。

（中略）

霧は、むこうの方にもうろうと農家らしい影を現わした。私の幻想は、その家に近づいて、私の名を告げて、その家から出て来るのは私を狙っている若者なのである。私は誰にも知られないように殺されて、誰も罪人にならないで死にたいと、ここまで来たのかもしれない。（中略）「ううーウ」と霧笛は苦悩の音をたてている。ぼーっと黒い対岸はソ連領の島々だ。さいはての霧の中の沼のいろ媛《ひめ》の水は冷い。私は、知らない家の勝手口に立って乞食のようにガブガブ呑んだ。

逃避行である「流浪の手記」の最終部分である。「誰にも知られないように殺されて、誰も罪人にならないで死にたいと、ここまで来た」という「私」はおりんの分身であるといっていい。息子の辰平は、おりんを板戸に背負って楢山の深い谷底を進むとき「神の命令で歩いているのだ」と思い、深沢もまた「神の召使い」になりきろうとする。「苦しいうめき声で鳴るのは」彼のノドではなく霧笛であると描写され、それがかえって読む者の胸をうつ。「おくま嘘歌」のおくまが子守につかれはて「大きく息をする」のを見抜かれまいとして「ううーん、ううーん」とうなってみせたように、「私」は苦悶の声を霧笛に同化させようとする。「私は自分の名を知っている人に逢うのが嫌でたまらなかった……風景のなかに投身自殺をはかる。「たましい」の呻きを発しながら山河を流浪する作家は、嫌というより、苦しいのだった」「修道院へ入りたくなった」「このまま死んでしまうだろう」……「流浪の手記」中に吐息のように洩れるこうした表白に接するとき、われわれは作者をかなぐり捨てた裸の人間深沢七郎に、健康な歯を呪いこれを火打石で叩いて折ろうとするおりんの姿を視る。言霊節を創作した人間に、その言霊が憑依したのである。

「おくま嘘歌」と同じ『庶民列伝』に収められている「安芸のやぐも唄」では、『古事記』歌謡の一節「やぐも立つ、いずもやえがき妻ごみに　やえがき作るそのやえがきを」が「ずっと、遠い日、島からこの土地へ嫁に来た頃、街の角でアメ屋が歌っていた唄」だとされる。いかにも深沢らしいとぼけたフィクションだが、すぐに、例によって「やぐもたつ、あきのやえぐも孫とりに　やえぐも作るそのやえぐもを」という替歌が出てくる。おタミは、戦争末期「地獄の雲」によって二人の孫を奪われ、視力もうしなった。それは本歌の「いずもやえがき妻ごみに」の雲でなく、「あきのやえぐも孫とりに」という歌の通りの雲であった。作者は「地獄の雲」と比喩化して語り、その歴史的意味内容にふれようとしない。こうした比喩的描写が、おタミの受難にことよせた作者自身の傷の深さに由来するのはいうまでもない。あの雲の出現以来、視力を喪失したばかりでなくおタミは変わった。「1人だけでなにも怖れなく生きていくのを知ったのはあの雲の現われたときからである」と作者は書く。あんまをして生活するおタミの耳に「もう、2度とあの雲が現われないように」という町の行進のざわめきがきこえてくる。「瞼には巨大な七色の雲が映っていた。雲の中には1人で生きることを教えてくれた不動明王のような神が住んでいるのだと」おタミは気づく、と作者はダメ押しする。「不動明王のような神」は、おりんを背にして楢山を進む辰平に「命令」する「神」とおなじだ。この「神」が「本当の歌」をうたう。「七色の雲」という比喩はその歌にあって「生きることを教えてくれる」霊的存在である。

『古事記』には「こは寿歌《ほぎうた》の片歌なり」とある。『古事記』の歌謡のひとくさりを、街のアメ屋の唄にしてしまう深沢の諧謔精神は、本歌であるべき「本当の歌」もまた「寿歌の片歌」としての替歌同様徹底して無名のものだといいつのっている。重要なのは、言葉の「意味」ではなく「たましい」なのだが、それは不可視であるがゆえに本歌と替歌との区別さえもアイマイにしてしまうのだ、と。彼が耳をかたむける霊歌は、「貴顕」の人の表現手段である「和歌」の形さえとりえず、「うう一ウ」「うう一ん」という「たましい」のうめきに似た片歌だ。深沢に冠せられた揶揄的なニックネーム「小唄作家」は、ほんとうは「片歌作家」といいかえられてしかるべきだったかもしれない。

『みちのくの人形たち』の中の「和人《シャモ》ユーカラ」は、この作家が真に「恐れた」コトダマそのものに、あの三島のように同一化をこころみた短篇であるように思える。

北海道のある土地で東京からやって来た「私」は「山男の様なアイヌの人」に会う。「私」はサラリーマンという設定になっているが、「F小説」事件の余波で流浪生活をしていた頃の体験を下敷きにしていることは疑いない。「私」はさいはての地に追いつめられ死に場所をさがしているような心境で「アイヌの人」と話を交わす。ところがこの山男は短篇のテーマそのもののようにアイマイな存在だ。男のいうことはわからないところが多く、「××××××」と表記される（「F小説」もこんなふうな言霊風伏字をまじえて面白おかしく書かれたらよかったのに……と筆者は空想する）。「それでも私は、なにか喋ってみたい」と思う。「××××××」という「意味」不明のひびきにコトダマの正体のようなものを感じるから、とは明記していないが、男の言いかたに「ちょっと、歌のような抑揚というのか、リズムがある」と感じている。男の「ユーカラ」は奇妙なものだ。「ユーカラというから歴史に関係するのだろう、と、思って、ひょっと、私は気がついた。万葉集や古事記のなかの長歌のようなものは、リズムもあるが、物語りを持っているので、アイヌのこの歌は、そういう種類の歌ではないかと」。しかし男は「ノボリベツの煙は俺のものだ」とか「太平洋の水は、持って歩けないのさ」とかいう、まるで現代詩のような歌詞を紹介する。そしてこんなことを言う。

「ボクたちはジィさん、バァさん、三代以前のことはなにもわからないのです。そういうことは必要ないのです」

「……ユーカラは、言葉に現わせない歴史です、だから、歌になるのです」

「……死の約束を諦めさせる呪文です、死の歴史を意味づけるための歌です、だから経文は、意味がわからなくても歌えばいいのです、呪文というものは、そういうものです」

後に里人にきいてみるとこの男は正体不明でアイヌ人でさえないことを知る。「アイヌより先住の人たち」の一人らしいと。これがどれほど実話性をもつのか私には分からない。深沢にとってもそれは「どうでもいい」ことだったろう。山男のユーカラは「言葉に現わせない歴史で」「死の歴史を意味づけるための歌」「意味がわからなくても歌えばいい」呪文であった——謎のコトダマにみちみちたこうした「本歌」をひきだしたとき深沢の創作魂は鎮まったにちがいない。ここにいう「呪文」が本当の楢山節に重なるのだ、と確信しながら、実践的批評家はじぶんで創った「本歌」と「替歌」との比較考察作業に従事したにちがいない。短篇の終りには「象は死期が迫ると先祖たちの墓場があって、そこへ行くという、猫は、決して死骸を見せない、という。あの大男も、親たちも、そんな、死の場所を持っているのかもしれない」とあり、詩らしきものが付けられている。「本当の歌」である霊歌をたむけるべき「先祖の墓」を作家もまたこの小品を書きつつ幻視したかったのであろう。

「言わなければよかったのに」「書かなければよかったのに」といいながら「霊の人」のアカシである白笑を絶やすことなく、「貴顕の人」を「不快」にさせる異化の言霊節をうたいつづけた深沢七郎の鎮魂の墓をわれわれも建立しよう。そしてその表と裏に、とある現代詩人のつぶやきを刻んでおこう。

言葉なんかおぼえるんじゃなかった　（「帰途」）
ウィスキーを水でわるように
言葉を意味でわるわけにはいかない　（「言葉のない世界」）
——田村隆一

バサマのオガ——七郎さんを思う

昔々、行政の一区画をなす三つの集落全部をあつめても五十軒余りしかない東北の奥山で、同級生十名の分校に通っていた頃のことである。学校所在地は集落のいわば中心地だった。七軒からなる私の村には無い店が中心地には三軒も（！）あって学校帰りの私たちをいつも誘惑していた。分校に行くには橋を渡らねばならないが、その橋のたもとに私たちが買い食いに寄る「七郎商店」はあった。名字を思い出せないことはないのだけれど、私たちはただ「七郎さんが店」とよびあっていた。橋のたもとの村落の名は淀沢といったので、村人らは「ヨドサワの七郎さん」などとよんだりした。

淀沢の七郎さんは終戦後に村へやって来てそのまま居ついた人らしかった。もう幾年も前に亡くなったと風の便りにきいた。敗戦後の混乱期には今日では信じられないような不可思議な人が村に大勢滞留していたそうで、ここで当方が浮かべている曖昧な淀沢の七郎さんの人物像にも、他の人物の来歴のカケラがはりついている可能性はある。もしそうだとしたら職業柄の故の「詩と真実」とゆるしてもらう他はない。

七郎さんは、私たちからみれば大都会である隣接の地方都市からやってきて入り婿となった。「七郎さんが店」の「が」は、いうまでもなく所有の「の」と同義だ。このいい方には、シニカルなニュアンスがこもっていたと今にして思う。「七郎さんが店」に七郎さん「所有」の影はうすかったからである。彼はこの店の縁の下の力持ち的存在として生涯をまっとうした。口さがない村人の中には、「ムコのみじめさ」を強調する者もいたし、「ムコ使いが荒い。あれでは七郎さんがかわいそうだ」といって家付き娘である彼の妻をおおっぴらに非難する者もいたようだ。

彼は幾十年にもわたって、早朝三時の起床にはじまる日課をくずすことなく、奥山の村から、数時間もかかる隣の小都市へ仕入れに通った。今にもカラダがおしつぶされてしまうのではと思えるほど大きな重いカサネ荷をラバのように背負って黙々と歩く彼の姿を、私も中学生の頃、何度か眼にしたことがある。国語教師におそわった徳川家康の――重き荷を負うて遠き道をゆくが如し云々という人生訓を、私は七郎さんの姿を二重写しにして理解したつもりになっていた。

七郎さんが旧制中学をでたいわゆるチシキ人の類だとのウワサを耳にしたのはずいぶん後になってからだ。彼がひそかに詩を書いていたという風聞にもおどろかないわけにはいかなかった。あのような後半生を送ったのにも何かワケがあったのだろうがすべては霧につつまれている。

前置きがいささか長すぎたけれど、深沢七郎という人と文学に思いを馳せるとき、私はどうしてだか誰にも通じるはずのないこうした個人的な記憶に揺曳する無名者の像をひき寄せてしまう。深沢七郎と淀沢の七郎さんとの間に現実的な照応関係などほとんどないにもかかわらず、前者を〝供養〟するのに後者の名前のひびきを蘇生させることからはじめたい心持ちが宿るのだ。作家自身よくつかったいい廻しをかりるなら、さしたる根拠もないのにこんな連想が生じるのは「どうしたわけだろう」か。

以前に、私はこの作家をめぐって小論を書いたことがある。ひとりよがりの照応関係を説明するのに少しは役立つ気がするので、その書き出しの部分を引いてみる。

深沢七郎論、と書いただけで、たちまち作家の白笑《うすらわらい》の表情がうかんでくる。深沢七郎をしかつめらしく論じることの困難や滑稽は、彼の作品や人となりに関心を寄せたことのある者なら誰でもわきまえている。「白笑」は、「楢山節考」以前の、処女短篇のタイトルである。私には白笑という漢語をウスラワライと訓む教養がなかったけれど、深沢文学の屋台骨である得体の知れぬユーモアを象徴するコトバとして、それはまことに適切だと思う。哄笑とも、そして微笑ともちがう謎のウスラワライを浮かべたまま作家は生涯にわたる移動をくり返した。「深沢七郎商店」の屋号も、商う品目もひんぴんと変わり、顧客となった人々はその都度驚いたものだったが、ついには、この商店が全国を股にかけて移動する屋台のようなものであることに気づいた。深沢文学の屋台骨とは大建築の柱梁でも「身代」や「財産」の喩でもなく、文字通り自由に取り外し出来る移動屋台の骨組であった。最後の小説集『極楽まくらおとし図』に付した「あとがき」で深沢は言う、「書けば、いくらかの稼ぎになるが、そういう稼ぎは好きではなく、商人育ちの私は、なにか、商売をしていなければ不満で、それも、小さなアキナイで、屋台店のように、簡単に初められて、いつでもやめられる商売が好きだ」と。

（「言霊節考」、「群像」一九九〇年一月号）

こんどの深沢七郎集の年譜によると、「白笑」というタイトルの作品が一九六七年作家五十三歳時に「批評」に発表されたとあり、右に私が書いた「楢山節考」以前の処女短篇云々の記述は何によったものか今にわかに判断しがたいが、それはここではどうでもよいことにしてもらう。

深沢流に「ちょっと一服、冥土の道草」をくっていたら当方の眼にとび込んできた異国語のカケラが二つあった。それを、どうでもよくない縁語とみなし、以下深沢文学の屋台店の〝縁台〟に腰掛けたまま話をすすめる。日本的土俗を三味線ではなくギターによって奏でた作家に倣ってみようというわけだ。

外国語のカケラの一つは Galgenhumor というドイツ語で、「ひかれ者の小唄」とか「やせ我慢の陽気さ」を意味する。もう一つは Edda という北欧神話・英雄伝説の集成に冠せられたもので、北欧中世の散文物語群「サガ」としばしばセットになって用いられる。

この二語についてそれぞれ考える機会が最近あったのだけれど、「ガルゲンフモール」と「エッダ」は深沢文学を解くキーワードにもなりうるとこじつけしてみたくなったのだった。

「ガルゲンフモール」を「ひかれ者の小唄」と訳せば、正当文壇から「小唄作家」とあざ笑われた深沢が後半生、あの無残な「風流夢譚」事件（作家自身はF事件と記号化してよんだ）を境に、特異な「ひかれ者」として生きねばならなくなった事情を照射する言葉となる。しかし私は、この作家生来のねじれたフモール（ユーモア）感覚をもカサネ合わせたうえで、「ぞっとするほどモノ凄く、薄気味悪い笑い」としての「ガルゲンフモール」を「白笑」と訳し直しておきたいのである。

F事件に接し、心ある人々は皆「七郎さんがかわいそうだ」とつぶやいた。だがそれは作家に気の毒なばかりでなく、聞き知った者の〝身の毒〟となるような夢譚いや悪夢の現実化であった。私たちは作家とともに〝身毒丸〟となって日本国中の山河を霧につつまれながら逃避行する。彼の手になる「流浪の手記」には「私は自分の名を知っている人に逢うのが嫌でたまらなかった……嫌というより、苦しいのだった」「修道院へ入りたくなった」「このまま死んでしまうだろう」といった表現が散見される。しかし、希代の演奏家の〝身毒丸〟は「ううーウ」という言葉にならないそのうめきを音楽にかえる呪文にも通じていた。

流浪する深沢文学の屋台骨を支える「ガルゲンフモール」が究極の癒しの地平で出遭いをはたすもの——それが「エッダ」的な呪文だ。晩年の作品集『みちのくの人形たち』に収められた「和人《シャモ》のユーカラ」一篇を読めば、その「エッダ」的世界の何たるかが漠然と伝わってくる。あらすじは省くが、北海道のさいはての地で「私」が出遭った「山男の様なアイヌの人」(実際はアイヌ人でさえないが)の洩らすコトバ「ボクたちはジィさん、バァさん、三代以前のことはなにもわからないのです。そういうことは必要ないのです」「ユーカラは、言葉に現わせない歴史です、だから、歌になるのです」を記す作家の心情をおしはかるのはさほど困難でないだろう。言葉より「歌」が好きだった深沢は、重い荷を背負いながら、ユーカラ的エッダ的な「三代以前の」闇の世界にすすんで身を埋没させようとした。

エッダは古代北欧語で「祖母の母」つまり曽祖母の意だという。このことに心を動かされた童話作家アンデルセンはある作品の中で「ウバは彼女にお話をして聞かせました。乳母はエッダを知っています。大昔の、太祖婆さまのお母さんの、鳥肌がたってくる怖いお話です……」と書いている。深沢の代表作は「太祖婆さまのお母さん」ふう世界に「ひかれ者」のようにつながる「小唄」のリズムで構成されたものばかりだといっていいだろう。

　ちなみに「エッダ」を、淀沢の七郎さんの方の土語にホンヤクすれば「祖母《ばさま》のお母《が》」となる。この「バサマのオガ」（バサマがオガともいう）は、遠い世界のことなのでわからないというニュアンスでも用いられる。先だって郷里の老母に「七郎さんが店」の来歴や淀沢村の起源について訊きただそうとしたところ「知んねえな。そたらこと分かるのはバサマのオガしか居るめいよ」なる答えが返ってきた。

寄物陳思という方法——三島由紀夫『中世・剣』を読む

批評の才能をもて余し気味だった三島由紀夫はしばしば自作解説のペンをとった。本書の底本である短篇全集の「あとがき」においても、「後年の諸長篇にいたってひろげられる主題の種子を」孕んだ実験期の作品群について適切な自註をほどこしている。

たとえば「中世」（昭和二十一年発表）は、「いつ来るかわからぬ赤紙（召集令状）にそなえて、遺書のつもりで書いた作品」とされる。「夜の仕度」（昭和二十二年）には後年の『美徳のよろめき』や『仮面の告白』の、「家族合せ」（昭和二十三年）にはやはり『仮面の告白』の萌芽が見られ、「いわゆる戦後派への抵抗」としての貴族趣味によって書かれた「宝石売買」（昭和二十三年）は「未完の小説」であり、「孝経」（昭和二十四年）は「親戚縁者からヒントを得たもの」、「近作にベタ惚れ」する作家の常に洩れず「比較的自分で気に入っている作品」の一つ「剣」（昭和三十八年）は「ここ四五年励んでいる剣道の稽古の体験によるもの」だ、という。

「遺書のつもりで書いた作品」をめぐっては、「少年時代に人に出した恋文が、手もとに帰ってきたのを読み返すような、何ともいえない気恥かしさに襲われる」が、「それなりに美しいことは、すでに中年になった作者自身には、安心して認めることができる」と前置きした後、それにしてもこれら恋文の相手の正体は誰か、と自問し、こう自答する。

　それは言葉である。「言葉」に対しての熱烈な恋文の数々がこれだ。

（講談社版『三島由紀夫短篇全集』第一巻「あとがき」、昭和四十年）

　二度目にカギ付きでアクセントをつけられた「言葉」に、私はクギづけになる。そう、まさしくそれは、軽佻浮薄に流れる言葉にうち込まれた呪いクギのようだ。晩期三島を呪縛した世界を描く本書所収の「剣」に即していえば、「言葉」は、防具の面の奥の顔――「窮屈な面金の檻のなかで怒り猛っている若い囚人のように見える」顔としてある。言葉に対する熱烈な恋文と三島がいったのは、「絢爛」の二字がふさわしい十代作品のありように対してだけれど、〝面の奥の顔〟にたとえられる言葉への拝跪は後期作品をも貫いていることが「剣」一篇からも読みとれるのである。

　三島由紀夫は十代の頃、「熱烈な」詩神信仰者であった。かれが信仰をささげたのは王朝風の詩神――前記「あとがき」の文言をかりれば「自分の繊細な詩的感受性を永遠に甘やかしてくれる、お人よしの美神」とやらであったが、私はここで、もっと古く根源的なモノにさかのぼろうと思う。

　万葉時代、詩の方法の一つに寄物陳思――物に寄せて思いを陳《の》べる――というのがあった。四文字熟語のおごそかなイメージとはうらはらに、内実はむしろシンプルである。樹に寄せて、とか川に寄せてとかの序詞を伴った実例が、万葉集をひもとけば容易にみつけられる。

作家の文章を真似て二度目に書くときは寄「物」陳思としてみる。むろん「物」を凝視するためである。中国最古の経典『書経』には、無用の物を愛玩して大切な志を失ういわゆる「玩物喪志」も出てきて、寄物陳思に思い入れを深くする輩に内省を迫りもするのだが、ここで注目したいのは日本古代における「モノ」が物質のみを指さず、物と心とその二つながらの次元を併せもつという事実である。

以下は学問的なセンサクからは遠い、ふつうの国語辞典にのっている程度の——つまりはわれわれが日常生活で今もしょっちゅう使用している次元の「モノ」談義にすぎないけれど、「感にうたれて、モノもいえなかった」と使う場合に明らかなように、日本語モノは本源的に「言葉」と一体化した存在だった。

日本書紀などにも、〝明らかに存在することが感じられる〟意味のモノが手で捉えられるものと捉えられぬものとの二種にわかれた云々の、専門家による註が付されている。

存在することが確認できるモノのうち、手で捉えられぬモノの種類は多い。このモノたちがさらに良き精霊と悪霊・悪鬼とにふり分けられていった事情ものみ込める。だが、物に寄せて思いを陳べる詩人の心身にさわるモノは、善悪のふり分けを不可能にするような存在ばかりといわなくてはならない。

「大切なのは物じゃない、心だよ」という紋切り型表現を詩人は始源のモノに向けて攪拌させた上で、単なる物質としての物にモノ（言葉）をいわせ、単なるおしゃべり好きの心に沈黙を要求する。

「就職でコネがモノを言った」類の通俗的なモノ（効力）を失墜させ、人間の精神生活を支配する、人間を越えた不可思議な存在としてのモノを宣揚しつつ、反俗的な〝モノの語り〟を招来せんとするのである。

手で捉えられぬモノの中で、文学にとってもっとも重要な、この「人間の精神生活を支配する、人間を越えた不可思議な存在」はしかし、人間に良きモノとは限らず、かつてモノノケとかモノ狂いとか呼ばれておそれられたような怨霊の類であることの方がむしろ多い。

「中世」から「剣」に至る短篇は、この作家が取り憑かれたモノの正体を語って余りある。モノ狂いの時代別展示館とでもいったらよいか。その典型として、顔と面——直面《ひためん》と仮面——にまなざしを向けてみる。

あらゆる作家が、仮面というモノ作り、ひいては仮装作りに情熱をかたむけるモノ（この語法は「原理・筋道・法則」の意のモノである）なのだけれど、三島の場合、能や歌舞伎ふうの面が、剣道の面にうつり変わってゆくという死にモノ狂い症状を呈していた。

「剣」の「その一」から、まず、底意のない平凡な稽古風景を写す。

「面！　面！　面！　面！」

と叫ぶ懸声は、炸裂する竹のひびきと共に、上ずった暗い熱狂を彼の心によびさます。

「めん！　めん！　めん！」

それは鼻腔から突き抜け、咽喉に赤い充血をもたらす叫びだ。

晩年の作家に「暗い熱狂」をよびさましたモノ狂いの正体を総合的にからめとるため、今度は同篇「その三」から、剣道仲間とのやりとりを引く。


「君は面《つら》の皮を剝ぐにはどうやったらうまく剝げるか知ってるかね」

「知りません」

「剣士のたしなみとして憶えておきたまえ。『葉隠』の巻の十にちゃんと出ている。まず顔を縦横に切り裁ち、そこへ小便を引っかけ、それから草鞋《わらじ》で踏みにじると、するりと剝がれるそうだ。行寂和尚が関東できいてきた秘伝だそうだ」

「そりゃ愉快ですね。今度やって見ましょう」

「あんまり面の皮の厚い奴じゃ、うまく行かんかもしれないよ」


作者のいう「青年の喜びそうな面白い事」かどうかは措くとして、この話は三島由紀夫のモノ狂いの行方を見定めるのにおあつらえ向きなほどシンボリックである。「面の皮の厚い奴」を、三島が呪いつづけた戦後日本そのものととることもできようが、「めん！　めん！　めん！」という「咽喉に赤い充血をもたらす叫び」と共に作家がうちかかった相手は、究極のところ、百面相を華麗につかい分ける小説家自身といわなくてはならない。『葉隠』巻の十からとられた右の挿話は、三島もその脈流の中にあったロマン派的反語精神の母国の言葉を想いおこさせる。百面相をつくる、のドイツ語慣用句は「顔面をばらばらに刻む」であり「ばらばらに刻む」という動詞 schneiden の名詞形 Schneider は、いったん刻まれた生地を縫い合わせる「仕立て屋」の意になるそうである。

三島自身の命名を用いれば「小浪漫派」の夢を紡いだ少年もまた、たとえばドイツロマン主義がそうだったように過去、わけても中世にあこがれの念を寄せた。「国文学風、王朝風」のそれらの作品も三島の場合「いつも半ばハイカラで、十九世紀末のヨーロッパの頽唐派の雰囲気を模していた」という自註通り、「仕立て屋」の夢は終始西欧風の百面相作りを志向していたのである。

戦後日本の「面の皮」がぶ厚くなるのとほとんど軌を一にして三島由紀夫は「太陽と鉄」に象徴されるモノへの親愛感をあらわにしはじめた。

「中世」のプロローグで、足利義政が禅師に応えていう、「其許は月に向って星の言葉を使うておる。月には月の言葉で話すものではあるまいか。——として月は言葉を持たぬのじゃ」と。

「剣」の国分次郎は少年のころ、太陽と睨めっこをしようとしたことがある。見るか見ぬかの一瞬のうちの変化ではあったが、かれは「太陽の本質を見た」と確信する。「眩しくてとても正視できないもの」——それは正義だった……と作者はまっすぐに書く。正視できぬものとしての太陽と死を直視する一瞬めがけて作者は国分次郎と共に奇声を発し、あやかしの百面相の化けの皮——鉄面で守られた素顔の皮を剝ぎ「ばらばらに刻む」べく、おどりかかる——「面！　面！　面！　面！」「めん！めん！　めん！」と。

「星にそれほど親近しうる心は、人間界にははげしい白熱した酷薄さを以て臨むにちがいあるまい」と若い作者は「中世」に書き記しているが、太陽もまた星の一つだとすれば、「人間界にははげしい白熱した酷薄さを以て臨」んだ作家の後の振る舞いにも一貫性があったとみるべきかもしれない。
　芸術の暗喩としての月――それを太陽に置き換えて歩んだ三島由紀夫を当初より呪縛したモノに注意しながら、中間点に位置する作品に眼をこらす。そのモノには、短篇「剣」に記された作家固有の表現をかりるなら「詩の罠」が仕掛けられている。

　この指輪はしかし、世間で幸福とよぶような結婚生活の片鱗をもたらさなかった。不幸な宝石によって投げかけられる凶運の翳というものを人々はもはや信じまい。尤もそういう不信が現代の誤謬でないとは誰も言えまい。現代人は自分の外部に、すべて内部の観念の対応物をしかみとめない。宝石などという純粋物質の存在をみとめない。しかし人間の内部と全く対応しない一物質を、古代の人たちは物質と呼ばずに運命と呼んだのではなかろうか。精神のうちでも決して具象化されない純粋な精神が、外部に存在して、ただ一つの純粋物質としてわれわれの内部を脅かすに至ったのではあるまいか。死、生、社会、戦争、愛、すべてをわれわれは内部を通じて理解する。しかし決してわれわれの内部を通過しないところの精神の「原形」が、外部からただ一つの純粋物質としてわれわれを支配するのではあるまいか。ともすると宝石は、精神の唯一の実質ではなかろうか。（傍点原文）

「お気をつけなさい。片桐さんの商売上手がはじまってよ」
「商売上手ではありませんよ」――片桐治隆は物ともせずに喋りつづけた。「僕はこんな商売をはじめたおかげで、物という物に値段がついているということを、実に美しく感じはじめたんです。僕は子供の時からそもそも物に値段があるなんて知らなかったのですからね。とにかく古道具屋をはじめてみると、僕が幼いころ僕の周囲に眺めて昔からここに在り未来永劫ここにあるだろうと思っていたいろいろな調度類、その一つとして値段なんてことを思わせなかった調度類が、堂々と値段をつけて店に並んでいるのに今さらびっくりしました。それは何と言ったらいいか、人間の言葉を話せないと思っていた犬や猫が突然人間の言葉で喋り出すのをきいたような愕《おどろ》きでしたね」

日本語「モノ」の多義性、重層性をモノカタリ的に言い止めた鮮やかな一節を「宝石売買」から二箇所ひろってみたが、本書の全短篇を特異なモノ狂いの視点から解説する言葉ともなりうるだろう。「詩の罠」――詩的唯物論といいかえてもよいが――はどこに潜んでいるのか。おそらく、「運命」が一物質の中に封印される事態を見抜いてしまうまなざしの中に、である。一物質に幸福とは比較にならぬほどの存在感を示す「凶運の翳」をみてとった古代人の詩表現――寄物陳思の中に、である。「精神のうちでも決して具象化されない純粋な精神が、外部に存在して、ただ一つの純粋物質としてわれわれの内部を脅かす」といった表現はいかにもロマン派的逆説を弄しているかのようだけれど、この国の古く根源的な詩のフォルムの一つである寄物陳思に照らし合わせれば何ら奇異ではない。「決してわれわれの内部を通過しないところの精神の『原形』が、外部からただ一つの純粋物質としてわれわれを支配する」事態を畏れとおののきをもって絶えず受取り直す詩魂がなければ、寄物陳思はたちまち単なる花鳥諷詠になってしまう。

万葉集に盛られた一見平凡な自然詠が、以後のそれと似て非なのは、われわれの内部つまりは精神生活を支配する、われわれ人間を越えた不可思議な存在への畏れが万葉人の中に一種の信仰に似た形でとり憑いていた事実に起因するだろう。

古道具屋を「美しく感じ」る片桐治隆は、「商売上手がはじまった……」という相手の言葉を「物ともせずに」その美学を語る。われわれもふだん何気なく使う、この「物ともせずに」とはそもそもどういうニュアンスであろうか。ごく普通に解釈すれば、障害物と感じることなく——の意味に近いかもしれないが、モノ狂い小説家の作物に接していると、かかるありふれた日本語モノの慣用語までもがひどく気にかかってくる。

片桐治隆は、いや作家三島由紀夫は、〝モノ好きな〟人物だった。そう、かれは、人物をも人というモノに還元して凝視する習性があった。かれは小説家として、じつにおびただしいモノ、多様なモノを描ききった。食いモノ、建てモノ、着モノ等々を。だが、それらのモノがいつ何時でも変幻してやまぬモノ、純粋物質としての純粋精神——すなわち魔モノが付けている面を烈しくたたき、「剣」に描かれる如き「切返し」を熱く期待する習性こそこの作家に特有なモノなのだった。

〝モノ好きな〟作家は、戦後日本の姿にモノ足りなさを感じる。物足りなさとは、決して物質のみの、また精神のみに関わる状態ではない。それはモノ（物）がモノ（言葉）をいうような究極の姿を視たい心理につながっている。「人間の言葉を話せないと思っていた犬や猫が突然人間の言葉で喋り出すのをきいたような愕き」が足りない事態だ。少なくとも三島由紀夫を読んでいる間だけは、そんなふうに感じさせられるのである。

たとえば、とまたしても月並語をもち出して問うてみる。〝モノになる〟とはいったいどういう意味なのか、〝眼にモノみせる〟とはいったいどんなモノをみせつけることなのか、と。

早熟な詩人時代に作家は遺書の代わりの「詩の罠」作り——寄物陳思に専念していた。純粋精神と純粋物質の化合物の如き魔モノの降臨をひたすらこい願いながら、小説的陳思に没頭していた。陳思は、後にこの作家特有の心理描写を花開かせる。長篇においてもそうだが、物を直截に描写するかにみせかけたかれの作品世界には、あの歌舞伎的意匠を思わせる心理の隈取りがどこまでもロジカルに展開されていて、その襞を追うのに疲れはてるほどだ。複雑だが明晰な心理を孕む内部が、やがていっきょに外部の魔モノによって破砕される。そのカタストローフの瞬間こそ、作物が〝モノになる〟——あるいは名づけえぬ外部によって〝モノにされる〟——作品が〝眼にモノみせる〟時である。

未完の遺作となった評論『日本文学小史』（昭和四十七年、講談社刊）第三章「万葉集」の中で三島は——「『解決』のほかにもう一つの方法があるのだ、ということが詩の発生の大きな要素であったと思われる」（傍点原文）と書いている。

「解決」をめぐるかけひきをさげすんでいたはずの作家はどうしてか、政治（？）をモノともせずにといったふうの鉄面をかぶり、「詩は精神が裸で歩くことのできる唯一の領域」と断言したおのれ自身の詩精神を「面！　面！　面！　面！」とうちはじめる。裸の精神に安らっていた詩魂が仮面としての筋肉にむち打たれたあげく、三島における「詩の領域」はついにとどめを刺される。

慰藉として在りつづける他ない詩の境涯に誰よりも敏感であったこの文学者が、内なる詩魂を落人《おちうど》となりはてた貴種の如き存在にしたてあげ、みずからこれを追い撃つというドラマをなぜあのように〝モノモノしく〟生きようとしたのか、ほんとうのところよくわからないのだけれど、三島由紀夫という「不安の建築」(『金閣寺』)がついに瓦解したその最大の要因に、〝モノになってしまいたい〟――魔性の外部に同化してしまいたいという――『仮面の告白』ふうにいうなら「ひりつくような衝動」をあげる他ないだろう。

ネズミをみると猫がおそいかかるのはなぜか、と問うても仕方ない。三島文学の檻の中には当初より猫とネズミが共生を実現すべく努力をつづけていたふしがある。猫ともネズミともつかぬ魔モノを産み出そうと死にモノ狂いになった歳月も短くはない。しかし、ひとたび「裸」のネズミの姿をみた猫はそれを「ばらばらに刻む」衝動をおさえることができない。

「夜の仕度」のフィナーレはこうである。「芝はまざまざと自分の手の上に、手相見のように、彼のあらゆる不幸のしるしを読んだ。そしてその不幸をじっと見つめながら、その不幸が彼自身を魅するようになるまで、気永に待つ他はないと思うのだった」

「宝石売買」の片桐治隆は明敏にも察知した、と作者は書く。「焔というものがライターの中に封じ込められる時代になったことを」

物の背後に「しるし」を読む。それが「不幸」につながるモノであっても、〝モノ怖じ〟しないで「じっと見つめながら」それに魅せられるまで待つ――晩年の三島由紀夫にとってそれはしかし、ライターに封じ込められた焔が「中世」ふう戦火に燃え広がるのを待つにひとしかった。

書物もまた物の一種だが、ヨミの言語日本語ではモツとなる。ドン・キホーテとなった三島は、書物の世界に片寄った文士の「面の皮を剝ぐ」意気込みの逆行劇を演じ、もう一つのモツである臓物を白昼にさらけ出すべく腹の皮を刻み、生首を謎の魔モノに差し出した。それが「剣」に書かれた「強者の自殺」だったといえるのかどうか誰にもわからない。

太宰治の玉手箱――『晩年』について

太宰治が生れたのが一九〇九年ですから、生誕百年にあたるということで、今年から来年にまたがる壮大な企画――〈太宰を読む百夜百冊〉が誕生したと聞いております。そういう数字にさほど意味はないと考える方もおられるかもしれませんが、やはり、文学史に燦然と輝く古典を生んだ作家の場合、短くない歳月が流れたということの意味は重要だと思います。

私が尊敬するアルゼンチンの作家ボルヘスは、古典作品を読むというのは、それが書かれてから現在に至るまでのすべての時間を読むことに他ならない、と語りました。

太宰治が、女性と心中して果てた昭和二十三年は、戦後日本の混乱がピークを迎えた時期でした。ドサクサの極まりは、またヨミガエリの始まりでもあった。日本文学史における昭和時代を二つに分けるとすれば、その前期を代表する作家として太宰治を、後期代表として三島由紀夫をあげていいでしょう。

太宰の最晩年――今晩のテーマであるデビュー作品集のタイトルも同じ『晩年』なので、坂口安吾のいうとおり、ちょっとまぎらわしいですが――川端康成にみとめられ華々しく登場したばかりの若き三島由紀夫が友人を介して太宰を訪問したときのエピソードは有名なものですね。私個人は特別の関心をもってひと通り三島作品を読んだものの苦手意識はふり払えなかったので、同時期の出逢いのエピソードとしては、三島と同年代の詩人・思想家の吉本隆明が学生時代、戯曲上演の許可をもらいに太宰のもとを訪れた時の話の方が気に入っていますけれども……。

ともあれ太宰の死後、戦後文学の黄金時代が到来し、三島由紀夫はその主流というよりは、天才的な異端の小説家として文芸ジャーナリズムの寵児となりました。彼がつかった言葉でいうと、まさしく〈時代と寝る〉ことのできた作家でした。

私は三島の言葉を少しもじり、〈時代と心中をとげた〉作家として、太宰治を語ろうと思うのです。まあ「時代と」というのも正確ではなく、日本近代の負性と運命をともにした、といいかえたほうが適切かもしれません。

私には『青少年のための自殺学入門』という本まで書いた寺山修司のように自殺を称揚する勇気はありませんが、日本には「心中」というオモムキ深い言葉があって、ふつうに理解されている「相愛の男女が合意の上で一緒に自殺すること」の他に、長い歴史的ないわれを含む――文字通り含蓄のある言葉です。相手に対する信義や愛情を守り通し、比喩的には、仕事や団体などに義理を立て、ともにほろびる行為も指す。たとえば「純文学と心中する」というように。

手元の辞書には語源の記述が見当たりませんでしたが、推測すれば、心を一つにあ（中）わせる、に由来するでしょうか。近松門左衛門の優れた心中物が想いだされます。寺山修司の本にはこうある――「歌舞伎でも〈道行〉の場となると、ひときわ見せ場としての演出がこらされている。心中は（語源的には〝深く真実に想う〟ということだが）ただの逃避行とは、はっきり峻別される」。

先頃、読むともなくめくっていた岩波文庫の『海舟座談』で、勝海舟がある側近にかの西郷隆盛について語った言葉を眼にしました。

「西郷の事は凡人にはわからないよ、こっちは西郷をよく知っているよ、あれは私学校の壮士と情死したのだよ」

私は、三島由紀夫の自決の背後にも、勝海舟が見抜いたのと同種の「情死」をみてとるのですが、今晩のテーマからはそれてしまいますね。

心中とか情死とかの含みを理解したうえで、太宰のデビュー作『晩年』をひもといてみたい。太宰の最晩年、つまり、死の直前に書かれていた――いわゆる絶筆となった作品「グッド・バイ」にはこう書かれています。

女に惚れられて、死ぬというのは、これは悲劇じゃない、喜劇だ。いや、ファース（茶番）というものだ。滑稽の極みだね。誰も同情しやしない。死ぬのはやめたほうがよい。

太宰は生涯にわたり、今ふうにいえば鬱病にとりつかれていたと考えられますが、世界文学の一流の表現者のほとんどがそうであるように、メランコリーにむざむざしてやられる自分の言動を、「滑稽の極み」として眺める――つまりほんものユーモアの持主でした。

拙著『カフカ入門』で、私はフランツ・カフカを〝コメディアン志望のメランコリカー（憂鬱症者）〟と表現しました。同じ言葉は太宰治にもあてはまると思います。

『晩年』の冒頭に太宰が掲げた「撰ばれてあることの恍惚と不安と二つわれにあり」というヴェルレエヌ詩は、コメディアンとメランコリカーとが、心を中わせ、ほろびに至るまで運命をともにせんとする宣言のように、私の眼には映る。

この宣言はまた太宰文学が、終始、世界文学と〈心を中わせて〉織りなされたことを物語っています。ヴェルレエヌ詩の引用ではじまった太宰文学の玉手箱は、その全文業にも浮き立つ〝引用の織物〟としての特徴を凝縮したものなのです。

太宰は、ファッションとしての外国文学かぶれに対するハニカミと反発心から、「俺はプルウストもヴァレリーも読まぬ」などと随想で言い放っていますが、これをそのままうのみにはできません。『晩年』の出版が決まった折、太宰はとても喜び、「ほかに何の註文もないが、この本の通りの体裁にしてほしい」と、当時その一部が翻訳刊行されたプルーストの『失われし時を索めて』を持ち出して関係者に見せたそうです。この小さなエピソードは、太宰の世界文学との〈心の中わせ〉方をおしえてくれるものではないでしょうか。

『晩年』所収の「道化の華」は、小説家の舞台裏が示される中、「撰ばれてあることの恍惚と不安」が一体となって咲く道化の華をめぐる、命がけのレポートです。
「道化の華」から、二つの断章をひろいあげてみます。

おそらくは、僕のこの小説は、僕の思いも及ばぬたいへんな価値を生むことであろう。

ほんとうの生活。ああ、それは遠いことだ。僕は、せめて、人の情にみちみちたこの四日間をゆっくりゆっくりなつかしもう。たった四日の思い出の、五年十年の暮しにまさることがある。たった四日の思い出の、ああ、一生涯にまさることがある。

『晩年』には、「思い出」というシンプルだけれど底深い名篇もありますが、ここにいわれた「たった四日の思い出の、五年十年の暮しにまさること」は、太宰治の文学的出発に立ちふさがった死と再生のドラマを集約するものです。凝縮された時間が、「一生涯にまさることがある」――太宰治の玉手箱の『晩年』自体の性格を、物語る言葉にもそれはなっているでしょう。
「ダス・ゲマイネ」という作品にこうあります――〈当時、私には一日一日が晩年であった〉。
一流のアーティストにはたいていつきまとっているもののようですが、はじめに晩年ありき、という感覚……。〝処女作にはその作家のすべてがある〟と一般にいわれることが、太宰の場合、一種アイロニカルな一語――〈晩年〉に封印されている。

散文詩に近い「葉」ではじまり、清少納言『枕草子』を下敷きにした「めくら草紙」でおわる『晩年』は、本当に多彩な作品宇宙です。私小説風でありながら人生を改作した「思い出」、幻想文学的な「魚服記」、歴史小説の「地球図」、動物物語の「猿ヶ島」、郷里津軽の方言で書かれた「雀こ」、昔話風の「ロマネスク」等々、まさしく小説家太宰治の玉手箱というにふさわしい。

一般には太宰というと『人間失格』のような作品が有名ですが、中期の一種の黄金時代に書かれた『津軽』や『お伽草紙』を愛読する人も少なくないと思います。当然のことながら、そうしたまったくタッチの異なる太宰の多彩な才能をすべて封印している——太宰文学の要をなす作品、それが『晩年』です。

太宰の『お伽草紙』に収められた「浦島さん」には書いてないですが、やはり最近、ぱらぱら眺めていた岩波文庫版「日本の昔ばなし」の「浦島太郎」には、玉手箱をくれた際の、乙姫さまが、「途方にくれたときにこの箱をあけるがよい」と浦島に語ったとありました。こまかいことですが、私は「途方にくれたときに」の一句にハッとしました。浦島の玉手箱を、そんなふうには理解していなかったからです。

私は、十代の終り頃に、太宰治に出逢い、太宰教信者といっていいような状態が長かった人間ですが、たとえば『人間失格』のような作品は、一度、読んだだけで、あまりふり返ることがありませんでした。中期の『津軽』や『お伽草紙』は何度も読みました。ただ、自分がモノカキのはしくれになってからという条件をつけると、やはり『晩年』が浮上してきます。表現者として、「途方にくれたとき」『晩年』は、あけるべき玉手箱となったのでした。

現在、刊行の準備をしている本『ドン・キホーテ讃歌』に、私は、太宰治を、石川啄木・宮沢賢治・そして寺山修司と並べて論じました。「東北のドン・キホーテたち」というタイトルです。石川啄木、宮沢賢治、寺山修司同様、私は、太宰を世界文学的なレベルでの詩人ととらえています。

昭和十一年九月十九日の井伏鱒二宛ての書簡で、太宰はこう書いている――〈ドン・キホーテ。ふまれても、蹴られても、どこかに、小さい、ささやかな痩せた「青い鳥」いると、信じて、どうしても、傷ついた理想、捨てられませぬ〉。

『晩年』の掉尾を飾る「めくら草紙」のオープニングには、〈……その主人公は高《こう》まいなる理想を持ち、その理想ゆえに艱難辛苦をつぶさに嘗め、その恥じるところなき阿修羅のすがたが、百千の読者の心に迫るのだ〉と書かれている。

時間の関係で多くを語れませんが、近代日本の暗部は、文学者たちに「その理想ゆえに艱難辛苦」を強いました。太宰のいう「阿修羅のすがた」を、たとえば、宮沢賢治の『春と修羅』に見出すことはむずかしくないでしょう。

近代日本が終焉を迎えた戦後、太宰治を苦悩の極みにおとしいれたその負性も死にたえたかに思われました。しかし、安易なよみがえりがなされ、太宰は、逆に、それへのみせしめとして、自らを十字架にかけた……旧い日本の暗部と心中してはてた……私の視点ではそうなるのです。

近代・現代小説家としての太宰の才能がきらめくものであったのはいうまでもありませんが、私は、彼の才腕に、古い日本の表現の伝統がのりうつっていると感じます。昭和十三年に書かれたエッセー

「一日の労苦」から引いておけば、

むかし、古事記の時代に在っては、作者はすべて、また、作中人物であった。そこに、なんのこだわりもなかった。日記は、そのまま小説であり、評論であり、詩であった。

ドン・キホーテ精神によってなされたこの断定には、私がドン・キホーテ的に夢想するジャンル不詳の綜合的なポエジーとしての文学に従事する詩人がいます。私が愛惜する東北の四人の原詩人の作品の本質を、太宰のエッセーは見事にときあかしてくれていると思うのです。

まあ、あまり大仰なことばかり申しても、太宰にわらわれるでしょうから、さいごに、私が〈方言詩〉とよんでいる作品――「雀こ」を、ネイティヴ・スピーカーの一人として朗読し、今晩のお話を終りたいと思います。

〝孤島句〟のゆくえ——齋藤愼爾『永遠と一日』を遅れて読む

1

「自分に誇れるものを持たず、独自の才能を有しない人間ほど名高い人間に憧れ、崇拝の念を厚くするばかりか彼（彼女）とどこかでかかわりを持つことを強調します。誰々先生に師事したとか、何々博士の弟子であったとか、某大臣の遠縁に当るとかいった類がそれです。個人的つながりがなければ郷土、母校さえ引きずり出す始末です。いずれもそのことで自分の存在を実物以上にみせようとする心理です」（『美空ひばりと日本人』新藤謙）を写しながら、私はいま赤面している。まるで自分のことをいわれているような気がするのだ。「俳句の世界で秋元不死男に師事し、同門に寺山修司、松村禎三、堀井春一郎らがいた」と吹聴する。「出身地？　齋藤茂吉や土門拳、藤沢周平の山形だよ」「芭蕉が名作を生んだ最上川や立石寺がある」「酒田東高校の校歌は大木惇夫なんだ」と師匠、郷土、母校を総動員して、その威光をかさに自分の存在を実物以上にみせようとしてきた（申し訳ない。どうかみんな忘れてくれ。遠縁にあたる大臣はいない）。

右は、齋藤愼爾著『ひばり伝――蒼穹流謫』（講談社、二〇〇九年）「〈異形者〉の系譜」の章から引いたものである。前後のコンテクストを無視して写しながら、当方もまた、「まるで自分のことをいわれているような気が」した初読時の「赤面」の思いがよみがえったのだけれど、本稿のペンをとる今は、――「申し訳ない。どうかみんな忘れてくれ」というハニカミのきわまった実存的科白に若者のように感応する自分を見出す。

〈「ひばり」を論じ、「ひばり」を超えて普遍的な人間論、社会論、芸能論、戦後論となっていく〉宿命をもつ『ひばり伝』刊行時、齋藤氏は七十歳――かの『論語』に「心の欲する所に従いて、矩《のり》を踰《こ》えず」とある齢に達した。自分の心の求めるままに行動をしても、規定・規範からはずれるというようなことがなくなる境地は、還暦をすぎてまもない当方などには想像もつかないが、先の叫びを氏の「心の求めるままに」発せられたものと私は受けとったのである。

あるいは聖人君子の年齢観など知ったことではないといわれてしまうかもしれないが、俳諧的世界に関心を寄せる私には、なかなかに興味深い。十五すなわち青少年期を「志学」、三十歳を「而立」、四十歳を「不惑」、五十歳を「知命」、六十歳を「耳順」と呼ぶのに対し、七十歳には少なくともこの有名な『論語』の文章による命名はなく、われわれに親しい「古稀」は、杜甫の詩「曲江」の一節（人生　七十　古来稀なり）から採られたもので、七十七歳の「喜寿」は日本製の熟語だそうである。

「申し訳ない。どうかみんな忘れてくれ」のような魂の叫びを、齢七十にして発しうる人間は、絶無とはいえないだろうが、古来稀である、と私は断じ、これに接した時点――つい最近のことだが――で、齋藤氏に私淑した次第である。

一九九八年刊『寺山修司・齋藤愼爾の世界――永遠のアドレッセンス』（柏書房）という大冊の存在を知らぬわけではないし、還暦の節目にまとめた圧巻の全句集についてもすでに適任者たちによって数多くの批評がなされていることと思われるが、何事につけ、私は、たまたま手元にある資料に限定して対象を語る怠慢をよしとする。しかも今は、対象への愛が実感できる場合にのみ語るべきだと決めている。本稿は、誰に頼まれたわけでもなく、手元において愛読する十年集成句集『永遠と一日』（思潮社、二〇一一年）をめぐって、ほんのカタコトでも何事かを語りたいという強い思いにうながされてのものである。

2

『ひばり伝』のプロローグ――「〈孤島苦〉のゆくえ」によると、齋藤愼爾の郷里は、飛島という山形県酒田市の北西三十九キロの沖合いに浮かぶ周囲十キロ、面積二・五平方キロの孤島である。生れは京城。その後、満州から引き揚げて来て、中学時代までをこの「低い台状の島」「周囲は海蝕崖をなし、人家はその崖下の平地に蹲るようにしてある」飛島で過ごした。漁繁期にはイカ、ワカメ、アラメ、サザエ採りにかり出され、中学卒業まで一家の主要な働き手だったという。さらに――、氏が生れた頃の家にはランプの灯しかなく、電灯がともったのは高校へ上がってからだった。

平凡社刊『日本残酷物語』叢書第二巻に挿入された栞文の断片を「今も諳《そら》んじることが出来る」といって齋藤氏自身が引いた一文を私も孫引きしておきたい。「沖をゆく漂流船や海鳥からすらあざけられる孤島苦」「自然の奇蹟に見離され、星よりも遠く記憶よりもはるかな海のまんなかに孤立して、世人からまったく忘れられて、流砂のごとく埋もれ、生きながら化石として抹殺されるほかなき小さき者たち」——氏にとって「一般的な人々が抱く島というものに対するイメージについて記述されたこの一文が、飛島についての記述としか思えなかった」という。島での日々は、「孤島苦（柳田國男の造語だったか）という言葉に収斂する以外のものではなかった」からである。

正直に申告すると、私は『日本残酷物語』シリーズを読んでおらず、手元にもない。氏がプロローグでふれている深沢七郎の飛島をモデルにした短篇「南京小僧」も未読なのだけれど、本稿のテーマにつながるキーワード——〈孤島苦〉を引き出しただけでよしとする。

全句集にふれもせず、『永遠と一日』一書に寄り添っただけで、あえて性急にいいきってしまえば、まもなく「喜寿」になろうという齋藤愼爾の句業は、〈孤島苦〉を母胎とした魂の苦行に収斂する、というのが本稿のモチーフである。〈孤島苦〉のゆくえ——は、齋藤愼爾の句業を追尋する時のプロローグにもなりうるだろう。氏の句全体を〝孤島句集〟と呼んでもゆるされるのではないかと私は思う。

3

宮本常一、山本周五郎他監修『日本残酷物語』第二巻の栞文断片は、島に対して通常人々が抱くイメージだとされるが、氏にとっては他ならぬ飛島についての記述としか思えなかったという先の述懐を、再び反芻する。

「沖をゆく漂流船や海鳥からすらあざけられる孤島苦」……この孤島苦なる言葉について、氏は「柳田國男の造語か」と記した。そこで、私は思い出したのだった。飛島という名前をはじめて印象に刻んだ文の書き手柳田国男の断片を。「今も諳んじることが出来る」とまではいえないけれど、たとえば『青年と学問』(岩波文庫) 所収「島の話」——。柳田は、明治末年から大正年間にかけて「島々の話」というモチーフで、日本各地の離島に関する愛情あふれる観察録をものしているが、「島の話」は一九二六年の東京高等師範学校地理学会講演録だ。そこに、「最近に炉辺叢書の一冊として出た『羽後飛島図志』」への言及がある。

私の記憶に残ったのは、「たとえば島の周囲の隠れ岩の中にある蛸穴の権利だけが、女の財産となって結婚とともに次々の家に移って行くこと、それよりも重要なのは春の始めの神祭方式の一部として、小児に小さな棒を付与して村人の生活方法を批判せしめる風習、次には春舟秋舟と称して内陸と貿易した慣行の、ソロモン諸島などのクラの制度に近いものが、かつてはわが民族のアキナヒ関係をも、支配していたことを考えしめる」というような一文である。

ここで、「春の始めの神祭方式」や「わが民族のアキナヒ関係」の原型をなすとされる「春舟秋舟」の詳細をのべるつもりはない。「それよりも重要なのは」と、柳田の筆致を真似れば——特殊なカケハシ (欠け端) から普遍的なカケハシ (架け橋) をひき出す不世出の詩人哲学者のマナザシの強度である。

当方がかつて特に愛読した覚えのある——海島民族日本人の移住・信仰・文化をテーマとする『島

の人生』（一九五一年）所収の「島々の話」は「その一」が明治四十二年（柳田民俗学の嚆矢とされる『後狩詞記』刊行と同年）、『猿蓑』中の一節を扉に掲げる「その二」が翌明治四十三年（『遠野物語』と同年）、「その三」が大正三年、「その四」が大正十三年……。柳田学が『遠野物語』『山の人生』的世界から、『海上の道』的世界へ、軸足を移したという通説が成り立たないことは、このささやかな歩み一つだけとってみても明らかであろう。かれは当初より、日本列島を群島として眺める視座の持主であった。離島・孤島への慈愛にみちた視線は、中央集権的思考を、やんわりとたしなめる。「島に住む者でなければ味わえない孤独さと、そこで経験して来た特殊なる艱苦とが、久しく内陸の人になった後も、なお我々の性情を支配して……」（「島々の話」その四）というような一文が見出される「その四」の中に、かつて沖縄で講演した「世界苦と孤島苦」をめぐる話も顔を出す。

4

「……独自の才能を有しない人間ほど名高い人間に憧れ……」という冒頭の話がアタマから離れない。拙稿にハクをつけるために高名な民俗思想家を持ち出したのだろうといわれるなら、私も「申し訳ない。どうかみんな忘れてくれ」と書いてもかまわないのであるが、柳田の文脈からいったん身をもぎはなし、たとえば無理を承知で「世界苦と孤島苦」を、「永遠と一日」におきかえてみればどうだろう。

全句集以後の十年集成『永遠と一日』の帯に〈現代の俳句で感動したこと、ありますか〉と刻まれていた。三度ほど通読して、素直に「感動したこと」を私は確認できた。それはなぜか？　世界苦と孤島苦、永遠と一日をつなぐカケハシとしての俳句のきわまった姿をみてとったからに他ならず、そのキワマリを、孤島苦変じた〝孤島句〟と呼んだ次第である。

……沖ノ小島ニ浪ノヨル見ユ

これは俳句ではなく、太宰治『右大臣実朝』の語り手をして「まことに神品とは、かくの如きもの」といわしめた高名な実朝歌（上の句は「箱根路をわれ越えくれば伊豆の海や」）の下の句だ。俳句の根源的なありようを考える時、なぜかこの歌のカケハシが脳裡を去来する。私にとって根源を宿すカケハシは、カケハシ－シともいうべきもので、それを味わっていると、名状しがたい幻覚作用が訪れたりする。

〈「沖の小島に波の寄るみゆ」という微妙な詞の動きには、芭蕉の所謂ほそみとまでは言わなくても、何かそういう感じの含みがあり、耳に聞えぬ白波の砕ける音を、遥かに眼で追い心に聞くと言う様な感じが現れている様に思う、はっきりと澄んだ姿に、何とは知れぬ哀感がある。耳を病んだ音楽家は、こんな風な姿で音楽を聞くかも知れぬ〉と秀抜な注釈を加えたのは『無常という事』の小林秀雄であった。ついでにもう一つ、似たシチュエーションで詠まれた実朝の名歌——「大海の磯もとゞろによする波われてくだけてさけて散るかも」に対して、小林は「この歌は、子規が驚嘆するまで（真淵はこれを認めなかった）孤独だっただろうが、以来有名になったこの歌から、誰も直かに作者の孤独を読もうとはしなかった」と書いている。

太宰の『右大臣実朝』ではこれについて「一言の説明も不要かと存じます」と語らせる。

……沖ノ小島ニ浪ノヨル見ユ
……ワレテクダケテサケテ散ルカモ

短歌や俳句の歴史に無知な私にも、俳句が、もと、俳諧連歌の発句が「独立」したものという手元の国語辞典にのっているくらいのことは理解できるつもりだが、門外漢のイメージに従って極言すると、この「独立」が、——離島や孤島の如く——「孤立」している……のようにみえてしまう。

もちろん私は、読むに値する文学表現としての俳句のありようを前提にしているのであって、五・七・五版のツイッターと化して久しいマジョリティの満足を誘う「孤立」知らずとやらの業界のことは埒外である。

芭蕉の「ほそみ」も、子規の「驚嘆」の中身もカッコに入れたまま、カケハシーシ＝キレハシーシ中毒患者の門外漢は、沖ノ小島ニヨル波が、ワレテクダケテサケテ散ルさまを反芻する。

飛躍にみちた極論を重ねれば、日本文学の本質は〈本歌取り〉の中にある。本歌とは、たとえば、狂歌・俳諧に対して、本式のものとしての和歌を指す。意識的に先人の作の用語・語句等を取り入れる本歌取りを創作一般に拡大することが許されるはずだけれど、本稿のイメージの中のそれは、〈憂き我をさびしがらせよ閑古鳥〉なる句のカンコドリにも似たホンカドリという謎の鳥である。

下世話なものにも眼を向ける俳諧連歌が雅やかな和歌から鬼子のように生れた時、すでにしてそうだったろうと思われるが、俳諧連歌の発句が「独立」した際のありように、私は、ワレテクダケテサケテ散ルさまを重ねてみる。すると、本歌としての本土から離れた沖ノ小島に、われわれを限りなくさびしがらせる真正のポエジーの鳥ホンカドリが舞う姿が幻視されてくるではないか。

やがて、マボロシの鳥が〈一日〉中、何やら歌っているらしいことに気づかされる。しかし、ホンカドリのさえずりのホンカをハッキリつきとめることは誰にもできないだろう。なぜなら、それは、〈永遠〉に近いものだからである。

5

「あげく」という誰でも知って使っている日常的な言葉がある。新明解国語辞典を写すと――「連歌・連句で、第一句を発句と言ったのに対して、最後の句の意」いろいろな事をした最後に行き着いた（好ましくない）結果。

誤解を恐れずにいうと、世俗的に好ましくない孤立を招き寄せるイメージのこの「あげく」を、私は親愛なる俳句の宿業の姿とみなしている。

俳句的節約＝エコノミーの中に、意味を充電（凝縮）させた言語＝文学のキハマリを見出す者は、世俗的に好ましくない孤立こそが、かのフロイトがみちびく「感情の節約としてのユーモア」の母胎であることに心付くはずだ。齋藤愼爾の全句集をひもとけば、孤立がもたらすユーモアが凝縮した作品がいくつも見つかると思うが、今は、〈永遠〉がワレテクダケテサケテ散ル、その「あげく」のキワマリの〈一日〉を視すえるふうの句を、『永遠と一日』からアト・ランダムにひろってみよう。

まずは巻頭の一句と「永遠」が使われた一句。

影の世の見えくる薄墨櫻かな
永遠と一日に思ひを露の山

私は本書を優れた〈あげく詩集〉あるいは〈キレハシーシ集〉として受けとめたので、俳句的な約束事に通じていないことも手伝い、いわゆる季語・季題などに無頓着なまま読みすすめたのであるが、それでも、俳句作家としてのいくつかの言葉（とそのヴァリエーション）に対する氏の一種の偏執のようなものは容易に伝わる。

集中の〈影の世のまぢかに見えくる露の山〉〈侘助の番して影の世に居りぬ〉などと呼応する巻頭の「影の世」は典型語だと思われるが、そのヴァリエーションは、次の通りである。

前《さき》の世の客が来てゐる曼珠沙華
うつし世の裏かもしれず日向ぼこ
水草生ふここらが前世との境
来世の分も少し摘み芹あはれ
枯蓮を見尽くす世の外側で
ちちははと宿る次の世また雪か
いつの世の障子の外の枯野かな
遠き世の野菊と吹かれ夢のあと

七草を摘むほかはなしあの世では
呼べば応へありてこの世の螢宿

順不同の掲出を許していただきたいが、これらはすべて、〈永遠てふ時のまぼろし花芙蓉〉なる一句にたゆたう「まぼろし」の変幻形（？）といっていいだろう。「うつし世」は、「現し世」の表記句を含めるとかなりの数あるし、「前の世」をめぐる秀句は他にも見出される。私の目にはこれらが、〈世界苦〉の息のかかった〈孤島苦〉の化身——あるいは、孤島ふうの〈一日〉の言動に、〈永遠〉の波が、ワレテクダケテサケテ散ルさまをうつしとったもののように映るのである。

「沖をゆく漂流船や海鳥からすらあざけられる孤島苦」「自然の奇蹟に見離され、星よりも遠く記憶よりもはるかな海のまんなかに孤立して、世人からまったく忘れられて、流砂のごとく埋もれ、生きながら化石として抹殺されるほかなき小さき者たち」としての俳句を、私は苦しまぎれに〝孤島句〟と名づけたけれど、こうした拙なるゴロ合わせを齋藤氏が憫笑するはずはないと信じる。なにしろ、ある句集に付した跋文の中で、〈「俳」なる字は、人と非から成る。人非人、即ち俳人〉という解字に基づき、自らしがない「俳＝廃人」と名のる氏なのだから……。

またひとり雲に入りたる真葛原
天涯や一雁列を離れては
一雁の外《そ》れたるに似て吾が一生《ひとよ》

本島・本歌のような「列」から「外れ」「離れ」る宿業の孤島的実存者の、〈一日〉の振る舞いを再度ふりかえってみれば、それがたえず〈永遠〉に通じるボーダーの野でおこなわれていることがわかる。「俳・廃人」は、〈「あとがき」のように〉で、ギリシャのテオ・アンゲロプロス監督の映画からタイトルを借用した旨をことわった後、「私も言葉（俳句）で永遠を連れ戻したいと考えている。否、永遠の切れ端でもいいから出会いたいと切に祈念している」と記す。句集巻頭ページにあるモトウタ――アンゲロプロス映画中の対話を引き写しておく。「明日の時の長さは？」「永遠と一日」。

ワレテクダケテサケテ散ル波近くを翔ぶ謎のホンカドリの口ばしが「永遠の切れ端」――無限を孕むスペシャルなワラシベをしっかりとくわえている姿に、読者は本書を精読した「あげく」の果てに、疑いなく遭遇するだろう。

6

ホンカドリがくわえるワラシベとしての切れ端は、当方のイメージするカケハシ（欠け端&架け橋）の二重語とおきかえられる。

前の世の客が来ていると感じられる曼珠沙華、うつし世の裏かも知れぬとの思いを誘う日向ぼこ、前世との境が幻視される水草の生えるあたり、来世の分も摘みたいとの願いをおこさせる「あはれ」な芹、見尽くせば世の外側にいるように感じられる枯蓮、ちちははと宿る次の世を連想させる雪、いつの世か不分明の障子の外の枯野、夢のあとに残像をひく遠き世の野菊、あの世では他にやることがないと思える七草摘み、この世にありながら、異界との通信が可能な螢宿……前掲句群にみられるカケハシの二重性についての説明は不要だろう。

言葉で永遠を連れ戻したいと願う「俳＝廃人」が、あそびをせんとや生れけんという前の世の「あはれ」な歌を口ずさみながら、たとえば――〈身一つを繕ふに似て〉と形容される日向ぼこをおこなう。この平凡な振る舞いは、前述の「うつし世の裏」の他に、〈日向ぼこ座敷わらしに隣りして〉なる一句からもわかる通り、「俳＝廃人」にとってもろもろのヴァリエーションをもつ「影の世」への路を幻視するために必要なわらし＝童の「あそび」に近い行為である。

「俳＝廃人」の偏執のカケハシとして、さらに、列から「外れ」「離れ」る雁、そして前掲句群のさいごの螢をあげる。螢はやはり、次のようなヴァリエーションをもって登場する。

黄泉の世へ通ふも螢火の縁《えにし》
人に倦み螢言葉に耳澄ます
螢袋の中ならわかりあへるかも
狂ふまでは螢袋の中にゐた
病むとせば螢袋の中でこそ
家系図の始めに螢墨書され
死螢のとなりに刻むよ没年は

最終章のタイトルにもなっている螢袋だが、書き写しながらそくそく感銘を禁じえぬこれら〝孤島句〟の典型群を前に、私はもう一つ、〈永遠〉を自覚する〈一日〉に姿をあらわすホンカドリのつぶやきのカケハシ「あやしうこそもの狂ほしけれ」を思いおこす。

『徒然草』序段――「つれづれなるままに、日暮らし硯に向ひて、心にうつりゆく由なしごとを、そこはかとなく書き付くれば、あやしうこそもの狂ほしけれ」。

古文の素養がないので、手元にある角川文庫ビギナーズ・クラシックス版の巻頭から文意をひき写すと――今日はこれといった用事もない。のんびりと独りくつろいで、一日中机に向かって、心をよぎる気まぐれなことを、なんのあてもなく書きつけてみる。すると、しだいに現実がなくなって、なんだか不思議の世界に引き込まれていくような気分になる。人から見れば狂気じみた異常な世界だろうが、私には、それでこそほんとうの自分と対面できるような気がしてならない。人生の真実が見えるような気がしてならない。独りだけの自由な時間は、そんな世界の扉を開いてくれる。

この有名な序文は見ての通り、簡潔にしてふところ深い一筆書きだけれど、以前にある古典学者の指摘にとても驚かされたことを思い出す。結論だけいうと、一文の言葉づかいの中で、兼好法師のオリジナルは、じつにさいごの一句「あやしうこそもの狂ほしけれ」だけで、「つれづれなるままに「日暮硯」「心にうつりゆく由なしごと」「そこはかとなく」のような残りの文言はすべて、先人か同時代人からの借用語、つまり本稿関心事に寄り添えばホンカドリだというのである。

小林秀雄も「徒然草」の中で、〈「つれづれ」という言葉は、平安時代の詩人等が好んだ言葉の一つであったが、誰も兼好の様に辛辣な意味をこの言葉に見付け出した者はなかった。彼以後もない〉と的確に書いているが、まさか最終行——私はこれを「あげく」の文と呼ぶ——を除くすべての文言がオリジナルとはいえないものだとは思わなかったに違いない。

しかしもちろん、この「あげく」のはてのキワメツキの一句こそは、まっとうなモノカキにとりつく〈永遠〉のモノノケをいい止めた点で真に独創的なものである。

「いかにも独創の姿だが、独創は彼の工夫のうちにあったというより寧ろ彼の孤独が独創的だったと言った方がいい様に思う」とは前述の小林の「実朝」の、「独創的」な表現だが、万葉歌へのリスペクトにみちた没入によるホンカドリを飼いならすに至った実朝と、「あやしうこそもの狂ほしけれ」に至り着いた兼好法師とは、ジャンルは異なっていても、『徒然草』にいう見ぬ世の人（昔の人＝ソノ書物ノ作者ヤ登場人物）を友とする孤独を共有する点で共通する。

ひとり灯《ともしび》のもとに文をひろげて、見ぬ世の人を友とするぞ、こよなう慰さむわざなる。

「俳＝廃人」の生家に電灯がともったのが高校生になってからという事実を想い出しながら、右の『徒然草』の一行を味わう。

〈狂ふまでは螢袋の中にゐた〉とつぶやくわが「俳＝廃人」もまた、見ぬ世つまりは「影の世」のヴァリエーションをめぐるもの狂ほしい思いをつむぎつづけるのだが、〈人に倦み螢言葉に耳澄ます〉者は、「黄泉の世へ通ふ」縁として「螢火」を灯のかわりにしたりするのである。

7

影の世、見ぬ世のヴァリエーションを『永遠と一日』からすでにひろってみたが、私がはじめて飛島のことを学んだ柳田国男なら、〈隠り世〉というだろう。

「幽冥談」で柳田は「この世の中には現世と幽冥、すなわちうつし世とかくり世というものが成立している。かくり世からはうつし世を見たり聞いたりしているけれども、うつし世からかくり世を見ることはできない」と書く。

〈盆の道家てふ暗く翳るもの〉〈寂しさのかたちと見てゐし盆の道〉とうたう「俳＝廃人」にとって、おそらく柳田民俗学などは縁うすいものかもしれない。恋愛文学を論じて「家と文学」という題を、死者の霊魂の行方、日本人の他界観を探る書物の表題を『先祖の話』と名づける柳田思想に対して、「家てふ暗く翳るもの」なる思念の持主は、反発心さえ抱くだろう。

だが、日本近代において〈世界苦〉と〈孤島苦〉のイデーをはじめて世に問うた思想家の、共同性こそが人間の基底だとする立場と、齋藤氏が若き日に心に灯したと想像される変革の思想は、じつは決して無縁ではないと私は信じる。

たとえば、敗戦の色濃い昭和二十年春、戦死した多くの若者の魂の行く方を想い、連日の空襲警報のもとで（あの太宰治の『御伽草子』のように！）書き続けられた柳田の大著『先祖の話』は、死者の魂が、十万億土の幽遠の彼方ではなく、故郷の山の高みから、いつも子孫のなりわいを見守っているという「仏教を離れた深い意味のある」他界観について語りつづけてあくことがないが、その〈六九　あの世へ行く路〉は次のように書き出される。

佐渡から数十里の海を北に隔てて、羽後の飛島にもまた一つの賽の川原がある。川原とはいってもこれも岩石の荒浜であって、里から岡を越えて行く一筋の逕《こみち》があるばかり、通路の傍ではないのだが、やはり何人が積むとも知れない石の塔が幾つもあった。（中略）我々の注意するのは、ここが昔から島の人たちの、死んでから行く処となっていたことで、しかも村々の埋葬地というものは別な処にあるのであった。島には秀でた峰はない代りに、この賽の川原と相対して、海中に大きな岩が一つあり、周囲が崖になって登ることができぬのを、神聖の地として崇敬しており、そのまた正面には遠く鳥海山の霊峰が横たわっている。今はそういう言い伝えも残っていないが、おそらく精霊がこの浜から、おいおいに渡って行くものと信じられていたのであろう。

ここでも柳田は、特殊な孤島の賽の川原のありようを普遍的な他界観へのカケハシとして語る。私はこれを、齋藤氏の〈野遊びや日ならず石になる我と〉の一句を口ずさんだ後に再読したのだけれど、この一節につづく次のようなエピソードを、『永遠と一日』中の他のいくつもの句と重ね読みしたのだった。

……『飛島図誌』の筆者の聴いて来た話では、この近くの山で草を苅っていると、いい声で唄を歌いながら、脇の小径を賽の川原の方へ、通って行くのを聴くことがある。そういう時にはきっと村で誰か死んでいる。あるいはこの通路に面して家を建てて住む老人が、夜更に何か独り言をいいながら登って行く声を聴くことがあった。ああまた誰か死んだなと思うと、果して翌日は必ず村から葬式が出た。時にはめそめそとすすり泣きをして行く者もあれば、はアとただ一つ溜息が聴えたり、そうかと思うとさも気楽そうに、鼻唄で登って行った女もあるという。昔の感覚に浸った老人の、一種の幻覚だったかも知れぬが、ともかくもこれは現身《うつしみ》の消え行く姿のほかに、別にそういう霊魂の挙動があるものと思っていた結果なのである。……

8

孤島に特記される賽の川原には石積みの他に何があるのか？　柳田はそんな問いを発していないが、本稿は、そこに、特異な〈穴〉を見出す。

〈鳥辺野や七竅《しちけう》を穿《うが》たれ渾沌は〉とよんだ齋藤愼爾は、『荘子』「応帝王篇」の最後を飾る混沌王の物語をホンカドリした「あげく」――「昨今の私は七竅を穿たれた混沌に近い」という言揚げに至り着いた。モトウタである混沌王の物語の詳細は省かせてもらうとして、その〈穴〉を直接間接にイメージしたと思われる七つを超える句を掲出してみる。数多いのは、「蟬の穴」をめぐる変奏である。

今生を生きてまた見る蟬の穴

蟬の穴受胎告知の翅音せり
蟬穴を出でたる心地のして日暮
生家離れざるものわれと蟬の穴
まさをなる空寂莫と蟬の穴
かはたれの生身出てくる蟬の穴
村棄つる日の茫茫と蟬の穴

まだあるが、混沌王のエピソードに寄り添ったつもりで七つにとどめおく。さいごの掲句を第一句とする小章題は〈流離〉――これは〈流謫〉と並んで混沌の縁語ともいうべき位置づけにあるものだろう。

では次に〈穴〉の変奏とおぼしき句を、例によって順不同で――。

歳月の洞穴なりし秋の風
青空の長《た》けたる穴や野菊道
見つづけて満月を無にしてしまふ
蛇の穴もうこの世へは誰も来ぬ
月見草まはり何処も無の深し
中空のかぐらき穴や冬雲雀

氏が愛惜する「雲雀」が出たついでに、既述の『ひばり伝』を再度ひもとく。この書のサブタイトルには「蒼穹流謫」という当方には難しい漢語が付されているが、どんな意味なのか。辞書はあえて引かず、〈美空ひばりの角兵衛獅子は（中略）「河原乞食」と蔑まれ、天の下、旅をねぐらとし、村から村へと蒼穹流謫の日々をおくったのであった〉の一行から推測しておくにとどめる。

〝孤島句〟のイメージに重なる〈流離〉と〈流謫〉をめぐる句を『永遠と一日』からひろうのは容易だが、もう十分だろう。

かわりにというのもおかしいが、『ひばり伝』から、当方が「俳＝廃人」を師兄とあおぐもう一つの機縁ともいうべき箇所にふれたい。「〈廃墟〉のなかの少女」の章に、敗戦によって一切の既成価値が崩壊し、すべての人間の本質が露呈された〈廃墟〉のなかに、自らの創造にふさわしい磁場を見出した「無頼派」作家への言及がある。

「無頼」とは「正業につかず、無法な行いをする者、またその行為」（『広辞苑』）という定義より、フランス語の libertin「リベルタン」の翻訳の「無頼派」で自由思想家というのがふさわしいだろうと記す氏は、坂口安吾『堕落論』を代表とする一連の作家の作品に寄り添った「あげく」――学生時代の当方をも感動させた吉本隆明の「現代学生論――精神の闇屋の特権を」（『擬制の終焉』所収）の摘録を掲げるに至る。

学生生活最後の年をおくった敗戦直後、戯曲上演の許可をもらう目的で太宰治を訪ねた際、「おれが君達だったら闇屋をやるな。ほかに打ちこんでやることはないものな」と言われたエピソードを紹介したうえで、吉本はこんなふうに書く――「その当時は、敗戦の混乱で社会はたぎり立ち、わたしのこころは暗かった。いまは、社会は息ぐるしいほどの秩序をもち、わたしのこころはおなじように暗い。当時の闇屋に相当する商売は、いまの社会にはないのである。わたしは、太宰治にならって、精神の闇屋になれ、それ以外に打ちこんでやるものはない、とでもいうべきだろうか」。

唐突だが、「俳＝廃人」のもう一つの貌――深夜叢書社主宰という半世紀をこえる偉業のバックボーンが、この「精神の闇屋」にある、と私はにらんでいる。直接のモデルは、第二次大戦下のパリでひそかに刊行されていた「深夜叢書」にちなむものだとしても、他ならぬ齋藤氏主宰の深夜叢書社を〈孤島出版社〉あるいは〈闇屋叢書社〉などとも呼んでみたくなるのである。

政治行動と無縁な私のような軟弱な人間でさえ、吉本の思想ならぬ使嗾的発言――「革命派や革命党になるまえに、かならず革命的であること」は、強く精神に刻まれた。

齋藤氏がふれているわけではないが、「精神の闇屋」がおこなう「革命」は、「文化と書いてハニカミとルビをふること大賛成」と叫んだ戦後の太宰治の次のような箴言にある通りのものでなければなるまい、と若年の私はやはり強く心に銘じた。

じぶんで、したことは、そのように、はっきり言わなければ、かくめいも何も、おこなわれません。じぶんで、そうしても、他のおこないをしたく思って、にんげんは、こうしなければならぬ、などとおっしゃっているうちは、にんげんの底からの革命が、いつまでも、できないのです。

（「かくめい」）

本稿冒頭で引いた「申し訳ない。どうかみんな忘れてくれ」――も、「にんげんの底からの革命」を念じる苦いユーモアとしてのハニカミを手放さぬ「精神の闇屋」の言動と信じるが、同種のつぶやきを、すでに引いた句の前に置いてみる。

揚雲雀堕ちよ堕ちよ生きるため
中空のかぐらき穴や冬雲雀

かぐらき穴だらけの混沌こそは、精神の闇屋が、生きるために「堕ち」た「あげく」の果てに至り着く賽の川原の別名だが、しかし、その低く低く這いつくばったところには天への通路がある。

柳田国男は、埋葬地とは別種のこの川原から山上の天へ昇ってゆく精霊の実在を信じた。ただの石積みのあるそこは貧しい場所にすぎないが、その石には、いわば闇夜に輝く星々の息がかかっている。われわれの視力が、〝孤島句〟変じて「七竅を穿たれた渾沌」の星座を構成するに至るその全プロセスをとらえきるのはかんたんでないことを確認したうえで、もはや句を引くことはせず、『永遠と一日』の〈星蝕〉と題された章に掲げられたエピグラフを写しておきたい。

所有は貧しくあれ、存在は豊かなれ。おまえの存在の深さは、おまえの貧しい庭を星まで拡げるだろう。

（G・ティボン）

これに並べるのが適当かどうかわからないけれど、私もさいごに、ある詩人の仕事から星々の息がかかったワラシベの如き「ひと欠片」をぬきとってみたくなった。

最後の
擦り切れた
息の結び目のなかに
なおもあなたは
潜んでいる、ひと
欠片の
生命とともに

（P・ツェラン「あなたが私のなかで」守中高明訳）

Ⅳ

読み・書き・ソリチュード

読み・書き・ソリチュード

いま現在、書き手としてレッスンをつみたいと思っている人がどのくらいいるんでしょうか、僕には見当もつきませんが、今回は、小説に限らず、一般にものを書くとはどういうことなのか、僕なりに考えていることを、特に、書き手を目指している若い人たちにメッセージとして伝えたい、と思います。

書くことの前には、読むということが重要な要素としてある。これはあらためて言うまでもなく、当然のことです。ところが、各方面で若い人たちに接しているいろんな人の話を聞いていると、最近はどうもその読むことが手薄になってきているらしい。僕自身も、それについてはちょっとした危機感を持っているんです。先人のものを読まずに書くということも、事態としてはありうるわけで、俗に言う、思いつきだけで一発当てるということも、もちろん可能でしょう。現にそういうことで、たくさんの出版物が洪水のように氾濫しているのは、ご承知のとおりです。しかしそういう状況であるからこそ、書くことの原点は、やはり読むことであり、読むことなしには書くことは成立しえないんだ、というコモンセンスに類したことをまず言っておきたい。

ものを書く前段階の読むという行為、ここに向かう動機というのは、文学関係に限って言えば、ある共通点は見出せると思います。

俗に言う順風満帆な歩みの途中で、何らかの障害にあたって、そのために閑が生じる。つまずきによるその閑雅、いとまが結果的に余裕を生んで、その余裕によって、ひとつものを考えてみよう、という気分になる。そのときに、もっとも力強い、ものを考えるための有力な手段として、ひとつには本を読むという行為があります。

人間がものを考えるとき、そのためにわざわざ立ち止まるということは、あってもまあ稀ですね。そういう人もいるにはいるでしょうけど、何かあるよんどころない事情で、これでいいのかなという感じで、自分の生の歩みがいったんはばまれるような感覚、それに襲われたときに、人は本を読むという世界に入っていく。

また別の見方をすれば、小学校以来、われわれは言語で意思疎通ができる、つまり人と話していて、何ら疎外感のない状態というのが普通だと信じてきたわけです。ところがあるとき、人によって何歳ぐらいかというのは差があると思うんですが、おおむね、思春期のはじめのあたりから、現実的な話し言葉による世界に、疎外感のようなものが漂い始める。それははっきりいってしまえば、一種の孤立感です。その孤立感、孤独によって、人は読むことに向かう。

昔の人の言い回しに、「読み・書き・そろばん」というのがありまして、これは世の中を渡っていくための必須の要素として学校で習うことを、わかりやすく言ったものなんですが、僕はそれをもじって「読み・書き・ソリチュード」ってなことをよく言っているんですね。ひとからは「何だ、そんなのそろばんとソリチュードの単なる駄洒落じゃないか」ってよくお叱りを受けるんですが、ソリチュードはもちろん孤独という意味ですから、つまり、読むこと、書くこと、孤独というのは三位一体とでも言うべき事柄で、密接に結びついていて、と同時に、ものを読む、ものを書くということは、基本的に孤独の中で行われ、また孤独を通して人に伝わっていく、という宿命的な構造を持っている。それが、私が、「読み・書き・ソリチュード」とふざけ半分にいっている、ひとつの根拠なんです。

ここで、「読み・書き・そろばん」の、最後の「そろばん」だけをあえて除外したのには、実はもうひとつわけがあります。損得勘定というか市場原理を、ここでは仮に「そろばん」ということで象徴させるとすれば、特に文学に限っては、「そろばん」をいったん保留しなければ、「読み・書き」というものは成り立たないだろう、という風に思っているんです。冒頭で、今回の話は、若い世代の人たちをエンカレッジすることが目的だと言っておきながら、非常に逆説的なことを言っているように思うかもしれませんが、私は決してディスカレッジの方向でものを言っているんではなく、文学においては、ヨミカキがソリチュードと深く結びついていて、そろばん勘定にすぐ結びつくような方向にはいかないんですよ、ということを言っているに過ぎません。そろばんに直結することばかりを考えていると、文学はやはり毒されてしまうし、衰弱の道をたどることになる。

そんなことといっても、書店に行けば、非常ににぎにぎしく売れている本は現にあるではないか、という反論もあるでしょう。そこでまた、最初の話に戻るんですが、そもそも文学の居場所とは何だ、ということになる。

文学の「学」は、ご覧のとおり、学問の「学」ですね。現に文学というのは、日本の数多くの大学の文学部で学ぶことができる。語学を学んで、学識を身につけて、読み、書き、研究されていくものなんだという認識が、一方ではある。

もう一方には、俗にいう文芸ジャーナリズムというものがありまして、ジャーナリズムというのは、ご承知のように、できるだけ多くの人に届き、理解されることを至上目的としています。文芸ジャーナリズムは、学問としての文学に対して、「象牙の塔に籠っていてはいかんぞ、文学というのは、多くの人の目にさらされて、読まれてなんぼなんだ、身心を開きなさいよ」といって、努力を絶えず強いてきた。まあ、お互いに、良く言えば切磋琢磨、悪く言えば侮蔑してきた関係にあるんですね。

アカデミックないわゆる学問としての文学は、一般ジャーナリズムに盲腸のようにくっついていくしかない文学の宿命をみとめず、ジャーナリズムから完全に切り離そうとする向きもありますが、しかし「文学というのはジャーナリズムじゃない、多くの人になんて分かってもらわなくてもいいんだ、八百万読者何するものぞ」という風に、みずからを盲腸として切り落としてしまうことも本当はできない。逆に、「学問なんてのは、あれは象牙の塔だ、その成果なんてのはたいして意味も無いものなんだ」といって、排撃することももちろんしてはいけない。

文学というのは、その間に挟まって、悪く言えば、非常にふんぎりのつかない、あまり人々の耳目を驚かすことができないような、旗色の悪い、煮え切らない言説に、耐えるしかない。その両方から責め立てられて、「おまえ、そんな内閉的なところに居てどうするんだ、文学は多くの人に理解されてなんぼのもんじゃないか」という意見と、「ジャーナリズムなんていうものは、使い捨てなんだから、多くの人に読まれたってどうっていうことはない。もっと永遠不滅の、学問的な、重厚な、厳かな、研究に値する文学があるんだ」という考えの狭間、文学の居場所というものは、そういうものです。だから、文学的な、本当に文学的なものに関心を持っている若い世代というのは、唯我独尊とは似て非なるボーダー的な場所でふるえるような思考をつづけ、太宰治の言い草を真似れば——ワタシハ鳥デモ獣デモアリマセヌ……というコウモリの歌をうたうしかない。

文学というものはいつの時代もそうだったし、今もそうなんだっていうことなんですね。

ですから、文芸ジャーナリズムというときには、いささか「文芸」の方にアクセントを置いて、文芸ジャーナリズムなんでありまして、ジャーナリズムの方は、やや声を落として言ってもいい。翻って、学問的な方向に対しては、確かに文学の「学」は学問の「学」なんですけれども、特に文学の場合は、学問のブランチとして、胸を張れない事情というものがあるので、「いや、そうかな？　文学というのは、厳密には学問じゃないんじゃないか」という疑問を、頭の片隅に置きつつ接するという風に、両方の領域に対して付かず離れずの態度でいいのです。

ところが最近その二つの領域に対して、歯切れの良すぎる言説をする人が多くなったんじゃないかというふうに僕は思っていて、そこに最大の危機感を抱く。

文学というものは、本来ジャーナリズムであるっていうことを全否定もできない。書かれたものが読まれなくていいはずがないわけで、ものを書こうという人で、より多くの人に理解されたいという願いを持っていないような人は、僕はもの書きではないと思います。

一方、文学およびそれに隣接する諸学問の優れた業績を無視するわけにもいかない。われわれが、学生時代に、古本屋なんかを駆けずり回って探した、一万円も二万円もするような本、高嶺の花で、古本屋の棚の上に鎮座していたような本が、海外のものも含めて、わずか千円前後の文庫で手に入るようになった、これはある意味では恐るべきことですね。当然そういうような素晴らしい学術的な成果を、文学をやる人が、千円前後でそれを読めるのに、そういうものに何ら興味を示さないっていうことが、あっていいはずがない。

しかしその両方の陣営を基盤にした、自らは創作的泥田にふみ込んで手足を汚すことなく、裁断的な歯切れのいい、カッコイイ言説をする風潮がますます強まっている。

私どもはかすみを食って生きるわけにはいきませんから、当然学校を卒業した段階で、人は何らかのなりわいを考えなくてはいけない。そのときの具体的な飯のタネがどうであるかなんていう話を、僕はしてるわけではないんですね。現実に何で飯を食うかなんてことは、これはもう、どなたさまも何をしようと、基本的に人をあやめない限り、犯罪にならない限り、何をして飯を食ったっていいわけで、僕なんかがここで繰り返すまでもなく、これは当然のことです。

僕がいま言っている居場所の問題ってのはですね、文学プロパーの居場所っていうのは、昔の言葉でいえば、「非僧非俗」と言ってもいいかもしれない。これは言うまでもなく、僧にもあらず、俗にもあらずという、当時は隠者、つまり娑婆に生きていない、隠れ人を指す言葉であったんですが、まあ、悪く言えば、中途半端の権化みたいな命名です。この居場所ということについては、小林秀雄などは「横町の隠居でいいんだ、私は晩年横町の隠居になる」と言っていました。隠居の「居」は、僕の場合、「虚」の字を当てた方がいいくらいのことになっちゃってるんですけど、小林秀雄の時代も今も、文学をめぐる状況は実はほとんど変わっていない。依然として文学の居場所は、「隠虚」、つまりは隠れた虚なる場所であり、そのことにひたすら耐えるしかない。耐えて初めて、文学の本当の花が開くような場所が見つかるんだ、ということなんです。

昔からよく耳にすることですが、「文学の文芸復興をいろんな形で起こさなければならない」と、まともな人は、もちろん編集者も含めて、みんなそういうことを考えています。衰弱していいはずがないわけで。しかし、文芸復興の場合のルネッサンスというのは、ル（再び）・ネッサンス（生れること）でありますから、この場合も、やっぱり小林秀雄の名せりふじゃないですが、——滅びないものが、どうして復活できようか。いったん滅びてもいい、と言うのはおかしいかもしれませんが、虚なる場所である文学の居場所はもともと無に等しいものなんですね。ジャーナリズムのにぎやかな場所にずーっと君臨しつづけるなんてことも、僕は絶対無いと思うし、それから、アカデミズムで素晴らしい業績が遺されたがために、文学の聖にして俗なる場所がそれとまったく重なるなんてことも、僕は、どこの国の文学史にもかつて一度もないと信じていますけれども、この二つの世界にいつも、やいやいやいやいやいと促され、かつ批判を受けながら、いずれの世界にもやっぱり一線を画すほかはない。

文学に本気で取り組もうと思っているならば、実際の飯のタネがどうとかいうのとは別の次元で、何と言うか、歯切れの悪い言説をいつも引きずって、無に等しい場所に佇む精神力を培うしかない。

しかし、だからといって、暗鬱なばかりの世界であるかって言うと、そんなことはないんです。「読み・書き・ソリチュード」の「ソリチュード」っていうのは実は、ルネッサンスと結びついていて、このルネッサンスっていうのは、モノがアッパレに視える——根源的なモノノアハレにつながる明澄でさやかな場所をいつも用意しているという風に、僕は思います。

映画や演劇や、その他若い人たちの興味をひくような産業はみな実は、コラボレーションの世界でありまして、そういう共同作業の楽しみというのは、これはもちろんあるんですが、でも実際は、一人の人間が力んでも、金が集まらないとか、協力してくれる人がいないとかそういう障害をいっぱい抱えている。

しかし文芸のルネッサンスはですね、たった一人が誰の力も借りずにいつどこででも起こすことができるんです。

たとえば、一人の人間が、編集長になって、今月は万葉集の特集を組むとする。それは別に雑誌媒体を実際に持っているわけじゃなくて、夏休みなら夏休みに、ちょっとした暇ができた、そうしたら、編集者的な視点を取って、よし、今年の夏は万葉集の特集を組む、と言って、万葉集をいくつか読んで、奈良京都あるいは東北の片田舎へでも行ってみるとか、そういうことでです。もちろん、実際に旅行なんかする必要はないんだけど、一千年以上も前に編まれた万葉集が、一人の人間の中で、誰の手も借りずに、わずか千円前後の金で蘇る。つまりルネッサンスは、いつどこででも、ソリチュードの寂しい部屋の中で、一人の人間が特集を組む意識さえあれば、ほとんど金がかからずに、起こりうるんです。独り編集者となって時々のテーマを追い、祝祭を自己演出する……こんな快楽、こういう愉楽の可能性がわれわれの身近にあるんだと、僕は、若い人たちに特に言いたい。

現実の銀行口座は限りあるものでありまして、いくら使っても使い切れないような口座は、僕はどんな金持ちにもないと思うけれども、われわれの祖先が残した、「古典」の口座、「古典」と称する宝の山は、どんなに使っても一個人が生涯に使い切れる額じゃない。そんな膨大な遺産が、しかも何の手続きも無しに、使いたいだけいつでも使える。そして、自分が感動すれば、感動したところにいつもルネッサンスが興る。小林秀雄の、滅びないものがどうして蘇生できるだろうかっていう啖呵は、これは本当に至言でありまして、一人の人間が、ある埋もれた、今まであんまり読まれてもいなかった書物を広げて読んだ、そして感動した、するとそこにルネッサンスが興るんですね。この極私的ルネッサンスは、まったく金がかからない、けれども本当に最高の愉楽のひとつです。だから、こういう愉楽に対して若者が、興味を持たないなんてことは、本当にイタマシイ。僕の郷里の方言でイタマシイとはモッタイナイの意味です。

精進用のコーヒー

最初に入学した大学は経済学部だったが、田舎者の私は経済学という学問をそれこそ前近代的なカンカクで誤解していたもようで、数理に弱い人間などはじきとばされてしまうジャンルであることを遅れ遅れて知らされ、すっかり途方に暮れた。理由は他にもあるのだが、私は大学での居場所を失い、惑乱の日々に転落した。二年に進級しないうちに休学届を出し、間借りしていた三畳の部屋へ閉じ籠った。休学して何をするつもりなのか、肉親に対しても明快な答えが出来なかった。特に父母のかなしみは非常なものだったと想像されるが、当時の私にはそれをおもんぱかる余裕すら無かった。

オマエハ何ヲシテイルノカ？　という問いは実は今でも有効なのだと思うが、若年の私がそれに答えるため、なしえた〝仕事〟の一つ――それがロシア文学を読むことだった。

今ふうにいえば落ちこぼれのモラトリアム人間のふるまい以外のものではないが、ウキ世の波に翻弄されて四苦八苦することになる中年男の過去の中で、あの歳月ほど至純な無償の情熱に満たされた時間は存在しない。それは私にとって数少ない財産でありつづけている。

すぐ近くを私鉄が走っていたその三畳間は電車が通るたび、まるで地震のように揺れた。はじめに取りつかれたのは御多分に洩れずドストエフスキーだった。熱病っぽい登場人物の言動のトリコになった私の精神の震えが、電車通過時のそれと共振するように思えた。ほとんど食事もせず熱に浮かされた言動にはしるラスコーリニコフが、お前は何をしているのか、と訊かれて、「考えている」と答える一節などに私はすっかり魅惑されてしまった。

ずっと後になってから私はロシア語学習をはじめた。あの感動を原語で……というわけだが、もちろんチャランポランな私の学習法では大作家たちの原典を読破できる段階に近づけようはずもなかった。

コーフィエ　ベズ　マラコ（ミルク抜きのコーヒー）というロシア語の断片が記憶の隅に残っている。正確に思い出せもしない、そんなコトバをなぜもちだすかというと、私にとってそれがロシア文学と濃密なつき合いをつづけた歳月を、ひいてはロシア文学の魅力の根源を象徴するものと考えているからである。

たしか『カラマーゾフの兄弟』で父フョードルが、篤信者である三男のアリョーシャが修道院から自宅に一時もどって来た時に、息子へのいとおしさを込めていうセリフの中に出る言葉だった。ベズは英語の前置詞 without、マラコは milk のこと。私はささいなことにこだわるたちだが、この「ミルク抜きのコーヒー」を修道僧のアリョーシャにすすめるシーンで小さな疑義を抱いた。お前にウォッカをすすめるわけにはいかないから、と前置きし、でも「ミルク抜きのコーヒー」なら構わんだろう、と大酒呑みの父親がつづける。私がつまずいたのは、通常きびしい修道生活のイメージからいって、コーヒーそのものが禁忌の飲み物になるのでは、と考えたからだけれど、その後、もっと単純に、眠りをふり払って祈禱生活をする者にとって、コーヒーはいわば覚醒用として有効である、と考え直してもみた。

数種の翻訳をあたったところ、「精進用のコーヒー」と訳されたものもあって何となく納得したのだったが……。実態がどうであれ、私はこの「精進用のコーヒー」こそロシア文学というチャーミングな巨大修道院の如き世界で、持ち込みが許される唯一の飲み物のようにイメージしている。

あの至福の時間に生きていた頃も何か食べていたにちがいないが、私の心持ちではひたすらミルク抜きのコーヒーを飲みながら読みふけった感が強い。

文学史の教科書ふうの記述では、たとえばプーシキンは近代ロシア文学の父だとされる。プーシキンを理解せずに、その後のロシア文学は語れない。たしかにその通りだ。しかし、特に若い世代は、こういう正しすぎる理解の仕方など眼中におかなくてよいと思う。学問的情熱はあった方がいいけれど、こと文学に関しては大きな落とし穴が存在する。

正しい「精進」への意志で、ロシア文学の原点であるプーシキンを読んだあげく、心の底で退屈を感じるよりも、まずもって面白いと直感できるどこからでもロシア文学修道院にすべり込む自由が肝要だ。何しろこの修道院では、嗜好品の代表であるコーヒーを飲むのが許される。安いお金で、長時間、大好きな人と対話を愉しむのと同じ感覚で生活できるのだ。「原点であるプーシキン」のまつられた祭壇へなど、どこから入っても近づける。しかも特別のコーヒーをたのしみながら自然に。

「精進用のコーヒー」――なんと魅惑的なシロモノであろうか。われわれは「精進」の意味を失わず、どこまでも覚醒しつつ、しかも愉楽の時をすごすことが可能となる。

文学史の正しい順序など、この熱ある精進の磁場においてはほとんど無意味である。散文の領域でプーシキンの後継者となったのはゴーゴリだが、そのゴーゴリを読み込んだ人は、どこかで「プーシキンの助言なしには、わたしは何一つ企てられなかったし、何一つ書かなかった」というゴーゴリ自身の回想記の言葉がほんとうであること、『死せる魂』のテーマもプーシキンに与えられたものであることを知るに至る。

ツルゲーネフを読む人もまた同様で、ロシアのあらゆる作家はプーシキンの開拓した道を歩む他ないのだという彼自身のしみじみとした述懐につき当たる。

ドストエフスキーまた然り。彼が晩年におこなったプーシキン追悼講演がどれほど熱っぽいものであるか、彼の愛読者なら誰でも知っている。一見無縁であるかにみえるゴーゴリ文学をめぐっても、「われわれはすべてゴーゴリの『外套』から出発した」というドストエフスキーの言葉は切実である。

ずっと後の世代に属するロシアの亡命作家ナボコフの『賜物』などを読むにつけても、プーシキンをめざし、ゴーゴリを熟読する作家と等身大の主人公から、われわれはロシア文学修道院の祭壇の中心部へ、いつしか案内されることになる。

要するにどの作家からはじめてもよいのだ。大切なのは、「精進」という修道院の表看板に惑わされないことだ。私がかつて落ち込んだ穴ぼこ生活など、若い人たちにとうていおすすめできはしないのだけれど、しかし豊穣な修道院にころがり込むキッカケの一つとして、自己とそれを取りまく環境へのある種の疑義を育てることが必須なのだという一点を強調しておきたい気はする。

何をしているのかと問われて、考えていると答えるには勇気がいる。その勇気を支えるのが「精進用のコーヒー」だ。ひとたびロシア文学館、いや世界文学館に入ればそれはいつでも無料である。

〈翻訳家〉志願

先頃、桂枝雀「英語落語会」なるものの客になった。落語を英語で演《や》る——その破天荒の試みを人づてにきいたとき、私もまた首をかしげた。だからはじまる直前まで半信半疑で、高を括っていた。しかしそれは見事に破砕された。いったいに舞台からうけた感動を第三者に伝えるのは至難のワザだ。〈翻訳〉の問題は既にそこからはじまっている。つまり、一つの言語から他の言語へ意味を移すという通常の翻訳を越えた、非学問的な謎にみちた「芸」の問題が。

劇場通いにはすこぶる怠慢な私が、他ならぬ英語の寄席に足を運ぶ気になったのは、じつは以前にみた夢野久作原作の映画『ドグラ・マグラ』におけるこの落語家の演技に心をひかれたからだった。〈翻訳〉という障壁はいたるところにあらわれる。映画監督は久作の文学宇宙を映像のコトバに〈翻訳〉しなければならなかったが、これを実現する有力な助っ人に落語家を選んだ。たぶん監督は、この落語家の芸に直に接し、その特異な〈翻訳〉能力を見抜いたのであろう。カツラ・シジャクは際疾《きわど》い芸人である。彼は文字通り〈際〉を疾走する。神経生理のあぶなさをさえ聴衆に感じさせるその芸は、ひとつのジャンルの中で成熟大成する才能をあふれさせながらそこを逸脱しかねぬ不安を孕んでいる。

夢野久作の『ドグラ・マグラ』はハイパー探偵小説をめざした結果、謎を解く探偵小説のジャンルを大きくはみだして謎そのものになってしまった。その中には映画のシナリオさえ内蔵されている。監督がこのシナリオに着目したのはいうまでもない。久作もまた際疾い探偵小説家だった。監督は、際疾さという共通の単語をてがかりに〈翻訳〉に着手する。久作は、探偵小説というジャンルから夢遊病者のように抜け出し、崖っぷちに立っていた。足を踏み外せば探偵小説家としては死亡する。だが、崖は大いなる可能性の海を見下ろしていた。かかる崖に立つ者を、私は〈翻訳家〉と命名する。

M・プルーストは『失われた時を求めて』「ソドムとゴモラ」の巻で書いた、「ところでこの非難は特にばかげていた、なぜなら、われわれが正しく発音するといって非常に誇りにしているフランス語そのものも、ラテン語やサクソン語を訛って発音したゴール人の口によってなされた『誤り』にほかならず、われわれの国語は他のどこかの国語の間違った発音にすぎないのだから」（新潮社版）と。

私が受取り直して使っている〈翻訳家〉の元祖がここにいる。「この非難」はいつの時代のどこの国にもどんなジャンルにもある。じぶんが磨きをかける母国語をひとたび相対化すればたちまち他の国の「訛り」や「誤り」に重なるという視点はまさしく際疾い。そんなまなざしをもつ者は通常の翻訳家にはとうていなれないだろう。私は〈翻訳〉を拡大する。「われわれが正しく発音するといって非常に誇りにしているフランス語」を何に置きかえてもいい。小説（詩・批評・演劇）こそ正当の文学的手法である「といって非常に誇りにしている」……というように。

探偵小説家と映画監督と落語家がそれぞれのジャンルから歩きだして崖にむかう。映画という新来の技法に興味を抱いていた作家はさっそくこれを作中にとり込んだ。監督はそれを核にして映像宇宙を展開した。落語家は語り部というおのれの宿命的生理にひそむ狂おしさが『ドグラ・マグラ』の正木博士の奇想天外な理論によって癒されるのを直感した。博士に扮することは、落語にも流れている日本的芸能の魔性の〈翻訳〉に従事するヒントを与えた。映像の魔窟から帰った彼は、悲願であるもう一つの〈翻訳〉をさらに深化させる。アメリカやオーストラリアも巡業した。ある意味でこの英語圏での巡業はふつうの翻訳に近い。専門家の指導をうけて修練に徹すればなんとか理解をかちとることはできる。私が興味深いと思うのは、むしろ日本公演の英語落語会のほうだ。

彼の最大の武器はパントマイムである。外国人に道をおしえるような場合を考えても身ぶり手ぶりがある程度の「共通語」になることは誰でも知っている。彼のパントマイムは熱演を通り越してしまう。つまり落語家が補助手段として演じる身ぶり手ぶりの枠を超脱する。彼は巫女になり、忘我法悦する。これも〈翻訳〉の重要な武器だ。巫女のようになって何をよばうのか？　英語落語という異なる言霊を、である。もとよりそれは不可能性そのものだ。外国人であるわれわれに英語の言霊は共有できない。だがドン・キホーテは〈ただの風車を巨人とみたてて〉これに挑む。桂枝雀が疾走する。やがて霊媒するカツラ・シジャクとなって失踪する。パントマイムする彼の身体は置き去りになる。落語家は、日本人でも外国人でもない境界領域（〈翻訳家〉の宿命的場所）から語りを投げる。あるところでは客の半数を占める外国人が笑い、他では日本人が笑う。英語が本格化すればあちら側を、落語固有の笑いの構造が単に翻訳されたにすぎない部分でこちら側を納得させる。流暢な英語になりすぎたところでふつうの日本人客は置いてけぼりをくい、日本固有の粋《イキ》の装置を面白おかしく英語化されたとわれわれが感じるところで外国人たちはきょとんとしている。

英語落語会を成功させたドン・キホーテは〈毎度バカバカしいお話〉をウルトラ化させ、〈際〉に立たせる。私は多量の涙をながした。しまいには腹痛にもおそわれた。笑いにとどまる喜劇の枠は取り払われ、涙と痛みをもたらした。喜劇が悲劇に通底するときの〈翻訳〉をめぐる感動を私は疑いなく享受したのであった。

全身全霊という平凡な言葉がある。アタマで考えるのではなくカラダで……という月並みな方法を落語家は実践した。『ドグラ・マグラ』の正木博士となった彼がいう、脳髄だけがものを考える場所ではない、と。全身の細胞の中に脳髄に相当するものがひそんでいるのだという博士の理論はおそろしい。中心の象徴ともいうべき脳髄が全身にはりめぐらされているという幻想への信仰は、いわば際疾い〈翻訳家〉になる第一歩だ。

アタマの脳髄がある一つのジャンルの言葉に精通する。中心化が成就される。だが、そのとたんカラダ中の脳髄が叛乱をおこす。中心の神殿は瓦解する。異なる世界と境を接する崖へ彼（女）は招き寄せられる。

中原中也でなくとも、たいていの人が吹き来る風に〈おまえはなにをして来たのだ〉と訊かれることがあるだろう。蛇蜂取ラズノ中途半端ナコトバカリシテキヤガッテという自嘲に追いうちをかけられる。そんなとき私は、全身全霊で〈翻訳家〉を志願しつづけるといいきかせておびただしい表現の水子の霊をなぐさめることにしている。

プルーストの極めつきの一行を引き写しておきたい――「作家の義務と仕事は、翻訳者のそれなのだ」（「見出された時」）。

肩書について

先ごろ、ある書評紙の依頼で一文を書いた。これまで寄稿したことのある文芸誌とは異なり、末尾に（　）付きで肩書が入る慣例があるようなのでどういう肩書が付くことになるのだろうと楽しみ（？）に待った。

何をしている人間かわからぬ無名人である当方には、もしかしたら担当の方から問い合わせがくるかもしれないとも思ったがそんなこともなく、結果は（文芸評論）となっていた。これはたぶんさいごに「家」の一字が脱落したものであろうが、そのことがむしろ気に入った。

まじめに名のれといわれれば、詩人、文芸評論家、作家のいずれかになるわけだろうが、無名人としては片腹痛い。詩とか小説とか文芸評論それ自体ならば、たしかに実人生を棒にふる心持ちで取り組んできた実感がないことはない。私の好みに合うゆえんであるが、じつをいうと、もっと徹底した脱字、すなわち（　）の中はブランク、を私は夢想したのだった。

純粋に（　）内の仕事で生計をたてられる、あるいは（　）内が真に希望の職種である幸福な人は別として、心奥で天職と信じる仕事と糊口の資とが同じでない者にとって肩書はささやかな困惑のタネだ。物書きで暮らしが立たぬ筆者の個人的実情を超えた問題がここにはあるような気がする。

私の敬愛する文人ボルヘスは編集者・翻訳家・詩人・批評家・小説家などを自在にこなして八十余年の生涯を全うした。その彼がインタビューのなかで遠い過去をふり返って、当時の作家は著書を売ることなど夢想もしなかったがそうした態度はおそらく文学にとってよいことだった、という意味の感想をのべている。

肩書に戸惑うたび、私の脳裡にこの述懐がよぎる。「売る」ことを夢想だにしなければ職業としての肩書など掲げようもないではないかと逆襲をあびるのを承知のうえでいうのだけれど、三十八にもなってなお私はこういう書生論が大好きなのである。

ヨミの国から

二十代半ばからの十年余り、私は勤めのかたわら詩歌労働に従事していた。黒人霊歌の母胎となった綿花労働に語呂合わせしていささか大げさで奇異な言葉を用いたが、他ならぬ詩のフィールドにあって掛詞や縁語の類は決して軽視されるべきものではない。綿花を摘むように私は詩歌畑で何やらせっせと手を動かし、やがて掻き取ったシロモノをひとりよがりに『漆の歴史』と命名した。図体ばかり大きいこの私家版詩歌句集には英訳のタイトル——The history of japan が併記された。陶器を英語でChina、漆（器）をjapanという。風車を巨人とみなしたドン・キホーテみたいに、私は漆を麗しの詩、日本的ポエジーの象徴的存在とみたて、その歴史すなわち日本詩史を身をもって生きるという無謀にして滑稽な試みに挑んだ。

かのラ・マンチャにも似たわが郷里東北南部はかつて漆の産地であった。漆掻き職人たちはエキスパートとしての誇りをもって全国へ出稼ぎに出たのだった。

漆掻き作業は樹幹に傷をつけることからはじまる。漆に触るとかぶれることもよく知られているだろう。私の漆論議はたちまち冒頭に述べた言葉の縁を求めて、喩の世界にふみまよう。漆にかぶれることをマケルとも表現する。総身に傷を負い、挫折し、マケルこと――ポエジーを採集する者の出発点はそこにあるといっていいだろう。あらゆる詩的営為は〝詩っ神かぶれ〟という病のプロセスに他ならない。

現在の私は最終のフィールドを散文の創作畑へと変更しつつあるけれど、貧しい実作体験の中で日々痛感させられているのは日本語が玄妙なるヨミの言語だという一事である。正真正銘の外国語である漢語をわれわれの祖先は精妙なヨミの体系によって咀嚼し尽くした。いうまでもなく、漢字渡来のはるか以前より日本語世界は実在した。だがそれはいわば黄泉の世界に生きるものだった。漢字という文字を得てはじめてヨミガエル（＝黄泉からかえる）ことが出来たのだ。たとえば万葉仮名はそうしたヨミガエリの生々しい草創の現場にわれわれを案内してくれる特異な通訳ガイドである。

まるで死者の怨念のように日本語の思念が黄泉の世界にうごめく。その思いが創作を開始する、と書けば飛躍したいい方になるかもしれないが、たとえてみればわれわれの日本語は、漢字というおびただしい木々から滴る樹液のような存在ではないか。ここでいう創作とは、文字通り漢語の幹に創を作る、漆掻き同様の作業を指す。漢字にとり憑いて創をつけるカナは解釈の道具を兼ねながら振りガナとなり、送りガナとなる。漢字が真名《まな》であるのに対し、カナは仮名と表記された。わが国の知識人たちは古来真名に重きをおいて漢文を訓みその意味内容だけを吸収した。つまり今日の外国語学習の常識と異なり、真名を外国音で読む自然なやり方はしりぞけられた。なぜなのか。いや、いかにしてそんな芸当が可能となったのか。先鋭な批評家の探究を誘う訓読誕生の謎がここに横たわっているのだが、私には手に余るテーマだ。私はただ滝にうたれるようにそのふしぎさにうたれつづける。ふり仰げば滝はやはり黄泉の国から流れ落ちてくるもののようである。

作家谷崎潤一郎はエッセー「陰翳礼讃」の中で〈「搔き寄せて結べば柴の庵なり解くればもとの野原なりけり」という古歌があるが、われわれの思索のしかたはとかくそういう風であって、美は物体にあるのではなく、物体と物体との作り出す陰翳のあや、明暗にあると考える〉と記した。ヨミの国のイメージも谷崎のいう「もとの野原」に近い。良し悪しの問題でなく、われわれの言語が背負わされた宿業の「野原」でヨミは「陰翳のあや」と化す。

辞苑によれば黄泉はヤミ（闇）あるいはヤマ（山）の転であろうという。谷崎の考えを肯定するにせよ否定するにせよ、「物体」としての外国語を「搔き寄せて」成る日本語をヨミカキする者は「もとの野原」であるヤミにかえることに堪え、ハードウェアの外国語を結んだり解いたりするソフトウエアのヤマを棲家とせねばならないといった宿命は現在でも少しも変わっていない。

詩の十年選手を甘受した頃、日本的ポエジーの化身とみなした漆が、「物体」としての工芸品に浸透し磨き込まれ「陰翳のあや」をなした〝闇光り〟するさまに、私は今も日本語磨きを重ね合わせる。

カナカナ蟬の鳴く風土

カナカナはひぐらしともいい、夏から秋の夜明けや日暮れに、はかなくも美しい余韻を響かせて鳴く。自然の消失著しい今日の日本の都市部にあっても享受することの出来る数少ない季節の風物詩となっている。

万葉集にも登場するこの蟬の声に、私はいつの頃からか日本語・日本文の声調ともいうべきものを重ね合わせるようになった。むろん学問的な根拠のある話ではなく、詩歌句を書きつづけていた時からの癖に基づく、多分に得手勝手なシンボルイメージの重ね合わせにすぎないのだけれども。

カナカナと鳴くそのカナは、ひらがな・カタカナ・振りがな・送りがな等々と使われるあのカナの精髄であるように私には思えるのだ。フランスの高名な思想家J・ラカンはある書物の序文で、日本語そのものが精神分析的だと喝破した。コンテクストを子細に検証もしないでいうのだが、おそるべき洞察であると思う。

私なりに極言すれば、日本語のイロハは漢語の幹に安らって鳴きつづけてきたカナカナ蟬だ。われわれの言語のアルファベットに相当するものがいつ頃どのようにして誕生したかという正確な知識を持ち合わせていないけれど、万葉集がつづられている万葉仮名などを眺めれば、名状しがたい苦悶のありさまが伝わってくる。

日本語の長い記述の歴史において、漢語は真の文字＝真名、かなは仮そめの存在＝仮名であった。意味の葉を悠々と繁らせる大樹の幹にわれわれのカナ蟬は仮の宿りをむすんだ。何の疑問もなく使用している振りがな・送りがなの存在を、私は時にしみじみと心にとめてみずにはおれない。

他者の心性を種々の角度からおしはかる精神分析的まなざしをわれわれの祖霊は、圧倒的優勢を誇る外国語である漢字を訓み（読み・詠み）ほぐすプロセスで必然的に身につけていったのだと私は推測する。近代以降はこれに英語その他の外来語が取ってかわったが摂取の仕方は同じである。

まるで振りがなみたいにハードウェアの外国文物にとりつき、しばし仮の宿りをむすんでその内部構造を分析した後これを送りがなのように送り返す。それを反復するうちじつにキメ細かいソフトウェアを案出するといった日本人の特異な能力の由って来たる原風景の中にすら、私はカナ蟬の姿を見る。

作家は先祖の全過去で書かねばならない、この場合の先祖とは直接の血縁のみを指すのではない……という意味のことをのべたのは私が文学的にも人間的にも敬愛するアルゼンチンの作家ボルヘスである。二十代前半にこの作家の文業に出会った私は、物語展開に重きを置くものばかりが小説ではないと告知された。同じ頃、長い時間をかけてとりかかっていたプルースト（全文業を六ページの短編に封じ込めてしまいたいとうそぶいたボルヘスとは対極に位置する作家だけれど）からも似たようなながしを刻印された。

私は私なりに日本語・日本文の「全過去」に遡及する旅に出立した。とりあえず万葉集にゆき着いた私はまず短歌の、俗にいう腰折れ実践から開始した。われわれのカナが創り出す独特のエコー空間を実感するには五七五・七七のレッスンは避けて通れぬと覚悟したのだ。もちろんわがままな私がいわゆる結社などに所属できるはずもない。日本語・日本文の背後にエコーするカナ蟬の声の正体をつきつめたい一心で、私はほぼ十年にわたり、短歌と俳句と現代詩を同時に書くという、それぞれのジャンルの方々から失笑されるにちがいないドン・キホーテふう愚行に従事した。

結局私は歌人にも俳人にも詩人にもなり損ねたが、この過程で日本語のカナがすべて〝詠歎のかな〟として機能しているという感触をつかんだ。ことわるまでもなく、こうした実践的探究を私ははじめから体系的に計画的におし進めたわけではなかった。人間の生涯はそんなふうに出来てはいない。謎の言霊に「おいでおいで」とさし招かれてその都度あるふるまいをせざるをえなかっただけだ。自分が何を求めていたのか、あるいはどんなものに「おいでおいで」されたがっているのか、ぼんやりとでもわかりかけてきたのは、やみくもの実践の歳月に自然な終りが訪れる間際のことだった。

〈苦節七年蟬の嘆きを如何にせん　たった七日のカーニバルとは〉

当時の私が詠んだ稚拙な一首である。万葉集にさかのぼる短歌を一首二首と数えるときでも、私にはそれが祖霊となった人々の情念の首のようにイメージされる。先祖の全過去で書くこと、つまり言霊の何たるかを自分なりに理解しえたと思った時から私は散文にとりかかった。はじめは批評を、そして小説（のようなもの）へと進んだ。

拙作の『おどるでく』に芥川賞を授けられるときいたときはおどろき呆れ、まさしく踊るデクノボーとなってしまった。これは私の第二創作集になるものだが、詩と批評で刈り取った貧しい収穫のすべてを盛り込み、ある意味では居直って書きあげた。およそ小説らしい小説とはほど遠い外観を呈しているのはそのためだ。

私が強調したかったのは、日本語が一種の幽霊のような存在であることを見据える時に、あのカナカナ蟬の声のエコーの正体が露わになるという一事である。

われわれの国語から本来は外国語である漢字やカタカナ語を取り去れば助詞に象徴されるようなハカナイものしか残らなくなってしまう。漢語の幹で、蟬が鳴く。夏休みの子供のような心で、われわれは樹に近づいて日本語の本質をとらえようとする。けれど、蟬はぱっとどこやらへ逃げ去ってしまう。この風土にあの声が染み渡るうちは日本語は大丈夫だ。故なくもそう思う。

オイナシッポ考

日本語はマカ不思議な言葉である。

今ここに「成熟不全」という四文字の熟語をかかげ、オイナシッポと仮名を振ってみると、大半の人間がまずは奇異に感じるだろう。ことわるまでもなくセイジュクフゼンという正式のヨミがあるからだ。オイナシッポは私の郷里の方言で、いつまでたっても大人になれぬ者をいう。

たしかにいかなる知識を動員しても「成熟不全」をオイナシッポとヨムのは不可能だけれど、そのように仮名を振った者の心情に対してわれわれの言語の生理は無類の理解力、あえていえば包容力をもっている。日本語の生理になれ親しむ者の心奥には、本来外国語である漢字の脇にどんなに奇妙な振り仮名がついていても、それをいわば解釈を兼ねるヨミ仮名として受け容れる態度が出来上がっているのである。

たとえば生れた子供に名前をつけるような局面で、誰でも解釈を兼ねるヨミ仮名の問題につき当たる。夢と希望を託す親心は似たり寄ったりだが、月並みを逃れんとして「……と書いて……とヨマセル」式の命名も少なくない。日常生活で人名をめぐるそうしたやりとりをしている時はさして気にもとめないのだけれど、思えばわれわれのヨミ仮名はなんと奇妙キテレツなものであろうか。

オイナシッポを「成熟不全」の脇に寄り添わせたくなる私の心情を肯ってくれるのが日本語の生理である。オイナシッポとはどう書くのか？　という質問が予想されるがそれも日本語の不思議につながる。子供の命名の場合もそうであるように、われわれの言語にあっては、ヨムことと書くことが常に不可分のものとして機能している。

情けないことにオイナシッポを漢字でどう書く（べきな）のか私にはわからないし、正確な用法をも把握していないありさまだ。私が方言を慈しむのはむしろそうしたあいまいな「知識不全」の闇の中に憩うことができるからだと逆にいえるかもしれない。ある知人はこの言葉のイメージから、飼い猫の短くねじ曲がった尻尾を連想するのだといった。そんな連想がそれぞれのヨミ（＝黄泉）の国で多様に広がっていってくれれば、ほんとうにもって瞑すべしである。

先頃拙作に分不相応な文学賞が授けられ、その華やかな贈呈式に怯む「成熟不全」の中年男は、親しい方から「一切の責任ある立場から逃げつづけてきた人間に、今そのツケがいっきょに廻ってきたんだよ」という言葉をちょうだいした。結婚式もやらずじまいのツケといったことのようでもある。小さい頃からオイナシッポといわれてきた身にはいたく沁みる指摘だった。

じつは「成熟不全」なる言葉は、今度の賞をいただくプロセスで、畏敬する先輩作家が、私ども〝難儀な段階の世代〟の書き手に発信して下さったメッセージの一つでもある。感謝と恐縮と不安の心持ちでこれを真摯に受けとめたことはいうまでもないが、私がこの場でもくろんでいるのは、ねじ曲がった猫のシッポのような申しひらきである。

寄らば大樹の陰よろしく、私は日本語の陰に寄って弁明をしようとする。人間的にも作品論的にも、わが身の本質をいい当てられた感のある「成熟不全」――けれどこの漢語の姿そのものが、私にはいささか重く感じられる。そこでさっそくこれをオイナシッポとヨマセテどこやらへ遁走をはかる。「成熟不全」の意味内容を知ったうえで、その重い漢語とは別モノとなってヨミの国に漂っていたいとオイナシッポは願う。

私がいい年をして、ここには書きたくない種々の未成熟の中で停滞し、しかもそれに居直った時、父母は小言などいう気にもなれず「オイネェなあ」とつぶやいて深い溜め息をつくのだった。漢字を当てれば「生いない」か「負えない」になるだろうが、いずれにしてもオイナシッポはこれの名詞形だ。

成熟した重厚な漢語をわれわれの祖先は力の限り負った。「負った」はその重みに「負けた」と重なって見えもする。むろんそこには痛苦ばかりがあったのではなく、負けてくやしい花一匁と歌い踊り出すような、文字を所有しえたことの喜びがあった。万葉仮名を代表とする原初の表記を眺めれば漢字を負い損ねたあげくの、一種の「咀嚼不全」のありさまが霊的息吹となってヨム者に伝わってくる。われわれの言語の原点であるあの表記を、私はあえて文字のオイナシッポと名付けたい。それは無残なまでの「変体」だが、その文字すらも同音の「変態」同様、「蝶になる前のサナギ」とヨマセルことが可能なのだ。

辞典誕生のおそろしさ

私が生れてはじめてもらった原稿料は翻訳出版辞典の執筆者としてだった。わが〝モグリ〟人生の第一ページを記念するものとなったその八冊本（後に一巻本にまとめられ現在は絶版）のカラー英和大辞典を今も後生大事にもっている。十数人の学者諸氏と並んで執筆者の欄に名前ものっているので、たくさん買い込んだのを、知人の結婚等々のお祝いに贈呈する愚行をくり返し、目下手元には一冊残っているだけである。

当時私は二十三歳だった。二度目の大学生活にも行き詰まっていた最中、月額一万五千円の仕送りしかない（それでも生家にとっては大きな負担だった）ため、いくつものアルバイトを転々としたあげく、ある出版社の辞典編集の手伝いとして採用された。

大学三年だったにもかかわらず、ほとんど毎日出社した私を当初うさんくさく思っていた編集者たちもやがて対等の〝戦友〟として扱ってくれるようになった。身分もアルバイトから準社員にかわり、少額ながらボーナスをもらったりした。

社会がコンピュータ化する直前のころ――AからZまでを細区分してそれぞれのチームが受け持つ手仕事のシステムだった。ところが、何事にもアクシデントはつきもので、どんな事情だったか詳細は忘れてしまったが、とにかく執筆者を急遽探さねばならぬ事態が生じ、スケジュールの都合上、編集マニュアルに精通しているスタッフが参加するのが望ましいという結論が出て、当方に白羽の矢が立った次第だった。大学の方もなんとか卒業だけはしたいと思っていたので、出社勤務をやめて自宅で翻訳執筆ができるということで、私としても助かった。

私が担当したのはアルファベットKの項目だった。書棚に残る英和・英英辞典類をみると、すべてKの部分が手垢で真っ黒に汚れている（そこだけページがとれそうになっているのもある）のはこの時代のツメ跡である。畏敬する作家のイニシャルでもあるKというアルファベットには特別の思い入れを抱いたまま現在に至っている。

思えばモノすさまじい仕事だった。辞書一冊出来上がると人ひとり死ぬときかされていたが、きまじめな人ほど容易ならざるところへ追いつめられる実例をみた。

私が従事していたのはたかだか二年足らずだが、それでも文化的手仕事の何たるかを骨身に沁みて知るのに十分な歳月ではあった。

わずかの年月のうちに、二・〇の私の視力はたちまちゼロ・コンマ台におちた。しかもいわゆる〝ガチャ眼〟というやつで、主に左側に種々の参考事典類をひろげて仕事をしていたためだろう、左側の視力がよりいっそう悪化した。辞典誕生のおそろしさを、文字通りカラダで思い知ったのである。

むろんこの場合のおそろしさとは、畏敬の念以外のものではない。文学とは違い、辞書の校正刷は無味乾燥に徹した内容だが、私は他ならぬそこに、軽薄な心情を〝校正〟するレッスンの場を見出そうとしていた。

大学卒業と同時にひろわれた私立図書館では、さらに無味乾燥の強度を上昇させる、言葉の本来の意味で unique な私好みの業務に明け暮れた。肩書で記せば、辞典編纂者から図書館員&カタロガーへの転身。図書館員といえば本を読める職業くらいに考えている人もいるようだが、私の業務はそれと最も遠かった。露語や中国語他の異国語図書を大まかに分類して、幾種ものカタログをタイプ作成したのだった。二十ヶ国にも及ぶ各国語の辞書と首っぴきで七年間格闘をつづけた。

レキシコグラファーとしてはとうていプロだったとはいえまいが、図書館員の方は〝モグリ〟人生には珍しく正式の司書資格をもっている。今でも書店に行くとついつい足が辞典コーナーに向く。マイナーな国の語学辞典の新刊をみると値段もかえりみずに買ってしまったりするのである。

初体験という事

先頃、読むともなく漫然と眺め繰っていた源氏物語「若紫」の巻から、「いとむつかしき日の本の末の世に……」なる文言が視界にとび込んできた。光源氏がわらわ病みの治療のため北山にのぼった際に出会った、僧都の口から洩れた言葉である。

わらわ病みとはどんな病気なのか？　諸註を参照してみたが、マラリヤとは違うとか、草ぶるいの類だとか書いてあるだけで要領を得ない。いっそ不明のままにしておき、当方が不惑を迎えた年（一九九五年）におそわれたもろもろの揺れ惑い症状を、わらわ病み＝草ぶるいの類だときめ込んだ。

源氏の病には少しばかり「御物怪」も添っている云々の記述もある。不惑に突入したとたんにひどくなった惑惑病《ワクワク》にもオンモノノケに似た何かがとり憑いているふうだ。モノノケに御《オン》をつける精神に僕は心ひかれる。インターネット時代の今日でも、モノカキの仕事はモノノケとのたたかいである。

一九九五年は日本という国が御物怪つきのわらわ病みにかかったような年だった。前代未聞の大事件と天変地異が重なる中、僕の個人的な病は一種の共振現象をひきおこした。末法を世紀末とおきかえた「いとむつかしき日の本の末の世に……」なる月並みな思いに僕もまたとらえられずにはいなかった。

源氏物語に即していえば、当時、仏教の本流インドからみると日本などはそれが流れついた辺土にすぎぬとする意識が特に僧侶の間には支配的だった。本居宣長は「玉の小櫛」の中で先の僧都の発言について「かく皇国をいやしくいひなすは、ほうしの心のならひにて、つねのことながら、いともかしこきまがごと也」といっているそうである。

さて九五年の大半を費やして僕は三冊の本（十年ごしの私家版詩歌句集、日本文化論序説？　としての縄文文化論、そして講談社刊行の文芸評論集『零の力』）の準備をしなくてはならなかった。いずれも初体験ジャンルに属する本作りである。体験の験は「しるし」とも訓む。「若紫」巻頭にも、源氏の病調伏のため法師に種々の「まじなひ・加持」などをさせたが、「しるしなくて」と出てくる。

祈禱によって鎮め止められない事態を「まじなひわづらひ」という。「呪い患い」と漢字表記するとなんとなく意味が現代ふうに狭くなってしまう気がする。「まじなふ」とは神仏に祈りその霊力によって疾病や災禍を除くこと、「わずらふ」とは事が滞って困苦する意である。

モノカキという行為を「まじなひわづらひ」の一種ととらえている僕は九五年いっぱいあがきつづけた。かんじんの神仏に見放されているわけだから「わずらふ」のは最初からわかりきったことだが、それでも種々の「まじなひ」を体で験《ため》してみずにはおれないのだ。「しるし」が無いのに苛立っているうち、洞窟内作業は限りなく供養に近いものになる。かくして初体験に主眼を置くささやかな墓碑銘ができた。

『零の力』はモノカキとしてデビューを許された評論的エッセーを主軸に編んだ。八年がかりの本だが、詩と物語の間《はざま》を棲家とする〝実践的批評〟のデッサンにはなっているだろう。この程度の認識を得るために、かくも長い間「まじなひわづらひ」していたのかと我ながら切ない気もするけれど、詩と批評と物語サンミイッタイの文学的信仰に生きようと志した〝稚気〟を今でも愛惜したい思いが強いのも事実である。ことさら外国文学にかかずらう視点で一書編んでみるのも初体験として一興と考えた次第だが、かかる態度は宣長のいう「まがごと」の部類であろうか。

『零の力』のアキレス腱は翻訳という問題にある。ベンヤミンばりの先鋭かつ底深い翻訳論を展開するのは無理だとしても、せめて一度はベンヤミンがやった翻訳実践を真似てみる必要があるのでは？

そういう思いがせり上がってきた矢先、九五年度ノーベル賞を受けたアイルランド詩人の第一評論集翻訳にトライせよとの話をうけた。向こう一年ぐらいかけて新たな初体験に挑むつもりでいる。

Shall we トランス?

周防正行監督『Shall we ダンス?』をみた。近年の日本映画界まれにみる大ヒット作品だそうである。当方も平均的観客の一人として好感度を実感しつつ映画館を後にした。

以下は『Shall we ダンス?』によって触発された取り止めのない〝あらぬこと〟への思いであるが、それを映画タイトルもじりで表現すれば Shall we トランス? となろうか。

T・S・エリオットの詩集『バーント・ノートン』には――来るのでも行くのでもない静止した一点である〈そこ〉、ここではない〈そこ〉にのみ dance はある……という言葉が刻まれている。この難解な思想詩人にしてからが超ロングセラー・ミュージカル『キャッツ』の原作者であるという意外な事実一つとってみても、西欧の dance 空間の愉楽にみちた多層性をうかがい知ることができる。

老若男女の別を問わず、われわれは常に〝あらぬこと〟を夢見る生物だ。意外なことばかりでなく、文字通りここには在らぬ〈そこ〉に心を遊ばせる。〈そこ〉に待ちうけてくれているはずなのがトランス（忘我・恍惚）状態である。エリオット詩の真意からは外れるだろうけれど、心だけが〈そこ〉に遊び、身体はここにとどまっていることに耐えられなくなる時、人はダンス（舞踏・舞踊）する。

『Shall we ダンス？』の冒頭に流れる簡潔なナレーションで、音楽と舞踏とは人間の生み出した快楽であるというアダム・スミスの言葉が引用される。音楽とダンスと人間——これらには皆「西洋の」という冠がつく。エリオット同様、あの古典経済学者が dance を快楽として語る——それが揺るぎない西洋の文化風土である。

英国の華麗な舞踏会場のシーンが映画のオープニングとエンディングをサンドイッチのようにはさみ込む。サンドイッチには何をはさんでもよい。映画がはさみ込んでいるのは矮小な日本人、しかも普通の中年サラリーマンの社交ダンス熱中物語である。この映画は、近代以降西欧からサル真似とそしられてきた日本文化の悲哀を図らずも浮きぼりにしてみせたといえば大げさだろうか。

社交ダンスの経験のない僕にも、身心を〈そこ〉へ向けて解放するトランスのよろこびが伝わってくるのだけれど、竹中直人扮する会社員がそのはまったよろこびを全身で表現しつつも洩らさずにはおれない「社交ダンスやってるなんて社内の連中に知られたら……」というセリフは沁みる。どうして趣味で社交ダンスをすることが秘事でなければならないのか——そのうら哀しさをT・S・エリオットやアダム・スミスの国人に理解してもらうのは難しい。

縄文時代の終焉以来、われわれの国の文化創成は、海の外に位置する〈そこ〉の文物のとりこ（トランス）状態になることから、ごく少数の人々が〈そこ〉の文化にとり憑かれ（トランス）状態となることからはじまった。その宿業的な構図は今日でもかわっていない。

英語の trance はすでに記したように名詞で「夢うつつ」や「失神」の他「一時的な神がかり状態」を指し、他動詞用法もある。だが僕は英単語としては存在しないラテン語の接頭辞 trans をも含めたうえで、トランスを日本文化のありようを象徴する一語とみなしたいのである。Trance の原義は「越えて、横切って、他の側へ、別の状態・場所へ」であるから、これを頭にかぶる言葉はおびただしい数にのぼる。曖昧かつ多義的な〝トランス装置〟の中身こそは長い歳月にわたるわれわれの国の文化の悪戦を如実に物語るものだ。

はじめは中華・漢文明に、後には西欧文明に対して演じつづけられた血と汗と涙まじりの「夢うつつ」ダンス！　文明開化をうたい文句にした鹿鳴館時代の日本人の矮小パフォーマンスをわらうのは簡単だが、ダンス・カルチャーを体得する自然さには未だ遠いのである。

広義の翻訳文化は空気のように自然なものとしてわれわれをつつんでいるかにみえる。しかし、ひとたび自分の身体を全的に〈そこ〉で躍動させようとすると、恥じらいを伴った不自然さがどっと押し寄せてくる。

サラリーマン時代、同僚に隠れて秘かに〈そこ〉へトランスする修練を積んでいたのを思い出す。Shall we トランス？　誰にともなくそうつぶやく今も、恥の意識はいっこうに無くならない。

モノマニアのモノ思い

「引かれ者の小唄」のことをドイツ語でガルゲンフモールというのだとある人からおそわった。ガルゲンは絞首台を指すから文字通り日本語表現とパラレルになっている。「にこりともせず言う無気味なしゃれ」をあらわす英語 grim humor なども類語のようだが、これには刑場へ送られる引かれ者のイメージはない。手持ちの独和辞典で Galgenhumor をひいてみると、引かれ者の小唄の他に、やせ我慢の陽気さとか、やけくそのダジャレといった訳語がのっていた。

ガルゲンフモールが話題になったいきさつはこうである。以前に、有難くも刊行させてもらった当方の著書が、著者にいわせると「なんと八百部も売れた」、刊行者の心理では「モノの数にも入らぬ部数しか捌けなかった」という厳粛なる人の世の真実をレポートした私に、

——八百部とはモノモノしい数ですね。そういうときこそホンモノのガルゲンフモールの出番なんですよ。

負け惜しみで強がりをいうのなぞは正真正銘のガルゲンフモールではないと解説を加えて、知人はいった。やせ我慢の陽気さにかけては人後に落ちぬつもりだとかなんとか答えたが、さて「やけくそ

のダジャレ」など一つも思い浮かばない。

そんなことでは、モノモライとしてのモノカキとはいえませんね。

と知人は追い打ちをかけ、実例のいくつかを披露してみせた。たとえば、かつて高名な作家がいったという小説をめぐる定義——といわれてもすぐにはピンとこず相手を失望させた。〝根も葉もある虚構《ウソ》八百部〟はモノ凄いと、すかさず応酬すべきだったんですよ、たとえ小説でなくても、と念をおされてからも意を汲みとるまでかなり時間がかかる始末だった。

知人は教師のような口調に変わり、

——あのヴァールブルクの、あまりにも有名な一句は知っているでしょうね。

と確認顔になる。この人名も記憶に残っていなかったが、「神の宿る細部」云々の言葉自体はもちろん聞き知っていた。少し無理のあるガルゲンフモールのサンプルは、〝ブンガクの神は細部(少部数という特別の意味だと知人はいいはる)に宿り給う〟……。

ところで私はこうしたサンプルよりも、知人が洩らした「モノモライとしてのモノカキ」なる表現が気にかかり、どこにでもある国語辞典を外国語辞典のように思いなしモノ尽くしのために〝物色〟したあげく、あらためて「モノ」という日本語の根源のアウラにうたれたのだった。

この国の現在は豊かな物にみちあふれているとされるが、当方が滝にうたれるようにして確認した「モノ」の豊かさは、物と不可分であった魂を含むことに関わる。その魂は、滝のすぐ近くにあらわれる虹のように在る。……と、難解ないい方をしないで、ありふれた国語辞典に記載されている語釈を一通りあげてみれば、物質・物体、物品といった通常の意の他に、「モノもいわずに」(言葉)、「モノがわからない」(道理、筋道、理由)、「モノにとり憑かれる」(人間の精神生活を支配する、人間以上の不可思議な存在)……。

言葉を意味するモノと格闘するモノカキが究極の地平で遭遇したいと念じるモノこそ、このさいごの存在に他ならない。モノカキは特異なモノモライとして遍路の旅をつづける宿業を帯びているが、ほんとうに欲しいモノは、うたれている言葉の滝の向こうに虹のように見え隠れする。

モノをめぐる日本語表現にはモノ深い用例が多い。たとえば「物する」は、ある行為をすることだが、特に詩や文を作る、書くいとなみを指す。「物議をかもす」は、世間の議論を引き起こす意だけれど、単に物事についての議論のニュアンスでなく、「酒をかもす」場合と同じく、人の心をとらえる不可思議なモノ=憑きモノがいわば酵母の役割を担っているのだと考えたくなる。

文学は、衣・食・住にまつわる物——生活の基本となる物(着るモノ・食う〔飲み〕モノ・建てモノ)の風景を見据えることからはじまる。だがそれはあくまではじまりにすぎない。魔モノ・化ケモノ・憑キモノ・デキモノ(=モノノケ・モノモライ)といったモノの背後に仏・神・鬼・(死者の)魂などがあり、それらをあからさまに名指すのを避けるため漠然とモノよばわりされてきた長く深い歴史がある。音楽世界を作る鳴りモノ(楽器)・カタリモノ(モノカタリ)・書きモノに取り組む「者」は、その名づけえぬモノをもらい受けたい、〃眼にモノみせる〃状態にしたいと強く念じる。それが降臨しなければ、でかした物が真に〃モノになる〃ことはかなわないのである。

古い日本語においては、「物」と「者」とが混用されることもあったようだ。

「私は……という者ですが」と用いるのは不思議でないが、社会や組織で強い勢力や影響力をもつ人間のことを「大者」とは書かず「大物」という。反対語も「小物」である。「小者」と書けば年若い人や古い時代の使用人の意になってしまう。

人物なる月並みな言葉すら、最近では何やらモノ深く感じられる。人もまた物体、物品の一種ということなのだろうが、私の眼には「心を孕む物——すなわち人」のように映るのだ。

モノになる、モノにするとは、文学の場合、物と心とが言葉の世界で〝モノの見事に〟融合し、身体性をもつ状態になる（する）ことを指すのだと思う。かかる〝捕モノ帳〟の作者たるモノカキは市場原理など〝モノともせずに〟歩むべきだとひとりごちた次第だが、この独語は知人のいうホンモノのガルゲンフモールたりうるだろうか。

拝啓シェイクスピア様

　ここ二年余り細々と書きつないできた連作（？）の締めくくりとなるはずの長めの小説をようやっと仕上げた過日、しばしの解放感に浸って下戸である小生が酒の代わりに浴びるほどのんだのは、シェイクスピア様、あなたの手になるスピリット剤＝元気の素でした。

　かつてボードレールは――時間に酷使される奴隷となりさがらぬために、酔え、ただ常に酔え、酒によるか詩によるか徳によるかはお任せするが……といい放ちましたけれど、シェイクスピア様、あなたの作物こそは酒、詩、徳の力すべてを含有するものであると、恥ずかしながら不惑をすぎてようやく〝体感〟できるようになった次第です。

　明治以来この国におけるあなたへの関心は深まるばかり、日本語による翻訳・研究書も豊富なのはまことにありがたい事態ですが、しかしそれでも極東の異文化圏に生息する小生にとって、あなたの詩劇を酒精（スピリット）のように摂取して酔うには目にみえぬ障壁があったと申さなくてはなりません。

　過日の朝日新聞朝刊の学芸欄「記者の目」によると、「ハリウッドで、いま最も売れているシナリオライターはだれかと問えば、多くの人が」あなたの名をあげるのだそうで、昨年一年間だけでもあなたの作品の映画がじつに六本とられたといいます。

古くは「万人の心をもつ」とコールリッジが、比較的新しいところでは「われらの同時代人」とヤン・コットがそれぞれ高名な評言を残しましたけれど、それらの至言をしみじみ納得するには、小生の場合貧しい創作畑で耕す経験を必要としたようです。

あなたの詩劇が芸能・芸術の全ジャンルにわたり汲めども尽きぬ刺激的源泉でありつづけている事実は、映画やテレビ、それにあなたが生涯を賭した舞台芸術である芝居等をほとんど観ず、時代遅れの文字信仰にしがみつく男をも何やら根源的に鼓舞してやまぬこと、思い尽くせぬファンレターにつづらずにはおれません。

……折しも節分、あなたの悲喜劇が与えてくれる薬と毒への感謝を込めて——徳はウチ、鬼もウチ！

成長する本

今かかりきりになっている仕事にのめればのめるほど〈書きたいテーマ・出したい本〉が逃げ水のように彼方でおいでおいでする。大方のモノカキに共通する心理現象なのかどうかわからないけれど、私にあって、この現象はほとんど宿痾と化している。学校時代に味わった、これまたポピュラーな心理体験――〈この試験勉強さえ終れば、好きなことが何でもできる……〉を引き合いに出してもいい。

モノカキの末席を汚すことを許されて今年で十年目を迎えたが、本を出しはじめたのはつい四年ほど前だ。むろん今でもレッスンに励む徒弟の日々がつづいているが、徒弟であればこそ見果てぬ夢も強い。ここではあえてその夢の内実にはふれず、ただ〈成長する本〉の存在を信じているとだけ記しておく。それはロングセラーになる本などとは無関係だ。出来上がったものを捨てて、さらなる新しい世界を開拓するのはアーティストの常である。しかし、出来上がったと信じた作品は宿命的に未完成で、次作への衝動もじつはその原型としての未完成品そのものから生じる。処女作には作家のすべてがあるといわれる所以である。

小説家が小説を書くのは当たりまえだが、私は作家なる肩書を、出発当初から広義にとらえてきた。

何でもかでも〈創る人〉とまでは広くできず、私の場合あくまでも文学というフィールドを枠とするが。文学にまつわる創作実践の全体像を課したため、ため息が出るほど長い歳月がかかってしまった。電話帳みたいな詩歌句集に十余年、文芸評論集に七年、最初の創作集を出すまでに四年といった具合だ。無残なムクロをさらすこれらの未完成品は、しかし私にとっては〈成長する本〉を夢想させる何かだ。本当に〈書きたい・出したい〉本の正体は成長が停止さえしなければやがておのずと明らかになるはずだ。

光り輝く梨のつぶて

桃栗三年柿八年とは言い習わされた表現であるが、それに梨のバカヤロ十八年がつづくことは知らなかった。梅や柚子について言うこともあるようだが、梨は手元の辞書に見当たらない。いつ誰に訊いたかも定かではない。そんないいかげんな話が印象に深いのは、梨のバカヤロがある切実なイメージを呼び起こすからなのだ。

郷里の荒れ野に、堅い小さな実をつける野生の梨の木があった。石梨と呼ばれ餓えたる鬼の空腹状態になった子供にすら顧みられない実は、つぶてとしてくらいしかものの役に立ちそうにない。長い忍苦の年月の果てに結ばれる貧しい実のイメージには、とても他所事《よそごと》とは思えないものがある。

この三年余り、私はそれぞれ〝畑違い〟の三つの仕事につんのめっていた。一つは学生時代からの懸案だった思想家キルケゴールと童話作家アンデルセンの関係史をテーマとする連載評論で、目下刊行準備の最終段階を迎えている。もう一つは、いやしくも作家の肩書を名のる以上当然の長篇小説だが、情けないことに幾百枚書いても紙反故になってしまうような状態がつづいているありさまだ。三つめがこのほど四年がかりでようやっと完成にこぎつけた北アイルランド出身の詩人シェイマス・ヒーニーの第一評論集『プリオキュペイションズ』の翻訳（国文社刊）である。

三十代の半ば過ぎ人生の道を踏み迷うのと時を同じくして、詩をコアとするヨーロッパ文学の受取り直しを切望しはじめた遅延とズレのモグリ男を、英文学者奥井潔先生は寛容にも〝野の飛び入り〟扱いで、真摯な原典購読にいそしむ英文科大学院教室の片隅において下さった。そこで知遇を得たのが今回の共訳者佐藤亨氏である。ヨーロッパの周縁アイルランドを土壌とするヒーニーと、東北の山里から生い出てきた私との間には土の感触ともいえる共通の感性があると主張する氏が、ヒーニーを読むよう熱心に慫慂してくれたのだった。

それでも師父の好意による五年近くに及んだ読みの錬成道場通いがなかったなら、今度のような畑違いの仕事に蛮勇をふるい、シェイクスピアのマクベスよろしく「とにもかくにもやってしまったんだ」とつぶやく事態もありえなかっただろう。

一冊の異なる言語による書物を文字通りアタマからシッポまで、部分部分の明・不明あるいはスキキライを問わず、まるごと日本語の畑に移しかえる梨のバカヤロふうの手仕事を曲がりなりにも一度実践してみること。それは、小説に翻訳家の主人公（話者）を登場させたり、何かといえば抽象的な翻訳論をふりまわしたりする癖がしみついている私にとって長年の夢だった。一期一会の縁ではじまった共同作業に、専門的見地からの検討は佐藤氏、日本語としての吟味は私とおのずからなる分担はあったにしても、互いに領域を越え、遠慮会釈なしのやりとりを繰り返す得難いコラボレーション体験の果てにこの書はなった。

原著が出版されたのは一九八〇年。二十年後に日本語畑への移植がなされたわけだが、梨が実をつけるに十分なこの歳月は著者ヒーニーをも大きく変化させた。九五年度のノーベル文学賞受賞はその最たるものといえよう。主に三十代の講演やエッセーを集めたこの最初の評論集には、円熟の詩人になる以前のこだわりと「冬を生き抜く」（初期ヒーニー詩集のタイトルだ）緊張感がみなぎっている。四年ほど前はじめて原著を読んだ時、私は何よりもそのことに衝撃を覚え、日本語の畑でこれに応え得る書を作りたいと念じたのである。

世界史にも類例の少ないアイルランド史のトラウマを一身に背負う原著『プリオキュペイションズ』が放射するアウラは、返信することの難しい光り輝く梨のつぶてである。翻訳作業に専心するわれわれにあびせられたのは、梨のバカヤロのつぶてだったといえる。

癒しの可能性をもつのはただ歳月だけという過酷な時代、ヒーニー自身の言葉をかりるなら「過去、数十年の北アイルランドの恐ろしい、屈辱的な歴史」が投げつけてくるつぶてに一度や二度うたれたところで、その痛苦の切実さを翻訳して伝えることなどできはしない。

原著の翻訳だけでも十分に大部であったのに、ヒーニー論と作品解説を加え、訳注や地図を添えと、貪欲の限りを尽くすわれわれを容認する版元の姿勢には当初より脱帽していたが、ゲラを五校までみる異例の作業に精魂つきた私を尻目に、佐藤氏はなんと七校までねばったと後に聴き、驚き呆れた。異国からの梨のバカヤロという名の詩のつぶてに氏は七度もうたれたわけだ。切実な痛苦を完全に共有することはとうてい無理だったにせよ、七転八倒の歳月の中で手間ひまかかるのを苦にせぬ七転び八起きの精神の何たるかをわれわれはしみじみ思い知らされたのである。

岩波文庫に寄せて

今どきはやらぬ貧乏文士暮らしが板についてきたなどと強がってみたりもする私は、ひと頃れっきとした図書館員だったことがある。ちゃんと司書資格ももっている。ライブラリアンの仕事はひと通りやらされたが、その中に本を味読することはもちろん含まれていない。

大っぴらに眺めていて許される書物の代表格が目録類である。ありとあらゆる種類の本のカタログをあれほどおびただしく見つづけた歳月はおそらくわが人生にあって空前絶後といっていいだろう。

『カフカとの対話』の中でG・ヤノーホが伝える、勤務中のカフカがレクラム文庫の総目録をめくっている最中に尋ねた時のやりとりを思いおこす。「私は書物の表題に恍惚となるのです……書物は一種の麻酔剤です」とカフカは青年ヤノーホに語ったという。

さて、このレクラム文庫に範をとって一九二七（昭和二）年に創刊された岩波文庫の総目録も当方の熟読の対象に入れていたが、私の勤め先の図書館では文庫は収集していなかったのであるから、これは規則違反の読書ということになる。

古今東西のおびただしい書物を片っ端から分類整理して行った年月の間に、私はささやかな趣味をもった。重厚長大で高価な書物は図書館にまかせ、岩波文庫のコレクターたらんとしたのである。

当時、古書店の目録に「岩波文庫一括」とあるのを見かけたりしたけれど、私はあくまで自力で一点一点さがし出すやり方で、自家製「古典の殿堂」を建立せんと志したのだった。出入りの業者に頼み込み、図書館用の巨大な文庫棚を二つ格安で購入したもののアパートに収容できるはずもなく、東北の寒村にある生家に送りつけて、八畳の座敷の南面をそっくりふさいだのもこの時のことだ。

やがて私はこの安定した職場を捨てた。不完全なままに終ったわがコレクションは今も草深い山村の茅屋に鎮座している。

岩波文庫をどう読むか、またどう読んできたのかの答えにすこしもなっていないようだが、私はほぼ断言できる。無謀なルンペン・モノカキ生活に突入して以来、貧しい仕事を遂行するに当たって最大の助勢にあずかったものこそ、あの文庫棚の〝奥の院〟に潜む謎のクラシック女神の力である、と。

この三年間従事して来たキルケゴールとアンデルセンの関係史を洗う仕事だけとってみても、大量の参照テキストの中でたぶん岩波文庫の数は群を抜いて多いに違いない。

ライブラリアン時代の私は、集めるだけで満足しなければならなかった。カタログから「見るだけよ」と声が湧くたび、ブンガク小僧は大作家のように「恍惚」となり、古典に欲情する日々を送った。勤めをやめた時、そのフラストレーションはいっきょに爆発したのである。

小文字のジャパンを求めて

先頃、日本語で創作するアメリカ人作家リービ英雄のエッセー集『日本語の勝利』（講談社、一九九二年）を読み直していたら、こんな一節にぶつかった。

「……言霊は、コトバが有する魔術的な力という意味において、何も日本独自のテーマではない。詩が常にめざすものは、コトバ、コトバのアニミズムである。コトバの物活である」

以前は見すごしていた傍点付きの物活という言葉が気にかかった。聞きなれないことも手伝って、著者の造語なのでは、などと考えた不明を恥じねばならない。大きめの国語辞典に「物活論《ぶっかつろん》」の見出しでちゃんとのっている。曰く、「すべて物質は生命を有するとみなす説。ミレトス学派やヘラクレイトスなどの考え方を表すために造った語」（広辞苑）、「物質を無機的なものと考えず、それ自体に生命力や霊魂をもつものとする有機的生命的自然観」（大辞林）。

一種の翻訳的造語のようではあるが、リービ氏の捏造語ではない。言葉の欠け端にこんな仕方でぶつかるのは悪くない、と私はひとりごちた。言霊＝コトバのアニミズム＝物活への信仰さえあれば、その欠け端は有機的生命の大道につながる架け橋になり変わるかもしれない。なんなら「物と物とが強くうちあたる」をあらわす動詞「ぶつかる」を、「物活する」の短縮形と、あるいはまた「ブッカツする」は「復活する」の東北訛りとみなしてもいいではないか……。大方の失笑をかうであろうそんなひとり合点のつぶやきさえ湧き出してきたのだった。

作家リービ英雄のデビュー作『星条旗の聞こえない部屋』（講談社、一九九二年）に付されたあとがきには、日本語という膜に濾過されて「世界」が何度も生れ変わった鮮烈な経験への言及がある。西洋文化からドロップ・アウトして、日本の内と外の見えない境界線をさすらった主人公はいわばアメリカからの「家出」人であり、同作は日本への越境の物語なのだ、と。

日本・日本語・日本文化をめぐる「より複雑で、より豊かな視座」を獲得した外国人作家が「日本語の勝利」を宣言するまでには、むろん壮絶な格闘が積み重ねられた。その一端を描写したデビュー作において日本はしばしば括弧付きで表記される。

本稿の目的はいうまでもなく作家論ではないのだけれど、われわれが日本・日本語・日本文化、ひいては思い入れ深い地域文化を語る際、無意識のうちに陥りがちな硬直した単一的視点や固定観念の類を、一人の瞠目すべきジャパニーズ・ライターがたしなめ揺さぶってくれる気が強くしたのである。

リービ英雄が真の出逢いを果たした「　」付きの日本を、私の視点にひき寄せて表現するなら、小文字のジャパンということになる。

作家としてデビューする以前、氏は長いこと万葉集の研究に従事していた。一九八一年刊の英訳万葉集第一巻（プリンストン大学出版局）は全米図書賞を受賞したが、この記念碑的労作を購いもとめた頃、当方の主たる関心も散文以前の詩に向けられていた。

ことさら英訳万葉集にすがりついたのは、和歌的抒情に宿る大文字のジャパンをとりあえず括弧に入れて読めると判断したからだったろう。滑稽な言草だが、言霊＝コトバのアニミズム＝物活への信仰を私は英訳万葉集を前に誓ったのである。以後十余年、いわゆる現代詩と俳句と短歌を同時に創作するというヤブレカブレの――当時の表現では〝詩っ神カブレ〟の歳月を送った。万葉を範として種々の詩ジャンルを越境しつづけたあげく、やがて図体ばかりは電話帳のように巨大な超少数限定私家本が出来上がった。名づけて、『漆の歴史――The history of japan』。英語の Japan は小文字になると漆、漆器をあらわす。特に西欧においてジャパンと言えば歴史的に漆器を指した事実に心動かされた私は、漆器にほとんど詩器を重ねみるようになった。

ここなる男の産土《うぶすな》――東北最南西部に位置する会津は、古来漆の山地であった。かつてシェイクスピアが、詩を「滲み出てくるゴムの樹液のように自然に生れ養われるもの」と表現したことをその頃知らなかったが、日本工芸美術の精髄に深く染み込むこの不可思議なモノを、私は原詩《ウルシ》と表記するに至ったのである。

万葉集の中に、日本精神の化身とやらではなく小文字のジャパン＝ウルシに象徴される何かを私は求めた。探究の旅は一生涯つづくだろうと思うが、その一方で万葉以前にさかのぼって小文字のジャパン（的な何か）に遭遇したいという願望が強まっていたのもたしかだった。

かくして私は縄文に遭遇した。自分なりのフィールドワークを一年ほどやった後、『縄文の記憶』（紀伊國屋書店、一九九六年）を上梓させてもらったが、その仕事自体は〈何か解らないことがあったらそれについて一冊の本を書くといい〉というヨーロッパの格言を絵に描いたようなシロモノだった。

書いてみて〈解った〉と思えることとの一つが、日本語のモノの多義性についてである。物にぶつかるような仕方で日本語のモノに衝突した実感を得た。といっても、私個人が驚きをもって受取り直しただけのことで、その多義性は普通の国語辞典にものっている程度の、日本語を日常語とする誰もが何げなく使っているものにすぎない。たとえば……モノわかりがいい（道理）、モノいいが気にくわない（言葉）、モノすごい（効力・威力）、モノにとり憑かれる（道理をこえた魔力的な存在）というように。

これらのモノのいろいろは、万葉集をはじめ古事記、日本書紀などをていねいに読めば方々に見出されるほど古い起源をもつ用法である。しかし、私が本当の意味でモノの化身を見る思いがしたのは縄文の遺物に接するようになってからだ。縄文遺物は単なる物ではない。それは道理につながる言葉であると同時に、魔力を放射する精霊への信仰を刻みつけた小文字のジャパンの見本である。

かつて中原中也は少年の頃に書いた「古代土器の印象」と題された短詩の第一行に〈認識以前に書かれた詩〉と記した。

私は縄文学を「縄の文学」、縄文人を「縄の文人」などとよんでしまう。いくつもの「日本」を表象する縄文土器に刻まれた縄目文様は私にとって文字以前の言葉のアニミズム＝物活を封印した広義の文学、書物の形態をとらぬ書物なのだといってもいい。

原日本語で、「うるし」は「うるわし」もしくは「うるおす」と有縁の言葉だという説がある。縄文遺跡で漆器や漆塗り土器が副葬品として出土する事実からも永遠のイノチを付与するためのモノとみなされていたことが容易にうかがえる。私自身、赤漆や黒漆がわれわれを生かしめる血液に似ていると今さらのように感じ驚いたのはつい最近のことである。縄の文人たちが特別の書物に封じ込めたモノのシンボルこそブリリアントなアウラを放つ漆だ。

小林達雄著『縄文人の世界』（朝日選書、一九九六年）には、「縄文人は、まずウルシの樹液に目をつけ、しかもそれが直接に人肌に触れると発疹症状を起こす神秘性に特別な思いを重ねて、漆工芸技術の発明へとつながった可能性は十分にある」と、また網野善彦著『「日本」とは何か』（講談社、二〇〇〇年）には、「漆と漆器はきわめて古くから列島に生きるふつうの人々の生活と不可分だった」と書かれている。列島に広く分布するウルシ属の木は縄文以来の歴史を人々と共にしてきたのだ。

冒頭にふれたエッセー集の中でリービ英雄は、日本語という膜に濾過されて「世界」が入ってきた実例として、文化人類学者の人名を引き合いに出す。最初カタカナで聞いたその人名は「レビス・トロース」なのか「レビスト・ロース」なのか、未分化のままだった。アメリカへもどり、横文字で見ると、それが「レビ・ストロース」であり、しかもその「レビ」が自分と同じ姓であることをはじめて知った、と。

これにかこつけていうわけではないが、その高名な世界的文化人類学者が、一九八八年におこなった来日講演で、土器に代表される縄文文化の世界史的にも比類のない独創性について語ってくれたことを本を書くまで私は知らなかった。われわれに豊かな「世界」を開示する発見をしばしば外国人がもたらすという「日本の歴史」上の厳然たる事実にはエリを正さねばならないだろう。

私が学生の頃から知っていたのは文化人類学者の代表作『野生の思考』というタイトルに込められた二重性だ。La pensée sauvage は「野生のパンジー」の意にもなる。私はこれをだじゃれの類とはみなさない。思考は抽象名詞でパンジーは具体名詞だ。両者を生きいきとつなぐものこそホンモノの思考といえる。縄文芸術の根底にも抽象と具象の魔術的な同居が見出される。

日本の歴史をウルシの歴史に重ねて韻文（？）集成をでっちあげた私は『野生の思考』を精読できないでいたにもかかわらず、そのタイトルに宿る言霊と同種のモノの力にあやかりたいと念じたのだった。

バベルの図書館

図書館に勤めていた二十代後半、私はアルゼンチン出身のボルヘスという文人に出遭い、その特異な文学宇宙にすっかり魅せられてしまった。詩と批評と物語が渾然一体となった文業の背後には〈バベルの図書館〉がそびえ立っていた。この壮麗にして虚ろなる架空の図書館の一員になるべくモノを書きはじめた男は、気づいてみたら現実の図書館員を辞めてしまっていたのだった。私のモノカキ・デビュー作はボルヘス論である。

ボルヘスの代表的短篇の一つに「バベルの図書館」がある。一方、現実にアルゼンチン国立図書館館長をつとめたわがマイスターは、各巻に完結にしてブリリアントな序文を付した『バベルの図書館』という名の世界文学選集を編纂している（邦訳は国書刊行会）。

旧約聖書に出てくる伝説上の巨大なバベルの塔は神の怒りを買い未完成に終ったとされているが、バベルの図書館のイメージにも、実現性のない空想的な計画を意味する塔の影がさしているだろう。

途方もなく現実ばなれした出来事として、ボルヘスは視力を奪われたのとほぼ同時期に図書館長に任命された自分の運命について驚きと共にしばしば語り、書いた。神は、もはや肉眼で読みえない者に九十万冊の書物の番人を命ぜられた……と。

永遠をこえて存在する無限の図書館をめぐって極限の描写をみせつける短篇「バベルの図書館」と、長篇より短篇という媒体にこそ無限が宿るとする持論に基づいて編まれた世界の名だたる作家選集『バベルの図書館』全三十巻を、私は長い時間をかけて愛読してきた。名前は同じだが質量ともに異なる二つの間に、自分なりのバベルの図書館を幻視しようとしたといってもいい。

だが、極限の図書館は、闇の国をさまよう詩人・作家・批評家が図書館長に任ぜられたという一事に当方もまた驚き、感動した時、すでにその壮麗にして空虚な姿をあらわしていたのだと思う。

図書館とは魔法にかかった魂をたくさん並べた魔法の部屋である、というエマーソンの言葉を引きながら、ボルヘスはある講演の中でこう語っている。

――私たちが呼べば、魂たちは目を覚まします。ある本を私たちが開かなければ、その本は文字通り、そして幾何学的にも、一冊、数ある中のひとつの物にすぎません。が、私たちがそれを開くとき、本がその読者に出会うとき、初めて美学というものが生じます。……ある本を読むたびに、それを再読するたびに、そしてその再読を想い出すたびに、元のテクストは新しくなるのだ……。

著者であるよりも本の番人であることを誇りにするバベルの図書館の闇には、魔法にかけられた魂を封印するテクストが並んでいる。「再読を想い出す」という表現に込められた盲目の図書館長の魂を私は慎ましやかにおしはかるのである。

〈本番〉の日々

図書館の学校――そんな言葉をきいただけでたちまち思い入れの深い風景が浮かんでくる。元図書館員の私にとってておあつらえ向きの世界のはずなのだが、個人的なパノラマのはりついたライブラリアンの歳月から何がしかパブリックにひらかれたテーマを引き出し、ひいては図書館に対して建設的な意見をのべようとするや、一種難儀な感覚につつまれてしまうのはどうしたわけだろう。

学生生活にようやくピリオドをうった二十代の半ば、いくつも受けた就職試験に予感通りことごとく失敗した。途方に暮れたあげく自棄《やけ》っぱちにもなったのだけれど、ひそかにあこがれていた無一物の境地に一歩近づけたかの如き心持ちの中、新しい予感がないではなかった。捨てる神あれば拾う神あり、というやつである。

拾ってくれたのは某私立大学の図書館だった。嘱託職員でペイはおどろくほど低かったが、不満ではなかった。図書館員になるのが夢だったわけではない。たまたまわりふられた場所を特別視するような性向が私には強くある。味噌屋に行けば味噌屋になり、呉服屋に行けば呉服屋になる、自分はそういう〝養子〟の星の下に生れたのだと当時大まじめに信じ込んでいた。

図書館屋の養子としての日々は七年ほどつづいた。拾われた年の夏、速成の講習に通い司書の資格を得た後、図書館業務を一通り体験することができた。和書・洋書の分類整理係、雑誌係、レファレンス・ツール（参考図書）係、貸出・閲覧係、それに蔵書点検等々、図書館員なら誰でもやらされる仕事を私もしごくまじめにこなしたつもりである。

しかしここでも養子的運命が待ちうけていた、と今にして思う。一番長かったのは洋書係だが、なかでもとりわけ難渋を強いられる業務が私の養子先だった。英・独・仏語といった主要な西欧語図書ならどうにか分類整理が可能だけれど、中国語、ロシア語、朝鮮・韓国語、アラビア語、ヒンディー語文献となると、書名の単語を辞書で引くことすらおぼつかない。外国語学部の新設という事情により、にわかに収集購入されたこれら膨大な異語テキスト群が、職場の書庫には未整理のままダンボールにつめられた状態で山積みされていた。図書館屋の養子は、いつしか文字通り山積する課題に取り組む特命を帯びた専従者を気どるようになったのである。

薄暗い書庫で終日あてどない作業をすることも少なくなかった。泥棒をつかまえて縄をなう作業には、東洋諸語を中心とした各国語への入門も含まれる。上司がしぶしぶ認めてくれたのを幸いに、来る日も来る日も、おびただしい数の入門書や辞書と首っぴきで異語の壁と格闘したのだが、特殊なレッスンは当然ながら語学的成果の類を何一つもたらさなかった。

養子の星の下に生れた者はほぼ例外なく入門を好む。新しい世界への門をたたくという行為そのものを好む。門の向こうには奥の院があり、修行を積み重ねてその院より免許皆伝をもらうことで成熟をとげられる。どうやら私の場合、入門は好きなのに奥の院的存在を苦手とし、可能な限り忌避する

〝門外漢〟コースを歩んできたといえそうだ。

カフカの短篇「掟の門」を読んで眼もクラむような衝撃を覚えたのはいつ頃だったろうか。十代の終りにカフカ作品のいくつかを手に取りはしたものの、率直なところ取りつくシマがないという印象だった。元図書館員にとって守護神ともいうべき詩人・作家・批評家ボルヘスは自ら編纂した世界文学短篇選集をいみじくも『バベルの図書館』と名づけたが、その一巻「カフカ」に寄せた序文において、昔々、若年の読者だった頃はじめて出会ったカフカ作品を「言いようもなく無味乾燥なものに思われた」と正直にのべたうえで、「長い年月を隔てたいま、私は敢えて自分の弁解の余地のない文学的鈍感さを白状する」とつづけて鈍い当方をホッとさせる。

『バベルの図書館』のカフカの巻には収録されていないが、ボルヘス好みのおそろしいまでに簡潔でブリリアントな一篇「掟の門」は、読了するのにおそらく三分もかからないだろう。三分で読める永遠の物語。……掟の門前に門番が立っていた、とそれははじまる。そこへ田舎から一人の男がやって来て、入れてくれ、と言う。今はだめだ、と門番が言う。今はだめだとしても、あとでならいいのか、とたずねると、「たぶんな。とにかく今はだめだ」。

この門はいつも開いたままだ。門番が脇へよったのをみて男が中をのぞき込む。すると門番はこんなことを言う。

そんなに入りたいのなら、おれにかまわず入るがいい。しかし言っとくが、おれはこのとおりの力持ちだ。それでもほんの下っぱで、中に入ると部屋ごとに一人ずつ、順ぐりにすごいのがいる。このおれにして三番目の番人をみただけで、すくみあがってしまうほどだ。中へは入れぬまま男は門前で永い歳月待ちつづけ、ついに死を目前にする日がやって来るのだが、印象深いさいごのシーンはあえて記さずにおこう。

（池内紀訳）

ボルヘス編纂の『バベルの図書館』の邦訳（国書刊行会）が出はじまったのは昭和の終り頃、当方が図書館屋の養子を解消し、今どきはやらぬルンペン暮らしに入ってからのことである。貧しい身の上にもかかわらず、元図書館員のモノカキが座右に置くべきミニライブラリーのような気がしたので無理して買い揃えたのだった。「掟の門」を『バベルの図書館』に加えた旨、当方が図書館在職中の一九八六年に冥界入りしたボルヘスの霊前に報告したのを覚えている。

ボルヘスは門番ならぬ〈本番〉の作家だった。本番なる日本語は、練習やリハーサルに対して、正式に行う演技や放送などを指す言葉だけれど、ここではあえて得手勝手な造語ふうのヨミをしてみる。まずは読んで字の如く、本＝書物の番をする人。さらに本番とかいてモトバンとよませることも可能である。ボルヘスは本の番人をしながら、ブンガクの掟につながるモト（根源）を探究しつづけた。このモトは、当方が元図書館員だったという場合のそれとは違い、すぐれて元型的なものである。

直径三センチメートル弱の光り輝く球体の中に宇宙空間の総体が見出されるという「アレフ」や「バベルの図書館」のような代表的短篇を読めば、元型的図書館員たる〈本番〉の究極のいとなみの一端にふれることができる。かれが探究した本は、〈時〉の迷宮に収蔵された〈夢〉の書物である。〈本番〉見習いをしていた日々、図書館はたしかに私の学校だった。だがそれは通常の意味の学校とはかけはなれていた。日本語と隔絶された穴倉のような場所に積極的におち込んだ男は月並みな言葉をつぶやいた――井の中のカワズ大海を知らず。するとどこやらから、このコトワザ（？）のつづきとされる文言が響いてきた――されど天の高きを知る。井泉には井泉の神がいる。

見習いのカワズがふりあおいだ至高の天にマイスター・ボルヘスがいた。見習いが生れた一九五五年に守護神のマイスターが直面した二つの事件――一つは視力を失ったこと、もう一つは国立図書館長の職を与えられたこと。図書館を天国とみなしていたボルヘスに神は、「書物と闇を同時に給うた」のである。

読むことを禁じられた図書館の番人は「天恵」という詩の中で「神の巧緻」について語る。神は光なき眼を「書物の市の王とされた」と。ギリシャ史書の記述によれば、ある王は噴水と園庭に囲まれながら餓渇ゆえに死んだというが、「私」もあてどなく、この高く奥行き深い盲目の図書館をさまようだけだ……と。

たくさんの書物と闇、本があっても読めないということ。〈本番〉見習いがスミカとした井戸にも守護神の爪の垢がとけていたと信じたいのだが……。

図書館の書物に文字はない。わたしが開くと現われるのだ。

（鼓直訳編『ボルヘス詩集』思潮社）

本番 book・on

書店というものの中にはじめて入ったのは小学校五年の時だったと思う。東北地方南西部の山奥に生れ育った正真正銘の田舎者はいわゆるへき地の分校に四年生まで通っていた。分校生にとって、五年生になるというのは特別の事だった。町の中心部はチュウオウマチアイジョと呼ばれていたが、分校生の目に本屋はそのシンボルのように映った。

今の子供が見たらとうてい書店とはみとめがたいであろうたたずまいの、その輝かしいシンボルはバス停チュウオウマチアイジョの真ん前に在った。

分校時代誰やらに連れられて町の本校近辺に行ったことがないわけではないが、自分でバスに乗ってチュウオウマチアイジョの停留所を降り、ただ見て過ぎていた本屋の中に足を踏み入れたのは五年生の春である。その時の、カラダのどこかがしびれてくるようなまばゆい感覚を今もはっきり憶えている。

そこはまさしくチュウオウマチアイジョだった。人々はそこで実際にバスを待つことが多かったのだけれど、すじがね入りの田舎者の少年少女らは、かんたんには買えないマンガ本などをためつすがめつしながら、文化のチュウオウからやってきたものの匂いをかいで心躍らせていたのだった。

小学校五年生の初体験にはさらに重要な事柄が含まれる。中に入った客同士がすれちがうのもやっとといった小さく狭い文化の殿堂の奥に、長髪にヒゲ面の主人が、暗い表情でいつも宙空をにらみつけながら座っていた。古ぼけた小さな机の上には原稿用紙と鉛筆。店番をしつつ小説を書いているらしいという噂は分校時代の私も小耳に挟んだが、実際にこの眼で見たのははじめてだった。その衝撃は永く深く私をとらえた。以後、本屋ときくと〈こしらえた本の番をしながら書く営み〉を想像するようにすらなってしまった。

モノ書きの看板をかかげて十余年になるが、私は自分の原点が、みすぼらしくもブリリアントなあの本屋にあるような気がしてならない。小説家になりたい思いを募らせたことはほとんどないのに、何かを待つふうの顔つきで座っていた本屋の主と同種の営みをいつか実現したいものだとは何度も熱く考えたのである。

私の理想とするナリワイの〝本屋〟をあらわすのに日本語の名称はあまり役に立たない。仕方なく英語の辞書などをめくってみる。たとえば bookmaker という語は、印刷・装丁・製本を含む書籍製造業者を指す他に、特に金もうけ本位の編集・出版屋などもあらわす。では bookman はどうか。第一義が読書人、文人、モノ書き、学者で、二番目に口語の用法として出版人、製本屋、本屋を指すのでかなり近い。しかしチェアマン（議長）とかファイアマン（消防士）が男中心主義だとしてチェアパーソン、ファイアパーソンとなったことを考慮に入れれば、bookman も bookperson とするのが妥当だろう。

当方がイメージする〝本をつくるナリワイ〟を総合的かつ躍動的に表現するために、bookpersonをむりやり短縮した上で〈本番 book・on〉という奇妙な命名を試みる。これまで書店のお荷物になる本しか書いていない者が何をいう資格もあるまいが、私は気持ちの面で、売れない良書を一堂に集めた本屋の番をしながら一生書きつづける覚悟はできているつもりだ。
当方が〈本番 book・on〉稼業に入るずっと以前チュウオウマチアイジョのシンボルは姿を消した。わが郷里の町には今も書店が一軒もない。嗚呼。

アマーガー平原で

M・プルーストはあるエッセーの中で、特別の「初版本」への愛惜について語っている。文字通りのそれではなく、ある本をはじめて読んだときの版、大本《おおもと》の印象を刻みつけてくれた版のことで、このただひとつの「初版本」こそ、当時の自分にとってその本がどういうものだったのか、逆に、その本にとって自分がいかなる者であったのかを教えてくれる存在である。プルーストにとってこの種の「初版本」はじっさいに探し出すまでもなく、思い出すだけで十分だともいう。

思い出してみよう。現代詩の沃野に思いを馳せる時、脳裡にいくつかのフレーズがエコーしつつ流れる。たとえば——〈言葉なんかおぼえるんじゃなかった〉〈ウィスキーを水でわるように言葉を意味でわるわけにはいかない〉とか、〈いわれなき註解となってきみはそこへ佇つな〉とか、〈口語の時代は寒い〉等々。これらの出典はたぶん現代詩文庫でたしかめられるだろう。「この一冊」をその中から選ぶこともできたのだけれど、当方にとって現代詩との「初版本」的出遭いを封印するものとなると、『粕谷栄市詩集』が記憶の先頭に立ちあらわれてくる。同書所収の詩人のエッセー中の表現をかりるなら「全く個人的な私事に関する、一つの事情があるからである」。

四半世紀以上も前に読んだこの詩集のフレーズで今も記憶するのが――〈生きることが苦しい時、よく私は、自らに呟く。「アマーガー平原」と〉。

また詩人のエッセーの表現に重ねれば、「二十歳前後のころ、一人の男から、私はそれを教わった」。それ、とは現代詩文庫の『粕谷栄市詩集』を指すが、現代詩を読むこと一般と拡大してもかまわない。当方の眼に当初、現代詩は巨大な〈壁〉のように映っていた。一人の鋭敏な友人が、冷たく巨大な〈壁〉を精妙な手ざわりの〈襞《ひだ》〉あるいは光り輝く〈璧《たま》〉に変える機縁を与えてくれた。この詩集を皮切りに詩文庫の世界に入門し、やがて詩作にも手を染めるようになった。当方が「アマーガー平原」とつぶやきながら〝詩の十年選手〟をやっていたのは、時期的にいうとちょうど粕谷栄市の詩的履歴に特記される空白の十年にあたる。

「私は詩人となり、人々の共感と讃辞に囲まれて生きるよりは、アマーガーの平原で、豚の番人となり、豚たちの友愛と共感をかち得たい」――詩人粕谷栄市は、ひどく気に入っていたというこのキルケゴールの言葉について、「確かアンデルセンの自伝に出てくる」と記した。

数年前、『キルケゴールとアンデルセン』という対比評伝（？）を書いた私の、その中心テーマの遠い源流の一つが、詩人粕谷栄市のアマーガー平原をめぐる詩文を二十歳前後に読んだことにあると気づいた。『あれか、これか』の巻頭に登場する先のキルケゴールの言葉はアンデルセンの自伝にはない。しかし当方は長い間それがあると思い込んでいた。キルケゴールとアンデルセンの関係は濃密なものであるという前提にたって一千枚近い稿を書きつぐことができたのも、特別の「初版本」の効用だったと今にして思う。

書簡詩・民俗詩・舞踏詩

われわれが通常思い浮かべる形を必ずしもとらない広義の詩作品をめぐっては、先人たちがすでに種々の言及をしていると想像される。たとえば当方のいいかげんな記憶では、萩原朔太郎が、たしか日本古典を念頭におきながら、エッセーの形をとった詩すなわちエッセー詩というような言揚げをしたはずである。

朔太郎のやり方を極端にまねて、あらゆる文の中に詩を見出すこともあるいは可能だろう。ここでは、いま読みたい広義の——当方なりにいいかえれば根源的に読み直したい詩の本を、とりあえず〈書簡詩〉〈民俗詩〉〈舞踏詩〉の三つを措定したうえで選んでおく。

はじめの〈書簡詩〉については、同語がはやくから定着している西欧から、W・ベンヤミン編著『ドイツの人びと』をあげたい。私自身は、浅井健二郎編訳『ベンヤミン・コレクション 3』（ちくま学芸文庫）で反復読書したが、晶文社版（丘沢静也訳）と比較しながら再度精読してみたいと願っている。ゲーテやグリム兄弟の手紙、カントやニーチェに宛てられた手紙など、十八世紀末から十九世紀末までの百年間におよぶ有名無名のドイツの人びとの私信二十五通を公開し、その一通ごとにベンヤミンが愛用した語にいう「根源的な」読み方――つまりは言葉の本当の意味での詩的な解読法を付したこの〈書簡詩〉集は、ファシズムが台頭しかけた一九三一年から翌年にかけ、フランクフルトのある新聞に連載されたもので、筆者は不詳とされたが、三六年になって「デートレフ・ホルツ」著としてスイスで出版されたという。亡命中のベンヤミンの知られざるこの名著は、西欧語でエピソルとかエピトルとか呼ばれる――新約聖書の使徒書簡以来の詩精神の結晶物をわれわれにつきつけてくれる。

この稿の冒頭の「われわれ」は一応普遍的な意味合いで用いたつもりだが、いまのべたばかりのそれは、日本語・日本文化的(に閉じられる危険性も高い)詩精神の共有者をイメージしたものだ。われわれの言語・文化風土において西欧的〈書簡詩〉に相当するリアリティをもつジャンルを、現在の当方の関心に沿ってさがし求めるとき、〈民俗詩〉が浮上してくる。その体現者としては、やはり柳田国男をあげておきたい。最新刊といえるこの数年だけとっても、入手が容易な文庫版もしくは類似の安価なシリーズに入った「柳田國男集」は少なくない。たとえば――井口時男編『柳田國男文芸論集』(講談社文芸文庫、二〇〇五年)、東雅夫編・文豪怪談傑作選『柳田國男集　幽冥談』(ちくま文庫、二〇〇七年)、ちくま日本文学『柳田國男』(二〇〇八年)。

共同体の詩というようないい方に若干の気恥ずかしさを覚えぬわけではないが、ドン・キホーテの徒を自任している者にとって、「読む人」=小キホーテを自覚しながら、日本列島に関するおびただしいことがらを読み込んで〈民俗詩〉の結晶物を残した日本近代における最大の人文学詩人への関心はやみがたい。柳田の文業に接するたび、あらためて詩的な驚異の感にうたれるのは、そのぼう大な文章のどれもが学術論文の類から遠く離れた、朔太郎的〈エッセー詩〉仕立てになっているという一事である。

どれ一冊と選ぶのは困難だけれど、『ドイツの人びと』に潜むドイツ精神というような視点をドン・キホーテ的にもどくなら、今からちょうど百年前くらいに成った高名な『遠野物語』をあげてもかまわない。「この書を外国にある人々に呈す」という献辞のついた『遠野物語』が、遠野の人佐々木鏡石より聞いた話を「一字一句をも加減せず感じたるままを書きたり」と柳田が書いた通りのものでないことは、一読する誰の目にも明らかだろう。

ここには、大方の柳田批判にも発展する問題が潜む。多くを語れないが、当方の視点では、民俗学的方法には根源的な矛盾が横たわっている。柳田的美意識は、民俗学的現実をある意味で大胆に捨象したところに成立せざるをえない。少なくとも柳田の文業をたどる限り、民俗学は反俗学としかいいようのない――柳田が捨てたとされる文学の地平にわれわれをさし招く。私はそのことを肯定的に受取り直す者である。さいごの〈舞踏詩〉としての土方巽『病める舞姫』（普及版『土方巽全集』1、河出書房新社）にふれるイトマがなくなってしまったが、この類まれな自伝的詩文も、舞踏詩人土方のナマのチャーミングな方言語りを聴いた者にとっては、文章として美しく整いすぎている印象をぬぐい難い。柳田の場合同様、私はその落差・ズレ全体を、詩＝文学の根源の問題として受けとめる。真のドン・キホーテ（精神）とは、肉声に宿る身体性・肉体性と、幻の美を求めて結晶化する文の抽象性との間の生々しい葛藤アツレキそのものを生きる存在以外のものではないと私は信じている。

リビドウ蕩尽——わらしべ句抄

やさしさは身にきわまって春の坂
啼き真似と思っていたよ隣のウグイス
春闌けてつどう烏や友欲えり
山笑うそろそろ我田引水を
草の花何処も似たりマイホーム

背徳や月下美人と一夜妻
夏蝶や誰の肉より出し魂
醜の芯さらに見極め枇杷熟れて
躁うつやヤヌスの顔にどしゃぶりが
リンドウの蒼さ・リビドウかれ尽し
群と行列・出エジプト記・蟻蟻蟻
人間の終焉。今さら、と油虫
愚痴こぼさずツバメが取る哲学的進路
サンマ焼くふいに煙をたてたくて

安吾読む夜長の姫をひざに乗せ
ホラ鈴虫アレこの僕もないている
サルスベリ得意気なものみな落し
落葉川水に流せぬこともある
イザヤ書をリンゴかじって。冬のアレルヤ
寒水で汚名を濯げるものならば

（全詩歌句『漆の歴史』より）

初出一覧

I

ワラシベ長者考

ワラシベ長者考——柳田国男『雪国の春』に寄せて　「てんでんこ」第8号（二〇一六年）
『野草雑記・野鳥雑記』に寄せて　柳田国男『野草雑記・野鳥雑記』解説（岩波文庫、二〇一一年一月）
『孤猿随筆』に寄せて　柳田国男『孤猿随筆』解説（岩波文庫、二〇一一年三月）

II

極私的ルネッサンス考

極私的ルネッサンス考——泥縄式古典論　「三田文学」一九九八年秋季号
闇を通って広野原——トレーン文学をめぐって　「7th Camp」第六号（一九九五年一月）
聴覚的想像力をめぐって——T・S・エリオット小考
日本エリオット協会第18回大会記念講演　「T.S.Eliot Review」No.17（二〇〇六年）
プルートス詣で——ギリシア喜劇全集に寄せて　『ギリシア喜劇全集』第4巻月報6（岩波書店、二〇〇九年十一月）
自由人を夢見て——『ドン・キホーテ』後篇刊行四百年に寄せて
『ドン・キホーテの世界——ルネサンスから現代まで』（論創社、二〇一五年七月）

III

言霊節考

言霊節考――深沢七郎論　「群像」一九九〇年一月号
バサマのオガ――七郎さんを思う　『深沢七郎集』第8巻月報8（筑摩書房、一九九七年九月）
寄物陳思という方法――三島由紀夫『中世・剣』を読む
　三島由紀夫『中世・剣』解説（講談社文芸文庫、一九九八年三月）
太宰治の玉手箱――『晩年』について　未発表（二〇〇八年師走、ある集りで）
〝孤島句〟のゆくえ――齋藤愼爾『永遠と一日』を遅れて読む　「てんでんこ」第8号（二〇一六年）

Ⅳ

読み・書き・ソリチュード

読み・書き・ソリチュード　「三田文学」一九九八年夏季号
精進用のコーヒー　『世界の文学11　プーシキン・ゴーゴリ・ツルゲーネフ』付録27（中央公論社、一九九四年十月）
〈翻訳家〉志願　「新潮」一九八九年八月号
肩書について　共同通信社配信（「神戸新聞」一九九三年十月二十日他）
ヨミの国から　「読売新聞」夕刊　一九九四年五月十一日
カナカナ蟬の鳴く風土　「産経新聞」夕刊　一九九四年八月六日
オイナシッポ考　「朝日新聞」夕刊　一九九四年九月十四日
辞典誕生のおそろしさ　「週刊読書人」一九九五年三月三十一日
初体験という事　「本」一九九六年四月号（講談社）
Shall we トランス？　「潮」一九九六年五月号（潮出版社）
モノマニアのモノ思い　「すばる」一九九七年十月号
拝啓シェイクスピア様　「朝日新聞」夕刊　一九九七年二月四日

成長する本　「出版ニュース」一九九八年十一月中旬号
光り輝く梨のつぶて　「読売新聞」夕刊　二〇〇〇年六月二十二日
岩波文庫に寄せて　「週刊読書人」二〇〇〇年八月四日
小文字のジャパンを求めて　「東北学」（第一期）第4号（東北芸術工科大学東北文化研究センター、二〇〇一年四月）
バベルの図書館　「福島県立図書館報」二〇〇二年九月三十日
〈本番〉の日々　「図書館の学校」第34号（二〇〇二年十月）
本番 book・on　「TOKYO 読書人」第一九三号（二〇〇二年春）
アマーガー平原で　「現代詩手帖」二〇〇四年五月号
書簡詩・民俗詩・舞踏詩　「現代詩手帖」二〇〇九年三月号

＊

リビドウ蕩尽——わらしべ句抄　「三田文学」二〇〇四年冬季号

室井光広　むろい・みつひろ

一九五五年、福島県南会津生まれ。早稲田大学政治経済学部中退、慶應義塾大学文学部哲学科卒業。著書に『猫又拾遺』（一九九四年、立風書房）、『おどるでく』（一九九四年、第一一一回芥川賞受賞）、『あとは野となれ』（一九九七年、ともに講談社）、『そして考』（一九九四年、文藝春秋）。文芸評論に『零の力』（一九八八年、群像新人文学賞受賞）、『キルケゴールとアンデルセン』（二〇〇〇年、ともに講談社）、『カフカ入門――世界文学依存症』（二〇〇七年）、『ドン・キホーテ讃歌――世界文学練習帖』（二〇〇八年、ともに東海大学出版会）、『プルースト逍遥』（二〇〇九年、五柳書院）、『柳田国男の話』（二〇一四年、東海教育研究所）。エッセー集に『縄文の記憶』（一九九六年、紀伊國屋書店）。訳書にシェイマス・ヒーニー『プリオキュペイションズ』（佐藤亨と共訳、国文社）などがある。

わらしべ集《しゅう》　《乾《けん》の巻《まき》》

二〇一六年九月二十七日　初版発行

著　者　室井光広
発行者　齋藤愼爾
発行所　深夜叢書社
郵便番号一三四―〇〇八七
東京都江戸川区清新町一―一―三四―六〇一
Mail : info@shinyasosho.com

印刷・製本　株式会社東京印書館

ISBN978-4-88032-433-3 C0095
落丁・乱丁本は送料小社負担でお取り替えいたします。

わらしべ集

坤の巻

室井光広
muroi mitsuhiro

深夜叢書社

V 道先案内になり迷子にもなること

VI

けぶりくらべ

VII

実存の私語《ささめごと》

装丁──髙林昭太

◉わらしべ集《乾の巻》　目次

わらしべ集　《坤の巻》

V

道先案内になり迷子にもなること

道先案内になり迷子にもなること

『シェイマス・ヒーニー全詩集 1966〜1991』（村田辰夫他訳、国文社）

本書はノーベル文学賞を受賞したアイルランド詩人の第一詩集『ある自然児の死』（一九六六年）から『ものの奥を見る』（一九九一年）までの八冊の詩集に散文詩集『ステーションズ』（抄）も加えて全一冊にまとめた、九百ページを超える浩瀚な労作である。

翻訳行為を指して「フランドルのタピストリーを裏側から眺める」ようなものだといったのは『ドン・キホーテ』の作者だった。だが特異な翻訳風土の中で生きるわれわれはそうした「裏側から」の視点をむしろ徹底化させ、ヒーニーの一詩篇のタイトルにもなっているような Field of Vision「視野」を獲得すべく努める他ない。

タピストリーの裏側から見えるのはぼろぼろの糸くずばかりだ。まして詩の翻訳ともなれば——と考えるのをここではやめて、他ならぬ詩作品の場合、自国のものであっても表の意味だけ理解して事足りる事態はありえないのだからと思い直す。つまり「裏側」にわだかまる糸くずの渦巻きを、詩行という表のラインが行き着いた果て、その闇の隠れ家のようにイメージしてみるのだ。

第一詩集の終りに「僕が詩を作るのは／自分を見るため　闇をこだまさせるため」と書いたヒーニーは、第二詩集を『闇への入口』（一九六九年）と名づけ、自分にわかっているのはこの Door into the Dark だけだと宣言する。われわれも三百篇を超える彼の詩業を受取るにあたって広大無辺の闇へのドアをさがす。詩行の「裏側」に垂れさがる糸が文字通り糸口となってくれることを願いながら。

第三詩集『冬を生きぬく』（一九七二年）所収の「浜辺の女」の第二連目から引く。

「私の糸は水底の流れへ確実に沈んだ／思いがけずかかったものだから手繰り始めると／糸は明かりに近づくと光って太くなった」

海釣りとおぼしき情景が描かれているのだが、「私の糸」はリアリズムの地平から「確実に」逃げ去り「闇の入口」を引き寄せる。詩の海で一本釣りをする際、われわれはこの種の糸を取りあえず自前で用意しなければならない。

糸を垂れる場所はむろん喩的に拡大される。『ものの奥を見る』中の詩篇にはそういう場所を扱ったものが多い。典型的な一篇「釣り糸投げと手繰り寄せ」の原語は Casting and Gathering である。詩的アクションを凝縮した一対の言葉といっていいだろう。「投げる」糸の中には、たとえば視線のようなラインも含まれるし、「手繰り寄せ」るものの中には、落葉のように掻き集められた言の葉も入る。Casting and Gathering の前に置かれた「三幅の絵」Three Drawing も、さらにその前の「印を付ける」Markings も、ラインを引いたりマークをつける詩行そのものをあらわしている詩篇だ。

「三幅の絵」の一幅には「糸はまるで日の出のように／輝き昇っていく」「ひたすら糸は伸びる」「糸が伸びるにまかせてから／リールを巻き込むと／踵の先から竿の先まで／流れの爪弾くような絶えざ

る引きと／自分が繋がっているのが感じられて嬉しい」とある。「水底の流れへ確実に沈んだ」糸を手繰り寄せ、ある種の「光に」当てると、糸は「光って太くな」り、べつの時空へ伸びてゆく。三部構成の第六詩集『ステーション島』（一九八四年）の第三部には「しっかりとペン軸を握り／整えられた行端から／欄外に向かって／まずひと筆　書き始めよ」というまえがきがある。条里制のように整然とした詩行から「欄外に向か」う糸は闇の入口で奇妙な凧につながる。「マイケルとクリストファーの凧」（『ステーション島』）の最終第五連で詩人は呼びかける。「凧が森のなかに突っ込んで落ち／この糸が役に立たなくなる前に／倅たちよ　両手でたぐりよせ　大地に根を下ろした長く尾を引く悲しみの／うなるようなこの引く力を感じるがいい／おまえたちはそのためにこそ生まれてきたのだ／お父さんのこの前に立って／強くうなるこの糸の引きの調べを感じるがいい」と。ここで第一詩集の「重力」という詩篇にもどってみてもいい。「空高く舞い上がった凧はまったく自由に泳いでいるように見えるが／目に見えない糸でしっかり操られている」とはじまるその詩は「パリで失明寸前のジョイスは／仲間の前で座興にオコーネル通りのいろんな店の名をあげた」エピソードにふれて終る。二十世紀文学の究極の宙空に舞い上ったジョイス凧も非在の糸によって操られていたと言うヒーニーが「長く尾を引く悲しみ」に支配された母国へ投げかける視線――それは「失明寸前」の薄明に包まれている。たとえ翻訳でも（これだけの量を一気に丁寧に通読すると）そうした闇への入口がおぼろげながら視えてくること請け合いである。

世界史にも類例の少ないアイルランド史のトラウマ、その「うなるような」「引きの調べ」を本書だけから聴きとるのが困難と思われる向きには、やはり詩人自身がものした批評的散文が参考になるのだけれど、残念ながらまとまった翻訳書はまだない。イェイツ以後最大のアイルランド詩人と目されるヒーニーへの親愛感は当方の中で急速に深まりつつあるので、彼の第一評論集『プリオキュペイションズ』を入手し、眺めていたところ、「新潮」九六年一月号に第二評論集『言語の統治』の巻頭エッセーである「暴君ネロ、チェホフのコニャック、ノッカー」(橋本槇矩訳)が掲載された。短いものではあるが、巻頭だけあってヒーニー的問題の急所が簡潔に語られている。「チェホフのコニャック」は『ステーション島』でも詩篇となって展開されているから、いわばこだわりのイメージとみていい。詳しくは前記エッセーを読んでいただくとして、要するに芸術と実人生との対立をめぐる古くて新しいテーマが、わが国の現在の空気などからは理解できない切実さで「投げかけられ」「手繰り寄せ」られている。

世界各地で今なおむきだしの暴力にさらされる詩人たちの痛みにふれた後、ヒーニーは書く。彼らが直面する試練のひとつはこの「過酷な時代」において「精神的、芸術的自尊心を守りつつ、両生類のように生き延びることである。それは、過去、数十年の北アイルランドの恐ろしい、屈辱的な歴史を生きてきた人ならだれもが理解できる試練である」と。

「両生類のように」——それは決して詩的な逃げ口上ではない。サハリンという「恐ろしい、屈辱的な」場所でチェホフがのんだコニャックと同じ性質の芳醇なる異化の酒(=詩精)を携えて詩人はわれわれを両生類として生きる終りのない旅に誘う。表の意味を滴り落としつつ「裏側」に隠れてしまう両生類ふうラインをいまひとつ拾っておく。「道先案内になり迷子にもなること」(「植民地」『闇への入口』所収)

作家案内　シェイマス・ヒーニー

『世界×現在×文学　作家ファイル』（国書刊行会、一九九六年十月）

英語圏でイェイツ以後最大の詩人であるとの評価は、一九九五年度のノーベル文学賞受賞によって不動のものとなった。しかし、同じアイルランド出身でもイェイツがいわゆるアングロ・アイリッシュに属するプロテスタントなのに比し、ヒーニーはカトリックの農家に九人兄弟の長男として生れている——この差異が孕む意味は小さくない。過小評価していたのでないことは、イェイツの文章からタイトルがとられた第一評論集『プリオキュペイションズ』（一九八〇年）によっても明らかであるが、イェイツの華麗な才腕が投げかける投網から身をすり抜けさせんと努めた時期があった模様だ。

第一評論集所収「土地の感覚」の中でヒーニーは、「魔法のような世界の景色を垣間見せてくれる」生地の「土台《ファウンデーション》」について語る。そのファウンデーションは「異教的であると同時にキリスト教的な思想と習慣から成る」もので、そこに生育する植物にはほとんど例外なく、religare という言葉の語源通りに人を「しばりつける」(religious) 力があった、と。西欧語の「宗教」は、人間的な悪や苦悩から脱却した後、絶対的なるものと「再び」(re)「結合する」(ligare) ことを意味するが、ヒーニーにとって宗教（religion）とは何よりも身心を「しばりつける」土地の霊力として意識された。第一詩集『あるナチュラリストの死』（一九六六年）に収められた作品の多くが、そうした地霊にすすんで取り憑かれたいという願望をにじませている。だが「再び結合」しえた世界は特異なフィールドだった。

初期ヒーニー詩を解読するキーワードともいうべき naturalist は、生物学者・自然主義者・自然児などのニュアンスを孕む多義語である。北アイルランドなる土地に「しばりつける」固有の〝宗教〟への複雑な思いを盛り込んだ第一詩集のタイトル〈ナチュラリストの死〉が「道先案内と迷子」を兼ねて生きるすべての人間が当面する〝ネーチャー喪失〟状態をカバーしうるじつに卓抜なネーミングであることはことわるまでもないだろう。

ベルファストの母校クイーンズ大学の講師をつとめた一九六六年から七二年までの間に第二詩集『闇への入口』（一九六九年）を出版、一九七二年、アメリカのカリフォルニア大学バークレイ校に一年間招待されて帰国した直後、デリーで世にいう「血の日曜日」事件が勃発。イギリスとアイルランドとの対立が激化するキッカケとなったこの事件は詩人にも強い衝撃を与えたにちがいない。同年ヒーニーは詩作に専念する決意を固めた。前記『プリオキュ・ペイションズ』の序には、「一九七二年の復活祭に、私はクイーンズ大学英文学科のまったく申し分のない職を辞す決意をし、同年夏ウィックロー州グランモアに家族ともども移り住んだ。私は意識して詩作を生活の中心に据えようと決心したのだった。それは一種の試金石《テスト》であった」と書かれている。試練《テスト》の結果は、しかしすぐには作品化されないし、またそうすべきでない。現実の北アイルランド紛争（the Troubles）を〝横眼でにらみながら〟詩人は、魂を錬成する沈潜期に入る。『冬を生きぬく』（一九七二年）を経て、『北へ』が出版されたのが七五年。この詩集でTroublesの一端が対象化されはしたが、「北」は血のルーツ北欧を志向しつつ、泥炭地に埋もれる骨の物語がうたわれることからもわかるように、アレゴリーと幻の霧につつまれる方向にむかう。

『フィールドワーク』（一九七九年）のfieldもまたnaturalist同様多義語であり、ヒーニー詩を解くもう一つのカギとなりうる。『ステイション島』（一九八四年）も『サンザシ提灯』（一九八七年）も『ものの奥をみる』（一九九一年）も多様多彩な〈フィールドワーク〉（野良仕事・自然観察・野外作業〔採集〕・実地調査〔研究〕など）の延長線上にある作品といっていい。

〈ナチュラリストの死〉&〈フィールドワーク〉は、ヒーニー文学の背骨をなす不可分のテーマである。

族長の戦略

ボルヘス編『アルゼンチン短篇集』(内田吉彦訳、国書刊行会「バベルの図書館」20)

緑のない極北の地に住む少数民族は、背の蒼い魚をたべて栄養のバランスを保ち、肉食一辺倒のライオンは、草食動物を襲って、真っ先にその胃袋を食うという。追い詰められるエスキモーや野生ライオンの命脈に、わが国でいう純文学なるものの末路を重ねあわせてみるとき、ボルヘス編纂「バベルの図書館」全三十巻の存在がひときわ異彩を放つ。喩えはボルヘスを見倣っていかようにも応用されうる。純文学という少数民族のなかでも特に絶対少数であったはずの「幻想」を食う部族は、ボルヘスという類まれな族長の出現によっていわば全世界連合の夢を果たした。世界文学全集の常識的構成要素である長篇をしりぞけた形式的偏向もさることながら、選出された短篇の内容面での偏奇もボルヘスならではのものだ。族長自身の出身圏、それが第二十巻『アルゼンチン短篇集』であり、コルタサル他八篇が収められている。「アルゼンチン文学は、アメリカ大陸の他の国々がスペイン人に提供したものとは、つねになにほどかことなっていた。前世紀の末にはアルゼンチンではガウチョ詩という固有のジャンルが発生したし、いまでは幻想文学への傾向をおびた作家、現実のたんなる転写は試みない作家が大勢いる」と編者序文（土岐恒二訳）は書き出される。われわれになじみのあるコルタサルについても、収録短篇は「長篇小説ほど有名ではないが、おそらく長篇小説よりいい」とボルヘスは言ってのける。

「現実のたんなる転写」ではない文学――それが短篇と幻想一辺倒の少数民族族長のかかげる旗印だが、「アメリカ大陸の他の国々がスペイン人に提供したものとは、つねになにほどかことなっていた」という差異の強調には独特の思い入れが込められていよう。「本巻には、短いながら、ここに描かれた南米の孤独をどうしても忘れることのできないわれわれの声が聞こえている」という序文のしめくくりは、極東に位置するわれわれ少数文学圏の住人の孤独に訴える。ボルヘス文学を、われわれは欧米の正統派文学と「つねになにほどかことな」るものとして、一種の仲間意識で読む。そしてその胃袋をライオンのように食い破る。多数派を占める必要はもとよりないにしても、少数派の孤独を癒すバランスのとれた滋養は必須なのである。ボルヘス文学の胃袋の中身こそが、「バベルの図書館」の全容であろうが、『アルゼンチン短篇集』は「バベル」に包み込まれているかにみえてじつは包み込んでいる胃袋そのものといっていい。本全集に日本篇がないのを残念に思わないわけではないけれど、少数民族の一員としては、族長の華麗な文学的魔術の一端をひそかに盗みとることで瞑すべきであろう。他部族の名の知れた作家たちの声を招き寄せたその同じ殿堂で「どうしても忘れることのできないわれわれの声」を交響させる戦略を、本書は暗示している。

板子一枚下の幻想

フリオ・コルタサル『すべての火は火』（木村榮一訳、水声社）

ダンテの神曲によれば南北両半球に分けられたわれわれの地球のうち南半球に突出する山が浄罪山でその山頂は火天につながっているという。長篇『石蹴り遊び』によってヨーロッパ型の作家としての地位を不動のものにしたコルタサルの故地は南米、われらがボルヘスと同じアルゼンチンである。三十代の終り頃フランスに留学し、そのまま帰国しなかったこの作家が紡ぎ出す幻想の生地は一種のオブセッションから出来ている。表題作を含む八篇より成る本書にもそれを鮮やかに看て取ることができる。若きコルタサルの短篇を最初にひろいあげた人こそ編集者ボルヘスであったらしいが、その短篇「占拠された家」の収められた『バベルの図書館』第二十巻に寄せた序文をボルヘスは「南米の孤独」という象徴的言葉でしめくくっている。冒頭の神曲世界の布置は、コルタサルの生涯にわたるオブセッション＝「南米の孤独」を象徴するものだという思いを抱きながら私は本書を読み終えた。むろん私の連想は、たまたまわが師父の導きで巡礼していたのが神曲だった偶然に拠るもので、「すべての火は火」というタイトルが真に何を意味するかについては巻末の訳者解説にあるような解釈につくのが正しいだろう。評者の読み方は、ローマ時代の円形競技場と現代のパリのアパルトマンにかかってくる電話の中という途方もなくかけ離れた二つの物語世界が「合流」する表題作の手法に従ってみただけのことだ。まるで「電話をかける」を「神話を翔ける」といいまちがってしまったために生じたかのような幻想の海、そこを漂うのは舟でさえなく、ただの板切れである。板子一枚下は地獄――とはいつも危険にさらされている船乗り稼業をさしたわが国のたとえだけれど、天堂と地獄をつなぐ浄罪山が故地南米の孤独の中にも実在すると信じる者にとって、「火のついた天幕の切れ端が舞い落ちてきて、彼の上に落ち」「下では野獣のようになった群衆がひしめいていて、とてもここから抜け出せそうにありません」というふうな表題作フィナーレのありさまは板子一枚下の幻想そのものである。天幕や群衆がどんなストーリーの中にあるかなどはコルタサル作品にあってまったく重要でなく、「とてもここから抜け出せそうにありません」のセリフだけが異様なリアリティを持つ。現実には、たとえば受話器を下ろしてしまえば「こんなに苦しまなくてもすむのに」。

とたんに壁のようなものがふっと消えて何もかもばかばかしくなる。ちっぽけで狭い地獄。

（「すべての火は火」）

巻頭の「南部高速道路」における渋滞、「病人たちの健康」における嘘の重層性、「合流」における死と生のあわいに生じる詩的瞑想、「正午の島」における瞬間の夢想、等々脱出不可能の夢魔的状況が描かれるどの作品の背後にも「夢の中の火はひどく激しく燃えたため、とうとう夢はやぶれてしまった」といった「浄罪篇」の歌が通奏低音として流れているように思われる。

　われわれとしてはあの邯鄲の夢の枕などを想い起こしてみてもよいわけだが、本書に影を落としているのは「南米の孤独」の温床ともいうべき独特の風習、すなわちシエスタ（午睡）であろう。高速道路の渋滞が長びいたあげく密なる描写の後「昼寝の時間になった」と改行される箇所などにそのリアリティがにじむ。「こちら側」と「向こう側」なるコルタサル文学の重要因子をつなぐ橋としてシエスタは実在する。が、橋は実は一枚の板にすぎない。虹の如き橋幻想をふくらませたうえでそれは浄火に焼かれる。故地南米とフランス、そのどちらが「向こう側」かわからないが、地《テイエラ》から天《シエロ》に至る神曲的遊戯を扱った『石蹴り遊び』にはこうある。「観念はN《エヌ》・R《エル》・F《エフ》に任せて、板をしっかり押さえていろよ」

時々の「逃げ場」

『オーデン詩集』（沢崎順之助訳編、海外詩文庫4、思潮社）

翻訳の問題にどう対処するか。私は長いことこの問いを詩の翻訳は不可能という常識に直結させず、不毛で私的な倫理的実践の問題としてとらえてきた。倫理的実践とはまたいかにも大仰な物言いだけれど、二十代から三十代半ばにかけて詩作に費やされた歳月の取り返しのつかなさを想うとついそんなふうにいってみたくもなる。私はボーダーに位置するものに興味をもった。だからひたすら詩ジャンルを横断することに情熱をもやした。短歌・俳句・現代詩、はては現代歌謡（古代歌謡の向こうをはるジャンルをむりにこしらえた）に至るまで、かの二条河原落首よろしく「近頃ワタシに流行るもの」などと放吟しつつ、一座ソロワヌエセ詩歌のすさび、私の考える翻訳実践はつづけられた。実践行の場所は独居房だ。つまり古代以来詩作にむかう精神の御多分にもれず私もまた現実から何らかの形で〝廃嫡〟を迫られた人間だったというわけだが、このことをナイーヴに語りすぎてはなるまい。それはあくまで〝唯物論〟的な体験である。たとえば物が落ちてきて下敷きになるような感覚が独居房への道をひらくのだ。

ハンディで廉価版の海外詩文庫が出た（小沢書店刊の「双書・20世紀の詩人」にも入った）機会に、これまでエズラ・パウンド以外故意に無視していた大詩人の一人オーデンをじっくり読んでみて、迂回的な翻訳力磨きの年月がまったくの徒《あだ》ではなかったことを実感させられ素直に喜んだ。むろん語学はできるにこしたことはない。私自身、自発的亡命先の独房を晴れて出所した後あつかましくも強引に専門家の弟子入りをはたし、原典購読の会に加えてもらっている。このありがたい師から『オーデン詩集』を読むための〝翻訳ツール〟も借りた。といってもそれは原典ではなく、オーデンの代表的エッセー集『染物屋の手』の翻訳本（中桐雅夫訳）である。インディアンの族長かと見紛うほどのすばらしい肖像写真付きの本書序文でオーデンは、詩は全部好きだからこそ自発的に書いたものだが批評文はどれも他からの要求で多くは金のために書いたといっている。詩を読むための翻訳ツールたりうるユエンを私はここに見出す。私の好きな詩「アイスランド紀行」の一節には「ヨーロッパはここにない。ここは島で、最後の／逃げ場でもある。死者の怨念がまだ残っているという／夢のお告げがあると、金銭でもって／死者の感情をなだめる」とある。自発的に書いた詩は死者と対話する翻訳手段である。翻訳作業を持続する最大の武器は「音楽の心があれば／過ちなく過ちのない道を辿っていける」（「中国からのソネット」）という思いだった。マルクス思想や実存主義やフロイディズムなどに時々の「逃げ場」を求めながら様々な詩型を棲家にしたオーデンが至り着いた究極のシェルターはアイスランドのような独房とでもいう他ない。「死者の怨念」そのものを詩化することと「金銭でもって死者の感情をなだめる」こと、そのボーダーに「わたしの性格は染物屋の手のように混ぜ合わすものの色に染まる」（シェイクスピア「ソネット集」）と詩《うた》う特異な翻訳者がいる。

急場を凌ぐ幻想

アレホ・カルペンティエル『**追跡**』（杉浦勉訳、水声社）

一九〇四年キューバの首都ハバナでフランス人の父と白系ロシア人の母との間に生れた作家、と書いただけで中米の歴史事情に疎い当方の脳裡に一見無責任な語呂合わせふう言葉が点滅する。キューバを急場と漢字表記してしまいたい衝動に駆られるのだ。一八九八年米西戦争によってスペインから独立後、五九年社会主義政権を樹立するに至るこの国の文学について評者は何ひとつ知るところがない。魔術的リアリズムなる旗印をかかげ世界文学に輝かしい足跡を印すラテンアメリカ文学の一翼を担う作家としてカルペンティエルの名を記憶している事情は大方と同じである。独裁者ヘラルド・マチャードに反対する運動に加わって投獄された後フランスに逃亡、十年余にわたるパリ生活の間シュルレアリストたちと交流、やがて母国に戻るも四五年には再び亡命をしいられる。五九年の革命以降ようやく帰国できることになるが、六二年のキューバ危機といった世界史的事件一つとっても、この中米の小島が急場でありつづけたこと、そしてその大波に先鋭な作家が翻弄されずに済まなかったことは容易に想像される。

たとえば急場凌ぎとは一時の間に合わせで辛うじてその場を切り抜ける、どちらかといえば悪しき意味合いで用いられる言葉だけれど、もちろん私はせっぱつまった状況を真に凌駕するというポジティヴな地平に転位させてイメージしているわけで、本書の読了後そのイメージはさらに強固なものになった。

一応小説として分類されているものの、生なかの読みでは座礁する危険性が高い。シュルレアリスムの洗礼を受けた作家の作物の中でもこれはとりわけ「読みの困難さ」をつのらせる作であるらしい。したがって物語のあらすじなど紹介してみても詮ないことである。追う者、追われる者というありふれた結構をとりながら文体は特異な散文詩調であり、訳者解説によればスペイン古典文学の伝統ジャンル「聖体神秘劇」なる枠組が下敷きになっているという。かかる作品を、しかも翻訳で読む場合ひとすじ縄でゆかないのは当然だ。評者自身は詩の十年選手をつづけた貧しい体験を総動員しつつスリリングに読みすすめた。

本書の書かれたのが一九五五年、唯一の短篇集『時との戦い』に収録された初版刊行が五八年、という日時の確認はやはりこの作家にあって重要だ。革命うんぬんの政治的要素はこの中篇にも濃い影を落としているが、時との戦いというカルペンティエル文学のテーマは究極のところで政治の呪縛を解き放つ。表題の追跡とは、他ならぬその解放の時に向けて読む者と書く者とが追い込まれてゆくドラマの総体である。

本書にはいくつかの（訳文ではゴチック体で強調された）シンボル記号ふうの断片が置かれている。その一つ……逃亡者とおぼしき人物の持ち運ぶトランクの蓋には、「急行」と記した紙が貼りつけられている。何を意味するのか、物語的に納得のゆく説明はどこにもない。それでも読み手は、受難と再生の劇空間の中で、謎の「急行」列車に乗っている自分を発見する。「心配しないように。われわれは務めを果たすことができるだろう」。「だがすぐに。いかなる手段を講じようとも！」

　これは三部構成のⅡから引いた言葉で訳文はゴチックになっている。表明の背後には急場の危機に直面させられた者の抱懐するぎりぎりの幻想がある。Ⅲには「眠れ、まず眠ることだ。その向こうにもうひとつの時代は始まるだろう」という独白が見出されるけれど、最後の最後まで言葉は眠ることを許されない。クリティカルポイントに立つ者は「急行」列車の中でしか眠れないのだ。

　急場を凌駕し超越する作品の一つである本書はキューバ文学の水準をはるかにしのいだ異色作なのに違いない。

里子に出た鬼子の日常

『ポール・マルドゥーンとの出会い』（現代英米詩研究会編、国文社）

「北アイルランド詩の現在」というサブタイトルの付く本書は、現代英米詩研究会（代表羽矢謙一）による本邦初の詩集翻訳、註解、研究論考を集めた労作である。恥ずかしいことに、アイルランド（には特別の思い入れがあるのだけれど）詩人といわれて評者の頭に浮かぶのはW・B・イェイツ、近いところでせいぜいシェイマス・ヒーニーくらいのものだった。本書を編んだ研究者たちの情熱にうながされ、ヒーニーの衣鉢を継ぐ北アイルランド詩人の中でも異色の光芒を放つポール・マルドゥーンの全体像をおぼろげながら捉える機会に恵まれたのはつい最近のことである。

出会いは、いつどこでどのような形でなされるかわからない。とくに、詩（人）――まして海外の――との出会いに至っては。マルドゥーンの仕事の内実については本書の半分以上を占める諸氏の篤実な論考を読んでいただくとして、当方にできるのは私的な出会いをめぐる素描にすぎない。はじめに極言してしまえば、私の場合、出会いを支えるものは〝眼には眼を、詩には直感を！〟という居直りである。

本書に収められているのは一九八七年に刊行された詩集「イギリス人との出会い」Meeting the British の翻訳だが、当該の一篇を読んだ後も、どうしてこの詩が「イギリス人との出会い」なのか、通常のリアリズムの視点で行を追った限りでは容易につかめない。編訳者諸氏の言葉をかりれば、マルドゥーンは北アイルランドの他のどの詩人よりも「韜晦」的で、「腹話術」的作風がきわ立つ。人は出遭うためにあえて別離の道を歩むことがある。より良く語るために、人が、いや詩人が沈黙を武器とせねばならないのはもはや常識と化している真理だけれど、詩行の間が別離や沈黙の棲みなす場所であることの意味をわれわれは何度でも受取り直す必要がある。

詩行の間に潜む魔の貌は、限りなく腹話術師のそれに似ている。

詩（＝文学）のはじめに何があったのか。いわずと知れた「傷」である。傷にはいろいろな発生要因があるが、もっともすさまじいのが、政治的暴力による「抑圧」だ。血で血を洗う北アイルランドの傷跡に当てる包帯が今やどれほど巨大で大量なものとなっているか、について多言は要すまい。編訳者の一人佐藤亨氏によれば、マルドゥーンの師ヒーニーの詩の一篇に、アイルランドが英国との歴史のなかで負ったトラウマである国境そのものを比喩化した作品があり、そのフレーズに「僕は予見する／踏みにじられ妊娠の跡が残った肉体は／どんな条約が結ばれても完全に癒されることはない／切り開かれた土地のように　激しい痛みがひりひり残り　傷はふたたび疼くだろう」と書かれているそうだ。

北アイルランドはいわば暴力的な性交によって生れた非嫡子である。この歴史の「遺産」をヒーニー以後の詩人、つまりはわれわれの『同時代』というより『同世代』（本書あとがき）詩人の代表であるマルドゥーンもまた負っている。この負の「遺産」を背負わぬ詩人など読むに値しない。ただマルドゥーンの場合、癒されぬ傷は極端なまでに「韜晦」化された手法で語られほとんどソノコトは語られぬまま、二元的な「痛み」の声はおおむね「多声」の中にまぎれてしまうことが多い。「ファジー」なそのトーンには軽みさえ漂う。リアリスティックな地平で〝英国人と出会う〟ことを期待する読者はたぶんはぐらかされた印象を抱くだろう。

それでも、詩人マルドゥーンは、傷跡だらけの大地に生をうけた鬼子の感覚をひきずる者である。この鬼子が、われわれの「同世代」に位置するのは、自らの意志で里子に出たからだと私は思い定める。

本書の扉には、来日も果たした詩人の序詩が付いている。「日本の読者によせて」とあるその「鉛筆の芯」なる一篇は「佐藤の名刀ではないのです」とはじまり、その昔、イェイツに日本の佐藤某が贈った「聖なる刃」でもなければ「小野田寛郎がフィリピンで」用いたような短剣でもなく、「ぼくの内なる何もかもが言葉にしたがっていることは／学校の教室での敵だったオクリアリーが／鉛筆をぼくのむき出しの太腿に（一行略）芯が折れるほど力を入れて突き刺した／あの時出来た小さなこの傷痕なのです」と終る。

「教室の敵だったオクリアリー」は大英帝国のような敵ではない。ささやかで個人的な、なつかしくすらあるその小さな「敵」もまた、たとえば移民となってアメリカに渡ったかもしれない。詩集にそんなことが書かれているわけではないが、この類の「傷痕」を浮き彫りにすることにマルドゥーンはかなりの情熱を捧げているように見える。

鬼子は今では移民の国アメリカで里子として暮らしている。鬼子は、一見何の関係もなさそうな種々の事物に「傷痕」を幻視する。所収の詩の断片を引けば、「人間に備わった働きの一つは忘れることだ」（「落ちた！」）とつぶやきながら、彼は思いを巡らす。「何かほかのことに、それからさらに何かほかのことへと」（「何かほかのこと」）

ほかのことの一つには、たとえばカペル川の鮭が登場する。「天使の顔をもつ」その稚魚にタグ番号を付ける「ぼく」にとって、どうしてそいつらは「息苦しい秋の魚」なのか。もちろん、魂の故地を求めて奔流をさかのぼる鮭の姿に、里子に出たままの自分を重ねたからだろう。

集中もっとも有名な詩篇「ミッダ街七番地」にはこう書かれている。

「かつてわれわれを縛り付けていた幾つもの根は／とにかく、この国では切断されていて／いまわれわれはみな根なし草なのだ」

ここにいう「いま」とは単なる最先端の現在ではないと私は思う。他の詩集に収められている「アンショウ」の一節をさらに引く。

「コリッジランズの小学校では／先生が出席をとるとき／自分の名前が呼ばれたら／『アンショウ』と返事をして／手をあげることになっていた」（本書一八六頁）

「アンショウ」anseo とは詩人本来の母語であるゲール語で「ここ、今ここに、／すべてがいて確かな」の意だそうだ。なんと含蓄のある（しかも簡潔な！）言葉であろうか。たった一語との出会いに震撼された私は本書を一読した後、安心して「アンショウ」に乗り上げる。

読み書きソリチュード

エンリケ・アンデルソン゠インベル『**魔法の書**』（鼓直・西川喬訳、国書刊行会）

ブエノスアイレスとモンテビデオを中心とするラ・プラタ河流域がラテンアメリカ幻想文学のもっとも豊かな〈水源〉であり、十九世紀後半からゴシック小説をはじめ欧米の幻想小説や怪奇譚などがさかんに翻訳紹介されており、敬愛するボルヘスもこのラ・プラタ河幻想文学の代表的な作家として位置づけられる……といった文学史的常識を私はつい最近になって知った。外国の文学思想受容をめぐるお決まりのファッションをしりぞけようと、私はボルヘスをいわゆるラテンアメリカ文学ブームの波から切り離して愛読してきたのだったし、その心積もりに今も変わりはないが、一人の作家が固有の風土に根ざす存在であることの意味はやはり大きい。

本書を読む機会を与えられてあらためてそういう思いを誘われた。アンデルソン゠インベルなる作家を本書ではじめて知った次第だが、一読してボルヘスふうのテーマ色が濃いのに驚かされた。率直な感想としては、ボルヘス的凝縮性に欠ける印象をもたざるをえなかったのだけれど、他ならぬボルヘスならばかかる月並みないい方をよろこびはしないだろうと考え直す。

かつてM・フーコーはマルクス主義に向けて、十九世紀という水槽以外にはいかなる場所でも棲息不可能である魚のような存在だと言い放ち、われわれを驚愕させた。アンデルソン゠インベルも、ボルヘスにつながる冒頭のラ・プラタ河幻想派に属する作家と位置づけてよいらしいが、こと文学に関する限り、フーコー流の云い廻しは、むしろポジティヴな地平に転位させうると私は思う。

この短篇集にボルヘスの影響をみるのはたやすい。しかしそんな視点は文学的時間゠川の豊饒さをとらえ損なう。短篇集『魔法の書』を読み終ると、ラ・プラタ河幻想流域がまたひとつ拡大され、魚となったわれわれはそこで生きられる河を発見する。

「何を語るかということではなくて、いかにそれを語るかである」が著者の信条だと、訳者あとがきにある。ラ・プラタ河が幻想の水脈である以上、「何を語るか」は問題にならず、幻想をさらに多彩なものにするべく「いかにそれを語るか」が至上命題となる。収められた十九篇はこの命題の見本市の観を呈している。

表題作「魔法の書」に次のような一節がある。

> 読み手の数だけテクストが存在するということだろうか？　ふたりの人間は同一のものを読むことはできないということか？（中略）言語は、それ自体としては存在しない。存在するのは、それを話す者たちである。書物についてもおなじ。何者かが読みはじめるまでは、それは記号のカオスでしかない。読み手こそが、こんがらがった文字に生命を与えるのだ。

本書全体のテーマといってさしつかえない思想が語られている。むろんこの水脈のほんの少し上流には、もっと詩の成分を多量に含むボルヘスの究極の短篇が位置するし、フリオ・コルタサルの作品も近い。「語り方」に乗せられ、そうした上流への遡行も可能だし、逆にわれわれ自身のいる川の近辺までいっきょに戻らされもする。「読み手の数だけテクストが存在する」という一種の文学的信仰は、われわれ一人一人に「読むこと＝書くこと」の世界を開示するからだ。一見おどろおどろしく思える「魔法の書」とはこの世界の別名に他ならない。

読み＝書きが表裏一体となった幻想流域に立つこの家に棲む者の資格はといえばそれはたった一つ——孤独だけだ。読み書きソロバンならぬ読み書きソリチュードが必須の条件なのだ。

所収の短篇「亡霊」からさらに引いておく。

何という孤独！　生者の世界には、愛というものの力で家族みんなを引き寄せる人間はもはやいなくなった。宇宙のどこかで会える可能性はなくなった。もはや希望はない。ろうそくが燃えるこの家には、妻や娘たちの霊もいるにちがいない。

シーニュとイマージュ

ミシェル・トゥルニエ『**黄金のしずく**』（榊原晃三訳、新潮社）

この作家のものを読むのははじめてだが、一九八五年発表当時、フランスでベストセラーになった小説なのだそうである。

哲学的テーマを一種の寓話に仕立て上げる作風をもつとされるトゥルニエ五つ目の長篇は、しかし意外に読みやすい。往きつ戻りつしたり立往生したりといった当方好みの難読はほとんど体験することなく、一気にフィナーレまで連れてゆかれた。

「訳者あとがき」によればトゥルニエ文学の性格をフランスのある批評家は〈ジゴーニュ〉なる言葉で形容した。〈ジゴーニュ〉とは民衆劇に登場する、スカートの下から子供をゾロゾロと出すおばさんのことで、子だくさんの意味がある一方、ロケット用語では〈多段式の〉にもなるという。

たしかにこのイメージ、いや本書のテーマである多義語に即せばこのイマージュは、当方の読後感にもかなう。ストーリーテリングの力によって主人公のマグレブの少年、イドゥリスと共に波瀾万丈の物語を生きたという実感は希薄である。サハラ砂漠のオアシスに生きる少年がフランスから来た女性カメラマンに写真を撮られる物語の発端は最後まで膨らみをもたない印象だ。戦略的にそう布置されているのだろう。

写真を撮られると魂を盗られるという伝承が生きている共同体の成員である主人公は、イマージュの権化ともいうべきその写真を取り戻すべく移民労働者となってパリへ行く。タイトルになっている〈黄金のしずく〉は出立間際オアシスの結婚式で踊り子から入手した宝石であるが、パリに着く前に娼婦に奪われてしまう。

物語の定石を踏み、〈黄金のしずく〉は主人公がパリに着いてから再び眼にすることになるけれど、大団円に至っても手の届かない所に置かれたままだ。

踊り子ゼット・ゾベイダの美しい宝石、切れた革ひもがくっついている〈黄金のしずく〉を拾い、手のひらで転がし、朝日の中で揺らす時、次のようなフレーズが音楽として少年の耳に蘇る。

コオロギが羽の上に文字を書く。
トンボが羽の上で中傷文を震わせる……

これは種々のヴァリアントを伴って本書全体を奏でるライトモチーフのような呪文である。写真がイマージュの典型であるのに比し〈黄金のしずく〉と踊り子のダンスに伴うこのフレーズは、シーニュの化身とみなされる。

作者は〈黄金のしずく〉を「自然の中にはモデルが見出せない、抽象的で絶対的な宝石」とも表現する。本書に投入された「抽象的で、絶対的な宝石」のようなコントあるいはエピソードは〈ジゴーニュ〉文学の面目を施しているが、それはことさら異質性がきわだつことをねらっているふうにも思える。ハッキリいえば、これら断片の語りの強度と輝きに比べると、物語の主軸展開をめぐる牽引力は相対的に弱いと感じられる。

シーニュとイマージュ。本書のテーマをそう記せばあまりに図式的かもしれないが、作家自身が作中で繰り返し使用している言葉であるから、読み取りのキーワードから外してしまうことはできないだろう。フランス語にくらい評者は仕方なく、手もとの小辞典でシーニュを引いてみる。しるし、目じるし、徴候、気配、形跡、予兆、症状、奇蹟のあらわれ、表情、身振り、合図、符号、記号……等々の言葉が並ぶ。本文の使用例をあげれば、「この孤独なしずくのような御守りの沈黙の中には、すべてのことが表現されているように思われる。空、地、砂漠の動物、海の魚を模倣している、すべてのしずく状の宝石類とちがい、この黄金のしずくはそれ自体を語るほかには何も語ろうとしない。これこそ純粋の徴《シーニュ》であり、完全無比の形なのである」。

一方のイマージュについては序章にあたる部分、少年イドゥリスがランドローヴァーに乗ったフランスの女性カメラマンに写真を撮られるシーンに、親切な訳注がついているのでそれを写す。image——「ラテン語 imago（像）が語源。像、肖像、映像、画像、姿、形、似姿、心に描く観念、印象、記憶にとどめる残像、面影、比喩、影、幻影、表象、写し、妖怪などの意味がある」。本文の使用例は数多いが、一つだけ、先のシーニュのくだりに接続する部分をひいておく。「ゼット・ゾベイダと彼女の〈黄金のしずく〉が、イマージュを持たない世界の発現物であり、あのカメラを持ったプラチナ・ブロンドの女性の反対命題《アンチ・テーゼ》であり、そしておそらく解毒剤であるということを、その夜、イドゥリスは薄々感じ始めていたのかも知れない」

これら二つの多義語が光と影のように織りなす物語。シーニュ讃歌と、純粋イマージュ批判が本書の主たる意図であるには違いない。だが小説という器はそうした二項対立的な構図を破壊する機能をもっている。作家はそれを承知の上で揺るぎないオマージュを提出してみせた。

イマージュならぬオマージュは本当のところ何に向けられているか。本書に付けられた「原著者後記」でそれがおぼろげながら明らかになる。「サハラ、それはサハラ以上に豊かである。イスラムは汲めどもつきぬ井戸である」という書き出しの中に、作家の偏愛する異なる世界の正体が露わになる。サハラ以上に豊かなサハラ。作家の面魂が看取される言草である。実在の大佐アレクサンドル・ベルナール（じっさいに作家はこの人物に会って取材した）の回想録をもとに創作された人物シジスベール・ド・ボーフォンの思い出話を主人公イドゥリスが聞く章についてトゥルニエはみずからこう解説する、「シジスベール・ド・ボーフォンが手首を人に見せて自殺しようとした時の傷跡を示そうとした時、イドゥリスは明らかに何も見ていない。その傷跡は、わたしがアレクサンドル・ベルナールの手首に見たものなのである」と。

こういうしたたかな物言いに接すれば、砂漠のオアシスから一人の少年が作家の想像力によって召喚され、イマージュの国フランスへの旅をする物語の主軸に覚える不自然さなどどこやらへ吹き飛んでしまう。〝イドゥリス以上に豊かなイドゥリス〟が「汲めどもつきぬ井戸」の中にいるらしいのだ。

縁側で

『ユリシーズのダブリン』（柳瀬尚紀編・訳、松永学写真、河出書房新社）

「ダブリンの風景と『ユリシーズ』のテクストを織り合わせたような本」（「まえがき」）を眺める愉しさは、ジョイス作品世界の縁側に座り込んで、そこの住人たちと軽いおしゃべりができるという錯覚の中に生れる。

原文対訳の新訳抜萃が作品本体の縁側の一部として機能する一方、写真は住人たちがおしゃべりのサカナに見せてくれるアルバムの一部の役割を果たす。

ジョイス作品の母屋には、『ユリシーズ』に登場する当方の好きなエピソードをかりていうなら「万有倉庫《アーカーサ》」なる巨大な倉が接続している。様々な理由で正面玄関から堂々と母屋に入っていくのが躊躇される者のために、縁側は開け放たれている。いや柳瀬氏のような練達の案内人がその戸を開けてくれているのだ。

同氏が先頃書きおろした『ジェイムズ・ジョイスの謎を解く』（岩波新書）の序章は、「一冊の本を手にしたとき、人は最初の頁の最初の行から読み出すわけではない。絶対にほかの頁に目をむけず最初の頁の最初の行から読み始めるというのは、まずありえないのだ」とはじまる。『ユリシーズ』は「任意の頁をめくる」といった読み方を、むしろポジティヴに実行し、「そのような読みを何度でも繰り返す」べき書物であることが強調される。

ジョイスを偏愛しながらジョイスの英語に歯が立たない読者の一人である僕は、作家を真似てささやかな造語（？）を試みる。それが縁側だ。

東北の奥山育ちの僕は、昔々、友人の家で交流をはかる際の最適の場所だと、しみじみ縁側の良さをかみしめたものだった。どこの農家にもあったあの平凡な縁側がどうして造語たりうるのか。

英語で物事の「明るい側面を」「暗い側面を」みるという場合、サニーサイド、ダークサイドなる語を用いたりするが、僕は和洋混在のヨミで〈物事を縁側《エニシサイド》で考える〉傾向の強い人間である。

たとえば本書の五七ページの写真に付いた「陽の当る側に渡り、七五番地のゆるんだ揚げ蓋をよけて歩く……」のような文を、僕は縁側に引き寄せる。五一ページにある原文によると、この「陽の当る側」は the bright side となっている。すぐあとには、「幸せな温もり」happy warmth の中をブルーム氏が歩んでゆく姿も描かれる。

ジョイス作品の母屋へ正面玄関から入り、せめて「万有倉庫」との接続部屋の辺りにまで踏み込んでみたいという願望がいつ成就されるのかはなはだ心もとないけれど、縁側での「幸せな温もり」も捨てがたい。ジョイスを反復して読みつづけることで名状しがたい励ましを受ける。それは揺るぎない事実なのだが、ジョイスと自分を結びつける真の縁が何であるのかさらに見きわめてから正面玄関へ廻っても遅くはあるまいなどと口実を作ったりもする。

特異な縁側でひたすら耳を澄ますと、「万有倉庫」から声がきこえてくる。その声には緑のエコーが付着している。

ダブリンという地名はアイルランド語のドウブリン（黒いよどみ）からきているそうである。どこのメーカーだったか忘れたが、『ユリシーズ』に出てくる「蓄音機」とは比較にならない最新鋭機器が発売されたというCMをふと思い出した。その商品名はダブリン（Doubling?)。録音した自分の歌声に種々の効果音のエコーをつけられる機能をもつというのだ。事物に潜む声に多様なひびきを創り加える魂の作業に生涯を費やしたジョイス、オペラ的エコーに感応した冥界のジョイスにこの新製品を贈ってやりたいものだなどと愚考したのを思い出したのだった。

差異化された場所にこだわる言葉——新しい〈世界文学〉刊行に寄せて

シリーズ第一弾の五冊をためつすがめつ眺め、ラシュディ『東と西』とキンケイド『川底に』のような短篇集の場合はさっそくよさげな一篇を音読し、長篇の場合ははじめからとおわりからとページを繰り訳者あとがきで作家にまつわる興味深い情報を仕入れ等々、本格読書前の準備運動をするうち、文字通りの田舎者である当方の脳裡にどういうわけか、最近、郷里の村で耳にはさんだ取るに足らないエピソードが浮上した。

私が生れ育った村は東北の奥山で、戸数はたったの七軒しかない。生家は今でもカヤぶきである。夏休みに都会の友人たちを連れて帰郷した孫の大学生を喜び迎えた隣家の老婆が、風呂の用意が出来たと告げたときの何げない言葉——それが「死ぬほど恥ずかしかった」と孫に嘆かれるもとになった。

老婆はこう言っただけだ。「きょうはアタラシ湯だから、イチはやく東京の人に入ってもらえ」。都会の若者らは、アタラシ湯（＝新しい水を汲んで沸かした風呂）の意味がわからず、けげんそうな顔をしたという。

「新しい〈世界文学〉」の続刊予定作品の顔ぶれをざっと見渡すにつけても、私はまったく無関係な先のエピソードをふり捨てることができない。本シリーズの編集意図を私なりの言葉でホンヤクすれば、井の中の蛙である田舎者が、言葉の海に乗り出して究極の〝異中者〟に変身したうえで書きはじめる「新しいイナカ者の文学」となる。

その言葉は、古くて新しい課題というべきアタラシ湯ならぬ「新しい喩」によって紡がれているはずだと予感しつつ、五冊中、当方の渇望度がもっとも高かったジャメイカ・キンケイドの小説集『川底に』をさっそく読み、期待が裏切られなかったことを確認した。

新しい水で汲んだ湯に入れるよろこびにみちあふれるその世界文学は、しかし異中者であるがゆえの「恥ずかしさ」によって歪み、たわめられる。

アリストテレスは名高い『詩学』の中で、「とりわけもっとも重要なのは、比喩をつくる才能をもつことである。これだけは、他人から学ぶことができないものであり、生来の能力を示すしるしにほかならない。なぜなら、すぐれた比喩をつくることは、類似を見てとることであるから」（松本仁助・岡道男訳）と書いている。

私も哲学者の言にあやかり、拙劣ながらも「類似を見てとる」作業に従事すべく、さらにもう一つ卑近な事例を出してみる。むろん、そのサンプルが、「新しい〈異中者〉の文学」を読み解くためのキーとなり、いわゆる語学力とは別次元でのホンヤク作業のためのツールたりうるのを願ってである。

先頃、純粋百姓をつづける村の母に、私は電話でしみじみ、「いやあ、タバコをやめてホントによかったね」と話した。電話を切った私に「あんたがタバコをやめたのはいつ頃だったかね」と声をかけたのは、傍らに居合わせた知人である。

私が母に言ったのは葉タバコ耕作をやめて過酷な労働（黒人文学などにもしばしば登場する綿花摘みと並んで、ワースト労働のトップに数えられるものだ）から解放されたことへのねぎらいである。たわいない話だけれど、世界各地の異中者――異なるものの実情はそれぞれ違っていても――が語るモノカタリに接する時、必須となる「モノ」をめぐる二重性（あるいは多義性）とまったく無縁ではないように思われるのだ。

カリブのアンティーガ出身の女性キンケイド、東と西の文化の違いが産みだすズレを描くサルマン・ラシュディ、「トルトゥーガ」（亀）と呼ばれる少年の「再生」を物語るチカーノ（メキシコ系アメリカ人）文学最大の作家ルドルフォ・アナーヤ、大半を英語で、稀にアフリカーンス語で執筆する南アフリカ共和国生れのJ・M・クッツェー……これら異中者作家たちの世界には、〈詩的唯物論〉ふうとでもいうしかない「モノ」の感触が際立っている。

愛おしい川あるいは泉から新しい水を汲んできてたてる風呂――そこにたゆたうのは詩的レトリックになりはてた言葉ではなく、貴重な湯がそのまま喩であり、喫煙をやめることがそのまま葉タバコ耕作をやめることに「重なる」ような、どこまでもモノの重量感に呪縛されることを欲望する多義的な言葉である。

『川底に』の表題作の中から、キンケイドが汲み上げた言葉のほんの一滴を示してみよう。

すべてがそこには絵のようにではなく本当の物のように、ただし別の種類の本物の物のように、横たわっていた。わたしがそれまでに知らなかったような種類の。それからわたしは、何か新しいことに気づいた。すべてが光で照らしだされている、そのようすだ。

（管啓次郎訳）

「そこ」とはいわくいいがたい〈詩的唯物論〉のまなざしが幻視する「川底」を指す。同短篇のフィナーレには、ここに言及される「あの光は何だったのか？」という自問がある。「暗闇」がなくなる時、「あの光」がさし込むのだけれど、「心がその輝く物を抱きしめ、心とその輝く物とのあいだの区別がなくなり……」ついには「わたし」に「新しい力」を賦与するとつづく一節の意味を追うことにそれほどとらわれる必要はない。

〈詩的唯物論〉の最も見事なサンプルが露出している箇所であるが、原語で味読できないわれわれは自身の母語のふところに入り込んで、さらに母語の「川底に」降りたち、もう一つのホンヤク作業に没頭する。

といっても専門的なツールなど不要である。「モノ」なる和語をどこにでもある小さな国語辞典でひいてみれば、ソレが単なる物にとどまらぬ豊かなモノであったことに気づかされる。「モノがわからない人間」（物事の筋道・道理）、「モノもいわずに出ていった」（言葉・言語）、「就職でコネがモノをいった」（効力・威力）……これらはわれわれが何の不思議もなく日常でしょっちゅう使っている表現だが、「モノにとり憑かれる」となれば、われわれの精神生活を支配する、人間以上の不可思議な存在＝モノノケのことである。

少なくとも万葉時代までさかのぼったうえでの日本語「モノ」の原義は存在スルコトガ感ジラレルというところにあり、さらに手デ把エラレヌモノとの二義がわかれたのだった。

この二義を〈詩的唯物論〉の何たるかに思いを馳せる者は断じて切り離してはならない。モノと心が切り離しえないという認識は、モノが〝あっぱれ〟になる事態、すなわちモノノアハレに遭遇するだろう。その啓示の瞬間を説明するのはむずかしいけれど、モノはその時、名状しがたい「光」を帯びる。「心がその輝く物を抱きしめ、心とその輝く物とのあいだの区別がなくなり……」とキンケイドが書く他なかった部分を、私はそのようにホンヤクして受取る。

物事の道理・理性であり言葉でもあるモノは同時に道理を越えた魔力にも変幻する。物質的な貧しさを真に乗り越えるのはこうしためくるめくモノの綜合性に言葉をあやつる者（モノカキ）がポジティヴに相渉る営みによる他はない。

種々の貧しさが否応なく強いる「恥ずかしさ」や屈辱をひきずりながら、差異化された場所（キンケイドの作品タイトルをかりればa small place）にこだわる異中者たちの言葉は、物と心の境界にひらけた傷のようだ。それら根源的にモノ凄く、眼にモノ見せる文学は、物の一義的豊かさだけが目立つこの国の心あるモノ（者）に衝撃をもたらす。モノを考え、モノを書くモノカキの原点を鮮烈に告知するのである。

遠さと近さ

イタロ・カルヴィーノ『なぜ古典を読むのか』（須賀敦子訳、みすず書房）

貫く棒の如き去年今年《こぞことし》――のボーダーにできた一瞬の亀裂に身を隠すような心持ちで本書をひもとき、予想通り大いに鼓舞された。同じ書肆から少し前に出たボルヘス晩年の講演録『七つの夜』にも類似の感慨を抱いたのだったが、ボルヘスの場合入手しうる限りの邦訳を愛読してきたといえるのに比し、恥ずかしいことに私はまだ一冊もカルヴィーノ作品を読んでいない。

巻頭の「なぜ古典を読むのか」には、カルヴィーノの手になる古典の定義が14項目にわたって掲げられ、それぞれ味わい深く読む者の眼からウロコを落とす簡潔な解説がほどこされている。古典とは、ふつう、人がそれについて、「いま、読み返しているのですが」とはいっても、「いま、読んでいるところです」とはあまりいわない本である――というのが最初の定義だ。これはしかし、世界とその一部としての古典と初めて出会うことに意味がある若い人にはあてはまらない、と著者は急いでつけ加える。有名な本をまだ読んだことがないと告白するのが恥ずかしいと感じ、それを隠すため、単に「読む」といわず「読み返している」という「小さな偽善」に言及した後、「でも、心配することはない」

とカルヴィーノは慰め、鼓舞してくれる。個人の「教養」として読む本の数がどんなに多くても、その人がまだ読んでいない基本的な本の数は、つねに読んだ本の数をはるかに超えているのだから、と。

いまだ読みえぬ古典の世界が連山をなしてそびえ立つ。遼遠な路のつづく裾野で途方に暮れるわれわれに、著者は、連山を遠望しながらの、いわば正しく野に暮れる方法を開示する。それはすこぶる単純な方法で「古典を読むときは、できるだけその本について書かれた文献目録や脚注、解釈を読まないで、原典だけを直接読むべきである。これはいくら書いても書きたりないほど重要なことだ」に尽きる。

遠さと近さをめぐる逆説的構造——少々こむずかしくいえばそうなるだろうか。

いちはやく理解に到達すべく足を速めることを強いられるわれわれは、完全な手ぶらで古典野にいつまでも佇める精神の膂力をもちあわせていないし、まして世界文学ともなれば、翻訳という広義の解釈媒介に頼らざるをえぬ事情も手伝い、困難はいや増す。

主にイタリアの高名な出版社の古典文学叢書の「まえがき」として書かれた三十篇のエッセーを収めた本書の著者も、逆説に深く思いを致した上で解説のペンをとっている。こんな「まえがき」など本来不要だ、原典をじかに読んでくれるなら、読み飛ばしてもらってよい……というトーンすらきこえてくるのはそのためである。

古典文学の野を、日が暮れるまでとぼとぼ歩きつづける、時には往きつ戻りつしながら——。未読の本の山は、一歩近づく毎に遠ざかる運命だけれど、この特別の野に暮れる者は、独自の視力＝逆説的遠近法を授けられる。カルヴィーノがそんなふうにいっているわけではないが、古典山脈への迂遠なる道を逍遥する〝野暮〟天の何たるかをめぐる鮮烈なイメージは本書全体からたちあがってくる。定義の受取り直しをする中、一貫してアクチュアルなものに深く関わろうとしたこの作家は断言する。古典を読むのは、それがなにかに「役立つから」ではない、読まないより読んだほうがいいからだ、と。むろん、このいい方は断言とよぶには歯ぎれが悪すぎる。逆説の山のふもとを経巡る〝野暮な〟巡礼につきまとう歯ぎれの悪さである。

歯ぎれの良い言説は、定義12についての文中に紹介されている。「古典でないすべての他の読書」が、忙しいわれわれに抱かせる疑問「もっと根本的なところでわれわれの時代を理解するのに役立つ本を読まないで、なぜ古典を読めというのか」そして、「時事問題にかかわる印刷物がなだれのようにわれわれを圧し潰そうとするこの時代に、古典を読む時間や余裕はどこにあるのか」——がその典型である。

マスコミがにぎにぎしく提供する切実な「問題」は「役に立つ」身近な情報となってわれわれを襲い、遠望しているつもりの近視眼に磨きをかける。それは、遠さと近さによって織られたあえかな織物であるわれわれの精神構造から不断に逆説を追放する。歯ぎれの良い言説は、自らが多義的な豊かさと不可分のあいまいさを養分にして生きる逆説を葬送する役割を果していることに気づかない。

読まないより読んだほうがいい……と口ごもるカルヴィーノが辛うじて示し得た定義の最後の二つを次に引いておこう。

13　時事問題の騒音をBGMにしてしまうのが古典である。同時に、このBGMの喧噪はあくまでも必要なのだ。

14　もっとも相容れない種類の時事問題がすべてを覆っているときでさえ、BGMのようにささやきつづけるのが、古典だ。

（訳文は太明）

古典を読むこと自体がわれわれの生活のリズムと相容れないように思われ、われわれにとってなによりも必要な古典のカタログさえ作れないでいる「折衷主義的なわれわれの文化と矛盾しているかに見える」とカルヴィーノが困惑気味に書くその心情に、折衷主義の化身の如き文化の中で喘ぐわれわれは近さの感覚をもつ。

古典図書館特別司書カルヴィーノは、「ひとりひとりが自分の古典の理想の図書館を自分のために建てる」べきことを説きつつ、しかしその図書館はつねに小さすぎる、と嘆く。たとえば自分がとりあえず掲げたリストの中に、より近しい関心を抱いているはずのイタリア文学は極端に少ない。イタリア人が「自分たちを外国の人々とくらべてみるために」イタリアの文学を読むことはほとんど有用な行為であるにもかかわらず、だ。

自国語文学の必要性、その切実な近さに逆説的な深みと弾力性を与えるために、遠い外国の古典をひき寄せる特別司書が取り扱う品目に、わが日本語文学は当然ながら含まれてはいない。だが、先のイタリアを日本に置きかえれば事情はかわらない。

私は本書を巻末に近い「ホルヘ・ルイス・ボルヘス」から読んだ。十年ほど前、およそボルヘス的でない百枚を費やして当方も拙いボルヘス論を書き今や古典の殿堂入りした作家にオマージュを捧げたのだったが、当然とはいえはるかに核心に迫る内容が拙作の十分の一の枚数で表現されているのにさわやかな感動を覚えた。

教養ならぬ休養読書をする耳に、ＢＧＭのような呪文が憑いた。『マクベス』のライトモチーフの一つ「両義性、あいまいな言い回し」を象徴する魔女のセリフ――Fair is foul, and foul is fair. を真似たものだ。近イハ遠イ、遠イハ近イ。

正しい背の向け方　その一

イタロ・カルヴィーノ『カルヴィーノの文学講義』（米川良夫訳、朝日新聞社）

一年以上前、同じ著者による文芸評論集『なぜ古典を読むのか』について感想を記す機会があったけれど、本書はハーヴァード大学での六回にわたる（この間に急逝したため六回目は途絶）連続講義の草稿という性格も手伝ってか、同文芸評論集のテーマがいっそう凝縮されたような内容となっている。

「新たな千年紀のための六つのメモ」なるサブタイトルからもわかる通り、次の千年紀に向けて保存さるべき「文学的価値」をめぐる簡潔にして深遠なレクチュアズは作家の事実上の絶筆と化してしまった。「軽さ」「速さ」「正確さ」「視覚性」「多様性」がその五回分の視点で、最終回は「一貫性」となる予定だったという。が、書かれなかった最後の回は、読者自身に考えてもらうべく故意に空白にされたものなのでは……とすら私などには思われてくる。六番目に読者のメモが加わって本書は完結する――日本語的に状況説明するなら、文字通り〝六でも無い〟そうした錯覚を与えられる何かがカルヴィーノの語りに潜んでいるといってもいい。

〈なぜ古典を読むのか〉の問いに「軽さ」「速さ」「正確さ」「視覚性」「多様性」の見地から答えようとする本書は、究極のところで、文学の可能性を探る読者像を提出する。その読者像を、講義の中で、一度ならずオマージュが捧げられているボルヘスふうに表現すれば、〈創作者としての読者〉となろうか。

この評言がそのまま〈作家としての読者〉に重なるわけではないけれど、次の千年紀に必要な文学の条件をめぐって思索するほどの読み手が、一種理想的な読者の相貌を呈してくるのはやむをえぬ仕儀である。

たとえば、これからの文学に必要なものとして筆頭にあげられた「軽さ」についてカルヴィーノはいう——「思慮深い軽さは軽薄さをむしろ重苦しい、不透明なもののように見せることさえありそうです」「重さを備えた言葉を味わうことができなければ、言葉の軽やかさを味わうこともできないでしょう」。

通俗文学のウチデノコヅチである〝軽薄短小〟と似て非なる必要条件を語る作家の言葉自体いたるところでアンビギュアスなものとならざるをえないことは、次の「速さ」の章に記された「軽さに対する私の讃美のなかに重さに対する敬意が暗黙のうちに含まれていたのと同様、この速さに対する弁明は低徊逡巡の歓びを否定しようというものではありません」などからも容易にみてとれる。

若き日以来の自分のモットーは、とカルヴィーノは語る、古いラテン語の格言「フェスティーナ・レンテー」＝「ゆっくり急げ」だった、と。ゆっくりと急ぎながら作家は辛抱強く「正しい語」(mot juste)の一語一語が置き換えられないような文の、またもっとも効果的で濃厚な意味を孕んだ響きと概念の配合を探究する営みを賞揚する。この営みは、本書に幾人も引かれている一級の詩人たちがテーマとしたものだ。

「私が信念としていることは、散文を書くということが詩を書くことと異なっていてはならないはずだという点です。どちらの場合も問題は、必要で、唯一の、密度が高く、簡潔で、記憶に残るような表現の探究なのです」と語るカルヴィーノの思い描く理想の読者は、「来たるべき千年紀に伝えたいものと私が願う価値」への理解者であらねばならない。たとえば特異なエッセイスト・散文家ヴァレリーの文学がそうであったような、「精神の秩序と正確さへの嗜みを心得ている文学、すなわち詩と同時にまた秩序と哲学を理解する力を備えた文学」こそはその価値の典型である。

詩と批評（哲学）を孕んだ文へのゆるぎない信仰を折にふれて告白する作家は自問する。どうしてこんな「わかりきったことのように思われる事柄をことさら援護しなければならない」のか？と。「言葉というものがつねに曖昧で、出まかせに、ぞんざいに用いられているというように思われ、そのために免すことのできないほどの不愉快さを感じている」からだというのがその自答である。

言葉の伝染病――「表現をおしなべてもっとも一般的な、没個性的で、抽象的な決まり文句に均一化」する現代に特有の病弊に対して、「抗体」たりうる文学の役割を述べる作家は、安易な言葉・イメージの画一的生産に従事する文学に慎ましく、そして正しく背を向ける。「抗体」をうけとったと感じる読者はその〝正しい背の向け方〟に感動する。

第五回講義「多様性」から、極東の島国でちっぽけなブンガクの一人相撲に明け暮れる者のチカラ水となってくれそうなドン・キホーテ的一節をさいごに引いておく。

野心過剰の計画は多くの活動分野では非難されるべきものともなりかねませんが、文学では違います。文学は、たとえいっさいの実現の可能性を超えていようと、ただ並はずれた目標をみずからに課することによってのみ、生命を得るのです。

正しい背の向け方　その二

ヴィトルド・ゴンブローヴィチ『バカカイ』（工藤幸雄訳、河出書房新社）

　ポーランド人とユダヤ人のカップルから生れた少年を語り手とする、本書の二番目の短篇「ステファン・チャルニエツキの手記」の中で、少年が通う学校の国語教師はいう。

――どう、春の気分ですね。骨までうきうきして、野原や森へ出かけたくなる。ろくでなしで強情者、ポーランド人はいつもそのような民族だった。どこか一カ所に落ち着いていない、……

　時節柄、そうした「気分」で読みすすめたが、予感通り「うきうき」はいつしか「憂き憂き」に裏打ちされた中ぶらりんの「浮き浮き」に転落した。自らを前衛文学の〈三銃士〉のひとりと名付けた作家の思う壺にはまったのである。六番目の「冒険」、その次の、集中でも長めの「帆船バンベリ号上の出来事」あたりで、作中に描かれているのにも似たドッポ状態で、不気味な海を浮遊する自分を発見せざるをえなかった。最後の二篇は「ねずみ」と「大宴会」というのだが、前衛文学館への〝招宴〟にあずかった者が最終的に発見させられるものの何たるかを暗示するタイトルである。
〈大山鳴動してねずみ一匹〉なる言葉を私はいつも詩的な意味に受取り直している。大騒ぎをしたのに、たいしたことも起きない事態を創り出す作家の術中にはまり、見つけたのはただのねずみ一匹、と私はつぶやく。だが、読者であるこの私が、華麗な貴族サロンの床を這い廻ったあげく、「裏口階段で」（という一篇もある）のあたりで、ブロッコリーの屑にありつくねずみと同じ存在であることに気づく時、発見は「裏」の世界に反転されるのだ。

まえぶれとして「春の気分」をうながす風が吹いている。ひと騒ぎの結果としても、やはり風が吹いている。大騒ぎをやらかした割にはたいしたこともない風がである。

短篇小説の常道としてこの国でよく引き合いに出される「序破急」の呼吸は、本書の場合、「序」さえも脱落した印象だが、そのサンプルともいうべきオープニングの一篇「クライコフスキ弁護士の舞踊手」には、こうある。

——あれはゼロです、吹く風のような。

「未熟」な主人公が勝手に好意と尊崇の念を抱く弁護士に「献身によって嫌がらせを働く」べく、弁護士としかるべき関係におちそうな有夫の女をそそのかす目的で出した手紙の一節で、ゼロといわれているのは社会慣習の権化である女の夫だ。体制同調的な集団に安んじる個人が無きに等しい存在＝ゼロとみなされているのだけれど、それを嘲弄する「青二才」＝「道徳的な破産者」の方も同じなのだ。「ステファン・チャルニェツキの手記」の語り手に、恋人はいう、「あなたなんか、ゼロよ」と。

青二才の「裏」ワザは、モンキリガタの体制批判を吹き抜けた後、〝招宴〟の床を這い廻るねずみの背を撫でる風にも変幻する。

「何しろ、ぼくは無色のネズミ、中立的なネズミであり、白でも黒でもない、同様に、大部分の人にとって、ぼくは不愉快な存在なのである」と同前手記は語り、さらにいう。

ぼくは世界をさまよい歩く、正体不明の特異体質という深淵のあたりを漕ぎまわる。そしてどこにせよ、美徳であれ、家庭であれ、信仰であれ、祖国であれ、なにかしら秘密の感情を認めると、そのつど、ぼくは何やら人のいやがる行為でその場所を満たさずにはいられない。これがぼくの秘密だ、そしてぼくは生活の大きな謎めがけて、ぼくのほうから、この秘密を投げつけてやるのだ。しあわせな婚約者たち、子ども連れの母親たち、あるいは立派な老人たち――ぼくには彼らのそばを平気で通りすぎることができない――それでいて時おり、ぼくはあなたたち、ぼくのなつかしい人たちへ寄せる悲哀に捉えられる――おとうさん、おかあさん、それからおまえ、神聖なぼくの幼年時代！

手記のフィナーレに当たる部分だが、ゴンブローヴィチ文学という「正体不明の特異体質」を簡潔に明示した一節といっていい。ここに記された「秘密」「謎」は、本書全体に繰り返し登場する一種のキーワードのようなものである。……戦争は全世界に荒れ狂い、それと並んで、「秘密」も跳梁を極めた……と同手記にもある「秘密」がストーリー展開の中であざやかにヴェールを脱ぐことはない。二種の風が、ヴェールをなびかせて吹き流れるだけだ。四番目の短篇「コットウーバイ伯爵夫人の招宴」の語り手の「わが輩」は、一切の美徳が「あたかも狂気の末に流出したのだとする推定」にとらえられる時、次のようにいう。

——ところが全くあり得ない特別な風が向こうから不意に当方へと吹き始めたのだ！

「秘密」が反転するその瞬間には、三番目の短篇「計画犯罪」にいう「聖なる秘蹟《サクラメント》」が見出される。「特別の風」はそれに立ち会うものでなければならない。

「その好みの秘密、その神秘とは、選ばれた者以外には決して手の届かぬものである」と同前「コットウーバイ伯爵夫人の招宴」にはもったいぶって書かれる。「裏口階段で」には「——またもや、何度目かの失敗、収穫はゼロだ！」という叫びがある。

「その昔、裏口の階段に立ったおれ」が「恩寵の不可思議に躓く」のはどんな瞬間なのか。手記で描かれた「不愉快な」ネズミは、終り近くの短篇「ねずみ」において、何ものをも恐れぬ英雄がただひとつこわくて仕方のない動物として登場する。この二種のネズミ像は、そのまま二種の風と同様なのであろう。「帆船バンベリ号上の出来事」の誰やらの嘆き——にっちもさっちも……風がそっぽ向いてら……が読者の胸にも沁みる。

風にうながされた中立ネズミは、プラトンふうの饗宴《シュンポシオン》から抜け出し、行方知れぬ旅に出る。読者にある種の背を向けて。当方好みの述懐を最後に引く。

……ぼくは御者の背を見つつ思う——正しい背なかの向け方とはこういうもんだな。こうやって未来永劫、しばしば無人の界隈でさえ、背を向けたまま、後ろに掛けた客どもの一切の気紛れに委ねている。

（「計画犯罪」）

プルーストとジョイス——二十世紀ブックレビュー

あと少しで二十世紀も終る。私は今、一作家のぶんざいで、小説をそっちのけにしたまま、二十世紀最後の歳月をかけて、十九世紀文学思想の中から自分自身心の底から魅了された二人の文人をめぐり書きつづけている。哲学者キルケゴールと童話作家アンデルセンという両極端の天才がそれだ。

この仕事が終って二十一世紀に入ったら、お次は二十世紀のしめくくりリポートをやりたいと願い、すでに準備もすすめている。そのリポートの最初の主人公こそマルセル・プルーストであり、もう一人はジェイムズ・ジョイスになる予定である。二人は似ても似つかぬ作風だが、その両極端こそが興味深い。

「二十世紀文学の最高峰」といえば、プルーストの『失われた時を求めて』。この一万枚に近い長篇小説は戦前から水準の高い翻訳が刊行されているが、現在最も入手しやすいのは、ちくま文庫版（井上究一郎訳・全十巻）である。単行本では新潮社版（全七巻）のほか、目下刊行中の集英社版（鈴木道彦による新訳、二〇〇一年三月に全十三巻で完結。現在は集英社文庫）もある。

たしかにまとまった時間がないと一気に読み終えるのはむずかしい本かもしれないけれど、私自身の例をあげれば、勤め人時代、電車に揺られながらずいぶん時間をかけて読了した記憶がある。もちろん再読に耐える本の通例で、一回通読した後、任意のページをひろい読みしてもたのしい。このたのしさは、少し手間暇がかかる性質のものだ。

気軽に登ってハイキング感覚をたのしむ山とは別種の、時に人の登頂を拒絶するかのようなおもむきをもつ巨峰のような作品——しかしひとたびその世界に入りきってしまえば下界におりたくなくなってしまうほどに無限の包容力、優しさをたたえる。『失われた時を求めて』はそんな希有の山に似る。

プルースト作品とは対極に位置する二十世紀文学最大の前衛作家の手になる『ユリシーズ』はしかし、最後の大作『フィネガンズ・ウェイク』と異なり、一応「読める」小説であり、そんなにかまえて取りかかる必要はない。

プルースト作品同様、戦前から優れた翻訳への努力がつづけられてきた。岩波文庫にその労苦の産物が入ったこともある。幸い、旧版（丸谷才一・永川玲二・高松雄一訳、河出書房新社）の三十年ぶりの新訳（全三巻）が集英社から刊行されたばかりだ。

見やすく、わかりやすい注が各ページの下段にあって、通常の小説読みからすると、一見煩瑣な印象だけれど、ジョイスのような〝重ね塗り〟の文体をもつ作家の場合、やむをえぬギリギリの良心的な処置なのである。

一九〇四年六月十六日、アイルランドのダブリンのたった一日を描いたこの小説がなぜ「現代文学の原点」といわれ、プルーストの『失われた時を求めて』と並んで「二十世紀の金字塔」と位置づけられているのか――それを自分なりの読みでさぐりあてることを、新訳は可能にしている。

「『ユリシーズ』の力がすべてを変え、ぼくたちは制約から解放された」とヘミングウェイはいい、またアントニー・バージェスは「『ユリシーズ』は持っているべき本、いっしょに暮らすべき本だ。借りて読むのはいけない」といった。

もちろん、図書館から借りて読んだっていいのだけれど、プルースト作品とは全く別種の包容力、優しさをもつこの巨峰にひとたび足を踏み入れ、その空気に包まれた後は――つまり作品と「いっしょに暮らす」という感覚がわかると同時に、いかにも小説らしい小説のもつ「制約」からの解放感が味わえれば、書物というモノを自分の〝モノにしたい〟心持ちになるはずである。

先ごろアメリカのモダンライブラリーが発表した(英語で書かれた)「二十世紀小説のベスト一〇〇」の第一位にあげられてもいる。

クラシック艦隊——マルセル・プルースト『失われた時を求めて』

古典（クラシック）という言葉の語源を私はボルヘスの講演によって知った。『七つの夜』（野谷文昭訳、みすず書房）第六夜の冒頭で、ラテン語の classis（フリゲート艦、艦隊）を掲げた後、ボルヘスは語っている——古典とは、艦内では何もかもがそうでなければならないように、英語で言うところの "Shipshape" すなわち「秩序の整った」書物のことです。その比較的穏当な意味の他に、古典には、そのジャンルの優れた書物という意味がある。そこで私たちは、『ドン・キホーテ』や『神曲』や『ファウスト』は古典であると言うのです。

艦隊を辞書でひくと、二隻以上の軍艦で組織された部隊、とあるが、当方のイメージするクラシック＝艦隊も「この一冊」と表現しにくい性質のものだ。

人並みの読書人ならば誰でも、優れた古典群の中から一点だけしぼり込むことなど不可能だと感じるだろう。けれども、今当方がつき当たっている困難さはそうしたあたり前の事態からも少しずれた感触というべきか。

読むべき本があまりに多すぎると感じはじめた二十歳の頃、私は現実逃避を絵にかいたような愚行にうって出た。大学を休学し古典を読み暮らす生活をキホーテの心で断行したのである。

極端なひきこもり三昧は一年にも満たなかったと思うが、この時作った青写真はその後も有効でありつづけた。人類の精神史をたどる十年計画風読書——根源的詩学の何たるかを知り精神の沃野を耕すための、などと出来うる限り大仰なハタジルシをたてて当方が選んだのが、Ⅰ旧約聖書、Ⅱ千一夜物語、Ⅲセルバンテス『ドン・キホーテ』、Ⅳモンテーニュ『エセー』、Ⅴプルースト『失われた時を求めて』の五大長篇であった。

人生のように長く、退屈な部分も少なくないこれら五つの大山脈もしくは五大海を一通り踏破・航行するだけで、実際に十年かかってしまったのだったが。

氷山の一角という言葉が私は好きだ。プルーストは大作の中で最終第七巻『見出された時』を最初に書いたと昔聞いたことがある。当方がはじめに出逢って衝撃を受けたのも最終巻のほんのひとくだりだったと記憶する。それはおよそ小説の一節とは思えぬ、ほとんど形而上学のといって大げさなら、創作としての批評の化身の如き文章だった。そうしたパッセージ——ベンヤミン風に表記すればパサージュをいくつかつないで読みくだいているうち、当然それらの断章を背景の〈野〉にもどして受取りたくなった。

『見出された時』なる一角の下には巨大な氷山が横たわっていた。最終巻はそれまでの六巻と切り離せないのだけれど、十年計画読書を経た私はさらに下へ遡行する。つまり氷山『失われた時を求めて』の下に、さらに古い四つの氷山が見出されるというようにいつも錯覚してしまうのだ。

プルーストがたとえば千一夜物語を愛読していたとか旧約聖書への言及がどれくらいあるかといったこととは直接関係のない話である。

私のクラシック艦隊は五隻の船から成る。さほど深い考えもなしにつなぎ合わせたものにすぎないが、何しろ十年も乗りつづけていたので、自分にとっては大きな意味をもつ構造体なのだといつからか信じ込むようになったらしい。

しかもその艦隊の構造たるや、すこぶる現実離れしている。『見出された時』のほんの一部分くらいが外にあらわれ出ているだけで、残りの部分、そしてさらにそれを下支えする形で広がる四つの艦船はすべて喫水線のはるか下方に沈んでいる。

デッチ上げられた古典艦隊の中身をほとんど覚えていない。ただ、どのような仕方でそれを読んでいたかをめぐる記憶だけが鮮烈によみがえる。

『失われた時を求めて』の第一巻を私はサラリーマンになりたての頃、何と通勤列車の中で読みはじめた。最終巻にとりかかった時には職をやめていた。ゆっくり読める時間が得られたはずなのに、今ふりかえってさしたる印象の違いがないのはどうしてだろう。

満員電車の中で眠気とたたかいながら、読み刻んだプルーストの言葉に私は意味のない笑いを洩らした。たしか『囚われの女』のどこかに——いやでも毎日シェヘラザードはだしの工夫をこらさねばならない……という文言とともにこんなことも書かれてあったはずだ。——眠りの名ごり、それだけが物語の仕方にのこされたただ一つの創意、ただ一つの新味である……。

生きいきと生息する矛盾

ハラルト・ヴァインリヒ『〈忘却〉の文学史』（中尾光延訳、白水社）

ウンベルト・エーコが提案し結局は断念した知的遊戯――「かつて存在せず、理論的にもありえぬ学問分野を案出しよう」に応えた話題作……との惹句を眼にし、当方の苦手な記号論ふうゲーム満載の本でもあろうかなどとたじろぐ思いでいたが、読みすすむにつれ、予断は心地よくうちくだかれていった。

これは年季の入った書物である。ロマンス学の碩学が満を持して書いたものに年季が入っていないはずもないのだけれど、本書を読み終えた私の脳裡にあって年季という言葉には特殊なイメージが付着する。そのイメージをはっきりさせるために、〝年輪の読める大樹〟のような本といいかえてみてもいい。

〈忘却術〉は「一筋縄でいくようなものではなさそうだ」とある通り、大樹の如き一書に読まれる年輪は、記憶と忘却という二種のスジが複雑にからみ合って構成される。

年輪とはいうまでもなく年季つまりは発展・成長の歴史の積み重ねをあらわしうるサインである。

だが、本書にみられる年輪のスジは、何事かが無に帰してしまったソレの積み重ね部分をあらわしている。無の積み重ねなどとは矛盾表現だ。しかし、本書がかのキホーテのような情熱と執拗さで追尋するものこそ、「かつて存在せず、理論的にもありえぬ」ソレ＝矛盾が生きいきと生息する分野なのである。

ホメロス、プラトン、ダンテ、カント、ラブレー、モンテーニュ、セルバンテス、デカルトからゲーテ、ニーチェ、プルースト、ボルヘス等々、はたまたコンピュータに至る数多い事例を通し、われわれは、永く抑圧されていた忘却が、無視できない文化の力の源泉たりうることを告知される。年輪の時間軸に沿いながら、古代から現代へと暗渠として流れる〈忘却〉女神の棲むレテ河での斎戒沐浴を愉しんでもいいし、読者各自がお気に入りの文人・思想家のもとに滞留し、「内容の濃い、豊かな忘却の戦略」を学び、〝この世の憂さを忘れる〟のもいいだろう。

オープニングが一見語源学めいた話なのでつまずく読者もいるかもしれないが、つまずきの石はすぐに消え去る。デカルトについてふれた項で著者ヴァインリヒは、「体系的で意味論的な記憶に対してよりも、むしろ物語風であり、挿話的である記憶の方により大きな信頼を寄せているようである」と書くが、ゲーテ賞を受賞した本書の書法にも同じことがあてはまる。先に掲げた名だたる文人・思想家をめぐるどの項目も〝詩人学者〟の血の通う〝エピソード仕立て〟になっている。

カントが、より高度の次元における「逸脱への誘惑」から逃れられなかった事実をめぐって、ヴァインリヒは「結構なこと」といっている。私もまた「逸話的価値への脱線」を重視する著者の態度を「結構」だと感じる。気を逸らすこと、逸脱は理論的学術的テーマの本筋を忘れることに他ならないが、

〈忘却〉の文学史を辿るという不可能性そのものともいうべき本書のテーマにとってはうってつけの方法的手段なのである。

知識の蓄積競争にしのぎを削る学問が〈忘却〉をテーマとしうるはずがないという常識に向け、著者は愉しい逆説をもって応接する。フロイトの精神分析を、「不穏な忘却から平和をもたらす忘却」への乗り越えを開示する忘却術ととらえるところなど、逆説の迂回路戦略の最も見事なサンプルであろう。

「記憶術は、忘却の補助手段」と説いてやまぬ碩学がフィナーレでいい放つ蛮勇にみちた発言に、読者は痛快さを覚えるに違いない。「私は、過剰な情報を合理的に拒絶することのできるこのような特殊な能力を、『忘却主義』と名づけることにしようと思う」

非常階段と再試験

グリゴーリイ・チハルチシヴィリ『自殺の文学史』（望月哲男他訳、作品社）

自らの尾を喰む蛇のように本書を読んだ。あるいはこういいかえてもよいかもしれない。獲物をたいらげることを許されぬ猫が長いことそのネズミをなぶりつづけるような仕方で読みすすめた、と。相互にあまり深くは結びつかぬのを承知の上であげてみた二つのたとえである。

当方は、書物の序文やあとがきを偏愛するたちだ。この本の場合もその嗜好を十分に満足させてくれる構造になっている。――本書は原題を「作家と自殺」、邦訳題を「自殺の文学史」というが、いずれにしても予想される誤解をあらかじめ解いておきたい。つまりこの本の中心テーマは、作家や文学史ではなく、まさに自殺という「精神世界における説明不能の現象」（ニコライ・カラムジン）なのだ……とはじまるまえがきは、一見訳者解説の文かと思わせるほど内容について簡潔な整理がなされているし、あとがきは、自殺が許されうるか？　という問いをめぐる文学的に底深い判断保留のポエジーに満ちあふれたものである。

猫となった評者は恰好の餌食であるそれらを、まずは交互になぶるように目に収めた。だが、自らの尾を喰む蛇のようにとのたとえは、味わい深いあとがきだけを指していない。本書の巻末には各国各時代にまたがる三百五十名におよぶ自殺した作家のプロフィールを描いた《文学的自殺百科》なる特別付録がついているのだ。A・ランボーの造語になる「文学的自殺」を意識して作成されたこのささやかな百科は、作者自身がいうとおり殉教録として読める。

「自殺という人間の実存にとっての最重要問題」(「日本の読者へ」)は評者の中でも、自らの尾を喰おうとする蛇と同じくらいゆゆしいテーマといっていい。特別付録は横書きで、七十頁近い。本文はむろん縦書きだ。だから〝おいしそうな〟尾が自らの胴体とは別のものであるかのように錯覚しやすい。さらにこの殉教録における各項目の分量は、通常の文学百科事典等の作家のランク付けと一致するとは限らず、比較的高名な人物の記述がさほど有名でない作家の死に至る事情よりも短い場合もあるという当方好みの書き方になっていて、興趣尽きない。たとえば、実在が疑問視されている大詩人ホメロスについてほんの数行で片付け、「偉大とはいえない」火野葦平には半頁近くを割いているといった具合だ。

「読者の中には必ずや統計愛好家がおられるであろう……」などと著者はいうが、当方はそうした見地とは異なる一種切実な興味を抱かざるをえない。自殺度からみたとき最も危険なのは詩人だそうで、同百科の登場人物のほぼ三分の二に当たる。哲学者は六分の一。最も平穏無事に見えるのが劇作家で、殉教録のわずか九分の一、女性は三十八人、十分の一強。その他民族別や使用言語別の分類は省略するが、評者最大の関心である自殺の手段についてはこんな結果だ。第一番目は麻薬や睡眠剤の過剰服用などを含む服毒自殺で、八十六例。二番目は発砲自殺の六十九例。三番目は入水自殺の三十七例。

さらに首吊り自殺の三十二例。飛び降りの二十七例、刀剣類使用の二十五例、餓死の二十例、ガス中毒の十九例，轢死の七例……。

日本文学研究者兼批評家・作家でもある著者は本文の最後で、非常階段と再試験という「互いに幾分矛盾している」モノ深い二つの比喩を読者に提示する。最終的な非常口はいつでも開かれており、試験は常に再試験をうながす。非常口があれば安心して生きてゆけるが、必要もないのにそこに駆け寄ることはない。自殺は試験からの自発的な逃亡である。当方が冒頭に出したたとえはこの倫理的重しほどあざやかではないけれど、すぐれて蠱惑的なテーマとその実践者の列伝を読みつつ、蛇よ猫よ喰い尽くすな、いいかげんなところでやめておけよといいきかせることしきりだった。

文学への愛は隷従へと変わる

マリオ・バルガス＝リョサ『若い小説家に宛てた手紙』（木村榮一訳、新潮社）

長い夏休みなどというものがあるはずもない境遇にいても、この季節になると、学校時代にしみ込んだ虚妄なる希望に毎度ながらとらわれる。怠慢によるこれまでの遅れをいっきょに取り戻すべく大それた計画をたてはするものの空しい結果に終るあの情熱に、である。

「若い小説家に宛てた手紙」形式の本書は「あなたのお手紙を読んで、十四、五歳の頃の自分を見ているような気持ちになり、心を打たれました」とはじまる。当時、自分の天職は作家になることで、一日も早くそうなりたいと願っていたにもかかわらず、どこから手をつけていいか分からずに悩んでいた……とつづくメッセージに、もはや若くないここなるモノカキは訳文のすばらしさも手伝い、たちまち魅入られてしまった。

これまでのやり方のどこがまずかったのか振り返って反省しつつ、華麗なる自己改造をとげたいともくろむ〝夏休みの心理〟をぶり返したというわけである。

作家志望の若者に宛てた手紙という体裁をとってはいるが、小説技法の要諦をめぐる本書が「十四、五歳」の人間向きとはとても思えない。同年齢のバルガス＝リョサ自身は、本書の内容を咀嚼しうるほど早熟な文学青年だったと想像されるけれど、中年文学徒弟の読後感からすれば、これは「若い小説家」用というよりはむしろ、〝生き方としてのモノカキ〟を選んでしまった者、もしくはそれを志向する者のための本だ。

作家というのは書くという行為がこれまで自分が体験してきたこと、および経験するかもしれないことの中でもっともいいものだと心の底から感じている。というのも、作家にとって書くという行為が一番いい生き方であり、書いたものを通して得られる社会的、政治的、あるいは経済的な結果などどうでもいいと考えているからなのです。（第一章）

一番いい生き方として書くという行為を選択した者はどういう宿命を甘受せねばならないか。バルガス＝リョサは断言する。文学への愛は早晩「束縛に、隷従以外の何ものでもないものに変わる」と。ものを書くというのは美しいが、多大の犠牲を強いるものであり、それを仕事として選びとった人は、生きるために書くのではなく、書くために生きるのである、と。

第一章のフィナーレ近くには、「文学を志す人は、宗教に身を捧げる人のように、自分の時間、エネルギー、努力のすべてを文学に捧げなければなりません」というこの国の人気作家の口からはまちがっても洩れ出ることとのない〝野暮〟なほど禁欲的な言葉があるし、最終の十二章には「他人に創作法を教えることなどできません」というにべもない断言も見出される。小説の形式に関して著者が

「これまで手紙に書いてきたことはきれいさっぱり忘れて、まずは思い切って小説を書きはじめてください」——それが最後の進言である。

にぎやかな文芸ジャーナリズムと文学アカデミズムのいずれとも一線を画そうとする厳しい倫理的姿勢が明確にみてとれるにもかかわらず（あるいはそれゆえに）、本書を読み終えた後、「思い切って小説を書きはじめ」たくなる者は老若男女を問わず少なくないだろう。

ウミサチとヤマサチ

ル・クレジオ『偶然』（菅野昭正訳、集英社）

万葉集をめくっていたら、山上憶良の文のかけら——「五蔵の鬱結《むすぼほり》を写《のぞ》かむと欲《おも》ふ」に出遭った。五蔵のムスボホリとは体内の鬱積の意だと注にあるから、五蔵は現代日本語の表記では五臓となるだろう。詩歌は人間のわだかまり＝鬱情を除く具であるという認識を示す、日本での早い時期の語句なのだそうだ。以前「内臓する」という誤植を見過ごしてしまったことを想い出したが、原日本語表記をさかのぼれば、内臓と内蔵は縁＝コトノモトの糸でむすばれている。写すことが除くことに重なるというヨミの面白さにもあらためて気づかされた次第だった。

ル・クレジオの『偶然』と『アンゴリ・マーラ』を一冊にした本の翻訳が送られてきて中身をざっと見渡した時、まずは軽い衝撃を覚えた。先頃、常よりもていねいな読み方をした大著——レヴィ＝ストロースの『悲しき熱帯』の世界と〝偶然〟にしてはあまりに呼応する作品なのではないかという予感につつまれたからである。

簡潔で当を得た訳者あとがき並びに著者へのインタヴュー「海と森に救われて？」（「青春と読書」二

〇〇二年四月号）によると、たとえば『偶然』という小説のモデルはＲ・Ｌ・スティーヴンソンの『誘拐されて』だそうで、レヴィ＝ストロースの名など出てこないけれど、評者としては、個人的な〝偶然〟の重なりの中に〝内蔵〟されているかもしれぬバックグラウンドに眼を凝らしてみたいのである。大部の『悲しき熱帯』を、マラルメの〝骰子《さいころ》の一投〟のノリでひらく。賭博のカルタのように〝偶然〟ひらいたページ——を装ってめくった一枚に——「内臓的《オルガニック》」と記されていた。文化人類学者が何について形容した言葉かはここではあえて無視することにしよう。

ル・クレジオには『向う側への旅』と名づけられた小説もあるそうだが、どこか遠く＝世界の果て＝他所《よそ》を〝うつす〟作家の文体こそ「内臓的」だと感じられた。かつてレヴィ＝ストロースが南米でのフィールドワークへの旅に出立した時そうだったように、西欧的都市文明が内蔵するムスボホリは極点に達していた。ル・クレジオは早い時期から、西欧文明の体内に鬱積するワダカマリを「写《のぞ》く」道具としての文学を志向した作家といっていいだろう。

訳者あとがきの中の適切な表現をかりれば、ル・クレジオ的小説人物の個性は「世界の起源であるような場所へ近づこうとする夢」を抱き、「世界の原初の息吹を感じとる能力」を賦与されている。かかる起源や原初の息吹を共有するために、評者も原日本語の話などを枕にふったのだった。

文化人類学者が使用した「内臓的」のオルガン（器官・臓器）のオオモトであるギリシャ語オルガノンは「道具」の意だという。鬱情を除く道具を、作家はことさら思い入れを込めて描く。通俗的な冒険小説の構造を逆用して書かれた『偶然』にあっては帆船アザール号が、また著者自ら「新聞の三面記事に非常に似通ったもの」という『アンゴリ・マーラ』にあっては帆船ほど明確なモノではないにせよ、熱帯雨林のひろがる山岳地帯そのものが、内臓的文体によって感受される類まれなる道具である。海と山の物語。海と山が、出会いと愛と和解の場となる小説のテーマはお決まりの「自然の尊重」だけれど、そのモンキリガタがどのように変容されるかは読んでのお愉しみという他ない。

インディオをテーマとするエッセー『歌ある祝祭』(一九九七年)によると、この作家は一九七〇年から四年間パナマにおいて原初の生命を呼吸する部族の人々と生活をともにする機会があったが、それは彼の人生のすべてを、世界と芸術についての彼の考え、他の人々にたいしての生きかた、歩きかた、食べかた、愛しかた、眠りかた、夢にいたるまで変えてしまったらしい。「その年月のあいだに、私は自然の尊重とはどういうことであるかを、抽象的な観念ではなく、具体的な現実として発見した」。

ワダカマリをうつすには、現実的な道具がいる。原日本語でいう「うつし」(この世に生きて存在すること)のアカシを内臓的に描出せねばならない。

レヴィ＝ストロースのもう一つの代表作のタイトルをひき寄せていえば、評者は本書を〈野生の思考〉(La pansée sauvage)の小説版として読んだ。フランス語の pansée は「思考」と「パンジー」(三色スミレ)の両方を意味する。抽象名詞の思考と具象名詞のパンジーは、内蔵と内臓の関係に等しいだろう。レヴィ＝ストロースのタイトルのつけ方がすぐれて詩的であることは『悲しき熱帯』(Tristes Tropiques)などからも窺えるが、ル・クレジオの作品名の詩的重層性も際立っている。

帆船アザールの Azzar は作中にある通り、アラビア語の「花」の意味から転じて「花のしるしのついた骰子の幸運の面」なども指したが、それがフランス語の語彙に加えられ「偶然」(古義では「冒険」)hassard の意になった。小説のタイトルと同根でフランス語では同じ発音のアザールという名の帆船について作者は書く、それは物語のヒーロー自身の「身体であり精神であった」と。自分の船につけた素晴らしい魔術的な名辞を、冒険と偶然という名辞すなわち幸運をたえず見つづけてきたのだ、と。

本書の二つの作品において、〈幸福感・幸せ〉をめぐる内臓的描写は骰子の一投のようにあらわれる。肉と心、道具と内臓が一体化する一瞬の絶頂に訪れるその至福にくらべれば他のあらゆる要素は存在しないも同然だと作者は語る。

海の幸福、山の幸福を道具に託して描く作品を読みながら、評者はやはり原初の日本語文学世界に揺曳するウミサチとヤマサチの物語を思いおこした。といっても内容にまつわるものではない。食物という具体物を幸《サチ》とよんだ一事に目を凝らすうち一種の共振現象にとらえられたのだ。もともと、海幸は海の獲物をとる道具のつりばり等を、山幸は山の獲物をとる道具の弓矢等を指した言葉だそうである。

自分を何よりもまず読者だと考えている文人——ボルヘス伝に寄せる三篇

ジェイムズ・ウッダル『ボルヘス伝』(平野幸彦訳、白水社)

その一

本書は四七四ページもある大部のものですが、時間軸に沿った記述の故もあってか、読み易いため、圧縮された時間描写(あるいは時間否認)が得意の難解な作家を対象としていることを忘れてしまいそうになります。このズレは、二十世紀文学に一種の革命をもたらしたボルヘスの実人生をめぐる輝かしい謎の一つにもどこかでつながる気がします。

ボルヘスはアルゼンチン出身の詩人・作家・批評家で、生涯の六十年は概してつつましく過ぎて行ったにもかかわらず、その後の二十五年間に失明という悲運と共にやってきた世界的名声の光輝に包まれて暮らしました。

「隠し事の達人」のミステリアスな閲歴を克明に追跡する本書の著者はベルリン在住のジャーナリストだそうで、訳者の苦心の賜物でもある軽妙洒脱な文体の呼吸が無理なく伝わってくるのですが、意外な事実の数々が明らかにされることに驚きつつも、通常のミステリーとは異質の根源的な迷宮性は、いっそう増幅されるような感覚が強まっていきます。「小説と詩と哲学の深い泉」をたたえたボルヘスの作品は「ジャンル分けにはつねに抵抗してきたし、この先も永遠に抵抗するだろう」と書く著者は、ボルヘス自身が伝記に対して懐疑的であることなどもともより承知の上で、「ありのままのボルヘス」「正確であると同時に率直でもある肖像画を提供」したのでした。

数多くのインタビューや実地調査の過程で遭遇した困難についてのエピソードも興趣尽きませんが、一部の関係者の心ない対応をはじめとする苦労をのべた箇所にすらフェアな徳を感じさせます。そうした苦労を、ボルヘスの代表的短篇に登場する「八岐《やまた》の園」「アレフ」「トレーン」のような魔力を帯びた迷路の世界を旅する時の難儀さとダブらせて描くところこそ、本書が著者のいう「純粋に文学的な動機に発したもの」たりえているアカシというべきでしょう。

その二

本書はボルヘスの死後に英語で書かれた最初の伝記の翻訳だそうである。評者としても「待望の本格的評伝」という帯の文言を素直に肯いながら手に取ったのだが、同時に、詩人の時代や生涯などについてなるべく知らない方がいいと断言したT・S・エリオットのダンテ論冒頭の言葉を想起しないわけにはいかなかった。文学教師ボルヘスは学生たちから書誌を請われて「書誌など重要ではない。

結局のところ、シェイクスピアはシェイクスピアに関する書誌のことなど何も知らなかったのだから」と答えるのを常としたという。ボルヘス自身に関しても同じトーンの発言がなされるであろうことはボルヘス・ファンなら容易に想像がつくところだ。

しかし、にもかかわらず、魔術的作家（本書流にいいかえれば、アイデンティティの組みかえ実験を行い、詩的な「わたし」を消し去ろうとした小説革命家）の実人生をめぐる詳細な記述を何度でも受取り直したいという欲望を鎮静させるのはむずかしい。こうした「にもかかわらず」的事態を文体に取り込んで弁証法的展開をはかるのもまた、ボルヘスの語り&騙りの常道であった。たとえば、ある講演の中でボルヘスはこううそぶいている——前言をひるがえしたところでどうということはない、と。

本書で頻繁に引用されるボルヘス自身の手になる「自伝ふうエッセイ」（一九七〇年発表）を含む英語版『アレフその他の物語』の邦訳タイトルは『ボルヘスとわたし』（牛島信明訳、新潮社、一九七四年）。一短篇の題名が訳者の識見によって採用されたこの本を私は永らく愛読してきた。第一部に作者の代表的短篇が二十篇、第二部にボルヘスの自伝、第三部に創作のからくりを明かすボルヘスの自注という三部構成である。

評者の個人的思い入れ深い自選短篇集をもちだしたのは、言語と伝統に属する作家〈ボルヘス〉の世界（第一部）と〈わたし〉の世界（第二、三部）とが対置されたこの構成の中に、ボルヘスの実像を探究せずにはおれない〈わたしたち〉＝読者を受け入れる部屋が当初より用意されていた感が強いからだ。

浩瀚な本書によって新たに知ったボルヘスの言葉は数多く、新鮮である。が、にもかかわらず、ファン心理のフィルターを通すと、どこかで遭遇したボルヘス節であるような気がしてくるから面白い。
そうしたボルヘス的な、あまりにボルヘス的なアイデンティティをめぐる啖呵を一つ拾ってみよう。
「わたしは自分を何よりもまず読者だと考えている。そのつぎに詩人、ついで散文作家という順番だ」
「わたし」ボルヘスは、常に読者として詩人・散文作家ボルヘスの脇に密着している。わたしたち＝読者が『ボルヘスとわたしたち』という架空の書物を編んでその読者になる偶然を愉しんで悪かろうはずがない。

実は、本書も、「第一部　鏡」「第二部　書物」「第三部　人」の三部構成になっている。克明な調査の産物の中には、同時代を生きた「わたしたち」すなわちボルヘスと直接交流のあった友人知人へのインタビューも含まれていて興趣尽きない。それらを整合的に紹介するのは不可能なので、わたしたちが知りたいエピソードの典型ともいうべき大いなる闇の国の図書館長の姿を描いた〝目撃譚〟を写して――単なる引用ではなくボルヘス的な〝模作〟を試みたつもりでペンを擱《お》く。

（以下は、ボルヘスの代表的短篇「『ドン・キホーテ』の著者、ピエール・メナール」と同じ手法で、本書二八六～二八七頁に見出されるエミル・ロドリゲス＝モネガルの文章を転写したものである）

ボルヘスはわたしを手で引っぱって、あちこち連れてまわったが、彼の視力は所望する本の所在を知るのがやっとだった。彼は本のお望みの頁を開くことができたが、わざわざ読んだりせずに……完璧に引用してみせる。本がならんだ廊下を歩きまわっては、すばやく角を曲がり、暗くて本当に目に見えない通路、本でできた壁のすき間にすぎないものに分け入ってゆく。螺旋階段を駆け下りて行くが、その先は忽然と闇の中に消えている。図書館の廊下や階段にはほとんど明かりはない。わたしはつまずきながら彼のあとを追いかけようとする。わたしがボルヘスよりも盲いて不利な立場に置かれているのは、自分の目しか頼りにできないからだ……〔ボルヘスは〕わたしを引っぱり、わたしは……へとへとにくたびれて闇の中心へと落ちこんでゆく。すると突然、別の廊下の端に明かりが見えてくる……友だちをからかって遊んでいた子どものように微笑むボルヘスの隣で、わたしは再び視力を取り戻す……

その三

待ちに待った本である、とまずは率直に書いておきたい。原著の存在を知っていたのではないし、まして一九九九年八月のボルヘス生誕百周年に合わせての刊行予定——と訳者あとがきに記された事情に通じていたわけでもない。ただ、こういう本格的な評伝が今でるか今でるか……と長い間まちわびていただけのことである。

単行本としての本邦初のボルヘス伝出現の意味は大きい。骨のおれる作業を見事に完遂された訳者のいう通り、これまで作家その人に興味を抱いた日本の読者が読めるものとしては「自伝風エッセイ」くらいしかなかったことを思えば、本書によって「だいぶ渇きが癒やせるはずだ」。事実、ボルヘス流にいえば、数ページで済んだかもしれぬ内容を数百ページにわたり発展させたこの大著を読んだ後、評者の中に長いことわだかまっていた「渇き」はかなりの程度おさまったのである。

仮に、どうしても消失しない「渇き」が残っているとすれば、それはボルヘス文学の中核に位置する謎の迷宮が究極のところで実人生の閲歴を呑み込んでしまうという予想された事態によるものだろう。ジョイス同様、ボルヘスも伝記には懐疑的だった、と著者はまえがきに記す。しかし、かかる事態を踏まえて書かれたような伝記にこそわれわれは信頼を寄せる。

実は、本書をめぐる簡単な紹介文を私はすでに一度ならずしたためているのだけれど、まだ足りていないという「渇き」を覚え、今またペンをとった。こんな経験ははじめてで、自分にとってボルヘスがとてつもなく〝御大切〟な存在だということを改めて痛感させられたのである。

一冊の書物が様々な種類の「渇き」を誘発したわけだが、それらを総合する地点で評者が見出した泉から湧き出る水のようなテーマを、ボルヘス自身の若書きの著作より引けばこうだ。

〈あらゆる文学は畢竟自伝的なものである〉

二十代の半ばすぎに刊行した『わが希望の大きさ』に収められた「文学的信仰告白」の中の一行である。ヨーロッパ中央に渦巻く最新の文学的洗礼を受けた後、故地アルゼンチンのブエノスアイレスにユリシーズよろしく帰還をとげた若者はウルトライスモとよばれる前衛主義運動において中心的役割を果たすのだが、後にこの時期の土着主義的（？）狂熱に駆られた言動を好ましく思わなくなり、一部の著作の存在を永遠に否定したりする……そうした経緯が本書にも詳述されているが、『わが希望の大きさ』もボルヘス自身の意思によって絶版扱いとなったエッセイ集の一冊である。

三部構成の本書の第一部の扉に〈あらゆる文学は畢竟自伝的なもの……〉に終る一節を掲げた著者

の意図は容易におしはかれる。若きボルヘスはこの一節において、公理を立てることは普遍的な行為であって、そのことをまんまと否定しおおせる者にあってもそうなのだ、などといい、文学が自伝的なものにきわまることこそ「わたしの公理」だとしめくくる。

文学的啖呵ともいうべき断定をする一方で、魅惑的な曖昧さの中にたゆたう……ボルヘス文学に特有の物言いを特徴づける逆説的な二義性もしくは多義性が若書きのエッセイにすでにしるく浮き立っている。

逆説的な二義性もしくは多義性は何のために必要なのか？　あらゆる言説に創作的なふくらみをもたせるため、ととりあえず私は答えておく。言説がそのまま文学になりうるわけではないが、創作的なふくらみをもとうと努めるあらゆる言説は文学の性質を帯びる。

一般的な偉人伝の類はともあれ、文学者の伝記の場合、当然ながらそれ自体文学書でありたいと願うだろう。本書の著者の願いは、文学＝自伝的なものという青年ボルヘスの「公理」に託されている。ボルヘス文学の愛読者にとって、自伝的事実の探査がおよそボルヘス的でないことは常識の部類に属する。時間の否認をもくろんだ形而上学的作家の生涯をクロノロジカルにたどる本書の著者もそれをわきまえていないはずがない。

おそらく著者は、青年ボルヘスが見出した文学＝自伝的なものなる「公理」が、これを「まんまと否定しおおせる者にあっても」普遍的であるというところにボルヘス伝の支柱をたてたのに違いない。自伝ではなく自伝的なもの——創作的なふくらみを伴うエッセイをボルヘス自身が書いているではないか。冒頭でふれた「自伝風エッセイ」は一九七〇年（ボルヘス七十一歳）英語で執筆し、英語版の自選短篇集（邦訳タイトルは『ボルヘスとわたし』）に収録されたもので、本書においても必須の重要資料としてその引用は全篇にわたっている。『ボルヘスとわたし』という邦訳タイトルは、所収の散文詩とも断章ともつかぬ同名の短篇から採られたのだが（原著タイトルは『アレフその他の短篇』）すこぶるボルヘス的な表現といわねばならない。この短篇集が出された頃、晩期ボルヘスの世界的名声は絶頂期を迎える。生身のボルヘスが、もう一人の「他者」としてのボルヘスを意識せざるをえなくなるこの時期の比類のないアウラに照らされた不可思議な変貌ぶりをめぐって、『ボルヘス伝』は克明な調査に裏づけられた描出を展開する。

さらに本書の読みどころとして、自ら「悲しい国出身」と表現せずにはおれなかった周縁国アルゼンチンにおける作家の政治的関わり、そしてまた、政治的世界の対極に潜み隠れる性的なわだかまりについて、決してえげつないやり方ではなく、その闇の本質の一部をどこまでもディーセントな（しかし、ある部分率直な）筆致で明るみに出したことがあげられるだろう。著者は「政治的関心の根底には性的緊張が存在していた可能性が大きい」という。

「自伝風エッセイ」でボルヘスは語る――失明の悲運と同じように名声はゆっくりとしのび寄ってきた、と。本書もゆっくりとしのび寄る仕方で、生身のボルヘスと、「世界のボルヘス」となったもう一人の「他者」ボルヘスとのブリリアントな二人三脚関係を観察し、分析する。読者は、「ボルヘスとわたし」を拡大したような世界で旅を愉しむことができる。

自伝的エッセイを基に、ボルヘスがもう一人の「他者」ボルヘスの伝記を書く。『ボルヘス伝』を著者はそういう存在に近づけたかったのではないか。

ボルヘスを読む楽しさの一つは、ボルヘスと共に古今東西の文学作品を読むという楽しみである……と、そうのべたのは、故澁澤龍彥（「ボルヘス追悼」）であったが、「ボルヘスとわたし」の「と」がどれほど豊かな世界との関係をあらわす迷宮的存在であるかを、澁澤のいう「楽しみ」なる直截的な言葉が指し示している。

ボルヘスに近づくと、多種類の迷宮につながる「と」の橋が幻視される。ソレを渡るとめくるめく旅がはじまるのだ。ボルヘスの作品はいうに及ばず、ボルヘスが語った文学哲学宗教の世界、そして「見者のまなざし」によって見据えられたもう一人の「他者」——賢者ボルヘスの世界への……。「見者の雄弁なるもの静かさ」と「賢者の諦念」をつなぐ「と」の橋も本書は無理なく浮上させることに成功している。めくるめく旅と私は書いたが、本書に紹介されるボルヘスお気に入りの「撞着語法」めいた名文句でより正確にあらわすなら「水平なめまいを催させる」旅となろうか。アルゼンチン特有の水平に拡がる大草原パンパを前にして、あたかも垂直な崖から見下ろしたかのようなめまいを覚える……そうした現実の風景からとある友人が思いついた表現をボルヘスは面白がったという。それをふまえて著者はすかさず書く、——事実、非常に多くのボルヘスの小説が水平なめまいを催させる、と。

若年の頃、評者がはじめてボルヘスに遭遇した時に記憶に刻まれた異国語による名セリフ——ボルヘス・ヴォー・ル・ヴォワイヤージュ（ボルヘスは旅に値する）の発言者とそれが生れた情況も本書で正確なところを知ることができた。「文人旅行家がこぞってボルヘスを訪れる」様が伝えられているのだけれど、文人ならぬ『ボルヘス伝』の読者も、種々の知られざる事実に潜む〈詩と真実〉をかみしめる過程で、あらためてつぶやくだろう、ボルヘスは旅に値する、と。

旅に値する根源的作家は、根源的詩人といいかえられてもかまわない。本書はこの定義のむずかしい詩人像について友人・知人の表現もかかりながら独特のアプローチをしてみせる。通常の詩人の形象から脱出していた……書くものすべてが詩となる根っからの詩人……いったん失明してしまうと、彼は詩を頭の中で「見る」ことができるようになった……というように。

もう一人の「ボルヘス」を管理し、いわばそれを「ショー」として演じていた生身のボルヘスの内面にある「悲しみのどん底」をさりげなく描出する時、本書は最も底深い「水平なめまい」を読者に与えるだろう。

想像力の神殿に生涯仕えつづけた二十世紀文学の巨匠はその類まれなる実験によって現代小説に新たな可能性のフォルムをもたらした。しかし、虚構＝フィクシオネスと名づけられた空前の作物を代表するものをあげれば、本書にいう「書評の体裁をとった短篇」なのであった。

本稿がここに至って再び「渇き」を覚えている理由は書くまでもあるまい。『ボルヘス伝』の書評という「体裁をとった」虚構文などとうてい作れぬとみた断念のすえにこの凡庸な書評は出来上がったのである。

せめて最後に、書物と盲目を同時に授けられた図書館長がものした詩篇「天恵の歌」のひとしずくをのんで、ボルヘスという名の迷宮を経巡る評者の「飢渇」を癒すことにしよう。


（ギリシアの史書の記述によれば）ある王は

噴泉と園庭に囲まれながら、飢渇ゆえに死んだという。
わたしもまた当てどなく、高く奥行き深い
この盲目の図書館をさまようだけだ。

（鼓直訳編『ボルヘス詩集』思潮社）

オクタビオ三番勝負

オクタビオ・パス『鷲か太陽か?』（野谷文昭訳、書肆山田）

本書を手に取る前に読んでいた『ヘルダーリン詩集』（川村二郎訳、岩波文庫）に「鷲と星　父神の使わしめの住む所／詩神と英雄と愛する者の住む所」（「メノン　ディオティーマを悼む」）とあった。マルキシズム、シュルレアリスム、モダニズムといった二十世紀に突出する運動体とオクタビオ・パスとの詩的関わりの大要を知ることができる巻末の訳者あとがきによれば「鷲か太陽か?」は、メキシコで一ペソ硬貨を投げ上げるときに発する民衆的表現で、鷲は表、太陽は裏に相当し、雌雄を決する際に使われる古来の「二分法」だという。

ヘルダーリンの「鷲と星」と直接的な関係はなさそうなのだけれど、「乏しき時代」に詩人であることの根源を問いつづけたヘルダーリンの本を「投げ上げ」てみると、たちまち一世紀以上が過ぎ去り、手元に落下してきたときには二十世紀の詩人の手になる本に早変わりしていた。そんな感覚にとらえられたのだった。

三つの散文詩もしくは「詩を吸収した散文」から成る本書を、私は〝オクタビオ三番勝負〟の立会人になったつもりで読みすすめた。三篇とも、原初の言葉をめぐる一騎打ちともいうべき闘争に明け暮れているのである。

順序を表す「番」はともかく、交代でつとめる役目やみはりの意の「番」に注目する。「詩に向かって（様々な起点）」と題された、掉尾を飾る断章の一つをかりれば「孤独を強いられた者たちが、至るところで、新たな対話の言葉を創り始める」――かかる対話の言葉を創出する役目やみはりを課された「番」人こそ詩人である。

日本語の「番」はツガイとも訓める。二つが組み合わさって一対となったものをさす「番い」と、さらに、時間や労力を多く費やした場合の回数を表す中国語の「番」のイメージを重ねれば、墜落、落下をものともせず決死の「ここ一番」にかけるオクタビオ三番勝負の核心に迫ることが可能になる。卓抜な詩論『弓と竪琴』（牛島信明訳、ちくま学芸文庫）でパスは、詩は文学形式ではなく、ポエジーと人間の出会いの場だと定義したが、この出会いの場には特別のみはり、言葉の番人が必要だ。キルケゴールの〈飛躍〉に由来する命がけの覚悟を反復＝受取り直す番人は、一番一番の闘いを出会いの場において、ある種の「潜在力」と合一させる役目をはたす。そのとき二分法は無化され、敵同士は抱擁する。「傷のひとつひとつが泉となる」（「ある詩人」）のだ。

ファウスト的饗宴の系譜

ミハイル・ブルガーコフ『巨匠とマルガリータ』（水野忠夫訳、岩波文庫）

「筋を話せといわれると、実のところ、私にもちんぷんかんぷんで、ちょっと困るのだが、なんでも劇詩の形式を踏んだ一種のアレゴリーで、『ファウスト』の第二部を思わせるようなものであった」

これは『悪霊』の冒頭で、ドストエフスキーの話者が主人公の若書きの「奇妙な代物」についてのべた一行だけれど、二十世紀ロシア最大の奇想小説を読んで思い出した。ついでに、ベンヤミンがどこかで誰かの作品について書いた――〈『ファウスト』第二部におけるゲーテの言語と同じような響きをもつ〉というひとくさりも。

作者について、恥ずかしいことに文庫化されるまで知るところがなかった。一八九一年キエフ生れ。医学を学び開業医となるも、ロシア革命後の混乱の中で文学に転じたが、政治的圧力のもと、作品発表が許されなくなり、重病と失明のうちに世を去ったという。その名は旧ソ連の文学史から抹殺され、忘れ去られた。本書が「発見」されてロシアを代表する人気作品になるのはじつに死後三十年近く経ってからだ。

「ドストエフスキイは死にました」と女は言ったが、なぜか、あまり確信がなさそうだった。
「抗議する！」とベゲモートが熱っぽく絶叫した。「ドストエフスキイは不滅だ！」

本書（下巻）二十八章にあるやや奇妙なやりとりなどからも『悪霊』の作家がブルガーコフに強い影響を及ぼしていることがうかがえるが、巻末の訳者の一文をかりれば、「ゴーゴリとドストエフスキイの強い影響を踏まえつつも、過去の文学伝統に距離を置こうとする作者」は、「二十世紀の小説空間をいかにして創造するかを問いかけて」いる。「二十世紀の小説空間」の奇想天外なるブルガーコフ的展開もまた、『ファウスト』の第二部を思わせるようなものだと思うが、この「第二部」は、《第二のファウスト》創成という含みをもつ。

悪魔との対話をメインテーマとする『ファウスト』第一部の後半は少女マルガレーテ（本書のヒロインともいうべきマルガリータと有縁の？）とのファウストの出会いと、マルガレーテの恋ゆえの悲痛な没落と死の物語である。『ファウスト』第二部のすじがきは複雑きわまりなく、『悪霊』の話者のいう《生の饗宴》めいたものがはじまり、人間以外の存在までもが歌って語ったりする。「ファウストのように」という言葉が最終章に顔を出す本書の、たとえば「神聖な腹話術の猫」の言動など『ファウスト』的饗宴の流れを汲むものの典型である。トーマス・マン、ポール・ヴァレリーといった不世出の作家の手になる世界文学に特記さるべき〈ファウスト文学〉の系譜に、この魔術的に破天荒な作品を加えても許されるだろう。

詩小説の難所

インゲボルク・バッハマン『三十歳』（松永美穂訳、岩波文庫）

かつて、ものを書く女の歴史に一貫して強い関心を寄せつづけた作家ヴァージニア・ウルフは、「男が自分たちの感情を言いあらわすために作った言葉」の枷に苦しんだ同性の先駆者をめぐるあるエセーを、「散文小説」と対比した場合の「詩小説」擁護の視点で論じたことがあった（『女性にとっての職業』所収）。

戦後オーストリアを代表する女性詩人・作家バッハマンの七つの短篇から成る作品集を読みながら、ウルフの真摯で痛切な視点を思い出さないわけにはいかなかった。

女が書くということ、そしてさらにもう一つの散文小説と詩小説という差異。本書をとき明かすキーが依然としてこの二点にある思いを強くしたのである。

たとえば表題作「三十歳」は若い男が主人公だけれど、失敗だらけの女性たちとの関係などによって相対化されるのは〝男のための言葉〟のように思える。たえず付きまとうモル Moll（憂鬱）という名の友人は、その言葉の悪あがきを増殖させる印象である。

じつは表題作のタイトル、逐語訳すれば、「三十番目の年」となるべきところだそうで、「三十歳になる前の、二十九歳からの一年間を指している」(訳者解説)。他ならぬ詩人・作家が紡ぐ詩的言語の質を問う場合、こうした微妙な差異のニュアンスを軽視すべきではないだろう。

表題作に、「三十番目の年は、嫌な始まり方をする」とあり、さらにほんの少しだけ引くと、「ぼくは廃棄物と歴史によって養われている。衝動と本能の廃棄物だ。(中略)貫通不能のぼく、あらゆる物質が混ぜ合わされ、もつれ合い、絡み合っている。それにもかかわらず後頭部への一撃で抹殺されてしまう存在だ。沈黙させられ、沈黙から成るぼく……」。

傍点はすべて原訳文である。詩と散文のあわいに居場所を求めてあがく詩小説の難所を象徴するものといえようか。

詩人バッハマンについての評者の知見はほとんど無きにひとしい。そんな「無から成る」読者の脳裡にぼんやりと浮上して来た詩行のカケラはこうだ。

「さらに苛酷な日々がくる。/取消しを猶予されていた時が/地平にあきらかに見えてくる。」とはじまる詩篇「猶予期間」に、私は原詩・日本語訳対照の『ドイツ名詩選』(生野幸吉・檜山哲彦編、岩波文庫)で出遭った。〈取消しを猶予されていた時が/地平にあきらかに見えてくる〉のリフレインをそらんじていたのは、「沈黙から成る」P・ツェランの詩篇群の次に登場するものであり、しかもこの二人が若き日に恋愛関係にあった事実を後に知ったからだったろうか。

小説としての欠点を指摘されもしたらしい本書を、ウルフが読みえたら「詩人が散文作家を追い越している」というに違いない。

Ⅵ

けぶりくらべ

けぶりくらべ

小説ならぬ大説ともいうべき大いなる長篇を書きあげた作家に、定稿から除かれた草稿部分を読んだ友人（アルゼンチン人の日本文学研究者）は、――むしろ草稿が面白い、編集してあなたの小説の「偽版」を出したい。はじめはスペイン語で、つづいては日本語にも翻訳して、「正版」を追放しよう……といってきた。

作家は「大いなる女たち」の物語を構想し、そのための挿話をいくつか書きためていたのだが、「全体を書きすすめる過程で、それらを統合できず、ついには小説がすっかり別のものに」なってしまったという。作家自身、思いを深める、「そのようにして廃棄した挿話のうちに、なにより重要なものがあったのかもしれぬ」と。

以上は小説にまつわる苦心談ふうエッセーではなく「廃棄した挿話」を蘇生させたとおぼしき短篇「もうひとり和泉式部が生れた日」（『いかに木を殺すか』所収）の冒頭に置かれた前口上である。作者大江健三郎好みの言葉をつかうならあくまで「小説のたくらみ」の一環として布置されている文だ。

小説技法つまりは「小説のたくらみ」について実践的な思考を巡らすためのテクストとして、私は『いかに木を殺すか』一冊を選んでみた。中でも前記の一篇「もうひとり和泉式部が生れた日」への愛惜度がとびきり高い。作家の代表的長篇（『同時代ゲーム』のような）をおとしめていうわけではないが、アルゼンチン人の日本文学研究者の「たくらみ」に加担したい心持ちなのである。

かつてこの国に「けぶりくらべ」（煙競べ）なる言葉があった。手元の辞典を写せば「思ひ」の「火」から上る煙を比べる——に由来し、互いに思いの深さを比べることをいう。いかなる創作ジャンルにおいても、私は技法の問題を考える時、この「けぶりくらべ」をたぐり寄せるのを常としている。たとえば『百人一首』を編撰したといわれる藤原定家が詠んだ「野外柳《やがいのやなぎ》」という題詠は「道のべの野原の柳下もえぬあはれなげきのけぶりくらべや」である。

この歌がどういう状況のもとで作られたのかも、歌に込められた作者の真意とやらも一切無視し、仮に「下もえぬ！」とか「あはれなげきのけぶりくらべや！」と朗唱するだけで事足りるなどとコトアゲすれば、「下つ国」（＝黄泉国）に棲みなす定家卿の機嫌を損ねるだろうが、「もうひとり和泉式部が生れた日」を読んだ者はそうしたコトアゲの何たるかをたちどころに了承するにちがいない。「下もえ」は、春も間近な頃、草がまだ表に立たぬ野面に新しい芽がふき出る「下萌え」とも、また言葉に出さず「下心」（隠された想い）をひそかに燃やす「下燃え」ともなりうる。

もう一人の和泉式部とはいったい誰のことか。日本文学史に名高い「和泉式部集」からとられた歌が十数首、女先生の手によって黒板に書かれてあった。戦争の終り頃、話者の生れた森の谷間の村での出来事である。夏のはじめの放課後、学校の運動場に残って遊んでいた「子供の僕」が、高等科生徒に国文の授業をする風景を遠くから眺め、やがて「軽率なふるまい」に及ぶ。十数首の歌は「シキブサンの歌で、みな花伯母さんから教えられて」知っていたのだけれど、「黒板には、シキブサンの歌に加えて、付け足されたものが書いてある。どうして女先生はそのようなことをしたのか？　と不審がった」話者は、女先生の姿が見えぬ折に教室へしのび込み、口誦して教えられた言葉だけを残し、他はチョークで抹消する線を二重、三重に引いたのである。

たとえばこんなぐあいだ。「花咲かぬ谷の底にもあらなくに深くものをおもふ春かな」は「和泉式部集」の歌だが、谷間に伝承されてきた「シキブサンの歌」は、**谷の底にもあらなくに！**　とだけ鳥が叫ぶように朗唱すればよい。感嘆符付きのこの叫び以外を抹消した「僕」は女先生に捕えられ、すぐに校長室へ連行されて殴られる。

女先生は「歌のカケハシ」と呼んでさげすんだが、話者はいう。「子供心にも歌の芯、歌の髄と感じていた」（傍点原文）この鳥の叫び――「シキブサンの歌こそ本当の歌で、それを梱包するように言葉を加え、短歌のかたちにおさめた和泉式部の歌は、真の歌に覆いをつけたものにすぎぬと」。女先生は、歌の主をシキブサンと呼ぶこと自体が気に入らず、「和泉式部のように歴史上有名な人物を、なれなれしくシキブサンなどと呼ぶのはね、こういう田舎の子らしい、下品な、卑しいふるまいですよ」とか「和歌は、五七五七七と作るもので、時には字あまりも認められますが、あんたのように『歌のカケハシ』だけを覚えて、それを歌だといいはるのは、無教養な恥かしいことなのよ」とたしなめる。

「なみだがはおなじ身よりはながるれどこひをば消たぬものにぞありける」のあらかたをチョークで

消し、**なみだがは！**　としたことに彼女は特に苛立った、とつづく辺りで作品には独特の「ユーモアの微光」が射し込みはじめる。父が死んだとき、**なみだがは！**　を家族で唱和したと語る「僕」に、女先生は不興を募らせていう。――「それは恋の歌なのよ、こひの火を消さないことが、大切なのよ。お父さんが死んだ折、あんたの家でみんなが**なみだがは！**　と叫んだ？　そんなこと、和泉式部にはなんの関係もないでしょうが？　お父さんが死んだというのに、なぜ野蛮な、大声で叫ぶようなことをしたんですか？　**なみだがは！**　などとさけんで……」（傍点、ゴチック原文）

　これに対し、「僕」は、――「人が死んだのに、こひをば消たぬものにぞありける、というのかな？悲しんでおる人らが怒りますが！」と抗弁し、再び校長に殴られる破目になる。

　花伯母さんは、山襞の樹木のむらがりに狭く拓かれた、念入りに耕作されて全体が丸っこい田畑と、前庭に柿の木のある屋敷を見出しては、――**けぶりをだにもたたじとて！**　と朗唱したのだ。

　シキブサンの歌をめぐる女先生との論争に戻るなら、僕の幼い胸のうちで、花伯母さんが**けぶりをだにもたたじとて！**　と朗唱する情景にあわせて、当の歌が、女先生の黒板に書いた、さびしさにけぶりをだにもたたじとて柴折りくぶる冬の山里、という歌にどうして劣るのか、不可解に思われたのだ。花伯母さんは、山襞のひとつに埋もれている、田畑にかこまれた屋敷の住人に声をかけるように朗唱して、確かに人たちがさびしく思っていることを思いやるが、一方では山襞の一軒家に、先祖代々生きてきた人たちに、けなげだなあと、さらには勇敢だなあとも、呼びかけているのだ。さびしさに、とそういう人たちの気持を、簡単にくくってしまっていいのか？ それは失礼じゃないか。柴折りくぶる冬の山里、といってしまっては、冬の山里で柴を折ってくべている人にしか呼びかけられないのではないか？　それより、**けぶりをだにもたたじとて！** の方が、どんなにか様ざまな場合にしっくりすることだろう。実際、花伯母さんは、その場には母親もいたが、ある夕暮、月が煙る薄曇りの空をあおぐと、宇宙への通信でも送るように大声で、**けぶりをだにもたたじとて！**　と朗唱した……

（「もうひとり和泉式部が生れた日」）

読者はすでに、和泉式部vsシキブサンという、小説的なあまりに小説的な磁場にひきずり込まれ、その「けぶりくらべ」に立ち会わされている。そしてついには、まるであの伝統的な雅のコンテスト「歌合わせ」の判者《レフリー》となった心情で両陣営いずれの「思ひ」が深いかの審判を下さねばならなくなるのだが、むろんそれは作家の「下心」＝たくらみに易々とのせられた（あるいは積極的にのせられようとする）場合のことである。

読み手と書き手とのボーダーに佇んでこの作品を受取る私のような者は、奇妙な〃だまされたがりや〃の一人なのかもしれない。本稿冒頭のエピソードに寄り添っていえば「和泉式部集」が「正版」なのに比し、シキブサンの歌は「偽版」である。後者は前者があってはじめて存立しうる。作家の友人は「偽版」によって「正版」を追放しようと宣言したけれど、その情熱の背後にも〃だまされたがりや〃が潜み隠れているだろう。

「歌のカケハシ」を「僕」がどんなに弁護しようと、その解釈の面白さは「正版」をふまえる時輝きを増す「偽版」のそれであることは疑いえない。

書き手の痼疾とは、つねに読んでいる「正版」の「偽版」を創りだすところにある。「もうひとりの和泉式部」を生み出す「偽版」への情熱――。

優れた批評はバランスのとれた「正版」との照合作業を怠らずに「偽版」の解読をやってのける。私の貧しい知見の範囲では、井口時男氏の「森の谷間の柳田国男」(「早稲田文学」一九九五年七月号、のち『暴力的な現在』作品社、二〇〇六年刊所収)がその恰好のサンプルである。「もうひとり和泉式部が生れた日」の「偽版」としての輝きをコンパクトにすくいとったこの小論の中で、氏はシキブサンと和泉式部の闘いは、『同時代ゲーム』や『M/Tと森のフシギの物語』が語る荒唐無稽な「五十日戦争」に比べれば、いかにも牧歌的な、とるにたりない闘いにすぎないが、しかしそれは、架空の「五十日戦争」に優に匹敵する果敢な想像力の闘いである、と述べた後、すぐにつづけてこう書く。

しかし私は、「僕」や花伯母さんが、〝民衆的想像力〟に立っているというのではない。ここでも事態は逆である。民衆は決して、こんなふうに「シキブサン」の歌のカケハシに加担することはない。(中略)
歌のカケハシなるものを構想するにあたって、大江は少しも柳田に学んでいない。むしろ柳田に逆らっている。大江健三郎の場合、急所において柳田を読み変えるとはそういうことだった。
(「森の谷間の柳田国男」)

「僕」も花伯母さんも、谷間の村の民衆的言語の世界からは「孤立」している、と断じる氏のコトアゲは、「けぶりくらべ」としての文学の「急所」を衝く。「草深い田舎の村で文学を読むとはどういうことか。その深い省察が、この目ざましい読み変えを可能にしたのである」というエピローグは、批評の「目ざましい読み変え」の何たるかを暗示する。

「民衆は決して、こんなふうに『シキブサン』の歌のカケハシに加担することはない」――この断言は弾丸となって、恐らく何度も「偽版」の編集者（あるいは翻訳者）自身の心身を貫通したはずだ。〈雅びvs民衆的想像力〉の歌合わせの判者として、かれは失格する。にもかかわらず、「けぶりくらべ」の情熱は失われていない。

定家卿の題詠がそうだったように、「けぶり」は「のべ」の「もえ」と並んで火葬の縁語でもある。「立ちのぼる煙」といえば人の葬送を意味した。「けぶり」には、しかし、芽を吹くという意味も附着する。新生、そして可能性が「下もえ」る野であると同時に、葬送の場でもある野に立ち上る両義的「けぶり」――創造的批評を含むあらゆる創作の現場が、この「けぶり」たなびく究極の《野》につながっている。

隣接する短篇「その山羊を野に」には「陳ケ森の野点《のだて》」という奇態な祝祭のフィールドワークが登場する。もうひとりの和泉式部として生れ変わるために女先生が体験せねばならなかった儀式がそうだったように、この祝祭もまた大江的「性」のグロテスク&アラベスク模様に色どられている。「陳ケ森の野点」について、作家は「哄笑と嘲弄のないあわさった言葉」だと解説する。雅びと風流の領域に属する「谷間の生活では耳慣れぬ」野点をおこなう蜜枝アネサマは、シキブサン的キャラクターの一人である。

蜜枝アネサマは「元禄花見踊り」とはやされることになるいでたちで、崇拝者の男どもに囲まれ、森へ昇ってゆく。

「なにをおこなうべく？　ほかならぬ『陳ケ森の野点』をたくらんで！」と話者は前口上ふうにのべるが、この強調符つきの文がそのまま書き手の「たくらみ」に接続していることはいうまでもない。

「その山羊を野に」の次に置かれた一篇「『罪のゆるし』のあお草」の中には「方法的なたくらみをこらして書いているにもかかわらず、仮面をかぶっての告白のように、自分の固定観念を剝き出しにしている」とある。「方法的なたくらみ」と「固定観念」とが〝野合〟する場所、それが創作の現場だ。谷間の少年が経験した「神隠し」は種々の変奏譚を生む。それは大作『同時代ゲーム』にも描かれた。事実の多くがそこに取り込まれた。しかし作家は「本当に起こったことから切りはなして書くようたくらんだとも思う」。これらの述懐はすべて作品の中にみられるものである。

「谷間に帰って行かねば生き延びがたいと感じる。それはあきらかだが、しかし当の谷間は、現実の森のなかの谷間ではありえない」

「当の谷間」とは、書き手のヴィジョンに冒された「もうひとつ」の場所だ。障害をかかえるイーヨーとの共生をブレイク詩を媒介にして描いた連作短篇集『新しい人よ眼ざめよ』から引けばもともと「想像力の谷間しかない」のである。

書き手の意識に深く冒された読み手は、祝祭のフィールドワーク（＝けぶりくらべ）がなされる場所を提示された時、シキブサンの歌の調子でつぶやかざるをえない、**「陳ケ森の野点」をたくらんで！**

と。
そんなことが、四国の「現実の森のなか」で起こりえたはずがない、と感じる内なる平凡な読者を寝かしつけた後、「もうひとつの」場所でのヴィジョンに眼をこらす。

僕らの住む谷間とそこを囲む雑木林に、杉や檜の植林された区劃――「在」はその延長のうちにある――、それらと森のちがい。森の高みまで林道が切り拓かれて、軽自動車で往復しうる現在、当の谷間に住んでいる甥たちにすら、そのちがいを納得させることは困難である。子供の時分の僕が、生活の全側面はもとより、内面の深みまで全的に包囲されていた、原初の森は失われてしまった。いったん失われてみれば、狭い四国山地にそれほど稠密で広大な森はもともとありえなかったのだ。いまとなっては僕も、神話のなかにのみあるような森を、その思いとともに生きた子供の想像力を介して、受けとめてもらいたいと読み手にいうほかないが……

（「その山羊を野に」）

書き手のこうした〝弱気〟の吐露も、衰弱という名の小説技法なのだと〝だまされたがりや〟のわれわれは邪推する（ここにいうわれわれとは、創作的視点なる呪縛のまなざしから終始自由になれない読者を指す）。われわれが選んだテクストのタイトルを真似れば、〈いかに技法を殺すか〉――すべてはそこに収斂するだろう。
「いったん失われてみれば、狭い四国山地にそれほど稠密で広大な森はもともとありえなかったのだ」という奇妙な文の運びに矛盾をみるのはやさしい。だが、狂気から醒めたキホーテがただの善人アロンソ・キハーノにもどってしまった時のサンチョのような心持ちを共有するわれわれは、小説のたくらみが完全に死滅することに異を唱える方に与するのである。

谷間と「在」、それを取り囲む巨大な神話の森。「在」というユーモラスな響きの、実在する地方的呼び名は容易によみかえられる。たとえば想像力の森が、数字の零＝「無」だとした場合、始まりの一としての「在」というように。谷間と「在」に人は住むが、その想像力の背後には「生活の全側面はもとより、内面の深みまで全的に包囲されていた、原初の森」がある。「もともとありえなかった」零＝無としての森が、書き手に「現実の森のなかの谷間」とは別のヴィジョンを幻視させたのだった。

切り拓かれた小説の《野》に、こうして谷間と「在」、それを取り囲む森が創られた。現実の郷里からは絶対的に「孤立」した「けぶりくらべ」の現場が出来たのである。

「その山羊を野に」で話者は、スケープ・ゴートの正しい意味にふれる。人の罪を負って荒野に放たれた山羊は、身代りのイケニエと区別されることをイギリスの文化人類学者の著作に拠って強調する。「供犠の動物と、贖罪山羊《スケープ・ゴート》の役割のちがい」がどうして「眼を洗われる」事実だったのか。旧約聖書の「レビ記」にまつわる文化人類学者の記述を作者自らの訳によって引く。《礼拝に集う者らのもろもろの罪は、魔法の言葉のまじないによって、すべてその山羊に移しうえられる。そして山羊は人の住まぬ荒野に連れて行かれ、生きたまま棄てられるのだ。……贖罪山羊の場合、儀式の段階から脇にのけられるけれども、その不浄は担ったままの生きものを、シンボルとして必要とする。そこで、贖罪山羊は殺されてはならぬということが、妥当な話となるのである》（傍点原訳文）

〈いかに……を殺すか〉という命題に〈いかに……を延命させるか〉を対置する「のべ」の「けぶりくらべ」＝野戦に従軍していた作家の眼に「……は殺されてはならぬ」という力強い命令法がとび込んできた。スケープ・ゴートに小説（のたくらみ）を重ね合わせるだけでは、何かがすり抜けてしまう気もするが、臨終の床にあえぐ小説の運命はやはり何よりイメージが先行するといわざるをえない。身代りのイケニエとスケープ・ゴートの差異そのものが、この場合の「けぶりくらべ」の舞台となっている。しかし、大江文学の力技が発揮された「けぶりくらべ」の最たるものは、広義の「翻訳」活動の中にある。

小説フィールドを肥沃にするため、われわれはキリスト教を、文化人類学を、異なる言語による詩等々を、わが心身に「移しうえ」ようとたくらむ。だが、彼我の文化的溝は大きく、「移しうえ」はおおむね失敗する。それでもわれわれは、かの地の異なる文物を移入しつづける。

「和泉式部集」とシキブサンの歌との「もともとありえな」い対決のドラマは成功した、とカタウドは肩入れしていう。では、前者を海の向こうの優れた文物とした場合の「けぶりくらべ」はどうか。ブレイクの詩を正しく理解し、深く読む。愛読者なら誰でも生涯にわたってやることだ。しかしソレを、〝この私〟の創作フィールドに正しく深く移植する作業となれば話はべつだ。

数々の代表的長篇に言及するイトマはないが、ブレイク詩を媒介にした『新しい人よ眼ざめよ』は見事な「翻訳」作業に仕上がっている。成功の原因は、シキブサンの歌に重なる叫びを発するイーヨーへの「思ひ」の深さにある。作品の背後に重い死の定義を沈めた同作品には、葬送の「けぶり」が匂いたつけれど、危機的人間の「再生」への可能性の芽吹きとしての「けぶり」の匂いも強烈なのである。

何はともあれ、創造的批評を含む創作に従事するすべての人間が、「思ひ」も新たに唱和せねばならないことだけがたしかだ。

――**けぶりをだにもたたじとて！**

めんどしい救済——大江健三郎『燃えあがる緑の木』三部作完結に寄せて

「最後の小説」と銘うたれた『燃えあがる緑の木』の第三部＝完結篇である本書を読了した時、私は奇妙な宙づりの感覚にとらえられた。ひとくちにいってしまうと、完結感が薄いということになるが、むろん小説としての完成度にまつわる感想ではない。

二十世紀のフィナーレと戦後五十年になる節目の時にむけて作家が提出した労作には、たしかにライフワークの名に恥じない救済をめぐる「世界モデル」がふうじ込められている。三部作のタイトルになったW・B・イェイツの原詩に私は精通していないのだけれど、日本の作家の手になる「世界モデル」の見地に照らせば、「燃えあがる縁《えにし》の木」とでもいいかえたくなるような〝縁起絵巻〟の印象が強い。

完結感の薄さは、一大パノラマと化したこの作品の縁起性からやってくる。三島由紀夫の『豊饒の海』がそうだったように、最後の小説には逆説的な仕掛けがほどこされる。三島の場合、輪廻転生譚『浜松中納言物語』なるプレ・テキストに典拠するかたちでおこなわれたが、大江におけるプレ・テキストはさらに複雑な様相を呈す。全身全霊で読み込んできたいくつもの古典と並んで過去の自作の引用がおびただしく挿入される他、文字テキストにはすくい取られなかった伝承への解釈的語りもないまぜられている。

生れ変わり信仰を楯にとった三島の「最後」への演出は謎が多いなりにも、いかにもこの作家に似つかわしい気がするが、三島文学との根源的異質性を自ら主張してやまぬ大江文学の締めくくり作品に縁起性などという言葉をかぶせるのはたぶんに非大江的だと思われるむきがあれば、それを多義性と置きかえてもかまわない。

あざなえる多義性の縄で作家は読者をからめとる。『豊饒の海』最終部で読者は、幻妙きわまる〝縄抜け〟の術に立ち会ったあげく、「完」昭和四十五年十一月二十五日なる特別の日付を眼のあたりにする。一方、『燃えあがる緑の木』の完結篇は、大いなる結末を描破しつつ、大方の読者をアンチ・クライマックスの木に宙づりにさせる。昭和四十五年十一月二十五日に起きた事件から「最後の小説」を読み返すように強いる仕掛けに似たものが大江の三部作にあるわけではないが、しかし『大いなる日に』が刊行されたのと時を同じくしてこの国にまき起こった新興宗教をめぐる惨劇を想起しないでいるのはむずかしい。ただ私個人は、そうした小説より奇なる事実とつきあわせて作品を洗い直す方法になじめないたちなので、ここでは作家自身の興味深いインタヴュー発言の一部を引いておくにとどめる。「小説家には結論が出せないんです。書き始めると、続きをどんどん物語っていく。次はそれを書き直していく。『燃えあがる緑の木』は第三部で終わりました。それが、サリン事件という報道を見てると、終わったはずの小説の書き直しを始めそうになる」（「朝日新聞」一九九五年四月二十五日夕刊「大江健三郎の世界2」)

大きな文学作品が、同時代のまがまがしい暗部とアクチュアルな共振現象をひき起こすのは珍しくない。事実、「結論が出せない」小説家のアンテナは以前にも同じ性質の波を敏感にキャッチし、「小説の書き直しを」強いられたことがある。終ったはずのものが、再びはじまる。それが現実であることを十分承知している作家が、〝小説が終る〟宣言をした。大江の読者にとっては、「完」昭和四十五年十一月二十五日の日付が三島の読者に与えたのと同じインパクトをもつ。

完結感が薄い実感にあくまで忠実であろうとする読者の中には、縁起性=多義性の解読を「始めそうになる」者もあろう。私はその一人だ。

縁起の第一義は「前ぶれ」である。『燃えあがる緑の木』は集大成小説だから、この三部作の中だけで物語上の因果関係は一応説明されているが、たとえばここに登場する「新しいギー兄さん」にいわば「前ぶれ」としての「さきのギー兄さん」が存在していることを知った読者は、縁起の別の意味である「由来」をたどるべく、『懐かしい年への手紙』をひき寄せたくなるだろう。その小説の中にも、大江文学が創りあげた数々のヤマ場が盛り込まれていることに興味を抱いた読者は、さらに『同時代ゲーム』や『万延元年のフットボール』に至り着く。

〝大江ヤマ縁起絵巻〟は、「終り」から「前ぶれ」をたどってゆく仕掛けになっている。この特異な因果巡りの旅は、うしろ向きに進むのである。「燃えあがる緑の木」は教会の名であり、その教祖=救い主はアンチ・キリストふうの人物といっていい。だがアンチ・キリストなる言葉も、大江文学では多義性にさらされる。敵対とは別の、アンチ・キリストのもう一つの意味「前・キリスト」が重なる時、一人の主人公は大いなる縁起の只中に封印されるのだ。

縁起絵巻は、時には急激な、時にはゆるやかな、「転換」の相をみせる。大江作品では、同テーマで語りかえがなされているため、相変の解釈をめぐっては混乱も生じる。大江文学の地獄巡りの旅へ、うしろ向きに出立する覚悟をきめた読者は、作家の手になる自作の引用や解釈に異を唱える自由もあるはずだと私は考えている。

様々な登場人物及び語り手の「前ぶれ」をさがしあてるゲームに正解はない。由来と起源を問う者に「終り」は訪れない。三部作は最後の小説として書かれたが、そこに引用された「前ぶれ」としての大江作品の解釈に、「反」と「前」の両義を込めた「アンチ」を唱えたあげく、読者は「終り」を拒否し、自らの判断で、大江のプレ・テキストを切り貼り編集し直すことだって可能なのだ。三島と決定的に異なる、すぐれてコンテンポラリーな読み（かえ）の自由を、大江作品は私たちと共有しているはずである。

さてそうした読み（かえ）の自由に根ざした多義的な視点で、あらためて『大いなる日に』が取り扱う救済のありように思いを馳せる。読後に私の口をついて出たのは、「めんどしい！」という方言の叫びである。それは「めんどうくさい」という一義のネガティヴ一辺倒な叫びではない。

『大いなる日に』の終章で、語り手のサッチャンを「オンナオトコ」だという少年ジンの言葉にあせった母親がつぶやくセリフに、この方言がまじる。〈めんどしいことをいうて〉（傍点原文）

語り手はすかさず（お祖母ちゃんなら、尾籠などといっただろう）と同じく傍点付きで解説を加えている。

「めんどしい」は大江文学の原郷である谷間と「在」に反響する独特の方言の一つらしい。共通語の感触からふつうに類推すると当然「面倒」という漢語が思い浮かぶ。一本の樹木のような「面倒」にいくつもの多義性の枝葉が茂っている。方言辞典をめくると、形容詞としての「めんどしい」には、①困った、困難な、②難しい、③見苦しい、体裁の悪い、④面はゆい、恥ずかしい、等の意味分布がみられるとある。大江文学が初期からひきずる「恥」のテーマや他の著作にある用例も参考にしながら推断すれば、谷間と「在」の用法はどうやら③と④を合わせたものに近いと思われる。サッチャンが補足説明した「尾籠な」は、作中に光り輝く縁語「グロテスク」をも呼び寄せる。私の読後感の叫び「めんどしい！」は、これら全部を孕んだ感動詞なのであるとサッチャン同様言いはりたい。

三部作にみられる励ましに満ちたHallelu! とかRejoice!（前記インタヴューで作家は、「やれやれ、という代りに、僕はリジョイスと言う」と語っている！）とかの唱和すら、私の耳には「めんどしい」感動詞にきこえてしまう。その理由を解きほぐそうとしながら読みすすみ、最後の最後で、小説家の「K叔父さん」の、〈いま、サッチャンの話を聞いて、僕はきみの実際の経験こそオペラにふさわしいと思ったぜ〉というまとめの言葉に出会い、少しわかりかける。『燃えあがる緑の木』全体が特異なオペラ小説（こんなジャンルは存在しないが）を構想したものなのだと私はうけとっている。さらに勝手なことをいえば、この三部作オペラ小説のタイトルとして冒頭に記した「燃えあがる緑の木」もしくは「不死の人」が「ふさわしい」と思う。オペラ的磁場においては、死者と生者の声が同時に鳴り響く祝祭空間が容易に出現する。そこではあらゆる言葉が複合的感動詞あるいはいくつもの語義を同時に鳴らす謎の楽器に変身したがっている。

『大いなる日に』第六章で、ギー兄さんは語る。〈駐車場で暴漢に襲われた際、私が自覚したのは、これと同じことを自分は過去に一度経験している、ということなのでした。しかも私は、これと同じことを未来に自分がも一度経験するはず、とさらに強く感じたのです〉と。

同じく第八章には〈「死者と共に生きよ」という教えを生き方の根本におく者たちの列。つまりそれを私たちは「燃えあがる緑の木」の教会と呼んでいるのだ〉とある。

オペラ本来の姿、すなわち縁起（＝起源）を明らかにし、コロス（＝コーラス）の役割の重要性を力説したのは『悲劇の誕生』のニーチェであった。コロスが単なる背後の合唱団的イメージになったのは近代以降のことだと彼はいう。ギリシャ悲劇のコロスは、舞台上の歌手や演奏者よりも重い存在で、劇の進行のカギを握る。幼稚な言葉遊びをすれば、主人公を生かすもコロスも、すべてコロスの意のままである。コロスとは要するに死者たちの意向を体現した「不死の人」の声の集合体なのだ。

現在に生きる者は常に背後のイワクいいがたいコロスに伺いをたてながらプレ・テキストを読みつづけねばならない。そうした「教えを生き方の根本におく者」にとって、救済とはいったいどういうものなのか。はっきりしているのは「結論が出せない」ということだけだ。

私の好きな大江作品のタイトルをもじっていうと〈いかに一義の木を殺すか〉にきわまるオペラ的ライトモチーフが三部作に鳴り響く。三島の輪廻同様、ここに描かれる魂の救いにも、〃縄抜け〃の感を強くする読者はいよう。大江健三郎が創り出した「最後」(end) にはいくつもの抜け道があると信じる私は作者のねらいとは少しく別の方向にすり抜け、あの「雨の木《レイン・ツリー》」のような宇宙大の多義性の木に宙づりになって感動詞としての「めんどしい！」を叫んだのだった。

端をとらえる「横」の視線——埴谷雄高『死霊』九章刊行を機に

小説を読むのに準備など一切無用のはずだけれど、この高名な「進行中の作品」を一章より受取り直すに当たっては特異な〝いそぎ読み〟あるいは〝横読み〟を強いられた。もちろんせっかちにいそいでやっつけたわけではなく、またいわゆる斜め読みをしたというのでもない。いそぎはわが国の古語で準備の意であるが、ではいそぎを強いられる〝横読み〟とはいかなる事態か。

横死。横行。横道。思い浮かぶものを並べてみても「横」をめぐる言葉にはネガティヴな意味が多い。言揚げしたいそぎもまた横転する。横着をきめこんで、何かが横断もしくは横溢するのをじっと待つ。——それはもはや準備の正道ではないが、「暗黒から出現するまったく新しい暗黒」を提出する『死霊』の「霊妙な輪の渦巻き」（七章）に参入するには、子供の頃やったあの大縄跳び遊びのように、「横」から輪に入るのがコツなのである。

遠い昔、当方が学生だった頃この作品は多くの神話につつまれていた。一章の言葉をかりて「その当時異状に切迫した雰囲気がみなぎっていて、凡ての平凡なるものの裡に非凡な力がかもされている時代なのであった」とまではいえないかもしれないが、とにかく今日とは少しく異なる「切迫した雰囲気」が『死霊』をとりまいていたことは疑いない。だがその二つの「雰囲気」の差異についてのべたてるのはここでの目的ではない。

四章《霧のなかで》のような霧、五章《夢魔の世界》のような夢魔――それらにすすんで身をつつまれたいと願い、「凡ての平凡なるものの裡に非凡な力がかもされている」と信じる。『死霊』再読中の私の心持ちもそういう「平凡なるもの」以外ではなかった。私は、本書の重要人物黒川建吉に一笑されるにちがいない誤謬の歴史にとらわれた「普通一般者」の典型であるといってもい。八章《月光のなかで》において彼は、「一般者」の述べる「生の絶対の重み」などものの数ではありません、と断じている。しかし「生の重み」にしばられている愚劣な「一般者」である私も軽くなりたいという望みを抱いて『死霊』を読み、「未出現宇宙」への渇望を共有することはできる。

これは小説の器をかりた一篇の巨大な〝夢幻能〟である。ただ決定的に異なるのは、舞台に通じる廊下「橋懸かり」が「宇宙道」ともいうべき架空の吊橋である点だ。すなわち、〝無限能〟と表記してもゆるされるのである。「一般者」である私は、能を鑑賞するときの一般的ないそぎに思いを馳せる。生の重荷はそこでは横転させられる。重視されるのは死者の魂である。能のドラマツルギーを理解するのに必要なのは特殊な幻視・幻聴能力だ。死者の姿をありありと見据え、その声を聴くことこそ最重要事なのである。

『死霊』序文で述べられている方法「極端化と曖昧化と神秘化」にあらわれた三つの「化」を私は能

的な「化け物」と受けとる。むろん作者が日本的化け物の感触を嫌い、科学を誕生させた西欧的時空を志向していることを知りながらである。序文において自ら「効果零の古ぼけた錬金術」とよぶそのの方法を前提にしつつ、とにもかくにも夢幻能＝無限能の舞台をしつらえる。私のイメージするいそぎの第一がそれだ。あとは死霊が横行あるいは横溢するのを待てばいい。三方をあけ放した能舞台をみるのに正面だけが大事であるわけはなく、むしろ橋懸かりと舞台をむすぶ「横」の視点に何事かが顕現する。

たった五日間の出来事を扱う『死霊』全体が宇宙論的夢幻＝無限の能舞台であることはどの章をみても明らかである。たとえば、五章の終り、三輪与志が部屋を出るシーンは、「暁方の淡い微光が洩れはいりはじめた部屋を足音もたてずに横切ると、扉のノブへ手をかけ、そこをすっと透き通るように三輪家の長い廊下へ音もなく静かに滑りでた」と描かれるが、「三輪家の長い廊下」こそは宇宙論的夢幻＝無限能舞台と接続する橋懸かりに他なるまい。人物たちはどの章でも首猛夫いうところの「この上なく華麗で永遠の童話風に滑稽な組み合わせの道行き」を演じ、死霊に操られた木偶人形のように「この世のほかの何処か」を横断する印象だ。

八章で黒川建吉が津田安寿子に語るセリフの中に「彼らの会話を横から聞いてみると……」という一節があり、さらにさかのぼって七章では津田夫人が精神科医の岸博士に「重大な用件と横からいいながらひとごとのように落着いてられるんですね」と語る。別にとりたてて作者が強調したかった言葉であるようには思われないが、夢幻＝無限能鑑賞にとって、これらの「横」はなかなかに興味深い位置である。「彼等の会話」の彼等や、「ひとごとのように落着いて」いる人物を、私は死者と置きかえて読んだ。

夢幻＝無限能舞台の位置関係をもう一度思い浮かべて、《虚体》論——大宇宙の夢と題された最新作九章を読めば、極端化という化け物がよりシンプルな形で顕わになっている姿をとらえ得る。「薄暗い死のたゆたう廊下から眩く明るい生の静謐にゆらめく世界へ通ずる」構図に変わりはない。「童話風に滑稽な」極端化がこの章に至っていっそう徹底されるだけだ。

文字通り、極の端——その二つを「横」の視線がとらえる。通常の能舞台において橋懸かりのはじまりにある幕の向こうは神の棲まう謎の場所である。そこから死霊に呪縛されたキャラクターが静々と舞台へすすむ。宇宙論的夢幻＝無限能『死霊』の切り札である大宇宙の夢＝《虚体》の何たるかをここで詳述するイトマはないが、九章では、何と《無限》を象徴する人物（？）まで登場する。「貧相な青服」を着た無限大が「永劫に黙って」津田安寿子の誕生祝いに出席し、その横には「生のはじめの単細胞のまま停って考えている」黒服なる者もいる。

幕の向こうの死の世界と、そこへ通じる舞台とを一瞬にして往来する《虚体》を把捉するためのシンボリックな儀式も描かれる。それは決して複雑ではなく、精神病者たちが《宇宙者》を記念してつくりあげた小さな透明な硝子玉をまず耳元にあて「遠い暗い森の微かな響き」を聴き、次に眼前にかかげ「夢みる宇宙の虹」を視る、それだけである。幻視・幻聴能力テストとでもいったらよいか。「永遠から永遠へ向って飛ぶ真っ白なもの」——それが「頼りになる宇宙の夢」だという。「宇宙の夢とわれわれの夢とが重なり響きあって交感している」世界を、この手でさわり握りしめたいという途方もない願いを作家は九章で花火のようにうちあげる。

「生の重み」に呪縛された「普通一般者」の典型である私などは、生の舞台に踏みとどまったまま、はるか彼方の幕の向こうを眺め、溜め息をつく。だが「無限大思索の重荷をその全細胞、その全思索のはしのはしにまで負った悲愴な代表」(八章)である『死霊』の主人公たちは物自体は知りえないとするあのカントの説をすら怠惰な理論だと弾劾する。「こちらはあちらとつながっておりますけれども、そのあちらはこちらとつながっておりません……」と歯がみする。

九章で思わず笑った箇所がある。「口を横に開く楕円から円運動」へ向かう「名状しがたい不思議なあくび」にふれたくだりだ。あの連動する「つれあくび」をすら作家は極小暗黒宇宙が出現する様に重ねてしまう。誰もが経験する「平凡なるもの」——あくびしはじめの口の「輪」にも暗黒の「渦巻き」を見据える「横」の視線がふり向けられるのである。『死霊』再読終了後におきたあくびが「無限の悲哀の果てか、無限の退屈の果てか」私にはわからない。

ヤマの名前——時評としての辻原登論

ボルヘスの超短篇「トレーン、ウクバール、オルビス・テルティウス」のトレーン（tlön）をtrainと誤読したのをきっかけに、トレーン文学という得手勝手な造語が生れ、文芸時評を装うひとり遊びがはじまった。あらゆる人間が時評とともに生きる。どれほど徹底した古典主義者あるいは隠遁者であろうと、同時代列車の乗客であることを否定できない。軽蔑のシグサをあらわに示していても、現在というナマモノは宿命的に軽薄な時評を人に強いる。「軽薄な」を「軽やかな」と云いかえてできる限りスマートな舞踏を心がけるのが関の山だが、どこかの国の革命家がいったように〈おまえはただの現在にすぎない〉という批判を免れることはできない。「関の山」は、われわれが乗り込むトレーンの風景に見え隠れするヤマの名前である。

列車と町が何気なく入り混じる。人気ない商店街の角と向いの女の白い手が肘掛の上で落ち合い、街燈の柱と藤沢の男の足が交錯し、枝もたわわなビワの木に網棚の荷物が落ちかかる。町で誰かが起きていて、こんなたのしいことが起っているのをみていたとしたらどうだろう。

どこへ行きつくかわからない同時代列車の好もしい乗客である作家辻原登の「十二月」(「文學界」一九八七年六月号、のち『黒髪』講談社、一九九六年刊所収)の一節だ。めまぐるしい現在を捉えんとするトレーンの特異なまなざしで貫かれた文章である。たとえ「町で誰かが起きていて」も、こんな奇怪な風景を視はしないし、したがって「たのしいこと」だなどと思うはずがない。引用文に露出した幻視は、列車の通過を見守る側のリアリズム文法にとっては病的現象にすぎないだろう。

沈滞し閉塞する現在を脱出するためにトレーンに乗る。行く先はわからない。願いはひとつ、通勤列車を旅行列車に変えたいということだ。トレーン文学は、あくまで日常茶飯事を凝視せよ、現在を読め、とささやく。「関の山」は、特異なトレーンの視力をもってすればいつでも謎と神秘のヤマに変わる。そのヤマには言霊がすみなし、われわれの文学的礼拝を待っている。右に見えていた山が突然消え失せ、しばらくすると左側に姿を現すというのは、誰でも経験するトレーンからの風景である。不動の位置をもつ山にはおおむね名前がある。だがトレーンのまなざしに映る変幻のヤマは名づけえぬものとなってしまう。しいていえば、時間という魔のヤマということになろうか。

時評家を「時を読む者」といいかえるため、一九一三年十一月十二日、夕刊紙「ル・タン」のインタヴューに答えたマルセル・プルーストの言葉をかかげておこう。

……汽車がぐるぐるまわった線路を通るときに、一つの町があるいは右にあるいは左にあらわれることがある、それと同じように、同一人物が種々の相を呈して、他の人の目にまるで違った数人の人間が次々に立ちあらわれるかのように見える、そんなふうにして――しかもそれによって
――時が流れたという感覚を与えます。
（井上究一郎訳）

同じインタヴューのなかでプルーストは、「私にとって小説とは、平面心理学であるばかりでなく立体心理学（時間のなかの心理学）なのです。時間というもののあの目に見えない実体、私はそれを取り出そうとしたのです」とも語っている。その彼の大作『失われた時を求めて』には「汽車」のシーンが頻出する。えんえん数十ページにわたって、話者をはじめとする登場人物たちが列車内で会話をかわす情景もある。二十世紀文学最大の「時評家」がトレーンによせた異様なまでのこだわりについて、ここで詳論するわけにはいかないが、不完全を余儀なくされる時評の援護のために古典的巨匠の述懐のかけらを引いておくのはわるいことではない。

先の「十三月」以前の初期創作にこうある。

きのう中断した狭山行きをいよいよ実行する時だ。五円玉は毎朝営業所でやる「店訓唱和」をぼそぼそとつぶやいた。進んでするのは上の上、まねてするのは中の中、言われてするのは下の下なり。
（「犬かけて」「文學界」一九八五年十一月号、のち『村の名前』文藝春秋、一九九〇年刊所収）

五円玉は、この中篇の主人公のニックネームで、ミシンの営業マンをしている。なかなかドアをあ

けてくれない家ののぞき窓から、「奥さん、五円玉が落ちてますよ」と叫んで入り込み、「うまくドアがあいて売込みに成功したときは、ご縁がおちでした、と笑わせる。以来かれは五円玉で通っている」(傍点原文)というのがその由来である。「犬かけて」のあらすじを話せといわれれば困惑せざるをえない。乱暴ないいかたをすれば、この作品にはストーリーなんてない。「狭山」は実在の地名で、そこをめざして主人公は種々のトレーンを乗り継ぐが、その地になにがあるのかは最後まで描かれない。恋人の春子は「狭山」にあるらしい謎のソシキにあやつられている。南の故郷の母からは行方不明の弟をさがしてくれと催促されつづける。でもソシキなんてほんとうにあるのかどうかあやふやだ。弟はほんとうに行方不明なのか、もしかしたら弟は五円玉自身ではないのか。まったくこれでは通常の物語は成立しない。しかし、こうした感性は猥雑な現在を読み込むためにあみだされた方法論的なものだ。「狭山の狭(さ)がちいさいという意味の接頭語だと」作者は付言するが、われわれにいわせれば、狭はとってしまってもいいのだ。「狭山行きをいよいよ実行する時だ」は、「関の山」めざしてトレーンに乗り込むときの勢い付けのセリフにすぎない。われわれは現在によって、さまざまな「営業」をしいられている。五円玉がつぶやいた「店訓唱和」のうち、われわれ営業マンはどうしたって、言われてする「下の下」か、まねてする「中の中」であえぐ。誠実で真に革新的な舞踏的時評家は、いうまでもなく進んでする「上の上」営業を選択しなければならない。トレーンのまなざしを唯一の武器にして、なんとか「ご縁」をさがさなくてはならない。「ご縁」につなげる五円玉の営業法はたしかに幼稚かもしれないが、物語が成立する最低条件としての事物の「縁」こそ強調されねばならない、なぜならそれこそ言霊の棲むヤマの結界地にささげられるヨリシロだから。

「犬かけて」からさらにいくつかひろってみる。

三沢から郡山ゆきの夜行にとび乗った。闇のなかで列車がひとつのレールから別のレールにとび移る。そのたびにかれはトオルになったりノボルになったりした。

ちょうど一カ月前の朝刊だった。きょうのでなければ新聞は古ければ古いほどよい。

母親の手紙とむかいあっていると、かれは影像をほんの心もち引きのばすか縮めるかする鏡の前にいるようにおちつかなくなってしまう。

オレはまずこの目でみる。みてから疑う。疑った以上証拠をつかむ。あとは証拠次第だ。

五円玉はこれまでのんきに春子とは生れたときからずっといっしょだったかのように錯覚していた。執着が時間を延長するからだ。しかし、かれと出会ってからの春子でない春子がたしかに存在する。

彼女の背に回した両腕に力をこめた。自分ひとりではもろい。しかしふたりであればもっと鋭くとがったもろさがある。静かなしびれるような思いがそこから放射してきた。

詩と批評と物語のアマルガムイメージとでもいうべきものが文体を構成していることをしめす断片群である。さがす者はさがされる、などといえば物語の結構はたちまちくずれてしまうが、アモルフな現代の最前線に位置する文学感性からいえば古典的認識にすぎない。「闇のなかで列車がひとつのレールから別のレールにとび移る。そのたびに」さがす五円玉すなわちノボルが、さがしている弟のトオルになってしまう……客観描写としてそう書かれたとき物語のストーリー性は死滅するが、トレーン文学に特有の言霊はあやしくひかりだす。「ひとつのレール」にリアリズムがあるとき、「別のレール」に幻想性がある。ノボルとトオルとは「ひとつのレール」と「別のレール」の小説的異名である。

「きょうのでなければ新聞は古ければ古いほどよい」という断定に、軽薄な時評をしいられる「営業」マンの苦さがこめられる。われわれは、故意に五円玉を「ご縁魂」と誤記しよう。「縁」をもとめる魂はいつだって失われた時のなかに浮遊する。その魂が「きょう」に侵入してくる。どうして母親の手紙をみると「影像をほんの心もち引きのばすか縮めるかする鏡の前にいるように」惑乱するのか。親とは、「古ければ古いほどよい」新聞のような存在であるところにその理由がある。親をひらくと、われわれの古い時間をめぐる記事がぎっしりつまっている。親子はもっとも平凡な「縁」のサンプルである。恋人との関係にあっては「執着が時間を延長する」が、親はこちらの思惑とべつにすこし歪んだ時間の鏡でありつづける。鏡のなかに「ご縁魂」が映る。この鏡が「ひとつのレール」にあり、「別のレール」に「生まれたときからずっといっしょだったかのように錯覚していた」恋人がいる。等身大の風景の象徴としての鏡はリアリズム習得の第一段階である。ふたつのレールを自在に往復する「ご縁魂」をいただく言霊主義者がいう、「オレはまずこの目でみる。みてから疑う。疑った以上証拠をつかむ。あとは証拠次第だ」と。この奇妙な論理は、詩と批評を手放さずに「探偵小説」を書こうとする無謀な創作家の伝家の宝刀だ。現代における先鋭なドラマツルギーがどういうものであるか――それを「自分ひとりではもろい。しかしふたりであればもっと鋭くとがったもろさがある」という詩的一節が告知している。唐突だが、わが国の遠い昔のトレーン文学の旗手である近松門左衛門などは、かかる一節にどこまでもこだわってドラマをかきつづけたといっていい。「犬かけて」の「静かなしびれるような思いがそこから放射してきた」の次は「殺す破目になることもある。そういう春子のいなくなりかたもある、とはっと気がついた」である。むろん、現代における「道行」は近松戯曲のように整合的ではありえないが。

最前線の現代とはどういうものかをめぐって私なりのイメージをここで喩的に提出してみれば、〈もはやネズミを追いかけない猫〉ということになる。物質文明の極みの飽食猫はネズミを追う必要がなくなった。ネズミと猫に何をあてはめてもいい。ネズミが女で猫が男でも、また逃げるネズミが理想、追いかける猫が人間の情熱であってもよい。なんとか猫を挑発してじぶんを追いかけさせようと様々な工夫をするネズミ――今日の最先端の文学はそうしたさかしまの世界をさえ描かねばならなくなったのである。辻原文学において固執される「隠れんぼ」や「探偵ごっこ」はひとしくさかしまのドラマツルギーにみちあふれている。「野の寂しさ」(「群像」一九八八年四月号、のち『百合の心』講談社、一九九〇年刊所収)のなかのエピソードをかりればそれは「木こりが木になって、伐られる話」ともいうべき世界だ。

ふたりともまだ一度も鬼にみつかったことがなく、みんなから忘れられないためにはいいかげんにとびだして、鬼を捜しにゆかなくてはならなかったほどだ。（「野の寂しさ」）

なんと切なく息苦しい「隠れんぼ」であろうか。こんな「隠れんぼ」がなされる野は、たしかに途方もなく寂しい。木こりが木になって伐られる。捜される者が鬼を追いかける。ネズミが猫を挑発する。犯人が探偵を追及する。理想が人間の情熱の方へにじり寄ってくる。どうしてそんなことになってしまったのか。「野の寂しさ」に登場する少年は、いかがわしく凶暴な男に追われ妹とともに逃げる。が、このときのトレーン文学の描写は、「ずっと視線の先にまっすぐのびて、やがてなだらかな上り勾配をみせながらやさしく右にカーブするレールと枕木の連続を追い、自分がいつもこんなふうに線路を歩いて家出する姿を空想していたことを思い出し、それがいま実現したのだと信じこもうとした」というぐあいである。「戸外の紫」（「群像」一九八九年五月号、のち『マノンの肉体』講談社、一九九四年刊所収）の女は、共に逃走する（辻原文学のキャラクターたちは常に移動し、あるいは追われている）男に、ほんとうは誰もこの男を追いかけてなんかいないのかもしれないと思いながらもセックスの最中、「あんたはあたしを追いかければいいのよ。もっと来て。そうすれば、あんた逃げきれるわよ」と叫ぶ。ネズミの必死の工夫である。「十三月」には、「帰るところも逃げるところももうあそこしかない」とある。リアリズム一辺倒の視点からみればそんなばかげたことがあるはずはない。「十三月」のうらぶれたヒーローであるハルオはネズミだと書かれている。他の登場人物たちが「寄ってたかってネズミのハルオを追い回す」と。例によってハルオは列車で逃げる。が、ネズミのハルオはいつしか猫の如き何かを追い求めるようになる。かれの最終目標はあいまいだが、トレーンに乗って捜索するあいだ（逃走中といっても同じことだ）何をおそれているかは「もはや並の通勤列車になり下ってしまった」という一行からも明らかだろう。「十三月」は「犬かけて」の双生児的作品である。「列車が、ひとつのレールから別のレールへと飛び移る。こうしてどんどん移ってゆけば、ほんとうに時間が逆流しはじめ……」というくだりは「犬かけて」の主題（＝時間を奪還せんとする言霊主義者の志）をそっくりそのままひきついでいる。「犬かけて」のノボルと同じく、ハルオも母親から弟をさがしてくれと頼まれてしょっちゅうトレーンに乗る。作者が故意に仕組んでいる双生児的作風にわれわれはだまされたふりをして進む。

五円玉＝ご縁魂＝ノボルがトレーン文学の手法で得体のしれぬヤマにのぼる。「春霞のたちこめた地平の西北方にかくまわれていた狭山。そこからかれが苦渋のすえに連れだした春子。そこに姿をくらましたトオル。こうしてこののっぺらぼうな地平も神秘的になりうることがわかった」「トオルかもしれない。もうすぐトオルの姿になるぞ。しかし、そうなりきる前にもう崩れだし、別の形へと急ぎ、とつぜん凝縮しはじめ、手に握りこめるほどちいさくなったかと思うと無言のまま爆発し、とび散り、砕けた石炭となって地層のなかで渦を巻きはじめた」「この網状のソシキのなかから狭山へむかう路線をさぐる。おずおずとたどり、つっかえて立ちどまり、迷い、見失い、後退し、やり直し、ついに狭山へと直続する一本の曲りくねった路線を発見する」（「犬かけて」）。トレーン文体のサンプルであるこれらの描写は、遠い過去を背負ったわれわれの人生列車が現在を通過するときの、そして同時に現在から過去へ遡及するときの風景をワシづかみにしている。登場人物たちのひきずる時間をヤマに収斂させるとき「のっぺらぼうな」日常の風景も「神秘的になりうる」。さがしていたものも風景に融合してしまう。「おずおずとたどり、つっかえて立ちどまり、迷い、見失い、後退し、やり直し、ついに狭山へと直続する一本の曲りくねった路線」は、われわれのライフトレーンそのものである。その「路線」が発見されることが重要なのであって、「狭山」がどういうところであるかのセンサクはトレーン文学にあっては軽視される。

この作者の過去をどんどんさかのぼり、「古い新聞」をひっぱり出してのぞいてみると、われわれの期待通りトレーン的「縁」がみつかる。「きょうの新聞」の情報によれば、幼少の頃、父親が朗読してきかせた芥川龍之介の「トロッコ」を、強く印象に刻んだという。「トロッコ」はわが国の近代文学にはじめて登場したトレーン文学の佳作である。「小田原熱海間に、軽便鉄道敷設の工事が始まったのは、良平の八つの年だった」とはじまるこの小品は、芥川にはめずらしく、近代心理主義的なオチの要素が希薄である。東京の雑誌社で校正係をしている妻子持ちの良平がときおり想い出す子供時代の記憶のひとコマを簡潔に描いている。あこがれのトロッコに乗せてもらって歓喜しつつどんどん遠くまで連れ去られ、気がついたらひきかえせない……心細さに気も狂わんばかりになりながら暮れかかる線路をけんめいに走り帰った、というただそれだけの話だ。行きと帰りの心理のコントラストをトレーン周囲の風景に融合させて描写するあざやかな一筆がきの最後は「塵労に疲れた彼の前には今でもやはりその時のように、薄暗い藪や坂のある路が、細細と一すじ断続している」としめくくられている。「塵労に疲れた彼」は「営業」をしいられるわれわれ自身であり、「全然何の理由もないのに」想い出される「その時」はトレーン文学が浮上させる至上の時間だ。

「犬かけて」から「村の名前」(「文學界」一九九〇年六月号、のち『村の名前』前掲所収)、「百合の心」(「群像」一九九〇年九月号、のち『百合の心』前掲所収)に至るまで、辻原登のトレーン文学の源流がこの「トロッコ」一篇にあるといってもよい。「行く所まで行きつかなければ、トロッコも彼らも帰れない事」――辻原文学はこの一行の現代的ヴァリエーションである。「トロッコは最初徐ろに、それから見る見る勢よく、一息に線路を下り出した。その途端につき当りの風景は、忽ち両側へ分かれるように、ずんずん目の前へ展開して来る。顔に当る薄暮の風、足の下に躍るトロッコの動揺」と描かれるトロッコの軌道が帰り道では不安と焦燥の権化となる。行きと帰り――それは辻原文学の言葉で言えば「ひとつのレール」と「別のレール」に相当する。そして「トロッコ」の「行き」が探偵小説としての期待を盛りあげることに、「帰り」は一転して異化のプロセスに、重なり合う。

トレーン文学の二重のレールは「村の名前」でいっそう顕著になる。「村の名前」の幻想世界は、橘という商社マンのリアリスティックな中国体験をベースに描かれる。フローベールとカフカを反復読書してきたという作家の面目をいかんなく発揮した作品だ。たった今、右側にみえていた現実の風景が、たちまち左側の幻想的な心象風景に変じてあらわれるというのがトレーン文学の二重のレールだ。

英徳駅のプラットホームで、西瓜売りに出くわした。それからは、停車する駅ごとに窓に西瓜売りが現われ、それがいつも上半身裸の痩せこけた男で、どこまで行っても幻のように変らない。筋肉質の、銅色の胸板に汗が光っている。男はこの列車に乗り込んでいて、停車駅ごとに飛び降り、プラットホームをはしからはしへ西瓜を売って歩く、そうとしか思えない。なぜ列車の中で売らないのだろう。男の持籠《もっこ》の中の西瓜が駅ごとに変ってゆくのもあやしい。最初の英徳駅のラグビーボール状の長いものから、北上するにつれ、だんだんまるいものに形が変ってゆくのだ。表皮の黒いギザギザ模様も鋭く折れ、くっきりとしてくる。橘と加藤さんは、そいつを二度買って食べた。真昼の英徳駅のいちばん長いものと、長沙に近い深夜の株州《かぶしゅう》駅の完全にまるくなったふたつ。長いほど祖型に近いというふうなことをいつか小耳に挟んだことがあったから、十七時間の鉄道の旅の間に、ひととおり西瓜の歴史も辿ったことになる。西瓜の始まりと終りだ。そのとびきり長い時間の感覚が、眠れない橘をすこし慰めた。

（「村の名前」）

文体列車の進行につれて「同一人物が種々の相を呈して、他の人の目にまるで違った数人の人間が次々に立ちあらわれるかのように見える」――小説による「立体心理学（時間のなかの心理学）」をプルーストはそう語ったが、「村の名前」の西瓜売りは、「同一人物が」時間的にありえない別の場所に次々に立ちあらわれるかのように見えるめまいのようなありさまのシンボルである。「長いほど祖型に近いという」西瓜が、北上する列車の進行とともに変化してゆく。「十七時間の鉄道の旅の間に、ひととおり西瓜の歴史も辿ったことになる」と書いた作者は、「時間というもののあの目に見えない実体」をとり出すことに成功したのだ。「そのとびきり長い時間の感覚が、眠れない橘をすこし慰めた」とあるところは、本当は、時間をとり出すのに成功したことが、導入部で苦しんでいた作者を勇気づけたといいかえられてよかったはずである。

「なぜ列車の中で売らないのだろう」という疑問は一応そう書いておくといった程度のものだ。もし車内で売られていたら、幻惑の西瓜売り像は成立しなくなる。進化の時間を凝縮させた西瓜は十七時間で変化するが、売る男は「どこまで行っても幻のように変らない」——そう設定したときこの作品はトレーンの線路のように永久平行のめまいを誘うものとして独特のリアリティを獲得したのである。

西瓜売りは、この後も、一度ならず登場して主人公の時空を混同させる。「時間的にはありえなかった」が、顔つき、体つきのそっくりな男が様々な場所にあらわれる。つまり、西瓜売りの男も桃花源という村も固有のものではなく、抽象的な存在と化している。「つきまとうこの幻覚じみた二重像を追い払おうとした」と書かれている箇所も本気ではない。もし追い払われてしまったら、トレーン文学の二重のレールもとり外されてしまう。この村には何かある、と主人公は思い、「別のレール」に「古層の村」を視る。が、それは現在によって「営業」をしいられる人間の心の奥に消え去るものでしかない。いや、心の奥などという表現はあまりにナイーヴすぎる。そこで次の作品に現代作家は奇妙なタイトルをつけた。曰く「百合の心」。百合をながめる人間の心ではなく、あくまで花である百合の心。桃源郷に咲く百合には心があるであろう。理想郷をもとめる人間とその心とのあいだには断絶がある。断絶そのものにトレーン文学鉄道の線路が敷設される。

「百合の心」における理想の桃源郷はヤマにある。そのヤマでは幸福ひかりタマゴという人間を幸福にする玉子を生ませる養鶏業が営まれている。いわば理想的な共同社会である。作中にそのありさまは描かれず、登場するのはありふれた団地に住む夫婦と私立探偵、それに幸福ひかりタマゴの喧伝者である移動販売車の男の四人。この四者の関係を軸にして、なんとも奇態な推理劇が展開される。

悪意の声が渦巻く団地――「百合の心」の物語はそこに終始する。人妻を中傷するビラをめぐって私立探偵が調査をはじめる。犯人さがしの期待を盛りあげながらも作者はトレーン文学の手法を忘れない。「同一人物が種々の相を呈して、他の人の目にまるで違った数人の人間が次々に立ちあらわれるかのように見える」あやかしに接するうち、われわれは犯人なんて誰でもいいという気持ちにさせられてしまう。現代演劇の恰好の原作となりそうなこの物語には、筋書きの共通性などみじんもないにせよ、ベケットの「ゴドーを待ちながら」のような雰囲気がかもしだされている。ゴドーを待っているというが、いったいそれが何者であるか待つ男たちにもわからない。われわれの独断をもってすれば、ゴドーはなにがしかの理想を報じるヤマであり、男らはこれを遥拝する信者だ。だがこのヤマは、ノボルがさがしていた弟トオルの姿のように、たちまち「崩れだし、別の形へと急ぎ、とつぜん凝縮しはじめ、手に握りこめるほどちいさくなったかと思うと無言のまま爆発し、とび散り、砕け」る。「おずおずとたどり、つっかえて立ちどまり、迷い、見失い、後退し、やり直」す男の一人は、しかし、待ちくたびれてしまった相棒にむかって「おれはもう少し待ってみるよ」と言う。「行く所まで行きつかなければ……帰れない事」(「トロッコ」)を知っている「百合の心」の作者もまた、ヤマへ行く機運が高まるまで、文学的「時間」が煮つまるまで「もう少し」装われた推理劇をもりあげてみるよ、とつぶやいているのである。

現代はあらゆる精神運動を「営業」化する。無理が通ったときの道理のように理想ははずかしそうにひっこんでしまう。さがしものとしての理想は、あの弟トオル同様、形の崩れた状態で存在する。粉々に砕け散ったその片割れは、「営業」をしいられる平凡な人間が「探偵」の情熱を抱いて日常風景を異化するときにのみ、完全な姿をあらわす。「探偵」の仕事は、落穂拾いならぬ言霊拾いだ。「犬かけて」の五円玉がいう「オレはまずこの目でみる。みてから疑う。疑った以上証拠をつかむ。あとは証拠次第だ」というセリフが、かかる「探偵」のものであることはいうまでもない。「そいつがかれを苦しめる。同時にそいつに対し奇妙なあこがれめいた気持が湧き起った。探偵も犯人にこんな気持を抱くものだ」と五円玉はG・K・チェスタトンが創作したあのブラウン神父にも似た思いを抱くが、通常の探偵小説の愛読者はとうてい納得しないだろう。同一人物が種々の相を呈するトレーン文学にあって、探偵は容易に犯人と融合する。理想の宣伝文句の主もいつのまにかいれかわったりする。

ひとつの作品のなかに謎がのこされる。といってもそれは読者にとってなんのへんてつもない箇所である。作者にとってつぎの作品の構想が孕まれるところだ。たとえば「犬かけて」のなかの、「駅のホールの片隅で立ちぐいそばをかき込み、ゆでタマゴをむいた。朝から何も口にしていなかった。タマゴの殻と白身のあいだにちいさなすきまがあった。こんな密なタマゴにすらすきまがある。どうしてだろう」という一節は「百合の心」へ発展する。「タマゴというのは、中身と殻がぴったりくっついているのではない。必ずすきまがある。これがないと、ひよこに孵れない。いいか、人間だってすきまがなきゃ、生まれ変れない。へこみがなきゃ、大きくなれない。考えてみろ。どんな友情だって、愛情だって、タマゴなんだ。へこみがヤマなんだ。ヤマで生まれ変れ、おれが連れていってやる」と「百合の心」で反復されるこのアジテートのなかみにはさしたる意味がない。人と人との間と書く人間同士の「すきま」が特異な情熱によって一瞬みたされているような錯覚を作者は描出したかった。「ひとつのレール」と「別のレール」のあいだの「すきま」に着目したこの「おれが」特異な文学時空（＝ヤマ）に「連れていってやる」、と作者は読者に語りかけているのだ。それはいってみれば、ゴドーを待っている平凡な人々が役者に扮してセリフの練習にはげんでいるようなものだ。幸福ひかりタマゴの喧伝文句を口々に言い合っているうち熱をおびてくる。われわれ「営業」マンの心が、だ。ヤマへの理想を体現するためのリハーサルがおわるとき作品も終焉をとげる。三人の男だけでヤマへ行っても仕方ない、「時間がなければ何も動き出さない。何も変らない。四人目の彼女が時間だ」というさいごの文章に溜め息のようにもれる「時間」という抽象語に時評家の志がこめられる。

辻原文学の世界が出発当初よりひきずっているある種のいかがわしさ、際疾さは、むろんわれわれの現在が懐胎しているものに他ならない。「百合の心」に登場する私立探偵の原型は「十三月」のハルオの中にある。ハルオもまた興信所勤務だ。かれは「だれもかれもいかがわしいという観測結果を得ていた」と作者は書き、時評家としての苦さをかみしめながらつづける、「その観測を保証するのは、わけてもいかがわしい自分自身だった」「どいつもこいつもいちばんあてにならない時間をあてにして約束手形や融通手形を振出し、その場その場の辻褄合せをしている。自分が生きているというだけの理由で、自分を不死身だと錯覚する」と。

「ほんとに、ヤマってあるのか？」

佐多は不意をつかれた。あるかないか、考えたこともなかった。しかし、南にそう口にされてみると、ずっとヤマの存在を疑ってきたような気もする。

「ヤマがあるとかないとかは、この際どうでもいいんだ」

と佐多は、かじかんだ手をこすり合せながら声を顫わせた。

「とにかく走って、着いたところ、それがヤマなんだ。まず、出かけることなんだ」


（「百合の心」）

トレーン文学的「関の山」をだめ押しのように引いてみた。「ヤマがあるとかないとかは、この際どうでもいいんだ」などというセリフをひとたびきいてしまえば、探偵となって「百合の心」の作者を取り調べてきたわれわれの心情にもあやしい倒錯が生じる。ブラウン神父の「犯人は創造的芸術家で、探偵は批評家にすぎない」という名セリフをも古典と化してしまうような現代的倒錯が。われわれは急遽犯人に融合して調書の欄外に記す言葉をさがしはじめる。そう、犯人のこれからのあるべき身の振り方についてだ。むろんそれは「ひとつのレール」であるリアリズムへの転向の道ではない。シュギシャに特有の、狂暴な犯意のような鋭い刃物のような言霊は必須だ。「どうやってひとつに取り集めて精魂をこめればよいのか途方にくれる」（「犬かけて」）としても、外界に砕け散った理想の片割れをひろって元の全一を復元できるのは鉄粉を吸い寄せる磁石の如き、内在する言霊精神だけである。退屈な通勤トレーンを幻惑の旅行列車と化すような、閃光を放つ凶器としての文体にのみ、言霊は吸いついてくる。凶器を捨ててしまっては元も子もない。「野の寂しさ」「戸外の紫」のような作品には刃物の閃光が随所に見られる。いかがわしさ、凶々しさを包み込む破格のユーモアあるいはエロティシズムの萌芽――それは「村の名前」「百合の心」のような系列の作品にある。辻原文学の魅惑的な断層が、この二つのレールの間に横たわっている。

犯人に「奇妙なあこがれを抱く」ここなる探偵は、廻天の道が二つのレールの間の断層を（除去して一本化するのではなく）普段に埋めつづけるいとなみの中にひらけてゆくだろうという予感を抱く。

……こうして狭軌、広軌のレールの平行線をみていると、平行線が交わらないのは、交われないからでなく、他にたんとすることがあるからだという気がしてくる。

なにごとも飛び散り、ばらばらに広がって、悪くなってゆくばかりなのだ。ふたつの人生があるんだ、とハルオは思った。過去から現在へと辿られる人生と、逆に現在から過去へと遡られるそれと。そして、その結果として、まったく異るふたつの人生……、つまり拡張するそれと、収縮するそれとが描かれるのだ。

（以上「十三月」）

猫がネズミを襲うのはもはや古典的な犯罪のありようでしかない。底ぬけのユーモアはこうした主体と客体の図式が崩壊するときに生れる。が、そのユーモアは「ひとつのレール」である。「別のレール」にユーモアとはなかなかに相容れないエロティシズムがある。現代の刻印をおびたいかがわしさ、凶々しさを満載してはしるトレーンの、二つのレール。凶々しさや暴力性を去勢してしまうのではなく、それらを広やかに愉楽的に抱擁することによって逆に保護し、統括するのだ。「心」のある花は、刺や毒をもつ蜂たちをも迎え入れ、これらを安らわせるであろう。武器となるのは、たとえば〈なぐられ上手なボクサー〉〈投げられ上手な柔道家〉のもつテクニークであると、辻原登の文体の真骨頂であるあやかしの向こうをはって、判じもののようにしたためておく。ネズミが猫を、女が男を追いかけるようにけしかけたり、犯人が探偵を説得したりするさかしま……そのさかしまからにじみ出るユーモアがさらにエロティシズムをよびおこす地平に、人間的時間の精霊すなわち言霊の棲む新たなヤマを見据え、この犯人があくまで「拡張」と「収縮」の文体論的矛盾に耐えながら、果敢な脱走劇をみせてくれることを期待してやまない。

椋鳥主義あるいは混沌

森鷗外『椋鳥通信』（池内紀編注、岩波文庫）

「椋鳥」に「田舎者」の意味があることをぼんやり聞き知っていたが、小さな国語辞典にものっているほどのものとは思わなかった。ぽっと出の田舎者にはよくある事態というべきか。

椋鳥通信なるタイトルにこめられた含意について、全三冊の各巻末に行き届いた解説を付す編注者は「世界の田舎者日本への発信なのか、それとも日本に住む田舎者に見立ててのことなのか」と問うが答えは保留された印象である。「百年以上も前に近代メディア産業をひとり占めしたような記録は拭ったように新しい」という編注者の言葉通りの大冊の内容に、限られた字数でふみこむのはとても難しく、ここでは遠い昔に愛読した鷗外の文のカケラに思いを馳せておくにとどめる他ない。岩波文庫版『鷗外随筆集』所収の「混沌」は、本書の最初の記述の一九〇九年一月とほぼ同時期、同年三月に『在東京津和野小学校同窓会会報』に寄せられた一文だ。

たとえば「津和野におった者が東京に出て来る。あるいは内地におった者が洋行するという場合に、随分人の大きい小さいが見えるとはじまる一節で、鷗外がもち出すのは、「椋鳥主義ということ」

である。自分が津和野を出た時は十四ばかりの子供だったので、人を観察するどころではなかったが、後に洋行した頃になると二十を越していたため、ヨーロッパの日本人を観察する余裕がうまれた。「どうも欧羅巴《ヨオロッパ》に来た時に非常にてきぱき物のわかるらしい人、まごつかない人、そういう人が存外後に大きくならない」……一方、「西洋にひょこりと日本人が出て来て、いわゆる椋鳥のような風をしている。非常にぼんやりしている。そういう椋鳥がかえって後に成功します。それに私は驚いたのです。(中略)何だか締りのないような椋鳥臭い男が出て来て、そういうのが後に帰る頃になると何かしら腹の中に物が出来て居る。そういう事を幾度も私は経験しました。物事の極まっているのはかえって面白くない。今夜私はお饒舌《しゃべり》をしますが、このお饒舌に題を附ければ、混沌とでもいって好いかと思う。唯混沌が混沌でいつまでも変化がなく活動がなくては困りますが、その混沌たる物が差し当り混沌としているところに大変に味《あじわ》いがある」。

膨大なヨーロッパの新聞・雑誌をもとに、激動の二十世紀初頭を独自のセンスで切り取り報じた、〈鷗外発世界ニュース〉を読みながら、評者は右の「椋鳥主義」の根底にうごめく混沌を、しきりに想いおこしたのだった。

同じ一九〇九年六月発表の短篇「大発見」には、洋行経験をもつ語り手の「僕は椋鳥として輸出せられて、伯林の真中に放された」とある。鷗外独自の世界ニュースには、類まれなる椋鳥主義の体現者がいざなう混沌(という名の世界創成)の味わいがにじんでいる。

神話の娘

川端康成『眠れる美女』（新潮文庫）

海辺の宿の密室に催眠薬で眠らされた若い娘がいる。そこを舞台として夢幻能を演じる翁の孤独の所作をるる書き写すことは許されていないから、とりあえず、あやかしの二行を引いてみる。

「江口老人はこのような若い妖婦にはだいっぱいにふれたことは、六十七年のあいだになかったようだ。なまめかしい神話があるとすれば、これは神話の娘であろう」

神話の常套のカラクリに「変身《メタモルフォーシス》」があることを思い起こし、川端文学にあてはめれば、シテの翁江口老人の前身が処女作「十六歳の日記」をつづった少年にまでさかのぼるのはよいとして、眠らされた美女の方はどうか。意外にもその前身は少年によって観察記録された盲目の祖父なのである。この変身譚を見据えることは、そのまま抒情が非情へと転身させられる川端の文体にたゆたう新感覚性《あやかし》を目撃することにつながるはずだ。決して眼をさまさない眠れる美女は江口老人によって鑑賞観察される存在である。ときに「声を聞いて話がしてみたい」欲望におそわれぬではないが、それはかなわぬ願いとして掟が設定されている。一方、作者三十四歳の頃に書かれた「父母への手紙」によって、少年のさいごの肉親である祖父の姿をさぐるとこんなふうだ。祖父は後姿しか見せなかった。十五歳で死別するまでいっしょに生活したのだから、もちろんそれは誇張表現ということになるのだろうが、「向うはこちらが見えないのですから、こちらは向うをいくらでも瞶《みつ》めていられる」という状況にあって祖父の顔は「まるで写真か肖像画」のようだったのだ。「おじいさん子で育った私」にとって、この「写真か肖像画」は容易に変身譚の原型となった。われわれはここで、アルゼンチンの能・狂言的作家ボルヘスの〈不幸は何かに変形しなければならない〉という簡潔なテーゼなども引き寄せつつ『眠れる美女』の世界に参入する。作家は不幸のメタモルフォーシスを総身に刻んだ。一見まったく異質のように思われる処女作の世界が「変形」によって、川端短篇小説の総決算ともいうべき『眠れる美女』に架橋される。「向うはこちらが見えないのですから、こちらは向うをいくらでも瞶めていられる」祖父は、眠らせられた処女に変身した。盲目の祖父の後姿と娘の眠り姿とは同じ「向う」に位置するものなのである。

語るに足る神話は〈絶対の孤児〉の精神によってのみ創成される。掌《てのひら》の小説中の一篇「雀の媒酌」に「人間は時間も空間も透視出来るものであると彼は信じている。彼はそれ程孤独である」とあるような「彼」、それが〈絶対の孤児〉の精神の持主だ。作家川端康成の孤児性がレトリックを超えるものとして実在したことは周知の事実である。『眠れる美女』のリアルな神話性を支える文体も、まさしく〈絶対の孤児〉の手になるものだと強調しておく他ない。こちらが見えない「向う」であるがゆえに「いくらでも瞶めていられる」その「向う」を、この作家は幼くして「透視」する運命を強いられた。孤独を媒介にした不幸の変形譚が「向う」に乱舞する。「いくらでも」神話が創れるのだ。たとえば、「向う」には歴史というものがある。歴史には「こちら」が見えない、いや見る意思がない。「こちら」は「いくらでも」それを「透視」できる。「計り知れぬ性の深さ、底知れぬ性の深み」に鎮座する秘仏＝眠れる美女も、歴史のように在る。秘仏に歴史を重ねあわせる視点から「女の乳房を美しくして来たことは、人間の歴史のかがやかしい栄光ではないのだろうか」という感慨も生れ出る。ここでさらに、盲目の作家ボルヘスとはまったく異なる地平で、〈絶対の孤児〉の精神を神話の娘として生み出すことに成功したあのP・ヴァレリーの言葉〈十分にただひとりでいる人の眼〉を拝借し、われわれの作家の名高いエッセー『末期の眼』の訳語として当ててみるのも一興であるが、さてそのエッセーには「頽廃は神に通じる逆道のようであるけれども、実はむしろ早道である」とあり、「すぐれた芸術家はその作品に死を予告していることが、あまりにしばしばである。創作が今日の肉体や精神の科学で割り切れぬ所以の恐しさは、こんなところにもある」とも書かれている。かかる「頽廃」と死の予告にみちている作品こそ『眠れる美女』一篇である。「いやなじじい」「老いぼれ」を自画像にしたてて非情に描写するこの作品にわれわれは「神に通じる」道を、すなわち「今日の肉体や精神の科学」などなにものとも思わぬ不敵な神話作者の歩む「早道」を垣間見せられるのだ。

決して眼をさまさない神話の娘が「向う」にいる。「死の隣人」であるシテの翁は秘仏に添い寝し、そして祈る。かつて、死と隣りあわせにいた少年が祖父の背中にむけてそうしたように。「もう男でなくなってしまった老人が眠らせられている若い娘とつきあうのは、『人間のつきあい』ではないなど、この家へあがってしまってから言ってみたところでおかしい」――そんな記述も、「人間のつきあい」を突き抜ける「頽廃」の道を見出した神話作者による苦い自己批評といっていいのであろう。

聞こし召す本

古井由吉『陽気な夜まわり』（講談社）

本書所収の一篇「影くらべ」中の記述をそのまま借りると、「くつろいで本を読みかければ読みつのるふうになり、更けるのも知らず、……」といった体験は、この作家のファンにとっておなじみのものである。さらに作中の言葉を引けば、古井文学に漂う「懐かしいようなしなやかさ」にひとたび魅惑された者は皆、酒に酔った夜の番人（＝陽気な夜まわり）と化す。私もその一人だ。

光に当てられすぎて、夜のおそろしさ闇の深さ豊かさにまつわる想像力を失いつつある現在、こういう書物をひらいてある種の戦慄に身を浸す経験は稀有である。日中に読んでも「更ける」感覚に落ちてしまうし、断片的に読み直してもいつしか「読みつのるふう」になる不可思議な文体の魔術をなんとかいいあらわすすべがないかと思案したあげく、集中「飯を喰う男」にあるセリフ「和語でいきましょう、やまとことばで」にうながされて、「聞こし召す」の一語を思い付いた。この和語は、聞く、行う、喰う、酒を飲む、といった意味を孕む言葉である。一冊の本が、古代的多義性の世界を生きることを可能にしてくれるのだ。

収められた八篇を「読みつのる」うち、闇は深くなり、どこやらより「陽気な夜まわり」のたたく拍子木の音が聞こえてくる。それを手はじめに読者は種々の声を「聞く」。その中には闇に潜む故人も含まれる。やがて書き手と共に何事かを「行う」。

たとえば共にジョギングをすれば「走りながら故人の声を聞くこと」になるし、「飯を喰う男」の奇行に立ち会いもする。客を迎えて酒を飲み、火葬場におもむいて既視感におそわれたりする。あるいは机を前に三十年間座したままの書き手とその分身の背中が暮れ残る風景を幻視することにもなる。

いずれにしても最後の一篇を読む頃、読者の精神は類例のない酩酊につつまれている。聞こし召す本——それは今意外に少ない。

富岡多恵子試論

かつてこの国にハウスキーパーと呼ばれる女たちがいた。もちろん辞書の第一義の、「家政婦」や「主婦」ではなく、戦前の非合法運動において国家権力の追求の目をくらましパルタイ員のアジトをふつうの家庭のように見せかけるために共に住んだ女性のことである。

ハウスキーパーを、こころみにコトダマキーパーという造語で置きかえてみると、作家富岡多恵子のイメージが浮かび上がってくる。新しい言霊主義を奉じる女性作家をコトダマキーパーと命名してそそくさと論を開始するわれわれの強引なやり方をまずは作家自身に批判してもらおう。ウーマン・リヴからフェミニズムへの社会的転回に即して独特の文明論・女性論を集約した『藤の衣に麻の衾《ふすま》』の中で、富岡は書いている。

女の、ことばによる表現者にも、詩人や小説家やズイヒツ家は比較的多いが、評論家や批評家はきわめて少い。それは、歌や詩や小説に比べて、批評、評論が「男のことば」で行われているからである。

この一節の少し前には「ものごとを、むつかしくいったり、書いたりすることを好むひとは、だいたい権威とか権力が好きなひとといえる」という痛烈な一行もある。タイトルからも分かるように「女のことば」を無視する「男のことば」はそのまま「国のことば」に直結する。「国のことば」から抑圧されつづけてきた「女のことば」による批評が本当はありうるはずだと富岡はいう。

ハウスキーパーが献身したシュギシャのスローガンは「権威とか権力」の打倒である。だが、主義の宣揚者がともすると「ものごとを、むつかしくいったり、書いたりすることを好む」傾向におちいりがちなのは昔も今も同じである。シュギシャは、何よりも、「国のことば」＝「男のことば」をあやつるおのれの心性に「権威とか権力」のにおいをかぎとるべきだというのが、「女のことば」による平明にして鋭利な批評を自在に展開してきた富岡多恵子の言い分だ。シュギシャとは批評精神を体現しようと志すすべての者を指しているが、非合法時代においてすでにシュギシャの自己矛盾が露呈していた。評論的エッセー『表現の風景』に収められた「女の表現」という一章で、富岡はその矛盾へ果敢に切り込んでいる。

「ハウスキーパー」という語がいみじくもあらわしているように、彼女たちを含めて、ほとんどの日本人が、「ハウスキーピング」は女性の仕事であるという道徳律（家庭崇拝思想）に生きていたから、そこからはずれて「運動」している女性は、同志とはいえ、巫女や流れ芸人や娼婦と同じような、「女性」の体制からのハグレ者として男の同志に認識されるところがあったはずである。

ハウスキーパーに、「同志としての戦略が期待されるはずはなく」文字通りの「炊事要員」「快楽要員」としての性が当然のように要請されたと作家が祖述する歴史的事実はすでに数多くの証言によって明るみに出された。富岡の批評のユニークさは、ハウスキーパー論がそのまま表現論にオーヴァーラップするところにある。この一節に、先の引用箇所を重ねると、遠い昔の「運動」者の話がたちまち現在のわれわれ自身に跳ね返ってくる。「『女のことば』と『国のことば』」の中の、「女が『女のことば』で批評や評論を行っていても、それを批評や評論と男は思わない」という一文の「男」は、ハウスキーパーにとっての「男の同志」と何ら変わりがないのである。

われわれは途方に暮れる。その困惑が素直で正直なものであるなら、やがて作家の肉声がきこえてくるだろう。——エエカッコシイの「男ことば」はやめてもっと率直に言うたらえーやんか、そもそも私のどんなところに興味をもったわけ？　という声が。

そこで、われわれの中から一人の私がしゃしゃり出てきて、再び『藤の衣に麻の衾』という書を開く。今度目星をつけたのは、私的関心をそそった次のような箇所である。

男が「主夫」或いは「家庭人」を志願することは、「ヒモ」とか「髪結いの亭主」（もちろん昔流の比喩としてであって、現実の美容師の夫を意味しない）志願ととりちがえられる心配がある。

ただ、女の方に或る程度の寛大さがないと、男の「主夫」や「家庭人」志願があっても、それを生かしえないように思える。

良し悪しは別にして、工業化による管理化のすすむ社会では、「交換価値」のない労働は疎外される。「交換価値」のない仕事をする点では、「主婦」は「芸術家」と似ているところがある。「芸術家」を「詩人」といいかえるともっとよくわかるかもしれない。「詩」はそれ自体「交換価値」はもっていない。したがって「詩人」をだれが養うかは「詩人」にとって切実にしてムツカシイ問題である。「詩人」は本来、崇高な乞食《こつじき》である。ところが管理社会はそれを許さず、「詩人」に「職業」をもたせ、或いは、「詩」を商品にして「詩人」を「詩販売業者」にした。「詩人」は銀行員（T・S・エリオットはそうだった）や大学教授や酒場の主人やその他さまざまな「職業」に就いて「詩人」をかくまい社会の抹殺から「詩人」を守った。（以上『「主婦」解体』より）

「志願」したつもりはないのだが、ゆきがかりで「主夫」業にいそしんできた身に、作家の文章はひびくものがあった。富岡多恵子に興味を抱いた直接のきっかけをあからさまに語るために、『わたしのオンナ革命』をひもとく。「男の方が普通ならどこかへつとめているとか、商売をしているとか、決った稼ぎがあるとかであるが、その男の方が、まだ人間の生活の入口に立ったばかりで、海とも山ともわからぬ人間であり、逆に女の方が、まあ年齢からいっても男より多少は生計の道もついているというわけであるから……」（「女にとって年下の男とは」）という富岡個人の事情に、私は隠れ家をみつけたような気がした。「まだ人間の生活の入口に立ったばかりで、海とも山ともわからぬ人間」である私は、「つとめ」も「商売」も「決った稼ぎ」もなく、「多少は生計の道もついている」女の扶養家族となっている。いや、「『ハウスキーピング』は女性の仕事であるという道徳律」からすると、扶養家族になりさがっている、といったほうがいいかもしれない。「ヒモ」か「髪結いの亭主」かという好奇のまなざしにはなれているが、ときには大真面目な身分証明を迫られることもある。仕方なく、〈詩〉を書いています、と私は言う。作家の文章が、またまた切実なものとなる。「それ自体『交換価値』はもっていない」詩を作る人を、「本来、崇高な乞食《こつじき》である」詩人を「だれが養うかは」まことに「切実にしてムツカシイ問題だ」、と私は幾度もひとりごちた。もちろん、私が、かつての富岡多恵子のように社会的に認められた詩人でないことは度外視するとして、である。

　ともあれ、これで無私という大義名分を旗印に自分のことは棚にあげ、そのくせひそかに自分のことを仮託して語る批評の常道から少しは外れた気がする。「海とも山ともわからぬ」自称詩人の私は、ここ数年、限りなく「主婦」に接近した。限りなく、というのは、作家と同じように、育児がその中には含まれていないからである。世間の追求をすり抜け「ふつうの家庭のように見せかけ」ても、「育児無し！」という無言の批判がハウスキーパーに襲いかかる。これについても、子を産むという「女の特権意識」を解剖しつつ、作家はさまざまな表現形態によって反撃をくり返してきた。

　交換価値がない仕事という共通性をもつ「主婦」と「詩人」――この富岡の言い草に、私はあらためて着目する。そしてハウスキーパーとコトダマキーパーという視点をもちだしたことはさほど的外れではなかった、と思う。ハウスキーパーの文字通りの意味は「家政婦」「主婦」「住宅の管理人」である。「交換価値」を生まぬ本来の詩人をコトダマキーパーと命名した私は、コトダマキーパーを「主夫」と兼業してきた。この二重のいとなみによって、「男のことば」をふり廻すのが人並みに好きな私も、「詩歌は本来、『国のことば』で行われるものではない」ことをようよう悟った。「主婦」解体を宣言する富岡の真意を理解するのに、私の場合とにもかくにも「主婦」(主夫)になってみることが必要だったというわけだ。「お前も女ではないかと文句をつけられるのを承知で、わたしは女のヒトの悪口をいう時だけわたしは男であればよかったと思う」と富岡は『わたしのオンナ革命』で書いている。私もまた、長い間「交換価値」のない仕事をつづけたあげく、「お前も男ではないかと文句をつけられるのを承知で」「男のヒトの悪口を」いいたくなり、「男のヒトの悪口をいう時だけわたしは女であればよかったと思う」と書きつけずにはおれないのである。私はひそかにこう唱えて自らを励ましてきた――私の「仕事」を、「交換価値」を積極的に無化する絶対価値に高めなければならない、それができたとき、はじめて私は単なるハウスキーパーからコトダマキーパーへと変身できるのだ、と。

男である私が「仕事」の上で渇望するのは「昔から生霊とか死霊とか、幽霊とかになるのは女に多いから、そういうものになる、女特有の能力」(『わたしのオンナ革命』)であるが、しかし「そう簡単に女も生霊や幽霊にはなれない」(同前)実情に照らせば、「オトコ革命」の効果のほどは推して知るべしである。あの宮沢賢治の爪の垢を煎じてのむような独りよがりの貧しい仕事が長びく中、女のする主婦業に徹することで「女特有の能力」のおこぼれにあずかろうとする「オトコ革命」に専心したが、やがて、詩という形式にこだわらない地平に、真に詩的なものをさがすようになった自分に気づいた。お決まりの、といってもいい「転向」の問題にぶつかったのである。

このあたりの事情も、年上の異性の同志による、「男ことば」をほとんどねじ伏せた観のある一級の批評文に語ってもらうことにする。詩人廃業宣言後に書かれた、十二人の詩人論をおさめた『さまざまなうた――詩人と詩』中の、「手帳と暖簾――宮沢賢治」にこうある。

詩を言葉にするという行為自体が、次第に詩をつくり出すのに奉仕したレトリックを奪いとっていくのを、おそらくたいていの書き手は実感する。詩を言葉にする行為が、書き手のノドもとをつかんでつめよってくる、いいたいのはそれかと。言葉を使うことで詩の出現をもくろむうちに、言葉が、言葉を使う楽天主義を、言葉が咲かせた花の方からでなく根もとの方から問いつめてくる。言葉は根もとの方へ帰っていく。言葉で詩を書くことが、言葉を書かない詩を知らせる。このことは、体験してみるとまことに不思議なことである。つまり言葉で「詩」を書く行為が、言葉（文字）の原罪のかなたを投写してくるのである。詩の原初は、祈りであった。農作物のみのりや狩りでの獲物をねがって祈り、旱魃の時の雨乞いの祈りもあり、死者の鎮魂もある。しかも、こういうものは、書きとめられて多くのひとびとに鑑賞されるためにあるのではない。その言葉には、他のあらゆるものと同じように霊があった。

「雨ニモマケズ」は、はたして「詩」だろうか、これは「詩作品」だろうか、という自問をうけた部分である（『表現の風景』巻頭の「呪術と複製」では、「雨ニモマケズ」は詩「作品」というより経文だと思う、と書かれている）。宮沢賢治を日本近代最大の言霊主義者の一人だと私は位置づけるが、その根拠を富岡の批評が簡潔にえぐり出してくれている。短歌、詩、童話を経巡る賢治の詩魂はそのまま、彼の信ずる宗教のコア、すなわち祈りの原素となった。「作品」としてのジャンルはたやすく無化された。「あらゆるものと同じように」言葉にも霊があるという信仰さえ確かであればよかった。「作品」がどんなカタチになってあらわれるかは二義的なものでしかなかった。

「詩を言葉にする行為が」、まるで尋問する刑事のように「書き手」であるシュギシャの「ノドもとをつかんでつめよってくる、いいたいのはそれかと」。「言葉が、言葉を使う楽天主義を、言葉が咲かせた花の方からでなく根もとの方から問いつめてくる」。やがて、「言葉は根もとの方へ帰っていく」という「転向」現象がはじまる。あれほど丹精込めて咲かせた言葉の花々であるレトリックも、なんとはなしにうさん臭く感じられる。こうして「詩作品」のカタチをとらない詩への信仰が彼（女）を蠱惑する。

引用箇所に、富岡多恵子自身の「転向」にまつわる「不可思議な」実体験が二重映しになっているのはいうまでもない。富岡は、作家としての方法論を述べた書『西鶴のかたり』の中でも玄妙な「転向」のありようにふれている。西鶴は戯作者に「転向」する前は俳諧師であった。一昼夜で二万三千五百句という伝説的な矢数俳諧を実践した西鶴にことよせ、富岡は、「とにかく徹底してやってしまうことによって、自分がそこから抜け出よう、そしてちがうところへ行こうとするときに、そういう魔力みたいなものが出てくるとわたしは思うのです」と語る。「歌のわかれ」とはじつは「歌の発見」に他ならないのだ、という名セリフもある。なしくずしの通俗的転向は、「詩作品」を書くのをやめたとき、詩魂をもころしてしまう。ちょうど、「むずかしい言葉」をふり廻す「男のことば」＝「国のことば」に潜む「権威とか権力」志向を忌み嫌うあまり、真正の批評そのものに背をむけてしまうのと同じように。「徹底してやってしまうことによって」劇的に「発見」される詩と批評をふうじ込めた物語へと富岡は転身する。

「言葉は根もとの方へ帰って」転形の準備をはじめた。「帰り道」で出逢ったのが「自分の家族のなかの前近代、父親、母親、そしてかれらをつくっている文化、それを支えてきた大阪の文化、大阪という土地、そういうもの」(『西鶴のかたり』)であった。そして同時に「女の問題」であった。文学者でなくとも、誰にでも覚えのある「帰り道」だ。それまでのじぶんは「前近代的なもの、自分の親、自分の親たちのトラブル、なぜ親たちがああいうところへきて、ああいうところで生活してきたか、そんなことは見ようとも考えようともせず、……『近代』へ突っ走っていた」(『西鶴のかたり』)だけだった。シュギシャの言葉は庶民である親たちの日常コトバより高尚だという無意識の「階級意識」に疑問を感じはじめる。すると、女であることの「根もと」も洗い直されねばならなくなる。「階級意識」はじつは言葉と切り離せぬものとして機能しているからだ。こうして『冥途の家族』や『当世凡人伝』といった、タイトルからして「批評」的な小説集が生れた。後の『波打つ土地』などの長篇もそうだが、それらはまさしく戦略的な物語であった。作家は湿気をふきはらった文体で、「男ことば」を揶揄し、日常言語から遊離した「むずかしい言葉」の解体をもくろみ(ことに初期小説に顕著な概念語のカタカナ書きの多用はその戦略的あらわれだろう)、男によって書かれてきた「女」像、ステロタイプとしての「女」像を異化させる。戦略が苛烈すぎて物語の豊潤さが損なわれる事態となってもいっこう気にしない。「徹底して」詩を書くことで発見した詩魂が物語へ侵入する。「女のことば」

による批評も参入する。三つどもえのたたかいが終って日が暮れるとき、富岡の小説はあっけなく終る。こうしたたたかいのありさまは、小説の入口に立っていた頃の『わたしのオンナ革命』で「おそらく散文による小説という形式は、コトバの叙述性によってコトバの詩とたたかう部分が多く含まれるものであるのだろう。エンターテインメントとしての小説は、そのたたかいを多少とも降りたところではじめられている。それは、そうしないと、コトバによるコトバへの概念化は読者に努力を要求するからである」と予言的に記された通りのものであった。

「エンターテインメントとしての小説は」、ストーリーの奴隷である。ストーリーは強権のように君臨し、奴隷たちは決して反乱をおこさない。「まだコトバにならぬものをコトバにする過程」で詩が生れる。が、散文は「コトバによってすでにあるものを叙述する方法」だから、闘争は、「コトバによるコトバへの概念化」という批評をも生み出すのである。この概念化を平明な語り口を志向するストーリー性が忌み嫌う――まさしく三つどもえのたたかいだ。

歌も物語も、呪詛と救済(自己も他者も)を未分化にふくんではじまる。呪詛は複製化という開放を禁じ、救済はそれを欲する。この二律背反に、たいていのコトバの書き手は出会うはずである。ありていにいえば、それが小説である場合も、だれにも読まれたくない、という気持と、だれかれに読まれたいという気持の分裂で、少なくともわたしは自分の「小説」から遠ざかろうとする。

(「呪術と複製」『表現の風景』所収)

シュギシャの悩みのタネは昔から「二律背反」の中にある。「民衆」が日常生活で使っているのと同じコトバで小説を書こうと決意したのはよいが、「民衆」の理解（＝だれかれに読まれたい）を眼目にした物語は「エンターテインメント」にしかならない。たたかいを降りることはできない、とつぶやく作者に、詩や批評が武器の援助を申し出る。援助にたよりすぎると難解な（＝だれにも読まれたくない）小説が出来る。

『波うつ土地』の文庫版に付された「著者から読者へ」の「口上」で、作者は「書こうとしていた時、書いていた時は、おそらくなにかに対決し、なにかにコノヤローを叫び、今に見ておれと思い、と同時にはじめから勝ち目のない負け戦を知ってやっている絶望によろめきながら、思いもかけぬ世界が出現しはせぬかと、ココロザシを立て直し……」と、シュギシャの真情を吐露している。まさしく『波うつ土地』は、「はじめから勝ち目のない負け戦を知っていてやっている絶望」におおわれている。何に対する「負け戦」なのか？　ストーリーテリングの高揚という一点における「勝ち目」のなさ、である。ステロタイプの「女」を解体して作ったヒロインたちは、富岡が偏愛してきたあの文楽の人形のようにある。

中国では俑（ひとがた）を作る、というコトバは、よくないことをはじめる、の意味をあらわすのだと聞いたことがある。それは、死者といっしょにワラ人形を埋めていたのが人間と同じくらいの大きさの木偶になり、それが人間によく似ていたところから、人形ではなく人間を埋める殉死の風習が生れたと信じられているからだそうである。人間を埋めていたのが、それがあまりにも悲惨だから人形で代用したのではなく、人形がナマ身の人間に似ていたから、人間を埋めたというのである。それは、一見、ヒトの仕わざの逆転を感じさせるが、人間の代りに人形を埋めることを思いつくよりも、人形から人間を思いつくところに、現実があるように思えるのだった。人形が人間の身代りにさせられるのではなく、人形が人間を身代りにするのだ。（『波うつ土地』）

こういう批評が化粧っ気なしに小説に顔を出しているところに作者の「絶望」的たたかいぶりをうかがうことができる。「人間の代りに人形を埋めることを思いつくよりも、人形から人間を思いつくところに、現実があるように思える」のは作中人物というより、作者自身だといわねばならない。「現実」は決してそんなものではない。死者といっしょに埋められたワラ人形が、やがて等身大の木偶となった。それが人間に酷似していたので人間を埋めるようになった。民俗考古学上の事実の詮索などはどうでもいい。「人間を埋めていたのが、それがあまりにも悲惨だから人形で代用した」――おそらく「現実」はそちらの方であったろう。少なくともその方がエンターテインメント小説の読者と同じく、圧倒的多数を納得させる。しかし、「現実」を、作家は作品の「現実」性（リアリティ）と言いかえることができる。あらゆる作品が〈人間の代りに人形を〉からはじまる。リアリティを獲得した作品とは、読者をして〈人形から人間を〉思わせることに成功したものを指す。「人形が人間の身代りにさせられるのではなく、人形が人間を身代りにするのだ」という戦闘的な断言は、人形に呪力をふき込まんとする人形遣いの悲願の表白である。「思いもかけぬ世界が出現しはせぬかと、ココロザシを立て直」すときの呪文である。

人形を、文字と置きかえよう。文字が言葉よりずっと遅れて生れるのはどこの国でも共通している。声が、言葉となり、それが文字として記されるようになる。声、話し言葉は、生れてすぐに死ぬ。死者のかつての肉声を思いおこすヨスガとして、生者は言葉にすがる。死者の言葉といっしょに文字を埋める。肉声、話し言葉を容れる器として文字が生れた。人間と人形の関係と同じだ。ヒトガタ、にならって、文字をコトガタ（言形）と呼んでもいい。コトガタは、形骸である。言葉に魂があるという信仰に生きるときにのみ、それは形骸であることをやめる。

富岡多恵子が、少女の頃から人形浄瑠璃に並々ならぬ関心を抱き、ひいてはあの三島由紀夫にまさるとも劣らぬ、伝統芸能一般に一家言をもつ数少ない作家になったことには、因縁がある。伝統芸能は宿命的に形骸をさらす。そのことを嘆いてみても仕方ない。重要なのは、ヒトガタやコトガタと同じく、たましいを吹き込む側の想像力＝創造力に帰する問題である、という一点だ。

富岡多恵子はどうして人形浄瑠璃の世界に吸引されたのか。文楽の本場に生れ育ったという環境云々を抜きにして、私の得手勝手な言葉で説明してみる。もちろん、キーワードはコトダマキーパーである。

人形が、ただのヒトガタとしてうち伏している。文字が、生きた人間の吐く言葉と離れ、単なるコトガタとして、紙の上に置かれている。ドラマがはじまると、このヒトガタとコトガタが、コトダマを吹き込まれることによって生動する。音楽があり、語りがあり、会話がある。生きて動くヒトガタがあり、それを動かすヒトがいる。日本古来の言霊節の総決算ともいうべき「色」――すなわち旋律的なフシとセリフ的な言葉との合いの子のように唱される独特の節名が舞台にあふれる。画然と区分けされた表現ジャンルの選択をせまられる現代のコトバ遣いにとって、この世界は魅惑そのものである。祈りや呪符としての詩も、救済としての経文も、そこにはある。歌謡曲を聴くように耳をかたむけているうち、ドラマに立ち会うこともできるし、文字で書かれた戯曲を眼で追うこともできる。近松の戯曲がエンターテインメントを要請する当時の民衆の欲望を十分みたしていながら、今日に至ってなお文学的自立性を失っていないといったこともすこぶる興味深い。現代の表現ジャンルでたとえるなら、映画シナリオが、最終的に出来上がった映像作品と無縁に独自の鑑賞にたえるといった奇跡にも近い。

表現者となってからの富岡は、いわば文楽の構成要素を、次々に実践すべく移動した。まず「徹底して」詩を書いた。詩を語り（朗読）もした。詩は詞となり、自ら歌謡をうたいもした。戯曲や映画シナリオを書いて現場の協力者ともなった。さいごに物語作家となった。そう、人形はついに不可視の作中人物として紙の上に操られるものとなったのである。実践的批評家富岡多恵子の正体はコトダマキーパーとしての巫女である。

文芸時評集『こういう時代の小説』のあとがきで、「考える」のがおもしろいと思っているのに、一方で「やってみないとわからない」のだから始末が悪い、と富岡はいう。実践的批評の簡潔な定義といっていいだろう。事のついでに批評の定義をさらに作家にふくらませてもらう。

……批評できないということは、感動できない、ということである。

……女は、人間の文明の進歩にとって足手まといとなるものであり、ヤバンなものである。この野蛮は文明というものの進歩にとってたえず批評であるはずであった。だから、オンナ革命が、この批評の論理化にならないところでは意味がないとわたしは思っている。そして男のつくってきた文明の側の論理が、この野蛮の批評をどう取り扱うかによって、人間の大群のおちていく先がきまるようにも思える。

（以上『わたしのオンナ革命』より）

「小説」が活字と結びついたのも、活字という媒体が大衆の批評をすくいあげるのに便利だったからだろう。これまで専らそれの受け手であることで「小説」に参加してきたひとびとが、そこから離れるとすれば、書く行為がおのずともつ批評を「小説」が失う時であろう。

（「『小説』のカタチはどうなるか」『こういう時代の小説』所収）

文字化の前には口承世界があった。眼で見、耳できく芸能世界があった。文字化によって失うものと獲得するものがあった。「文字化がもたらす批評」の前提は「感動」である。人形浄瑠璃に富岡は「感動」した。文字化以前のコトダマが富岡の中に眠りこけていた巫女をよびさました。「前近代的な「ヤバンなもの」＝女であることが眼覚めた。「感動」を前提にした野蛮の批評が「オンナ革命」をうながした。

「書く行為がおのずともつ批評を『小説』が失う時」というその批評は、ほとんど詩魂あるいはコトダマと同義である。

詩魂と批評とを武器にして物語とたたかわせるありさまをもう一度『波うつ土地』に瞥見してみる。「男のつくってきた文明の側の論理」に挑む批評が女人形のように動きだす。批評的意図によって街へ出かけさせられたドン・キホーテがそうであったように、木偶の行動はちぐはぐで、ストーリーは自然の盛り上がりに欠ける。騎士道物語打倒というセルバンテスのモチーフが、「男のつくってきた文明の側の論理が、この野蛮の批評をどう取り扱うか」という富岡の戦略にそのまま重なる。ドン・キホーテは騎士物語を読みすぎておかしくなった男で、これを主人公として街へ出立させたのは作者の批評精神である。

『波うつ土地』の「わたし」には夫がいる。その「わたし」が街へ出てナンパする男のように、一人の妻帯者と関係する。「レンアイ」に昇華するでもなく、三角関係の軋轢が描かれるでもない。「コトバによる交流を期待しなくなったので、自分の肉が相手の肉になじんでいくのに従っていると、もうほとんど、『性的会話』ではなく性交にしか興味がない」——こういう無粋きわまる描写を作者は故意にばらまく。男ならいざしらず、女はそんなふうな「性交」を欲するものではない……という「迷信」を破砕するために「わたし」の行動が用意される。「わたし」はヤバンな女として「文明の側の論理」に、風車にたちむかうキホーテのようにおそいかかる。だが、「思いもかけぬ世界」はついに出現しない。

男にドライブに連れて行ってもらったときの一節はこうだ。

クルマという狭い室内にとじこめられつづけていることは苦行だった。動いているのはクルマであって、わたしは座席に固定されている。「湖を見せてあげます」という誘いは、ほんとに「湖の水」をクルマの窓からちらりと見ることだったのである。しかも、クルマの中で、窓から見えるモノをコトバがとらえ、或いは「私的」な日常や考えがコトバによって出現し、そのことで感覚や感情をコトバが表現し、そしてだんだんコトバ自体が楽しみ、たわむれ、そこにちらと見えた湖の水が異物のごとくひかる、そういう一瞬がコトバのゆきかいの中で発見されるようなことは起りえなかった。わたしがコトバを発すると、それは砂の中にすいとられて消えてしまうように、なにもかえってこないのである。この男は砂である。この男はコトバのない砂漠である。

サンチョ・パンサなら、〈言わねえこっちゃねえだよ〉というだろう。〈あれは巨人（ヒガンデス）などではない、ただの風車だ、風車に立ち向ってもどうしようもない〉と。

「性的会話」でなく、ただの性交にしか興味がない、といいながら、「わたし」は「言葉の敵娼《あいかた》を欲しがっていた。かけあいのアイカタを。アイカタと、ふざけながら、ひと時言葉で『深み』にはまっていくことが好きだった」と記す。もしも「わたし」がドン・キホーテならばサンチョのような「かけあいのアイカタ」が必須だ。組子という女友達が、この作品で辛うじてサンチョの役割を演じている。が、彼女は唐突に自殺してしまう。まったく「はじめから勝ち目のない負け戦を知っていてやっている」といわざるをえない。キホーテの巡歴の物語は、サンチョという「かけあいのアイカタ」を得て、ついには独特のリアリティを獲得するに至るが、「わたし」は組子にさえ冷たく批評される。

「あなただって迷ったでしょう」と組子はいった。

わたしは黙っていた。

「なんなのよ、あなたがひとりでいる根拠はなんなのよ」と組子がいった。

「ひとりじゃないわよ、結婚しているじゃないの」とわたしは芝生の穴に向って答えた。

「共子さん、ズルイのね」と組子はいった。


このとき、道路ごしに桜の大木が「わたし」の視界に入る。六ツか七ツくらいの女の子が三人で桜の木にぶらさがって遊んでいる。組子が、危ないわよォーと子らにさけぶ。「わたし」は自分自身の六ツか七ツの頃を思い出す。

あの女の子たちのように桜の木にぶらさがって、どこまで飛べるかを友だちと競っていて、枝が折れてうつ伏せに落ちたことがある。わたしは桜の枝にぶらさがる女の子らといっしょに死のうとしている。思い切りからだを天に向って振りあげねばならない。少しぐらいの振り方では、落ちた時に死ねない。もっと振れ。もっと振ろう。もっともっと。天に消えるか、地に果てるか。もっともっとと、わたしは地面の穴に向って呪文をとなえているのである。あの女の子らが落ちて死なないと、幼いわたしも死ねない。桜の枝は、折れるはずだ。

この「わたし」の突然の表白は、ストーリー展開とほとんど何の関わりもない。「コトバの詩」が「コトバの叙述性」とたたかうときに生れる批評的屍骸とでもいったらよいか。「共子」という名の「わたし」は、共にたたかうアイカタを求める。「組子」という名の女友達は、しかし「わたし」と組もうとしない。「わたし」も「組子」も「言葉で『深み』にはまっていくことが好きだった」のに。「わたし」は「コトバのない男」と肉体関係をむすび、「コトバのない砂漠」にたえられなくなると組子に廻して、二人のなりゆきを傍観して楽しんだりする。それに復讐するかのように組子は自殺をとげる。「あなたがひとりでいる根拠はなんなのよ」と詰問する組子は、「ひとりじゃないわよ、結婚しているじゃないの」と答える「わたし」の正体＝偽装の主婦＝ハウスキーパーを暴く。

四面楚歌のハウスキーパーには、最後の最後に無言のまま風景の一部として登場するだけの夫がいる。はじめて『波うつ土地』を読んだとき、私は、この夫の存在が気になって仕方なかった。夫は同志なのか、それとも「わたし」が関係した健康すぎる大男と同じく「コトバのない砂漠」の住人なのか、というように。いずれにせよ、この夫を最後にテニスをするときにだけ登場させた作者は、組子に問いつめられた「わたし」同様、夫の位置にうちすてられたままのヒトガタからいつか必ず復讐されるにちがいないと私は思った。もちろん、作家にとってそれは願ってもないことである。ひとつの作品でコトダマを吹き込まれなかったヒトガタの怨念は次の作品の誕生をうながす原動力に他ならないからだ。作者のハダカの批評は、虚構という風景の中に投身自殺したがっている。死にたくてうずうずしている。「コトバ自体が楽しみ、たわむれ、そこにちらと見えた湖の水が異物のごとくひかる、そういう一瞬がコトバのゆきかいの中で発見されるようなこと」にころしてもらいたがっている。「少しぐらいの振り方では、落ちた時に死ねない。もっと振れ、もっと振ろう。もっともっと。天に消えるか、地に果てるか、もっともっとと」巫女が呪文をとなえる。

『近松浄瑠璃私考』の序章「ウタとカタリ」で富岡は、じぶんは、ストーリーも語り口も熟知している人形浄瑠璃をみてついつい泣いてしまう、説経の「さんせう太夫」を声に出して読んでも泣き出しそうになると書き、その理由を、「カタリにひとを泣かせるための媚態はない。多分、語り手が、カタルことで、カミの語り手の末裔たる呪力をもつからではないのだろうか。今、心安く、小説の文体を『語り口』ということがあるが、語り口とは神のカタリの末裔の口調ということではないのか」（傍点原文）と記している。先の、「あの女の子らが落ちて死なないと、幼いわたしも死ねない。桜の枝は折れるはずだ」という一節などは、かかる「カタリの末裔の口調」といっていいだろう。

矢数俳諧というコトバのパフォーマンスを経て、語り師＝騙り師＝浮世草子作者と転身した西鶴。人形浄瑠璃作者から歌舞伎へ、そして再び浄瑠璃作者に回帰した近松。ふたりの転位をわがこととして語りながら、富岡は、矛盾にふれる。コトダマを巫女のように吐く。それが「男のことば」で批評化されるとたちまち抽象概念語になる。苛立ったあげく、「書き言葉」に不信をつのらせそこから遁走しようとしたこともある。『西鶴のかたり』エピローグに、「わたしはこの手の矛盾を、かなり前からずっと考えつづけていた」とある。矛盾とは、話芸、話し言葉の類を極力避けて「書く」ことに固執していながら、カタリの芸にひそむたましいのようなものには魅かれてやまぬという二律背反を指している。富岡はつづける、「ことばがコトダマでなくなり、霊力を失っているというのはたやすいが、それを呼び戻すこと、さらに活字（書きことば）にそれを働かせるのは容易なことではない。けれどもそういうことばの力を活字になっても無効にしたくはない」——話芸や語りの芸、話し言葉にこもる霊力を「書く」いとなみの中へ奪還しなければならない、と。

　矛盾は、あの二律背反——「だれにも読まれたくない、という気持と、だれかれに読まれたいという気持の分裂」と同じく根源的なものだ。巫女のコトダマが呪詛としてカラダの中から湧いてくる。作家が何度も例に引いている出口なおの「ふでさき」の場合のように、尖鋭な思想を孕んだ「女のことば」は、その原初的なお告げのかたちのままでは「革命」の言語として流布しえない。なおの思想は抽象語や観念語を含む「男のことば」によって「通訳されてひろめられていった」と作家はいう。「通訳」されればより多くの人々に伝達され「救済」も巨大になる。が、祈りや呪詛としての〈詩〉を吐く巫女の霊的能力は本当は複製化されてしまうと喪失するものなのだ。この二律背反に、「書くこと」に固執しながら語り＝騙りの芸にひかれつづけてきたという矛盾がオーヴァーラップする。

　たとえばアルゼンチンの作家J・L・ボルヘスはこう宣言した、作家は〈先祖の全過去〉で書かねばならない、この場合の先祖とは血のつながるものだけを指すのではない、と。われわれはどこまでもさかのぼりうる肉親としての先祖をもち、厖大な文学的遺産（＝書き言葉）を共有している。この遺産を教養として読むのではなく、死別（生別）した愛する肉親、あるいは数百年前にも確実に存在したはずの祖先の生活ぶりを想い出すように読みたまえ、と、そうボルヘスはいっているのである。

　では、そうした「想い出」のために有効な方法とはいかなるものであろうか。〈死んだおまえの両親を今、呼びだしてやるぞ〉とぶきみに告げる巫女のカタリ——その「神がかり」にひそむ霊力、それこそが有効な方法の原動力になりうるものだ。事実、われわれがすぐれた書物を読んで感動するときには、必ずその種の霊力に動かされている。書の中の登場人物たちが生きて動き、ついには文字からとび出して直接声を発し、読者の生活に侵入してくるようにさえ思われる……そういう書物は文字によってではなく、コトダマによって書かれていると断言してよいのだ。〈ただのコトガタじゃないか〉と高をくくって読んでいるうちわれわれは涙を流したりする——ちょうど、うさん臭く思っていた巫女の正真正銘のノリ（数少ないものだが）によって本当に死別した両親の声をきかされて烈しく動揺するように。こうした事態を考えあわせると、正直に表明された作家の矛盾が表現にとってどれほど「切実でムツカシイ問題」につながっているかが分かる。既出の「呪術と複製」（『表現の風景』）で富岡は書く、「ところで、コトバは人間を救済しないかというとそうではない。ただし、コトバを受けとる人間が、コトバを聴き、コトバの意味に感応しうる能力がある時に限られる」と。矛盾を辛うじて逃れる手だてが「ただし」書きに込められる。読者にむけた二律背反も書き手としての矛盾もコトバに「感応しうる能力」という限定をもうけることでとりあえず脱却する他ない。

武智鉄二との対話集『伝統芸術とは何なのか』の中にこんな一節がある。

富岡　ちょうどそのころは、女優の代用品に徹しようという風潮が強かったんでしょうね。
武智　非常に。『あやめ草』読んでもわかるように。
富岡　いまはやりのことばでいえば、究極の女形、そういうところへいこうとして。もちろんその揺れ戻しはあるでしょう。
武智　女に同化しようという……。

富岡　もちろん、それ限界がありますから、それじゃだめだという風潮になって当然ですね。もとへ返ってくるというか、男は男でいいんだっていう。（中略）

武智　ええ。女以上の女になろうと。そうすれば、男がやってても女に見えるだろう、ということを考えたのが、富十郎なんじゃないでしょうか。

富岡　ああ、じゃもう一歩進んだわけですね、あやめよりも。女に近づこうというんじゃなくて、それを越えようとしたわけですか。

武智　女を越えて、別に造形的に女をつくろうというのが富十郎の考え方じゃないかと思う。

語られているのは、弾圧をうけて「女を入れないことによって、女をつくらなきゃいけない」（同書、富岡発言）ハメになった時代の歌舞伎のありようである。

すべての小説が男か女か、いずれかの性によって書かれる以上、先の歌舞伎論は切実な問題を孕んでいる。「女を入れないことによって、女をつくらなきゃいけない」という場合の「女」は「男」と置きかえられても有効である。富岡のいうように、これまでの小説に登場する女は男によって書かれてきた「女」が圧倒的多数を占めている。幕府の弾圧によって「男による女」造形が成立したように、女性作家にあっては、男の想像による女という類型を抑圧とみなすことで文学が成立する。やむにやまれぬ成り行きである。

『波うつ土地』の、「トラックの中で、男のとなりに坐っていたが、その時わたしは男との交接をすすめ、一方でそれをやめさせていた。わたしは自分の全体を開いておりながら、自分が女でなく男のように思えた。いや、自分の中に、女と男がいるように思えた」というような一節には、「男の同志」の単なる補助要員であることをやめ、自立したシュギシャたらんとするハウスキーパーの自画像が浮きたっている。「自分の中に、女と男がいる」という状態は、ヒトガタ遣いである作家の必須条件だ。問題は、男によって書かれてきたステロタイプの女像への批判をつのらせた小説のリアリティである。

富岡の小説群には「男を入れないことによって、男をつくらなきゃいけない」という焦りのようなものが看取される。作者の資質といってしまえばそれまでだし、はじめにのべたような「絶望」的たたかいぶりを過小評価するつもりはないのだけれど、「国のことば」に抑圧されてきた「女のことば」による批評の刻印ということにやっきになるあまり、「言葉の敵娼《あいかた》」としての男の可能性がはじめから絶望的なものとして描かれすぎているように思われてならない。登場人物の男たちは一様に植物的な位置にとめおかれ、なんとか女だけで「男の代用品」をつとめあげてみたいというような特異な情熱さえ感じられる。そう感じるのは、主婦業にいそしんで「国のことば」と相容れない「女のことば」を体得しようと努力してきた男の私である。

男も女も、普遍的人間にたどりつくまえに異性という溝に直面する。理解できぬものを理解するために、はじめはしゃにむに異性に同化しようとする。私自身、けなげにもそう努めたことがある。出産を除いて、これまで女がして当然だと思われてきたことをことごとくやったうえで、能う限り女業に寄り添ってはみたのだ。だが、「もちろん、それ限界がありますから、それじゃだめだという風潮になって」、異性「に近づこうというんじゃなくて、それを越え」「別に造形的に」異性を創造しようとする深化のいとなみが生れる。

たしかに、男性作家の手になる通俗的女像が量産されてきたことは事実だ。しかし、男の「深化のいとなみ」から生れたリアリティのある女が皆無だともいえないだろう。少なくともリアリティという一点で公平に判断してみるとき、女の創った男よりも男による女像のサンプルの数がポイントを得ているといっていい。それをしも男の立場からの偏見だと反駁されそうな気もするが、社会学的な男女の論争にはさして興味がない。性という誰もが知っている絶対の溝があって、これを埋めるための男女双方の真摯ないとなみを、私は文学に要請する。

それぞれが、「男（女）は男（女）でいいんだっていう」居直りにも近い「揺れ戻し」の後に、あらためて男女像を激突させ、その坩堝から生れる「コトバ自体が楽しみ、たわむれ」至上の「一瞬がコトバのゆきかいの中で発見されるような」物語を紡がねばならない。かかる物語にこそ、『波うつ土地』で人形にされたままだった「わたし」の夫の出番はあるのではないか。

男の書き手は男という宿命の中で精一杯もがき苦しんだはてに創りあげた女像を、また女の書き手は同様に男像を、提出することによって普遍人間像へ近づくことができる。どんなに陳腐にきこえようと、これが依然として虚構をめぐる最大の効用である。すでに書かれて、あるいは書かれつつあるのかもしれないが、私は、欲情を充たされぬ女のように作家にせがむ——もっと男を！「男の代用品」ではない男を！「女は女でいいんだ」と云う女を受け容れ、これと組み合い、その真の敵娼《あいかた》となるような男を！と。そうして、今度は他ならぬじぶんの「仕事」のために、巫女の如きコトダマキーパーの決意表明を反復して唱える。

わたしは自分の書くことばに、ことばが本来もっている力（コトダマとか霊力とよばれることもありますが）を失わせたくありません。そのためには、ことばから不当に力を奪っていくものと闘わねばならないと思うようになってきました。ことばなしには生きていけないし、ことばは生命のリズムだともいえるからです。

（『西鶴のかたり』）

同じことなれども……

富岡多恵子『ひべるにあ島紀行』（講談社）

枕草子のはじめの方に、――同じこと（言）なれども聞き耳異なるもの　法師の言葉。男の言葉。女の言葉。下衆の言葉にはかならず文字余りたり、という一節がある。言葉の内容は同じでも、聞いた感じのちがうものの筆頭に僧侶の言葉を、つづいて男の言葉と女の言葉をあげた上で、すかさず、下賤の者の言葉にはどういうわけか必ず余計な言葉がつく、と書く。足らぬこそをかしけれ（いいたりないのこそゆかしくてよいのに）の含意をにおわせる清少納言の文章は心にくいまでに簡潔である。

本書を読むうち、この一節が脳裡に浮かび、さらにはこの国の〝女筆〟のゆくえといったものに思いを馳せた。むろん、一人の自立した作家を〝女流〟の枠組の中に押し込めるのが真意ではない、と、「下衆」っぽい余計なコトワリを入れておくことにする。

ヒベルニアは「冬の国」の意の、アイルランドの旧い異称である。本書にもアイルランド人女性ハンナが話者の「わたし」におどけて「おお、ヒベルニアとは。昔のひとですね、あなたは」といい、大昔、ローマ帝国のころ、ローマから見ればアイルランドは寒くて遠い冬の国、いわば地の果てだったのだろうと解説する箇所が出てくる。が、これをひらがな表記にかえ紀行としたあたり、やはり本書に登場する表現をかりれば「ケルトおたく」の情緒をくすぐるものがあるといえるだろう。

評者が「ケルトおたく」の一人にかぞえられるかどうかわからないけれど、ひべるにあ島紀行を小説として提出する試みに接した際、「同じこと」――アイルランド&ケルトに付き物の事柄を、〝女筆〟の小説家がどう語るのか「聞き耳」をたてたのはたしかだった。

どっちが縦か横か知らないが、ジョナサン・スイフトと「女友達」ステラとのつきあいを中心とした語りの糸と、「わたし」の「冬の国」へのさすらいをめぐる語りの糸とが縦糸・横糸となって織り込まれたのが本書である。織物の勉強のため日本の東北地方に滞在していたことがあるアイルランド人女性ハンナは本書の中で唯一、実在感の強い人物として設定されているが、それはいわゆるリアリティのある云々の次元ではない。ステラと比較した場合「わたし」の若き日に刻印された男たちは、幾度も話者によって召喚されはするものの、まるで死人のように影がうすい。

「聞き耳」をたてていた評者は読了後に何をナットクしたか。「言異《こと》なるもの」＝異なる言葉の筆頭は、清少納言のいう通り、法師ふうの人物のそれであった。本書の相当部分を占めるスイフト考は、この作家の手になる『中勘助の恋』の異邦人版として読める。スイフトは奇矯な人物であったが、「法師」という身分を考え併せる時、謎は増幅する。ガリヴァーの生みの親がダブリンのセント・パトリック大聖堂の首席司祭だった事実にはやはり興趣尽きぬものがある。文字通り異彩を放った苛烈な文業の全容ができる限り理屈っぽくない文章で語られてゆく。この部分だけつなぎ合わせれば『スイフトの恋』なる一書が編めるほどだけれど、男女の友情（?）を共通項として、さすらう女の「わたし」は、編み合わせをおこなった。この編み合わせの、一種なげやりで寂しげな、野放図さをねらったような全体の紋様に、評者は「言異《こと》なるもの」としての〝女筆〟をみてとったのだった。

編み合わせの部分の付きを悪くさせる発言は話者自身がやっている。「わたしには、外国への憧憬はあまりなかった」とか、「日本人による外国留学記、外国滞在記、外国文学の歌枕を訪ねる旅行記の類はことに嫌いで……」とかいうように。ホントに旅している奴は、あとで「書く」ためノートをとるどころか、いちいち頭のなかにメモなんてしないよなんて思っていたが、中年をすぎると河口慧海『チベット旅行記』やウィンパー『アルプス登攀記』などと並んで、シング『アラン島』とスイフト『ガリヴァー旅行記』が愛読書になったのだと「わたし」はいう。そう書いた直後に、「いちばん見たいものなーに」とハンナに尋ねられ、「漁師のセーター」と「わたし」が即座に答えるくだりが接続する。

付きが悪いところを補強するためには憑き物が必要だ。シングの戯曲『海へ騎りゆく人々』にでる「漁師のセーター」は作者にとってそうした憑き物のシンボルと思われたにちがいない。海へ「騎りゆく」男たちが死んだ時、女たちの編んだ衣類が身元確認となるエピソードは、おそらく本書の作者に妖精の如く憑いたモノであったろう。

編み手は、自分の手で編んだ靴下の編目の数を、手にとってみれば思い出す。ましてや、セーターに入れた模様を忘れない。同じように見える命綱（海での安全への願い）をあらわす「縄」模編も、編み手は何目ずつの交叉の縄か、何段おきの交叉の縄か、その縄のとなりが「ダイヤ」模様（富への願い）だったか「生命の木」模様だったか、忘れはしない。

「わたし」はハンナに向かっていう、「編むとか織るってコワイねえ。身につけるもの、着るものって、不気味ねえ……」と。

来し方に横たわる「冬の国」……その海に姿を消した幾人かの男たちに向けて、さすらう「わたし」が織りつづけるモノの正体は、「漁師のセーター」のように具象物ではないけれど、歌うことを禁じた詩人がさまよい歩く姿だけはくっきりと浮き立つ。

フィナーレ近くにこうある。「あの時、ヒトリで歩くことに味をしめたのかもしれない」

「あの時」がいつであるかはさして重要でない。歩く場所すらどこでもかまわぬと「下衆」の付け足しをしたあげく、「同じこと」を、たとえば、たまたま評者の手元にある『ライン河幻想紀行』（榊原晃三編訳、岩波文庫）にもとめてもいい。著者ヴィクトル・ユゴーは旅の最高形態「歩くこと」をたたえ「これは旅をするのではない。さすらうのである。一歩ごとに想念が訪れる」と書いた後、次の一行を刻んでいる――〈芸術の女神《ムーサ・ペデス・トリス》は歩く〉。

あやしのアルキミコ

多和田葉子『ゴットハルト鉄道』（講談社文芸文庫）

はじめて多和田葉子の作品に接したのは、日本におけるデビュー作「かかとを失くして」（群像新人文学賞受賞作、一九九一年）であったが、以来十数年、私はこの作家を妹よばわりしてきた。当方の個人的な感情に基づく呼称としておいてもよいのだけれど、むろんそれでは事態を矮小化することになろう。

できる限り普遍的に語らねばなるまいと自らにいいきかせて、遠い昔に読んだ——遠い昔に書かれた柳田国男の『妹の力』を引き寄せてみる。日本における口承文学の伝播者としての巫女の存在に注目したこの著書は一九四〇（昭和十五）年に刊行された。表題作の「妹の力」が発表されたのはさらに古く、一九二五（大正十四）年のことである。

私は民俗学の最前線の動向に疎い。シャーマニズム研究史の中で柳田の仕事が現在どういう位置づけになっているのか与《あずか》り知らないのだけれど、今般読み返してみて、その文章の比類のない香気にあらためてうたれた。かりに、ここに書かれた事がらが学問的には修正を余儀なくされているとしても、文体の魅力は恒久の次元に輝くものである。小林秀雄の口真似をして、「柳田さんには沢山の弟子があり、その学問の実証的方法は受継いだであろうが、このような柳田さんが持って生れた感受性を受継ぐわけには参らなかったであろう。それなら、柳田さんの学問には、柳田さんの死とともに死ななければならぬものがあったに違いない。そういう事を、私はしかと感じ取ったのです」（「信ずることと知ること」）と、当方もつぶやく他なかった。

感受性という言葉はいささか気恥ずかしいが、小林秀雄がこの月並語を通していわんとすることは容易に伝わる。小林を感動させた柳田の感受性をめぐるエピソードは、一見とるに足らぬほどささやかなものだ。『故郷七十年』で語られた柳田国男の十四歳の時の思い出。少年はその頃、長兄の家に預けられていた。家の隣に旧家があり、病弱だった少年は毎日そこへ行き本ばかり読んでいた。旧家の土蔵の前の庭に石作りの小さな祠があった。祠には死んだお祖母さんを祀ってあるという。少年はその中が見たくて仕様がなくなり、ある日、思いきって石の扉を開けてみると、一握りくらいの大きさの蠟石が納まっていた。美しい珠を見たその時、何ともいえない妙な気持ちになって、どうしてそうしたのかわからないが、しゃがんだままよく晴れた空を見上げた。すると、澄み切った春の空に数十の星を見たのである。昼間星が見えるはずがないと子供心にいろいろ考えていたが、奇妙な興奮はとれない。その時、高空でヒヨドリがピーッと鳴いて通った。少年は、はじめて人心地がついた。回想する柳田は言う――あの時にヒヨドリが鳴かなかったら、私はあのまま気が変になっていたんじゃないかと思う、と。

日本民俗学の先駆者は、生涯にわたり日々旅にして、旅を栖《すみか》とする文人であった。旅をする民俗学者は珍しくもない。だが、真昼の春の空に星の輝くのを見る物狂いの童《わらべ》を内に秘めた旅人は希有である。

妹の力とは何か。柳田の著書に寄り添って詳述するわけにはいかないので、シャーマンよろしくその切れ切れの言葉をつないでおく。

……縁側に出て髪を梳くと、散った毛が風に飛んで鳥の巣に作り込まれる。そうするとその女は気がちがうなどと、物狂いになることを結果としたいろいろの戒めがあるのも、神の御告《おつげ》を伝える者の必ず物狂いであったことを考えると、これも最初はまた巫道《ふどう》に入る方式の一つで、求めてそうした者がかつてはあったことを、暗示するところの大切な資料なのかも知れない。……女には目にみえぬ精霊の力が有って……祭祀・祈禱の宗教上の行為は、もと肝要なる部分がことごとく婦人の管轄であった……巫《みこ》はこの民族にあっては原則として女性であった……以前は家々の婦女は必ず神に仕え、ただその中の最もさかしき者が、最も優れたる巫女であったものらしい。

……

（『妹の力』）

柳田国男は日本語文芸（特にフォークロア）の底流に潜む女性の役割——巫女としての妹の力を明らかにせんとしてこのように語っているのだが、学問的な証拠といえるものに言及することは少ない。小林秀雄の文章にみられる〈なぜなら、僕はほとんどそれを信じているから〉と似た調子が柳田の文体にはある。

女は常に重んぜられた。男中心社会はじつは、女子の予言に指導を求めることが多かった。女の力を忌み怖れたのも、本来はまったく女の力を信じた結果であった。ある種のまじないには女を頼まねばならなかった。神と交通した女の話は数多い。その不可思議には「数千年の根柢がある」……と、柳田は妹の力と命名したものについて論拠、典拠をあげることなく巫のように語る。

旧家のお祖母さんが生前しょっちゅう撫でまわしていた珠＝蠟石に彼女の霊を感知する物狂いの童が柳田にそういう語り方をうながしているふうだ。柳田国男の文章には、〝妹の力を感得する力〟がみなぎっている。

多和田葉子の作品世界に入る前置きとしては長すぎたようだけれど、『ゴットハルト鉄道』に収められた三篇を味読するために有用なキーワードとして、日本語文芸の「数千年の根柢」をなす妹の力を有する〝物狂いの少女〟の原像に思いを馳せておくのは決して的外れではないと私は信じている。

……少し目が闇に慣れてきた。トンネルの内壁に床の間のような祠のような空間がぽっかり開いている。薄明りに照らされて、中には小さなマリア様の像が立っている。そんなはずはない。マリア様など立っていない。そう思った時、列車はスピードを落とし始め、やがて憂鬱なブランコのように動きを止めた。……

（「ゴットハルト鉄道」）

スイスに実在するとおぼしき鉄道にのって、トンネルの闇を通る「わたし」の眼に映った幻想ともいえる一瞬の光景。注意しなければ読みすごしてしまいそうなささやかな一節だが、十四歳の柳田少年の原体験に通底する何かがここにはりついている。「そんなはずはない」とは、文脈からするとマリア像の存在を否定しているように見えるが、スイスの鉄道の「トンネルの内壁に床の間のような祠のような空間」があることとそのものをも指していると受取りたくなる。祠の中の──霊を放つ珠を見た直後の柳田少年が、白昼の青空に星が見えるはずがないと知りつつ茫然としていたのと似たトランス状態が「わたし」をつつむ。半醒半睡のこの入眠状態は、多和田葉子のほとんどの作品におなじみのものである。

私は故意に、国際的なスケールで日々旅にして、旅を栖とする作家を、民俗学的圏域に閉じ込めるふうのやり方でこの稿を書きはじめた。デビュー作にふれたエッセーの中で、多和田葉子は「かかとのない文学とは、自分の関わっている伝統を無視して自由に放浪する文学のことではない」と書いているが、私はこの言葉を特に重くうけとめる者だ。

「ゴットハルト鉄道」の話者の「わたし」はいう──「国を生むことのできる子宮は存在しない。島を生むことのできる子宮がないのと同じです」「まわりから孤立して、自分をこっそりと世界の中心に据えた島の自己欺瞞」。父兄本位社会が生み出した神話に対するこうした妹の批評に身をさらしたうえで、さらに次のような「わたし」のつぶやきを耳におさめる──「でも、閉じ込められていたいの。それが一番幸せ。ホテルの一室でもいい。列車のコンパートメントでもいい。トンネルの中でもいい。閉じ込められていたいの」。

たとえ日本的な、あまりに日本的な民俗学的関心のナワにぎりぎりまきにされ狭苦しいところに閉じ込められても、「わたし」は平気であるに違いない。男流的＝兄的島国根性には批判の刃を向けるが、

「袋小路」とか「洞穴」という言葉に「わたし」は美しさを感じる。ゴットハルト鉄道に乗ったのも、その袋小路・洞穴ふうの「お腹に潜り込んで、しばらくそこで暮らしてみたい」と思ったからだ。

片雲の風に誘われて漂泊の思いやまぬ女をトリコにする〝閉じ込められ〟願望を、どう理解したらいいのか。私は、おびただしい数の日本的袋小路・洞穴から成る柳田国男の著作群の「お腹に潜り込んで、しばらくそこで暮らしてみたい」と念じたことがこれまで幾度もあるが、多和田文学のキャラクターたちを形容するにふさわしい言葉を今次もうひとつ見つけた。柳田の『先祖の話』という著作の中にこんな言葉があったのだ――あやしの歩行巫女《あるきみこ》。

はじめは神社に従属していたミコがやがて移動漂泊する宗教業者となったものがアルキミコである。彼女らは、家の神を人に憑かしめて神の口を寄せたり、異界にいる霊をなんとか招き寄せて語らせるいわゆる口寄せの能力をもっていた。アルキミコが、物狂いの妹と有縁なのはことわるまでもないだろう。

柳田国男は『女性と民間伝承』の中で、「隅田川」に代表される狂女ものの謡曲にふれ、物狂いの舞に言及する。「くるふ」とは元来舞うことであった、と。物狂いは一種の職業であった。わが身を空家にして、神や精霊に宿を貸す者が、昔はいくらもいて同時に歌舞の道に携わってもいた。それが自分の方から進んで借り手を探し求める場合を、謡曲などでは特に物狂いと名づけていた。狂い咲きとは、美しく又面白く、乱れて舞っている花のことをいうが、能ではこうして舞っているうちに、必ず今まで久しい間、見ることを得なかったものを、不思議に見出すことになっていて……。

『ゴットハルト鉄道』所収の三篇のあざやかな解説たりうると思われる箇所を、私は柳田国男の著作から我田引水している。多和田作品にこと寄せていえば、それは〃かかとを失くした〃引用の仕方である。

本書の三篇は、能的な狂女ものという共通項でつながっているとみなしていいだろう。「ゴットハルト鉄道」の「わたし」には「職業がない」と記される。「無精卵」の主人公についても「仕事らしい仕事もしていない女」とある。「隅田川の皺男」のマユコは黙って会社をやめてしまう。「わたし」と女とマユコのほんとうの職業は、物狂いなのではないかといいたくなる。彼女たちは「わが身を空家にして、神や精霊に宿を貸す者」に限りなく近いのである。

物狂いのモノとは、「数千年の根柢がある」日本語において、精霊を、そして言葉そのものをも意味する。「ゴットハルト鉄道」には「わたしの生活は、言葉でできている。……言葉でできていないものが、この世にあるのかどうか」という妹＝巫女のつぶやきがある。

「無精卵」の女は、物狂いの少女の助けをかりるような形でいわば「狂い咲き」し、「他人の字を書いていく時にしか感じられない背筋の熱くなるような喜び」を味わっている。女は書くことに従事するが、「それは日記でも手紙でもない。詩や物語を書きたいと思ったことはない。ただ文章を退屈せずに続けて書きつらねていきたいと思った。書いているという状態をずっと続けること。それだけが、目的だった」。メディア＝巫女たらんとする女は「誰か自分以外の人間が考えたことを筆記している感覚。それを自分に口述している……」というような振る舞いを、「修行みたいなものなんだろうか」と思う。女の振る舞いは、文字通り「くるふ」に重なる舞である。

女に対して、詩を書いているという従弟は、「僕は最近、医者にかかってね。気が沈んでしかたない。

何を読んでも面白くない。ものを書く元気なんかまったくない。でも君が書いているものは見てみたいね」と言う。

同じ屋根の下で暮らしていた男も、「僕はそれほど仕事はしてない。ただ、期待を裏切るようなことはできないから、あせりが先に立って」と言う。

〈何を期待されているの〉

〈偉大な仕事を仕上げることさ〉

〈どんな仕事〉

男は黙ってうつむいてしまった。

（「無精卵」）

このやりとりの直前には「女が書けば書くほど、男はだんだん身体が弱っていくように見えた」ともある。従弟や男の姿に、日本語文学の表層を主導してきた〝男流〟の末路を見る思いがするのは私だけだろうか。

〈僕は人の期待を裏切っている〉〈人の期待なんて忘れて、自分の仕事をしていればいいのよ〉〈君はいいよ。上役もいないし、部下もいない〉〈あたりまえでしょう。会社に勤めているわけではないんだから〉〈僕は君を自分の部下ではないけれど、せめて弟子にしたかった。そのくらい、偉大な人物になりたかったよ〉〈偉大な人なんてつまらないわ。どうして、あたしが弟子にならないといけないの〉

偉大さの圧力にうちひしがれる兄的男流が妹の力にとりすがる極めつきの場面といっていいだろう。

妹の力を負託された彼女たちは、ひとしく〝奥ゆかしき〟女たちである。それはもちろん、男流的視点にたった形容ではなく、やはり「数千年の根柢がある」日本語の原義「奥行かし＝奥へ行きたい」に基づくものだ。奥行かし（知りたい。見たい。聞きたい）と願う妹たちは、あやしのアルキミコとなって漂泊し、越境する。妹がたどる奥の細道はこんなふうだ——「町の表面をすべっていくのではなく、町の細い道を細い方へ細い方へと歩いていきたい。道そのものが、皮膚の暖かさを漂わせてくるまで細い道に入り込んでいきたい。その皮膚は乾いていて皺が多いが、だからこそ、その暖かさには押しつけがましいところがない」（「隅田川の皺男」）。

アルキミコたちは男流的押しつけがましさを軽くいなしながら、奥を幻視する。閉じ込められた奥ではどんなあやしの幻術がおこなわれるのか。それは決して「偉大なもの」ではなく、たとえば本書に何度か使われている言葉をかりて簡単にいうなら「壁」を、皮膚の暖かさをもつ皺のイメージにも重なる「襞」に変異させるような術だ。

ゴットハルト鉄道の「トンネルの内壁に床の間のような祠のような空間」を幻視する「わたし」。「汗ばんで少し塩辛い幼女の肌が残っているような」少女を前に「その肌さえ発掘できれば」と思う「無精卵」の女。永井荷風の「すみだ川」や川端康成の「隅田川」といった作品にみられる男流的な思い入れをユーモアをもって裏返し、謡曲「隅田川」をも反転させ「土地の皺の中から現れた霊」に相見えんとする「隅田川の皺男」のマユコ。彼女たちに宿る妹の力はこうささやくふうだ——「石の呪術を使って、消えた足跡を呼びもどさなければならない」（「ゴットハルト鉄道」）。

さいごに、日本的袋小路・洞穴に閉じ込められた視点を少しずらしてみたいと思う。ゴットハルトという土地について私はほとんど何も知るところがないが、遠い記憶をさぐると、H・クライストの超短篇「ロカルノの女乞食」がよみがえってくる。それはこんな書き出しだ——「アルプスの山麓、高地イタリアのロカルノ近傍に、さる侯爵の所属になる古城があった。ザンクト・ゴットハルト方面からくると、いまは荒れ果てて残骸をさらしている姿が見える。……」（種村季弘訳）。

城に宿を借りていた女乞食をないがしろにして死に至らしめた勢威ある男流の権化ともいうべき侯爵の家が女乞食の霊にたたられ、ついには破滅するというこの物語のことなど本書には登場しない。「ゴットハルト鉄道」に揶揄的に言及されるのは、押しつけがましい物語の元祖としてのゲーテやシラーであり、この二人の輝かしい光の陰にかくれて不遇の生涯を送り、ついにはピストル自殺した冥《くら》い人クライストの名はどこにも出てこない。

しかし私の眼には、ロカルノの女乞食の原像が日本的物狂いの妹＝少女や謡曲の狂女のそれと同じ比重で本書にとり憑いているように思える。国際的アルキミコが呪術によって呼びもどしたいと願うものの一つには、いやしめられおとしめられた女乞食の足跡に似た何かが含まれるに違いない。

闇あがってくるもの

多和田葉子『ふたくちおとこ』（河出書房新社）

多和田葉子の『ふたくちおとこ』を手に取ったのは、今つんのめっている仕事の関係で、①『ティル・オイレンシュピーゲルの愉快ないたずら』（阿部謹也訳、岩波文庫）、②阿部謹也著『ハーメルンの笛吹き男――伝説とその世界』（ちくま文庫）、③上山安敏著『魔女とキリスト教――ヨーロッパ学再考』（講談社学術文庫）の三冊をつづけて読み終えた直後だった。つまり私個人の興味関心と『ふたくちおとこ』とは一種の〝呼応一致〟をとげたというわけである。当方が取り憑かれているテーマの内容はさておき、たぶんにひとりよがりのこうした関心圏の共振現象は、孤独な読書のいとなみにあって意外に重要なものではないかと思う。ドイツ語にいう zusammenfallen（同時に起こる、一致する、同じである）現象が実感できれば、「何」が書かれているかなど後景に退いてしまうこともありうる。

本書は「ふたくちおとこ」「かげおとこ」「ふえふきおとこ」の三篇から成る。これらの「お話」が下敷きにしているドイツの伝説を、仮にまったく知らずとも愉しく読み了せられるのはいうまでもないけれど、作者が日本語とドイツ語の両方で創作する何やら魔女的な〝ふたくちおんな〟だと知ったとたん、〝ひとくち〟ではとうていいいあらわせぬ関心のトリコになってしまう。

表題作「ふたくちおとこ」は、冒頭にあげた①で有名ないたずら者ティル・オイレンシュピーゲルにまつわる物語だ。①を通読して印象に残るのは、いたずらの内容よりも、全体的にスカトロジーの雰囲気が濃い点である。作者もそこに着目したあげく、口と肛門のふたつの口でしゃべるティルを創りだしたと思われる。日本でも上演された日本語とドイツ語混用の実験的な芝居『ティル』の小説版でもあり、脚本自体は、ドイツにおける作者の十一冊目の作品集（一九九八年）に収められている。

二番目の「かげおとこ」については背景の伝説が今ひとつよくわからないけれど、文献②には、ドイツ中世において被差別民扱いだった笛吹き男＝遍歴楽士は自分に損害を加えた人間の、地面に映った「影に報復すること」しか許されていなかった……などとある。

もちろんこのような歴史的事実が、二番目の「かげおとこ」を読むうえで直接の関わりがあるといいたいのではない。笛吹き男もティルも遍歴者として、時代のあらゆる階層社会からひとしなみの「距離」を保ちながら生きたキャラクターだが、言葉の遍歴者たる詩人・作家＝ディヒターもまた、あらゆる人間から創造的な影をひき出し、これに聖なる「報復」を加えんと熱中する人種だといっていいだろう。

さいごの一篇「ふえふきおとこ」に、そうした言葉によって〝影を血まつりにあげる〟祝祭劇を容易にみてとることができる。文献②には、ハーメルンの笛吹き男伝説がどうして生れたのか、十三世紀ドイツの小さな町で起こったひとつの事件の謎が語られている。ディヒターはかかる事件の渦をひき寄せ、現代的に改変させたのち、言葉の旋回運動に従事する。噂話のありようを逆用した多声的な語りが採用されているのだが、これを盛るマンダラ空間が日本語のひらがな五十音であるのは興味深い。

三篇のタイトルも、また章立ての数字も、おそらく故意に漢字を避け、平安時代の賢い女房たちが居丈高な漢字をきり崩して創出したひらがなになっている。私が文献③をあげておいたのもこのことに関わる。

「影は生き物ではない。時々、影が踊り出して生き物になることもある。そのとき、影は怪物となって、怪物に剣を差し向けるはずの騎士が必要となる」（「ふたくちおとこ」）

仮名はその字の通り、真名（真の文字）と呼ばれた漢字に取り憑く幽霊のような仮そめの文字だった。それは漢字の影として産声をあげ、影として寄り添いつづけた長い歴史をもつ。

こうした仮名的存在の叛乱と報復をめぐるドラマが祝祭空間化したのが本書だといえばあまりに図式的になるが、「しかし、ここでもティルの上手を行く者たちが、やはりいるのだった。三人の女たちは、影のようにティルについてまわる」という「ふたくちおとこ」の一節は、「ここ」が具体的にどんな場所か不問に付したままでも「やはり」暗示的なのである。

三篇が扱う「男」の背後には、「魔女の入江」と名づけられた謎の場所――それは〝ふたくちおんな〟が操作するワープロであったりもする――に佇むのを好む女たちが「ついてまわる」のだ。

文献③によれば、北欧と南欧の魔女の活動には大きな違いがあり、地中海沿岸の魔女が結社をなした集団なのに比し、北方の魔女はもともと個人的な存在だとする「従来の定説を破る」説が浮上したという。北欧のサガやエッダについて見ても、魔女は一人ぼっちであり、人々が生活する共同体から離れた森や荒地に棲む。魔女は共同体から閉め出された、異界の単独的住人である。ゲーテ『ファウスト』に描かれるブロッケン山の魔女の乱舞伝説は、じつは北方地帯にあって稀な事例なのだとする説も紹介されている。

共同体から一定の「距離」を保って生きる魔女的人物――いや、魔法つかいと迷子グレーテルを兼ねたようなキャラクターが、「ふたくちおとこ」「かげおとこ」「ふえふきおとこ」と並べられた本書の「影」として配されていることは一読して明らかである。

「ふたくちおとこ」の序章で、放浪するティルのさまは「……町から町へ渡る途中に、闇あがってくるものに呑まれてしまわないように、前方をにらんで……」と書かれる。

「闇あがってくるもの」とは日本語としていささか奇態な言葉（脚本『ティル』では「巨大な得体の知れないもの」となっている）だが、「おとこ」を呑み込んで増幅する創造女神の息のかかった「もの」とみなしてもいいように思われる。

ある音楽家の作品をめぐるエッカーマンとの対話の中で、ゲーテは「……あの永遠の渦と旋回は、ブロッケン山の魔女の踊りを彷彿させたよ」云々と語っている（ちなみに北欧語の一つデンマーク語の「魔女の踊り」Hexedands は、物事が予測不可能の地平へめまぐるしく変転したり、人間の気分が極端から極端へと定めなく移り変わる意にもなる言葉だ）。

本書を読み終えた私の感想もまた、渦と旋回という言葉によって特徴づけられる。当方に〝交感〟をうながす魔女の踊りは、しかし、集団的狂騒と一線を画す、すぐれて北方的、単独者的に「闇あがってくるもの」だと確認した次第である。

地母神ゼロの物語

多和田葉子『変身のためのオピウム』（講談社）

タイトルと目次をざっと見渡してギリシャ神話に有縁のものとわかったので、急いで手持ちの参考書として呉茂一著『ギリシア神話』をぱらぱらめくり、小説に登場する二十二人の女神（？）ふうキャラクターと照合させてみたけれど、予想通りムダ骨だった。そもそも最古のヨーロッパ文学の原型をなすギリシャの神話伝説自体が複雑で容易に全貌がつかめなかったことなども思い出された。ギリシャ名とローマ名の対応ひとつとっても変身もしくは変態があるため記憶になかなか定着してくれない。

多和田葉子の『変身のためのオピウム』はこうした〝原典〟自体が孕む変幻性を逆手にとって書かれた作品であるとまずはいうべきだろう。

たとえばわれわれにも親しい神の一人ディオニュソスはローマ名で酒神バッコスとなるが、その母ゼメレは本書第十四章のヒロインの名である。評者は書物の形をとる前の――十四章ヒロインの好きなモノにたとえれば蚕紙にも似た文字が産卵された校正刷で読んだのだからこんなことをいってもナンセンスになりかねないけれど、前記『ギリシア神話』（ただし旧版）と同じページ数のところにゼメレにまつわる記述が出てきたので少しばかり驚いた。だが神話的符合一致を確認できたのはその一事だけだった。

ゼメレは大地母神の名ゼメローをギリシャ語に直したもので、ロシア語のゼムリャ（土地）とも同根という。

しかし本書の話者「わたし」は、詩人・小説家・劇作家・ダンサーといった芸術女神＝ムーサにつながるキャラクターたちを語る時でさえ、〝産んで残す〟いとなみを無化せんとする情熱に取り憑かれている。変身のためのオピウムとは、その情熱が持続するよう特別の地母神が話者の体内にうめ込んでくれたエネルギー物質発生装置を指すらしい。

何も残したくないと強く念ずる眠り姫っぽい「わたし」を呼ぶのはゼロ地点である。次の女性の元へ急ぐ「わたし」は休みなく新しい陶酔状態を求める。しかし、ゼメレの章で語られているように、ゼロに到達するには、自分自身をスピードの中に失い、自分自身の不在に出逢わなければならない。

この絶対矛盾ともいうべき飛躍を話者に強いる地母神の名はゼメローではなく、ゼロに変身している。もっと大きなテーマがあるでしょうに……と問う登場人物に同意する読者の耳に、つかみどころのない存在のままでいることを願う話者のつぶやきがエコーする。テーマは、小さければ小さい程いいのよ。

月裏人からのオマージュ

多和田葉子の文学活動に思いを馳せると、きまって卑小なわが頭上に「井の中の蛙大海を知らず」とか「井蛙の見」とかいう月並みなコトワザが降ってくる。室井なる当方の姓が、すでにしてしがない蛙の棲み処を指す文字を含んでいるのだから仕方がないか……などとつぶやきながら多和田葉子の近業の中でも象徴的と思われる――姉妹編と呼んでもよさそうな小説『容疑者の夜行列車』（青土社）とエッセー集『エクソフォニー』（岩波書店）をセットで読み返してみた。すると井蛙はわが身の閉塞状態を一瞬忘れ去り、セイア！　セイア！　というかけ声を発しながらとび跳ねたい心持ちになった。『エクソフォニー』の巻頭では、世界文学回遊魚（などとはいっていないが）としてのブリリアントな活動宣言がなされている。言葉をめぐって常に動きつづける世界――それはあたかも太平洋におけるあらゆる種類の魚の動きにも似る。その全体を把握するのは不可能に近いが、抽象名詞をキーワードとした当初のアプローチをやめ、自分が魚になって、いろいろな海を泳ぎ回ってみるとうまくゆくことに気づいた。

そういう書き方の方が、いつも旅をしているわたしの生活には相応しい。というわけで、本来は抽象名詞の占めている場を、町の名前が埋めることになった。わたし自身も魚なのだから、魚らしく海を泳ぎ歩いて、様々な土地の言語状況を具体的に鱗で感じとるのが一番いい。

こうした〝抽象名詞の変容〟に潜むドラマが多和田文学の核質に関わるものであることは、小説『容疑者の夜行列車』からも容易にみてとれる。二著共に、「町の名前」が章名にくみ込まれている。それぞれ別種の文体ながら、エッセーと小説の世界が不可思議な融合をとげる。たとえば、「ハバロフスクへ」向かうシベリア鉄道の旅の途次で主人公は「列車から落ちてしまった」というカフカ的悪夢をヴィヴィッドに生きることを余儀なくさせられるが、このシーンと、『エクソフォニー』の第一部「母語の外へ出る旅」の最終章の一節とをシンフォニックに、いやエクソフォニックに重ね読みするのはすこぶる興味深い。一九九九年夏、十日間マルセイユに作家交流プログラムのため滞在した時、意味が分からないフランス語に耳をさらした小説家の身に、夜、異変が起こった。

まるで、麻薬でも打ったようになって、生まれてから見たこともないような夢を続けざまに見た。……わたしの感情は、鎧や衣を失って、裸で立っている。ちょっと空気が震えただけで、泣いたり、喚き散らしたり、人を殺したくなる。このままいったら大変だという予感がする。……わたしが密かに求めていたのはこんな世界だったのだろうか。恐ろしいと同時に、これほど密度の高い生を味わったこともない。ひょっとしたら言語の本質は麻薬なのかもしれない。

言語の本質が麻薬であるとは、〈変身のためのオピウム〉を読者に分け与えつつ、「個々の言語が解体し、意味から解放され、消滅するそのぎりぎり手前の状態」という悪夢のかたちをした言語ユートピアを共有せんとする多和田文学のライトモチーフの一つといっていいだろう。

井蛙自身、日本語とドイツ語の両方で創作を実践する〈ふたくちおとこ〉ならぬ〃ふたくちおんな〃──あるいは〃国際的歩き巫女〃のうながしで数年前ベルリンへおもむいた際、意味の分からぬ異語をひたすら浴びた果てに、麻薬を打たれたカエルのような状態のまま倒れ伏した貴重な「異変」体験を想い起こさずにはいられない。

『エクソフォニー』によれば、ドイツ語で時勢に遅れている人を「月の裏側に住んでいる」と表現するという。多和田葉子の文章にふれると、井蛙すら月に向かって跳ねとび、ついには月の裏側の住人＝月裏人になれる……そんな気がしてくる。

語り部たちの再来──「女性作家シリーズ」に寄せて

この一年ほどの間に読む機会を与えられた小説のほとんどが外国を含め女性作家のものだった事実は、当方の嗜好をこえ、世界的潮流が自然現象として無理なく浸透した感を強くさせる。その浸透のさまは、まさしく津々浦々のイメージでとらえられる。男流の〝裏をかく〟ような気負いをもつ他なかった〝をんな筆〟は、世界的潮流につながる〝浦の水〟で自らをそそぎつつ、祓いの二義性すなわち呪いと聖化の儀式をあくまで鍋釜を洗う感覚を手放すことなくとりおこなったのである。

レディ・ムラサキのロマンふうか、それとも清少納言的エッセイ仕立てかという二種の色めがねをかけて全二十四巻のラインナップを眺めるうち、もうひとつ、さらに圧倒的に古い力の源泉に思いを馳せる。

名もない昔の民間の婦人たちが、しばしば備えていたという「さかしさ」と「けだかさ」、それを取り返すこともほんの今一歩である。いかなる無に生きても私が失望しないのは、そういう時代のやがて到来すべきことを信ずるからである。

昭和十五年八月に刊行された柳田国男『妹の力』の序の結びだ。

フォークロアにおける女性の役割を強調し、口承文芸は誰が語り伝え、誰が津々浦々にばらまいて歩いたかを論文から限りなく遠いエッセイの形で読者に伝えようとしたこの著作に収められた「稗田阿礼」で、阿礼が女性の語り部だったとする説にふれた時のおどろきがよみがえる。柳田説を知ってしばらくの間、当方は稗田於礼《オレ》なる雅号（?）を使用したことがあったのだった。

柳田の「そういう時代」は到来したといっていいだろう。津々浦々の語り部たちの元祖稗田阿礼の再来をヒエダノオレは信じる。

ウラで待つ

小野正嗣『森のはずれで』（文藝春秋）

小野正嗣の『森のはずれで』を読みながら、現代のメルヒェンというような月並みな文言をまずは思い浮かべてみた。
メルヒェンなるドイツ語のメルは、メール（郵便・知らせ）を意味する。ヒェンは、愛称をあらわす接尾辞だから、メルヒェンを直訳すれば、親愛なる郵便、チャーミングなお知らせ、といったところであろうか。

「魔法の郵便箱を求めてはいけません」とわたしがテレビで見た民族学者は言っていた。「異文化と、他者と向き合うとなると、わたしたちは、自分が読みたいと思うような手紙しか届かない郵便箱を求めがちです。でも、そんな郵便箱は、私たちのところにもないように彼らのところにもないのです。そんなものはどこにもありません」と。

これは、評者が読みえた小野正嗣の前作『にぎやかな湾に背負われた船』中の一節である。前作の場合、語り手が女子高生ということもあり、高度な現代思想にまつわる言及は極力おさえられていた。しかし、中上健次の「路地」を思わせる海辺の集落「浦」を舞台にした物語においては、差別された人々やら戦前の憲兵やら朝鮮人労働者やらといった、ある種の人々が「読みたいと思うような」他者が次々と登場するため、「魔法の郵便箱」はいやが上でも存在感を主張する印象だった。

一方『森のはずれで』の舞台は、異文化空間で、テーマはやはり他者性である。あらすじを記しても無意味な物語の典型というしかないだろう。

異国の森の小さな家で妻と幼子と暮らすという設定の「僕」は、女子高生とは異なり、たとえばのっけから、スイスのドイツ語作家ローベルト・ヴァルザーの言葉を引用したりする。ドイツ語が読めない評者は、ヴァルザーといえば邦訳のある数少ない作品の一つ『白雪姫』ぐらいしか思い浮かばない。成功よりも失敗を愛し、偉大であるよりも卑小であることを愛する多くの幸福なのらくら者のキャラクターを産んだとされるヴァルザーという作家の魅力を、評者は、その作品によってというより、W・ベンヤミンの卓抜な批評によって知ったのだった。

ヴァルザー論の中で、ベンヤミンはメルヒェンの意味を神話との世俗的対決にもとめている。『森のはずれで』の舞台は、前作の「浦」とは比較にならないほど、曖昧な、いわば脱神話的な描かれ方に終始する。

たとえば「僕」は、ぎりぎりの物語を成立させる都合上、こんなふうにいうしかない——「小さな町だった。どこの家に何が起こったのか、とくに不幸なことが起これば、知られずにすむわけがない。

僕たちがいくら町の中心から離れた森のはずれに住んでいようとも、手紙の代わりに誰も待ってなどいない噂話を配達しに来る郵便局員だっているくらいなのだ」。

森から、メルヒェンでおなじみの「こびと」がやって来る。この時「僕」は、「ずれ」について考える。ふだん人と向かいあう場合、その背面は見えない。知人を背後から見て、こんなふうだったのかと意外に思うことや、うしろ姿から自分の知る人だと思って、追いすがり、顔を見ると、全然知らない人で驚く時、その「ずれ」の感覚を通してわれわれが経験しているのは、個々の人間の同一性というものの不確かさ、不安定さなのだろう。

これに反して「こびと」たちは、「いっぺんに前面と背面、つまり全体像を提示することによって、彼らの存在には『ずれ』もなければ裏も悪意もないこと、その存在のくもりなき一貫性を示したかったのだろう」。

「僕」は「こびと」たちが帰った後、キッチンの床じゅうにまき散らされた言葉を外に掃き出すが、「こびとたちの口からこぼれ落ちた言葉も、かさかさに茶枯れた、ところどころ虫に食われた穴のあいた落ち葉もまるで区別がつかない」などという。

遊び心でこんなふうにいってみようか……コトバが日本的原風景の「言の葉」に還元されるその「はずれ」には、不可思議な「葉擦れ」の音がする。「僕」の居場所は、「ずれ」を孕んだ森の「はずれ」であり、「裏も悪意もない」スペシャルな「浦」である。

フィナーレ近くに、「僕」の住む場所とは異なる小さな集落の描写が出てくる。

どの家も石と木を組み合わせた、この地方の伝統的な様式で建てられていた。薄い灰色の壁面で鈍い光沢を放つ組み木が、燻製にされた血管や筋の硬質さを帯びて浮かび上がり、「いま」とは異なる遠い時間をかかえ込んだ希薄な大気の膜に包まれて、家々は何かの到来をじっと待ち続けていた。

裏のない特異な「浦」で、「僕」も何かの到来を待っている風だ。評者は、その何かを、ベンヤミンにならい、「アウラ」というウラと名づけてみたい気がした。

雑神のおつかい

吉増剛造『表紙 ***omote-gami***』（思潮社）

酢を四シリング買ってくるようおかみさんから町へ使いに出されたティル・オイレンシュピーゲルは、三年近く戻らなかった。三年目の終り頃ティルは戸口から飛び込んでくると、瓶を割って酢をこぼしてしまい、こう叫んだ。

——ちくしょう、急いだらこんなことになってしまった！

三年近く前、島々の群れを巡るロードムービー・ドキュメント『島ノ唄』の上映会で、私は詩人吉増剛造の姿をはじめてこの眼でみた。フィルムに登場する、ひとつひとつの島に生きる唄と歩いていく詩人ばかりでなく、この手で触れる位置に生身の詩人がいたのだった。

ティル・オイレンシュピーゲルふうの愉快ないたずらをひき寄せれば、当方の名前「光広」をミーハーと略称できぬこともない。ドン・キホーテ的ミーハーは、『島ノ唄』のチラシに裏書された詩人紹介文の一節——「既存の文学からも詩からも遠く離れようとしながら、一人独自の道を歩む詩人。

体験したこと、知覚したこと、遠い記憶、想像、妄想、一瞬のインスピレーション……その全てが、同時に詩の一行に織り込まれていく。それは、頭の中に生まれる幾つもの想念を、その生まれた経過通りに書き綴る記録＝ドキュメントでもある」――をぶつぶつささやきながら、生身の詩人に近づいていった。何を話したのか詳細は忘れてしまっていたが、ミーハーにふさわしく本にサインをしてもらったはずだと考え、その本『生涯は夢の中径《ナカミチ》――折口信夫と歩行』をひらいてみると、扉の裏に「心に刺青をするよう」な詩人の文字が記されてあった。

〈おあいして、オクラの「割注」についてお話しをおきゝして驚いた日に〉

そうだ、想い出した。ミーハーは、矮小D・Q精神にのっとって、高名な現代詩人を万葉歌人の山上憶良よばわりした。吉増剛造作品にいつの頃からかしるく浮きたつ「割注」という手法の元祖が憶良であることを、あたかも大発見の如く語りちらしたのに対し、詩人は寛容なる応接の中、驚いてみせてくれ、ミーハーをさらに感激させたのだった。

ミーハーD・Qにはよくあることだが、無知が破れる事態に遭遇するたび、今さらのように発見が引き寄せられる。たとえば、万葉巻之五の憶良作「沈痾《ちんあ》自哀《じあい》の文」に頻出する、作者による割注の挿入は、万葉学者の間では「当時の散文の形式」として珍しくもないだろうが、ミーハーD・Qにあっては、『表紙　*omote-gami*』の巻頭――「序《じょ》ノ詩《うた》」の前に置かれた――次のような文身語《いれずみ》（?）を重ね（Gozo語では「襲《かさ》ね」）ないわけにはいかない。

書物（*shiuwi*、……「おもてがみ」）を、いま上梓するにあたって、歌の色香が騒ぐようなユメをみた（苦《ク》、流《ル》、椎《シイ》、……）、……

「歌の色香が騒ぐようなユメをみた」とあるとおり、このパサージュは次のページで同じ文言のまま「色香」を添えて（ここでは再現不可）反復されるが、それは『表紙』全篇に「匂ひ」たつものといっていい。

D・Qは、〈古い問題が好きだ。ああ、古い問題に、古い答え、それがいちばんだ！〉（ベケット『勝負の終わり』）とささやきながら、「匂ひ」なる語を、やはり万葉時代にさし戻して用いる。「匂ふ」はもと、色がつややかに美しく映えることをさした語である。

はじめておめもじがかなった時から、三年近くたった夏、私は、M・バフチンのいう〈普遍的なユートピア性をこの眼で見、この手で触る〉ルネッサンス的イデーを実現すべく、吉増剛造の手になるGozoCiné の上映会を柄にもなくコーディネートしたが、その折、「遅い出逢いでしたが……」という言葉をもらった。この時なぜか、遠い昔に口ずさんだ吉増詩のひとかけらが脳裡をかすめた――「あざやかなるかな武蔵野、朝鮮、異邦人、オルペウス／あざやかなる武蔵野の朝、異邦人！／一千の異邦人の輝かしい朝の窓だ！」

朝のあざやかなるクニの言葉コリア語で、「遅《オソ》」は「早く」の意である。オソカー！（早く行きなさい！）、オソモッコ！（早く食べなさい！）のように用いられる。

『表紙』の「序ノ詩」には、巨大割注ともいうべき括弧書きで、Emily Dickinson の言葉とおぼしき

──But slowest instance が引かれ、「刹那の手ってのもあるんだぜ、ありがとう」と付記される。slowest instance の只中で、私もまた詩人と出逢ったと信じたいが、「刹那の手」こそは、ユートピア性に触る手の別名であろう。

手元の文庫本『吉増剛造詩集』で先の詩の断章をさがすと、その詩篇「魔の一千行」が終った次のページの写真がこの眼にとび込んできた。

そこに私が三年近く前から漠然とさがし求めてきた語が、写っていたので又しても驚いてしまった。「雑神《フェアリー》」と刻まれたそれは、おそらく詩人が「心に刺青をするように」制作した彫刻的オブジェの一つと思われる。三年近く前に書いていた東北詩人論のテーマに私は「雑神論」をかかげたのだが、この雑神という言葉、最も大部の『日本国語大辞典』にさえ見つけられなかった。当方の貧しい知見の範囲では、柳田国男が、何の定義も与えることなく、二、三度使用しているにとどまる。

唯一神のイメージから遠い雑神のおつかい──いささか無礼な言揚げになるかもしれないが、「詩集でも写真集でも、エッセー集でもない」──詩と日記の断章と詩人の撮影による写真が〝襲ね〟られた『表紙』を「刹那の手」でめくるうちに、ウサギのような目と耳をもつ読者なら、愉快ないたずら者のティルのようなおつかいが踊りはねている姿を幾度も目撃するだろう。そのいたずら者は、いたるところで既存の詩の入った瓶を割ってしまうのだけれども……。

あらゆるモノの浦［下］心をあらわに見据える詩神の密命を帯びた使者……と書いて、たちまち使者はおごそかすぎる言葉だと気付く。やはり、おつかいでいいのだ。

雑神《フェアリー》のおつかいの中には、「どれほど、深くやわらかく迂路を辿ることが出来るか」というきわめつきのティル的問いを共有する「プルースト　カフカ」（『表紙』七一頁）のような根源的詩人もいる。

私は吉増剛造の全作品を、万葉的な、あまりに万葉的な意味での――多島海的雑神に深く愛でられる「雑歌」に分類できると考える。研究者によれば、最も晴れがましい歌を含み、順序も挽歌や相聞に先立って置かれた万葉の雑歌は、後の歌集の雑歌とはかけはなれて高い位置にあるそうだ。

充実と無常

井坂洋子『箱入豹』（思潮社）

一斑もて全豹を評す、という言葉を最近知った。ヒョウの皮のまだらぶちの一つを見て豹全体のよしあし・美しさを品評することから、物事の一部分を見てその全体を批評することを指すのだそうである。

井坂洋子の詩集『箱入豹』をめぐって何かを記そうとするに当たり、おあつらえ向きの表現として思い出した。箱入豹とは何か——その全豹（全貌と誤記してもいい）は容易にわからない。三度ほど通読した後いったん本を閉じ、一斑にて占う……とつぶやきつつ易占者のような手つきで任意の頁を開くと、「(箱の中身は何ですか)／トンネルが入っています　とても長い／深刻そうに関節を軋ませるやつが」（「箱入豹」）というブリリアントな問答が眼に入った。再び頁を開くと、こんな文言がとび込んできた。

「わたしはすりですが、すりであることを恥じてはおりません。とったものは返しません。これ、基本です」（「山犬記」）

トッタモノハ返シマセン。コレ、基本デス。と口遊むうち、すりの心に染まり、やおら立ち上がって手にふれた書棚の本の間から紙幣ならぬ紙片をさっと引き抜いた。それはホッチキスでとめられた二枚の紙片で、「無常ということ」なるタイトルの文章がコピーしてあった。書き出しの一節はこうである。

「しばらく前に私は、寡黙な友人と、若くてすでに名の出た詩人といっしょに、花の咲き競う夏の風景を楽しみながら散歩したことがある。詩人は周囲の自然の美しさを感嘆しはしたものの、心からその美しさを味わいたのしんでいるのではなかった。彼の興を殺いだのは、こうした美もすべて消滅すべき運命にあり、冬になれば消え去ってしまうのであって、またどんな人間の美しさも、人間が創造した、また、創造しうる一切の美しくて高貴なものも、決して例外を成さないという考えであった」……

以下、エッセーの終りまでの四ページ分をコピーしたもので、著者名はない。たしか高校の教科書にものっていたと記憶する小林秀雄のエッセーが一瞬頭をよぎるが、小林の文章でないことは大方の眼に明らかだと思う。つづく次の一文を読めば、それが典型的な翻訳文であることを見抜く人も多いに違いない。

「もしそれらが滅びさえしなかったら、愛し賞讃したいと思っている一切のものも、この流転の運命を負わされているゆえに、彼の眼には無価値なものとして映るのであった」

これは一九一五年に書かれたフロイトの文章（高橋義孝訳）である。

ついでに、やはりすりの心で小林秀雄の「無常という事」を盗み読む。そのオープニングに引かれているのは小林が「いい文章だと心に残った」という一言芳談抄のなかにあるこんな文だ――「或人《あるひと》云《いはく》、比叡《ひえい》の御社に、いつはりてかんなぎのまねしたるなま女房の、十禅師の御前にて、夜うち深《ふ》け、人しづまりて後、ていとうていとうと、つゞみをうちて、心すましたる声にて、とてもかくても候、ならうならうとうたひけり。其《その》心を人にしひ問はれて云《いはく》、生死《しゃうじ》無常の有様を思ふに、此世《このよ》のことはとてもかくても候。なう後世《ごせ》をたすけ給へと申すなり。云々《うんぬん》」

古文の素養がうすいので、小西甚一による現代語訳も盗み引いておこう。――ある人のはなし。「比叡の山王権現で、わざと巫女の姿をした若い女性が、十禅師社の前で、夜がふけ、人音がしなくなったころ、テントンテントンと鼓を打ち、心の澄みきった声で、『どうでも結構でございます。どうぞどうぞ』とうたった。その意味あいを人から無理にたずねられて、『生死対立の世界が定まりないありさまを思いますと、この世はどうでも構いませんから、どうぞ後世をお助けくださいませと申しあげたのです』と答えたよし」

横すべりの引用がすぎるという声が聞こえてきそうだけれど、ワタシハスリデスガ、スリデアルコトヲ恥ジテハオリマセンといいひらきしてやりすごす。

井坂洋子の『箱入豹』を、私は現代女性詩版の「無常という事」のようにみなして読んだ。とったものは返さず、とりあわせの妙を信じていえばそうなる。

『箱入豹』の帯にはこう記されている。「箱の底でたくさんの黒豹の目玉が輝いている――人間の生理の疼きと亡くなったものたちへの哀惜、その閉じ込めることのできない情念。これは失われたすべてのものたちへの井坂洋子の喪の行為である」

フロイトは、「夢の仕事」「機知の仕事」「悲哀の仕事」を人間精神の三つのアルバイト＝ワークとしてあげた。叶えられない願望を夢の仕事によって、別れや喪失の悲しみを悲哀の仕事によって受容するのが、無力さを受け入れて断念の上に立つ人間の心の仕事だとされる。

先の「無常ということ」は、愛情能力（リビドー）が「その対象にしがみついていて、その代わりの用意ができても、失われた対象を容易なことでは諦めまいとする」悲哀の仕事にふれている。フロイトの小文は、どんなに傷ましいものであろうと悲哀は克服されてしかるべきだという結語に向かうのであるが、悲哀の仕事ひいては喪の行為一般に強いこだわりを示す人がいる。詩人という人種はその典型というべきか。

『箱入豹』の巻頭「返歌　永訣の朝」は、「その朝／わたしは修羅に着いた」とはじまり、「……こころの容体がわるくなる／だから　けんじゃよ／嘆いてはいけない」としめくくられる。喪の行為に従事するけんじ（賢治）とおぼしきけんじゃ（賢者）に応答するカタチをとったこの詩篇の「わたし」は「けふのうちに／とほくへいってしまふわたくしのいもうと」と同じ位相に棲みなしている。『箱入豹』全篇が同じ位相に立って書かれているというつもりはないが、悲哀の仕事をいったんしっかりと受けとめた上で、あまり嘆きすぎるなとさとす異次元の「修羅」からのまなざしは多くの詩篇において強い印象をのこすのである。

この異次元からのまなざしが女性詩の極致という印象をも生み出しているように思われる。「瞼」の後半部を引く――「夜明け近く／乾いたまぶたの奥／私自身を追跡しつづける夢の傍らで／猫は壺のように己を抱いて眠っている／ほんの数ミリほどの羽虫が／蛍光灯にぶつかってくる／枕もとに落

ちて　顔を近づけてみると／死後にも魂がのこるなんて／嘘くさい気がする／きっと　自分も　どこからか湧いてきた／それだけのことなんだ」。

夢とユーモアと悲哀の三つどもえの仕事を通して詩人は無常を描く。「かんなぎのまねしたる、なま女房」にも似た女性詩人は、しかし「後世をたすけたまへ」とはいわない。とてもかくても候（どうでも結構でございます）はややもすると「死後の魂」にふり向けられる言葉ともなりかねないのだが、それは、ひたすら楽天的な感覚というのとも違う気がする。

小林秀雄は「無常という事」の中で、この世は無常とは決して仏説というようなものではなく、人間の置かれる一種の動物的な状態である。とつづけ、エッセーをこう書きおさめる――「現代人には、鎌倉時代の何処かのなま女房ほどにも、無常という事がわかっていない。常なるものを見失ったからである」。

次に引くのは、羽虫の存在にことよせて、「自分もどこからか湧いてきた」と思う女性詩人が「人間の置かれる一種の動物的状態である」「無常という事」をどれほど深い肌身の感覚でわかっているかを如実にあかす一篇「濡れた針」の一節――全豹を卜するのにうってつけの一斑である。

「蚊の針が一段と深く入るのを／息をひそめて見る／血液の一滴でも／尻が赤く腫れていく／蚊の充実を／うらやましいように思う／その一滴にわたしがいる／その一滴にしかいないのかもしれない」

アエ、トゼネノシ……

詩人吉田文憲のケイガイに接してから二十年近くにもなろうか。

ケイガイを、せきばらい・しわぶき、また笑ったり語ったりすることを指す謦咳と記し、畏敬する人に直接お目にかかる意の「ケイガイに接する」と受取られてよいのだけれど、ひとたび詩人の作品に寄り添う立場に立つと、たちまち『史記』に出る「傾蓋」故《こ》の如し（＝ちょっと会っただけで意気投合し、旧知のように親しくなること）といったポジティヴなエピソードばかりでなく、「形骸」（＝むくろ。生命や精神のないからだ。転じて、中身が失われて外形だけ残っているもの）のような通常の日本語使用からいえばネガティヴなイメージも重なってアラハレてきてしまう。

吉田文憲の詩に親しんだ経験をもつ者なら誰でも、このネガティヴなイメージが孕む、ひとすじ縄ではとらえられない多重性・多層性のニュアンスを容易に共有してくれるはずである。

詩人について客観的に論じる資格も能力ももちあわせていない当方は、以下、北秋田出身の詩人を、guest と ghost のように寄り添う二種のニックネーム（？）で呼ぶことにする。

ブンケンさんとフミあんにゃ。

前者はともかく、後者は、おそらく私一人用だろう。あんにゃは、当方の郷里である東北南部で現在も名前につけて用いられる親称（？）である。ブンケンさんの在所の北秋田でどうなのかは詳らかでない。

「あんにゃ」という呼称にこもる暗く悲しい東北的負性を思い出さないわけではないが、ここではそうした差異も忘却したことにさせてもらう。「あんにゃ」が背負う歴史がどんなものであれ、言葉はすべてケイガイをさらす宿命をもつと居直って本稿をしたためよう。

たとえば、「あんにゃ」と「兄貴」を並べてみると、意味的に重なるところがないわけではないだろうが、私個人にとってのナツカシサの度合いはまるで異なる。

ヨム＝読むという行為は、形骸としての文字に精神や生命を吹き込む努力をしながら、なにものかをヨブ＝呼ぶいとなみに重なるはずだけれど、その努力を極力楽な性質のものにかえるのが、私の場合、謦咳に接しうる範囲の「傍にいたい」が原義のナツカシサの感触である。

二十年近く前、ブンケンさんを私にひき逢わせてくれたのは、すでにその前からやはり根源的なナツカシサを抱きつつ謦咳に接していた文芸批評家の井口時男さんだった。私は井口氏と傾蓋故の如しの出逢いを果たしたつもりだったので、氏をひそかに「トキオあんにゃ」という村の呼称でよばわっていたが、ブンケンさんの中に当方がたちどころに二重映しに視たフミあんにゃの原像は、トキオあんにゃとはいささか異なり、すぐに行方不明になってしまった。詩人の消息不明は、井口時男さんが「衰弱という詩法」（『吉田文憲詩集』現代詩文庫106所収）と言揚げした――コミュニケーションの道具としての日本語が「衰弱＝やつれ」を強いられる事態と関わりがあるだろう。

若年の日々、うだつのあがらぬ詩作労働に従事した経験をもつ私は、その頃、汚れっちまった散文野郎に身を転じていたが、トキオあんにゃを介してケイガイに接することになったフミあんにゃのナツカシサを、ブンケン詩集のいたるところに見出し、深く安堵した。しかし急いでつけ加えておかねばならないが、安堵感は、通常の「ほっとする」というより、ブンケンさんが詩論・エッセー等でしばしば寄り添う折口信夫ふうに記せば「ほうとする」性質のものだった。

「ほうとする」と「ほっとする」の間には、あんにゃと兄貴との間にもひとしい差異が横たわる。しかし、ここでも差異の明確な説明はできる人にまかせ、折口の「ほうとする話」の一節を引くにとどめたい。

> ほうとしても立ち止らず、まだ歩き続けている旅人の目から見れば、島人の一生などは、もっともっと深いため息に値する。こうした知らせたくもあり、覚《さと》らせるもいとおしいつれづれな生活は、まだまだ薩摩潟の南、台湾の北に列《つらな》る飛び石のような島々には、くり返されている。（中略）古事記や日本紀や風土記などの元の形も、できたかできなかったかという古代は、こういうほうとした気分を持たない人には、しん底までは納得がいかないであろう。
> （傍点原文、中公クラシックス版『古代研究Ⅰ』より）

私は類まれなる学匠折口信夫の良い読者とはいえない人間だけれど、「ほうとする話」のような一篇の前に、これまで名状しがたい感情をもって幾度も佇んだ記憶がある。右の中公クラシックス版の巻末解題に、この一篇の自筆原稿にありながら、『古代研究』ではカットされた箇所が引かれている。折口が削ったその一節は、学術論考にはまったくふさわしくない種類の――「さびしいなと言へば、真からため息を以て応へてくれる」読者への「ほうとした」つぶやきが見出される。「国文学」論文の、「裏」「下」「穴」ともいうべき洞窟にひびくかそけき声を、前後の脈絡を無視してもう少しだけひろっておけばこうだ――「生きても死んでも、どうにもならぬ、つれぐ〳〵な世間であつた。死なうと言ふ事さへ思ひもつかぬほど、生きくたびれた人が多かつた。この狭い日本の山地の上にも、さうした無言の旅行者の、最期のといいきが、沁みついてゐる」(傍点原文)。

いつ何時路傍に形骸をさらすやもしれぬ生きくたびれた「無言の旅行者の、最期のといいき」のようなものを、ブンケン詩の「裏」「下」「穴」にも見出して佇ちつくした歳月が想いおこされる。

＊

裏もしくは浦。下。穴。

当方のいいかげんであると同時に良い加減な記憶に従って断言すれば、右のカケハシ(欠け端)語こそ、ブンケンさんの全詩業をつらぬくカケハシ(架け橋)語たりうるものと思う。ブンケン詩の縁語ともいうべきこのカケハシは、声高なイデオロギー的な言説と無縁の場所に――あのカフカの超短篇「橋」のようにかけ渡されている。それはたちまち解体して谷底に落ちてしまうのだが、心ある読者が渡り、彼岸にたどり着いたのを確かめてから、異界めいた裏、下、穴に向かって自壊するような橋なのである。

そもそも橋自体、幽霊（guest と同源の ghost もブンケン詩の縁語の一つだ）のような存在だといってもいい。井口さんが「忌みとしてのやつし＝やつれ、他界の一瞬の顕現に立ち会うための宗教的な儀礼のごときもの」と鮮やかに表現したブンケン詩のセレモニーが、この橋の下でとりおこなわれる。

ブンケンさんの最初の評論集は、『「さみなしにあわれ」の構造』（思潮社、一九九一年）というタイトルをもつ。その本のテーマ——中心が空虚たる「さみなしにあわれの構造」について、学術的・評論的に分析する能力を例によってもちあわせていないこともあり、ここではそれが先にふれた学匠折口信夫の「うつ－ほ」という「欠如」と「充塡」の形式をめぐる言説に由来する一点を確認しておくにとどめる。ブンケンさんによれば、「さみなし」も、「うつ」もともにいわば「欠如において在る形式」を、あるいは「空虚」「空洞」を意味しているとされる。

ブンケン詩集がキルケゴール的に〈反復〉してやまぬメインテーマとして私が言揚げしたキーワードの「裏」「下」「穴」と、「欠如において在る形式」あるいは「空虚」「空洞」とがカフカ的な橋によってつながっているのは見易いだろう。

だが、そうした存在論・他界論に寄り添う詩作をする同時代の詩人は少なくはないと想像される。冒頭でふれた「中身が失われて外形だけ残っているもの」＝形骸としての文字ひいては言葉そのものに「さみなしにあわれ」の構造をみてしまう無知な田舎者が、トキオあんにゃの紹介でブンケンさんの謦咳に接して以後二十年近くにわたり〈遠く呼びかけるように（つきまとうように？）〉関心を抱きつづけたことの背後には、ブンケンさんの分身ともいうべきフミあんにゃに対する「ほうとした」ナツカシサの感情が終始横たわっていたはずだ。それがなければ、汚れっちまった散文野郎が、単にすぐれた詩人であるという理由からヨム＝ヨブ営みを持続させるのは困難だったにちがいない。

フミあんにゃは、――先頃読んだ井坂洋子さんのチャーミングな著書『詩の目　詩の耳』（五柳書院、二〇一三年）でブンケン詩に寄せた忘れがたい表現をかりるなら、「読み手の意識下を一瞬明るませる」「カオスの粘液に濡れた断片」をこしらえる。たとえば、私にとって次のようなカタコトはそれにあたるだろうか。

口をつぐんだまま

話しかけたかった、

（トゼネしちゃ…、

『移動する夜』（思潮社、一九九五年）所収の表題作の8から、さらにカケハシを引いてみた。同書所収の「その人（に）」にも、

口を噤んだまま
話しかけたかった、

とハンプクされていることからもわかるように、詩人を呪縛する失語の深さをあらわす「カオスの粘液に濡れた断片」だ。「地上の裂け目、あるいはそこで生じる人であることのそれが負わなければならない宿命の劇《ドラマ》、その、言葉をもったものの、それ故にかかえこむディスコミュニケーション、その表象不可能な現場」(『宮沢賢治――妖しい文字の物語』思潮社、二〇〇五年)における対話への渇望がギリギリの詩行の形でアラハレたものとして、読む＝呼ぶ者に迫る。

しかし、フミあんにゃに対して同じ仕方で話しかけてきた田舎者の私はここで唐突にキルケゴールの「ミゾオチで読んだ」という言葉のカケハシを想い起こす。「すべてが行きづまるとき、思想が立ちどまるとき、言葉が口を噤んでしまうとき、説明が匙を投げてひきかえすとき――そのときにこそ、雷雨が来ざるをえないのです」(『反復』桝田啓三郎訳、岩波文庫)

キルケゴールのいう「雷雨」とは何かを不問に付したまま、田舎者は、先の「移動する夜」のカケハシ中のさいごの「トゼネしちゃ」のつぶやきをミゾオチに落として反芻する。

このウワゴトめいたカケハシは、大半の読者にとって意味不明であろう。同じ東北言語圏に属する当方も、はじめは方言の一つなのでは、と漠然と推測しえただけだ。

『「さみなしにあわれ」の構造』で、ブンケンさんは、古語〈うたて〉と方言〈うだで〉と〈うた〉の関わりにふれて、「方言に古語がそのまま露出している例はいくらでもみられるし、方言とはほとんどそのまま古語の音便化したヴァリエーションだといってもいいくらいだ」と書いていた（井口さんは、既述の小考の中で、近代文学における帰郷者にとっての方言を「他者でありつつ母」あるいは「母でありつつ他者」なるものといっている）。

『日本国語大辞典』で「とぜん」（徒然）の項をみた。㈠むなしいこと。手持ち無沙汰であること。退屈であること。㈡空腹であること。「とぜんない」は、退屈である、さびしい、なんとなく間食でもしたい感じだ。口ざみしい、煩わしい、恐ろしい、すごい……といった多義的なニュアンスをもつ方言で、使用例はほぼ全国にわたる。まさしく「古語の音便化したヴァリエーション」としての方言の典型である。

＊

『移動する夜』の最終篇「生誕」の初出は一九九五年。この一篇が二十年近い歳月の後、私どもが拠るかそけきリトルマガジン「てんでんこ」第2号で驚嘆すべき再生をとげ、詩集『生誕』（思潮社、二〇一三年）として結実をみた事件について語りたいが、「それにふれることができない」としておこう。「移動する夜」の最終行は、「（離れている）、離れながら、繋がっている」である。この種の言葉遣いはブンケン詩集のいたるところに見出されるだろう。

「なにかを言わないために、なにかを言う」

「語ることにおいて切断してゆくもの　語れないということが語ることによって露出してゆくもの」

「それにふれることができない／そこに／その息づかいが／聞えるのに」

『六月の光、九月の椅子』（思潮社、二〇〇六年）からほんの少しだけひろってみたが、しかし、田舎者のミゾオチで読むべきものとして、こうした言葉遣いが、文字通り〝腑に落ちる〟ために、先の「トゼネしちゃ」のようなつぶやきがどうしても必要だった一事を強調しておかねばならない。

『移動する夜』に至る三部作の最後『遭難』（思潮社、一九八八年）までさかのぼり、辞書の類ではなく、詩人自身の注をさがす。「うら、ほ」という詩篇に、

「アエ、トゼネノシ……」（だれのこえ）

とあり、「ああ、さびしいなあ」の意の旨が注記されていた。

井口さんの小考にも引かれているこのカタカナ表記の方言——母語でありながら外国語ふうのひびきをもつ言葉が孕む詩的普遍性について、私は巨匠折口信夫の口真似をし、「こうした知らせたくもあり、覚らせるもいとおしいつれづれ」は、「ほうとした気分を持たない人には、しん底までは納得がいかないであろう」とまずはいっておきたいけれど、急いで、折口の愛読者には敬遠されることも少なくないもう一人の巨匠をヨミ＝ヨビ寄せておこうと思う。『蝸牛考』（岩波文庫版）で柳田国男はこう記す。「トゼンという語は徒然の音《おん》というよりほかに、別の起原を想像し得ないものだが、北九州ではやや弘い区域に亙って、これを単に退屈というだけでなく、淋しいまたは腹がへったという意味に用いて、トゼネエなどという形容詞が出来ている。南秋田の海近くの地においても、自分は直接に

その同じ意味に使われるのを耳にした」

むろんブンケンさんのポエジーには、折口的な詩の「円寂」としての衰弱がもたらす「ほうとした気分」が似つかわしいのだろうが、失踪をとげて久しいフミあんにゃを探し求める田舎者は、「淋しいまたは腹がへったという」詩的なムードをこわしかねない常民的に痛切なニュアンスを、勝手に重ねつつ、折にふれて――アエ、トゼネノシ……とつぶやきミゾオチのあたりの空洞にひびかせるのだった。

評論集『顕れる詩――言葉は他界に触れている』（思潮社、二〇〇九年）においてブンケンさんは、折口の「まれびと」を「転生しつづけるカミ」と言い止めたうえで、「それをわたしはかつて『さみなし』という言葉で象徴させたが、『まれびと』が宿り着く『うつ』なる場所を、たんなる引用論や外部を欠落させた『空虚』、『中空』の構造になぞらえることはできない」と書いている。「どこにも着地する場所をもたない『まれびと』の物語はだからこそまだ終わっていない」と。

離れながら、繋がっている裏（浦）、下、穴状の場所に棲みなすブンケンさんのポエジーさがしをつづける読者の耳にも、「まだ終わっていない」のエコーがひびくだろう。「淋しいまたは腹がへった」というモノ足りなさの実感から、小児のように無いモノねだりをする田舎者のミゾオチに一瞬期待が宿る。しかし「まだ……ない」はたちまち「もう……ない」に変異してしまう。にもかかわらず田舎者は、自分にとって格別の存在感をもつ詩集――このことについても「それにふれることができない」と書いてやりすごそう――『原子野』（砂子屋書房、二〇〇一年）の中のカケハシ「いま／すでに／いま……コラージュの手紙の（書かれなかった〝白い〟光跡」（「〝光と――わたしの――間を〟」）を幻視しつつ、

「この身のぬけがらのような夢とうつつの街」(『遭難』)にハンプクして佇みたいと願う。

ブンケンさんを引き逢わせてくれた井口時男さんは、やはり二十年余の歳月を経た近年、俳人としての姿をあらわし当方のトゼネエ心に新鮮な糧を与えてくれたが、その中の——フミあんにゃの「ぬけがら」＝形骸としての言の葉あるいは文の葉のフマレ方を連想させもする一句を拝借して終りたい。

まだ云はずもう云へぬこと落葉踏む

(「新旧の句帖から」、「てんでんこ」第4号より)

野に暮れるヤボ

井口時男『柳田国男と近代文学』（講談社）

本書に収められた文章を連載の初出時に読み、当方好みの倫理的不安を大いにかきたてられたが、今度タイトルをかえた一書を通読した際も、第一印象にかわりはなかった。「誘惑と抗争――月並なるものをめぐって」という卓抜な原題の志向はむろん消失したわけではなく、一から四までのそれぞれの嶺の「裾野」に位置を定め直し、「全体性」としての柳田山脈がそのいずれの野からも眺望できるようになっただけである。

言葉をいいかえたところで何がかわるものでもないという一面の真実を自覚しつつもわれわれは究極の言葉遣いにこだわる。

卑近なもの、ありふれたもの、自明なものとしての「月並」なるものをめぐる思考が前著『悪文の初志』につづく仕事になるだろうと予感した著者は、かかる思考に関して「もっとも庞大な言葉を紡いだ思想家が柳田国男であることも知っていた」と「あとがき」にある。柳田国男の「文章」そのものは、しかし卑近から遠く、ありふれた自明なものでなく、つまり月並でない。ここに逆説を絵にかいたような困難がたちあらわれる。他ならぬ文芸評論家が柳田を「読む」とは何より比類のない「文章」の質に肉薄する作業であるはずだが、柳田自身がいわゆる「文人」の位置を拒絶している以上、「柳田国男と近代文学」なる視座もまた容易に座礁する危険性を孕んでいる。「誘惑と抗争」とは、純粋に「文学野」に属する究極の言葉遣いをめざす者が外部ジャンルの言説に接触し、その影響をこうむる局面においてもあてはまる事態なのではないか。

本書の「三　都鄙の論／月並の論」中に小説は本質的に「書く」ことと結びついている、「小説はさまざまな言説スタイルの複合ないし異種交配」だという一節が出てくる。これは物語をカタリに、「奇譚」をハナシに対応させるように小説を口承の言説スタイルに対応させることは不可能だとするコンテキストの中に置かれる言葉であり、その前には長塚節の『土』が引き合いに出されている。だが私はそれを無視し、「書く」ことと結びついた「小説」的フィールドこそ「文学野」の言葉遣いを志向するすべての者が拠って立つ「異種交配」の「複合野」なのだと拡大解釈せずにはおれない。

月並なるものへの並々ならぬ創見を盛り込んだ本書もいたるところで「複合野」に佇む。私が満足したのは、柳田の民俗学の特質を「内在しつつ超越すること、あるいは仰望しつつ俯瞰すること」という「二重化された視線の交錯」のうちに捉え、しかもその視線を一身に体現するものが、「深読み」を強いる類の「意味」帯電能力をもつ柳田の「文章」しかなかったと強調されている点だ。「文学野」に佇む者にとってはそれこそ「自明なもの」という他ないが、柳田のいう「この有りふれたる大道」＝民俗学を記述する彼の「文章」が文字通りに「有りふれた」質のものであったら、われわれは柳田をめぐる「誘惑と抗争」劇に参加しないでいられたはずなのである。

第一章にあたる「起源の光景」は有名な『山の人生』冒頭部への言及からはじまる。その一章「山に埋もれたる人生ある事」を再録するのはさしひかえねばならないが、「注目したいのは、ここで、全体の三十分の一にしかあたらぬ第一章が、以後の二十九章全体に優に匹敵するだけの独立した実質と重みを持つものとして著者自身に印象されていたことである」と批評家は書く。

私も「起源の光景」で提出される「山に埋もれたる人生ある事」をめぐる「読み」の「物深さ」は後の三章「全体に優に匹敵する」といっておきたい。小林秀雄を手放しで感動させたこの畏怖すべき短章は『遠野物語』同様、自分の〝文学的感動〟に忠実であろうとする厳しい文章意識の表明なのだと批評家はのべる。

「二　内景としての『日本』」では、三島由紀夫を感動させた柳田のある作品について、やはり「柳田の文章自体が創り出したその失われた時空の幻」に力点が置かれ、柳田が「書いた」ものを三島が「読む」という感応現象が強調される。こうしたアクセントは一見「有りふれた」もののようだが柳田国男論「研究」という分野においては決してそうではないのである。

柳田の文章に誘惑されて、われわれはボーダーの野をさまよう。本書のキーワード「誘惑と抗争」をそのように用いるのは著者の意に反することにもなりかねないのだけれど、私など所詮〝お里が知れる〟読み方しかできないし、また柳田国男をめぐる言説の場合むしろ〝お里が知れる〟語り方が望ましいのではとさえ考えてしまう。

私はそういう田舎者にすぎないのだが、「田舎者」はもっと高度な意味を付与され、スノビズムと並ぶ本書のもう一つのキーワードとなっている。「田舎者」の自己樹立、という中野重治の文章にふれて本書はフィナーレを迎える。「言語表象のいちいちを自分の生活現実にこすりつけて試してみなければ納得しないようなふるまい方」を指すのだ、と著者は「田舎者」を解説する。日本的スノビズム空間の呪縛から今なお逃れられないと感じる当方は、それゆえに（「にもかかわらず」というべきだろうか）井口時男の定義に鼓舞される。氏はいう、「田舎者」とは「単に出自による自己規定ではない。それは何より言語使用の態度の問題なのだ」と。

柳田学が歩む「おのづから向ふべき一筋の路」と近代文学が出会うのは、「野暮」の骨頂に至る「田舎者」の佇む場所である。私はこの「野暮」をヤボと曖昧化し、かわりばえしないばかりか袋小路ふうトートロジーにすら陥るのを知りつつ、あえて〝野に暮れる〟と訓みひらいてつぶやく。本書の「起源の光景」が衝撃的に明示するように、〝恩寵としての黄昏〟の光は「独特な視覚の開発」をうながす。〝野に暮れる〟いとなみによってしかそうした視覚を獲得することはできないのだ。「黄昏は徐《おもむろ》に来りて包容し尽したり」（『遠野物語』序文）

この優れて倫理的な批評家の「抗い」にあうのを承知で、野に暮れるヤボの風景点描をめぐってさいごに一つだけ「誘惑」めいた願望を吐露しておきたいのだが、それも著者自身の言葉を借りよう。「この風景にはなお、『かりそめに入り込みたる旅人』すなわち彼自身の姿が書きこまれなければならない」

〈第一歩〉の受取り直し

井口時男句集『天來の獨樂』（深夜叢書社）

遅れて来た俳句作家の天からの授かり物について何事かを語ろうとする今、私どもが第8号まで出した貧しい雑誌「てんでんこ」第2号にはじめて「新旧の句帖から」稿が届いた時の静かな感動がよみがえる。そこには〈ただ近況報告に代えて、ゆかしくも身を隠し名を隠した「てんでんこ」村の隠者の笑覧に供するのみ〉とあった。

かのラ・マンチャ村をもどく「てんでんこ」村の愚かな運動に対し、はじめから共振（？）するつもりでいた。いや、そうとしか思えなかった。

隠者気取りの男は、要するに庇護者を見出して喜んだのであるが、かそけきリトルマガジン第4号の、「三十年ほど前の古い句帖からの掲出は今回の三句で終る。（中略）いまの私はこのもの云えぬ詩形の不自由さがいたく気に入っているのだ」という前文の付いた、「二〇一三年」中の、次のような一句に遭遇した時の感慨を、どう表現したらいいだろう。

隠れ棲む覚悟もなくて牛蛙

はっきりしているのは、この句に自嘲のひびきを聴取しなかったことだ。さらに飛躍するなら、文字所有者には「隠れ棲む」ことなど不可能だとの思いすら以心伝心の仕方で伝わってくるようなドン・キホーテ的妄想につつまれたのだった。

畏敬する思想家W・ベンヤミンはこんなふうに書いていたはずだ——「今日では、孤独はもはや、共同体が分泌する老廃物にすぎない。隠者たちはもう存在しないし、人から離れて隠遁する者が見出すのは、新しい共同体ではなく、古い共同体なのだ」。

いや、コンテクストを無視した曖昧な引用にすがるまでもない。わが東洋には、〈大隠朝市〉——ほんとうの隠者は山奥などではなく、市井の人々にまじって住むというすぐれて俳諧的なおしえがあるではないか。

覚悟があろうとなかろうと、とりわけ俳諧的人間に隠遁は不可能である。「もの云えぬ詩形の不自由さ」を愛惜してやまぬ「大隠」の書は、そのことをあらためて私におしえてくれた。かつて井口時男は「作家の誕生」と題した忘れ難い永山則夫論で「永山は『知』の階層性の頂点と信じるところにまで一息に駆け上ろうとするのだが、私はその第一歩にこだわりたい」と書いていたが、俳句作家の誕生をあざやかに告げるこの第一句集を、私は——受取り直された〈第一歩〉集とよびたい。

「近況報告に代えて……」とされた先の「新旧の句帖から」前文のさらに前には、「並べてみれば三十年も一日のごとし。まったくの呉下の旧阿蒙」とあった。恥ずかしいことに、「昔のままで進歩がない」をあらわす呉下の阿蒙という難しい漢語成句をこの時はじめて知ったのだけれど、本書所収の作品の大半の〝最初の読者〟となった私は、「進歩がない」事態そのものを痛切あるいは哀切な〈第一歩〉とみなすキルケゴール的〈反復＝原初的回復・取り戻し〉のドラマをありありとみてとった。それを象徴するものこそ、著者と俳句とのなれそめをめぐるエピソードであろう。

日本文学の起源の〈第一歩〉からつづく〝相聞（歌）に重なる挽歌〟の情緒が封印されたその痛切な箇所を散文的にあげつらうのは、〈冬木立注釈無用で生きてみろ〉の一句ににじむ俳諧的精神にもとる気がするので、さし控えたいと思う。かわりに、三十年前の、「一九八五年」の一句――。

短夜を腰の伸びたる仏かな　（七月二十八日午前零時三十八分祖母死去）

『柳田国男と近代文学』（一九九六年刊）の「あとがき」にちらりと顔を出す著者の祖母が右の「仏」であろう。九十年の生涯を生れ嫁いだ土地からほとんど一歩も出ずに生きた彼女は、「あとがき」によれば「文字の読み書きができなかったが、記憶に優れていた」。彼女から「多くの昔話を聞いて育った」という著者井口時男はこうつづける。

「私は文字を読み書くことを職業とするに至った今でも、たまに、私の背後から祖母が見護ってくれているような気がすることがある。むろん私は、こういう感じが、私の身体に刻まれた幼年期のならわしの名残にすぎないことを承知している。しかし、人が『霊』と呼ぶものの根底にあるのがこういう感じだとすれば……」（傍点原文）

明敏な読者は、本書全篇に「こういう感じ」が濃密にただよっているのを察知するはずである。おそらく俳句作家とは、ありふれた「漢字」一つ使う際にも「こういう感じ」を片時も忘れまいとする種族なのだろう。

リトルマガジン所載の秀抜な俳句エッセーの一つ「草二本だけはえてゐる」によれば、著者は現代俳句の魅力を知った当初からすでに、「俳句が詩を羨望することの必然性と俳句が詩になることの不可能性とを、同時に知った」という。〈まだ云はずもう云へぬこと落葉踏む〉のような一句から私がイメージする俳諧的〈第一歩〉も、「現代の」われわれが隠者を羨望することの必然性と、隠者になることの不可能性——にも似たその「ダブルバインド」と無縁のものではない。

さらに、俳句とは何かを「大隠」ふうにいい止めた一句を引きたい。

日常は突つ立ち並ぶ葱坊主　（二〇一二年）

これについて、井口の関心をひく詩人石原吉郎のいう「いわれなき註解」となって佇つ必要がないのでホッとする。〈注釈無用で生きてみろ〉とつぶやく「ダブルバインド」の俳句作家自身が、本書の随想の部のオープニングでチャーミングな自註と共につつましく突っ佇っているからである。

井口時男が仮に頭を丸めて出家したとしたら……と私はありえないことをドン・キホーテよろしく空想してみたのだった。〝和解としてのユーモア〟に目覚めたかれがその時自称するのは生臭坊主などではなく、葱坊主であるにちがいない。

目をかけてやった記憶もないのに……

——三田文学学生創作セレクションに寄せて

これも何かの因果なのだろう、五十すぎて教壇に立った大学で詩学入門なる科目も担当することになった。詩的な連想といえるかどうかわからぬが、長い間当方にとって、〈教壇に立つ〉は〈凶弾にたおれる〉というようなイメージとむすびついてしまっていた。事実、詩的なるものの伝達をめぐっては、立往生することが多く、時には言葉の失神状態も経験させられた。めげそうになった時、かの憂い顔の騎士の言い草を想い出し、口真似してみると、ふしぎなエネルギーが湧いてきた。五十になんなんとするドン・キホーテはとある郷士に向かっておおよそ次のような意味のことを語る。

親のスネがかじれて、暮らしの足しになる勉強をする必要のない学生は幸運だ。幸運にもそうさせてくれる親を授けられている場合には、もって生れた傾向にいちばん合うと思われる学問をさせてやりたい、というのが手前の意見である。

詩学は、愉しいわりに暮らしの足しにはならない。しかし、嗜みとして具えて恥になるものでもない。詩はあたかもいたいけな、年端もゆかぬ、しかもきわめて美しい娘のごときもので、他の多くの娘、つまり、すべての学問はこの詩学と申す娘を豊かにし、磨きをかけ、飾ってやる労を惜しまぬもの、従って詩学はすべての学問をわが用に立たせ、すべての学問は詩学を力と頼むべきなのであるが、しかし、詩学という優美な娘は、心なき者どもの手に弄ばれたり、町じゅうを引きずり廻されたり広場の角とか宮殿の片隅などで噂の種になったりするのを好まない。詩というものは得もいわれぬ特質を秘めた合金からなっているので、そのまっとうな扱い方を知っている者は、それを計り知れないほど貴重な純金にも変えることが可能だ。詩は本来、特殊なものを除いて売買の対象にならぬ旨を銘記すべきである。また、詩がやくざな連中や、詩の中に秘められている宝を評価しえぬ俗物どもの手にゆだねられるようなことがあってはならない。……

とり憑かれたように日々せっせと無用の詩を書きつづけていた若年の頃から、詩作をやめた現在に至るまで、当方の心の支えとなってきた古典『ドン・キホーテ』の中でもとりわけ右はお気に入りの一節だ。

詩学関連の講座を一つならず担当することになった段階で、キホーテのいうパネ・ルクランド（パンを稼ぐために）を第一義にかかげて学ぶ必要のない学生たちの幸運を素直にことほぐべく努めたが、絶句したまま〝教壇にたおれる〟感覚はなかなか遠ざからなかった。

ここに引き合いに出す平田詩織（『光跡』）は、幸運な学生をして、もって生れた素質なり性向なりに最もかなう、好きなことをさせてやりたい……というキホーテの親心めいた言葉を当方が実感できた受講生の一人である。

この作品はしかし、授業のからみでできたものではないことをまずはおことわりしておく。出会いの機縁が講座であったのはたしかだけれど、詩人失格者の当方は、この若い詩人の作品に対し、いわゆる指導をしたことは一度もない。私は、詩の品評ができそうにない。ああここに紛れもない詩人がいるな……と思える時、そこに詩(のようなもの)がある。そういう稚拙きわまるカンだけを頼りに詩学に応接している実態を隠してみても詮ないだろう。詩人の定義も私にはむずかしいが、ボルヘスはこんなふうに語っていたはずだ。——詩人というのはいつでも詩人なのであり、絶えず詩に襲われているのです。

「絶えず詩に襲われている」ふうの若い詩人の自選作品集をはじめて読ませてもらった時、私はその詩的フィールド全体に、「もって生れた素質なり性向なりに最もかなう、好きなこと」がにじんでいると強く感じ、目を瞠った。

かつて「舞踏とは命がけで立っている死体である」と語った東北のドン・キホーテの一人、畏敬する土方巽は次のようにもつぶやいた。

〈目をかけてやった記憶もないのに、庭に来て坐っているものがある〉

さらにもう一人の東北のキホーテ宮沢賢治は、晩年に創設した協会入口の黒板に、留守の時〈下ノ畑ニ居リマス〉という伝言を刻んだ。

ここなる五十男も凡愚なりのキホーテたらんとして、教壇にたおれたふりで、不可視の下ノ畑を探しつづけているが、それは容易にみつからない。仕方なく、舞踏詩人を真似、教室で立往生せざるをえぬ時など、死体として立ったつもりでいたりする。凡愚にはしかしそれも限界がある。

ごく最近になって、目をかけてやった記憶もないのに、講座の庭先に来て座っているものがある……というような体験に遭遇したわけである。よくは知らないその庭先の者に、詩の女神の息がかかっていることを信じたい。

〈噤みの森〉への遠足

平田詩織『歌う人』（思潮社）

もう何年前になるのか、この詩集の著者が学生だった頃みせてもらった草稿詩篇のひとくさりがかげろうのように揺曳する。〈……溺れたら摑む岸辺を求めるだけの／透明な手／何本も何本もあらわれては揺れる／ニーマントたちのうつろな囁き……〉

ここなる元不肖の教師が教え子にあたる著者に対して、詩にまつわる指導をした覚えはない。わずか数年で凶弾ならぬ教壇に倒れ、学校を去る運命にあったのも当然なのだけれど、その教壇で、溺れる者が摑むワラシベのようなカフカの詩的超短篇「山への遠足」をとりあげた記憶はたしかである。

意気阻喪した時、永遠の友の「ニーマントたちのうつろな囁き」に耳を傾ける――それは今もつづく汚れちまった散文野郎の習癖の一つである。

「わたしにはわからない」という声にならない声から「山への遠足」ははじまる。手元のドイツ語テキストをみると、たった十三行の文中に「誰も……ない」「皆無氏」とか訳されるニーマント（とその変化形）が大文字小文字合わせて呪文よろしく十回顔を出す。誰も来ないなら、まさしく誰も来ないというだけ……わたしは誰にも悪さをしなかったし、誰もわたしに悪さをしなかった、しかし、誰もわたしを助けようとしない。まったく誰も、誰一人として。いや、ほんとうはちがう。誰も助けてくれないことを除けば、ニーマントばかりというのは、なかなかステキなことなのだ。このニーマントの一行を仲間として遠足に出かけよう。

長い歳月をかけて紡がれた詩集の作品の大半を、われわれのかそけきリトルマガジン「てんでんこ」にもらい受けた時、元不肖の教師はやはりその大半に「ニーマントたちのうつろな囁き」を聴取し、ほとんど妄想に近いドン・キホーテふう重ね読み（？）にうつつを抜かしたりした。

たとえば「歌う人」のほんのひとかけら――「おそれの中でひとつの音をさがす。ラをえがく」「音もなく、トレモロ、歌いだす、親しく、離れる、ラ、ララ」。

音もないトレモロをどんなふうに歌いだすのか、何度読みかえしても、ワタシニハワカラナイ。まあどうにかわかったのは、詩集全体のライトモチーフに〈春〉あるいはニーマントの息のかかった〈春子〉をめぐる変奏があり、そのあえかな変奏を簡潔に言い止めたのが〈ラをえがく〉なのではないかということくらいだ。

詩が奏でる沈黙の楽音に接するたび、ワタシニハワカラナイとつぶやく不肖の読者が自分の中にいる。詩の読み方については「誰もわたしを助けようとしない」。いや、やはりそうではないのだと思い直す。誰も助けてくれないそのことを除けば、ニーマントたちがひしめきあう詩的宇宙は、とびきりステキなのだ、と。

「山への遠足」のさいごはこうだ――わたしたちは行く、ララ、手足の間の隙間を、風が吹き抜けていく。山の中ともなれば、喉ものびやかだ。わたしたちが歌わないとしたら、それこそ不思議というもの。……

巻頭の一篇「春默し」で「光の使者」とされる「牧神のような姿」の「あなた」と一緒にいるのは、「噤みの森の午後」だという。

不肖の読者は、この一語から巨匠マラルメの『牧神の午後』の「調音のラの合意を求めようとした者の、強引な合体の願い」を勝手に連想した。ラの音（イ音）は、指揮者が音合わせで演奏者たちを引きつける合図なのだそうだが、噤みという名のツグミが啼く森で「ラをえがく」とはどういうことなのか、やはりワカラナイ。

「わたしたちは行く、ララ」の原文――Wir gehen so lala を、ドイツ語がワカラナイのに辞書を引き直したら、so lala の形で「まずまず、どうにかこうにか」の意とある。「春默し」の「わたしたちは誰からも見えない光の彼方へ帰ってゆく」。その彼方がどこなのかワカラナイということを除けば、禁断の園めいた噤みの森への遠足もなかなかステキなものだ。ララと陽気に口ずさみながら――いやso lala というべきか――不肖の読者はそんな思いにつつまれていったのだった。

孤独と幸福

平田詩織『歌う人』（思潮社）

W・ベンヤミンは、詩人と作家のちがいを海での振る舞いにたとえたことがある。浜辺に寝ころんだり、寄せては砕ける波の音に耳を傾けたり、波に打ち寄せられる貝殻を拾い集めたりするのが詩人で、目的のあるなしにかかわらず海を航行するのが作家だというように。ベンヤミンの真意は、じっと聞き入り、夢想し、拾い集める詩人と比較した場合の特に長篇小説作家の産屋の特徴――誰かから助言をもらうこともなければ、誰かに助言を与えることもできない孤独にあった。

日頃現代詩になじんでいるとはいいがたい者が、若い女性詩人の手になる本書の一篇「貝のために」を幾度か読むうち、ベンヤミンの言葉が浜辺に寄る椰子の実のように近づいてきた。しかし他の詩篇を舌頭に千転させると、リルケの『若き詩人への手紙』の一節――「誰もあなたに助言したり手助けしたりすることはできません」（高安国世訳）という忘れ難いアドバイス（?）もよみがえった。

さらに、厳しくもぬくもりのある言葉――「私たちは言い難く孤独なのです」も、この詩集のライトモチーフともいうべき〈春〉の小川のように流れ寄ってきたのだった。

助言・手助けの不可能性を宣言するリルケの手紙はしかし、やがて「一人の人間が他の人間に助言をしたり、更に手を貸したりすることができるためには、多くのことが起らなければなりません」と微妙な転位をとげる。その「幸福な結実」が具体的にどんなことを指すのか、はっきりとは語られていなかったような気がする。

「あなたがしずかに真面目に成長をなし遂げて行って下さるようにとだけ申上げることにしましょう」という大詩人の「あなた」への言葉を評者が口真似するのはおかしいけれど、ただこの詩集の背後には——「しずかに真面目に成長をなし遂げて」いった長い長い言葉との格闘の歳月が横たわっている……全体を精読するにつれ、そういう想いにつつまれたのだ。

真正の詩の言葉を紡ぐ者の「孤独」＝闇が沈黙の音楽となって本書を際立たせていることはたしかなのだけれど、一方で、詩が世俗的コミュニケーションを拒むふうの躓きを暗示させつつも、それが一種「幸福な結実」を予感させる〈光の使者〉となって読者の心に届き何事かを伝えるのも疑いないのである。

闇も光の名に包まれるとき
（あなたをかくし）
春の花束を碇のように贈ろう
心の深いところへ沈め
あなたは背の高い

金色の草叢にその後ろ姿をうずめる

〃光に包まれた闇〃を想像できさえすれば「あなた」とは誰なのか詮索する必要はないだろう。

（「春子」）

Ⅶ

実存の私語《ささめごと》

扉詩　東北秘教

「永訣の朝」のとし子のつぶやき（Ora Orade Shitori Egumo）
同じく「無声慟哭」のあえぐ問い《それでもからだくさえがべ？》
「い」と「え」の区別ができず濁音の涙を流す東北秘教信者の発音。
うつくしい日本語のかたり手がこれを文字通り「エグモ（行くも）」
「クサエ（臭い）」と読めば、たぶんとし子は（うんにゃ）と訂正す
るにちがいない。「行く《エグ》も、ではなく egumo ……臭え、ではなく、
くさえ」と（じぶんではたしかに ikumo、臭い、と発音しているつ
もりなのだ）。「恥の多い生涯を送ってきました」を太宰治はどんな
ふうに訛ったのだろう。Ora Orade Shitori しずかに想像してみる。
《そんでもこした訛りかっこ悪がべ？》《うんにゃ　いつかう》

東北的な血脈

「芥川賞苦シカラズ」。この言葉は昭和十一年六月二十九日付、太宰治が当時芥川賞選考委員であった川端康成に宛てた書簡の中に出てくる。世に名高い芥川賞事件の発端となったものである。第一回の受賞作に石川達三の「蒼氓」が決まり、太宰は落胆した。手紙は第二回の受賞に向けての懇請文となっている。

高校生の頃、太宰文学にかぶれていた私はこの経緯を知り、太宰の心情に寄り添って同賞の選考結果に不満を抱いたあげくやがてあのイソップ童話の〝酸っぱいブドウ〟の論理もふりかざし、落ちたからこそ後の太宰文学が花開いたのだ、などと位置付けて、芥川賞何するものぞの気炎を吐いたりしたことを覚えている。今でもこういうファンはいるのではないかと思う。

さてそのイワク付きの第一回より数えてほぼ六十年後の第百十一回（アラビア数字でならべると111なので、私のように数字に弱い者でも覚えやすい）同賞を筆者が受けるなりゆきとなった。側聞するところでは、選考委員からかなり厳しい批判も出たそうだけれど、当方としてはムベなるかなという他ない。奇をてらったつもりは毛頭ないが、自分の資質に忠実にふるまうことを徹底してみた結果、およそ小説らしい小説とはほど遠いシロモノになってしまったからである。

久しぶりに太宰の年譜等をひもといてみて、彼が死んだ年齢に今さらのように衝撃を受けた。昭和二十三年に情死を遂げた彼の年齢は三十九歳、受賞時の私と同じなのだ。天才が一年でやったことを鈍才が十年がかりで、しかも毒を薄めたような形でようやっと成し遂げるという構図はありふれているが、ようようスタートラインに立ったその同じ年齢で、仕事を完結し望みの最期を迎えた先人がいる事実にやはり圧倒されてしまう。

二十代以降私は太宰文学を卒業したつもりで、ご多聞に洩れず西欧の、特にモダニズム文学の洗礼を受けた。このため私のひ弱な脳髄はあたかも騎士物語を読みすぎたドン・キホーテの如く、パサパサに乾ききり、自分の根っこである風土的なものとのねじれに長いこと苦しむはめに陥った。もちろんこれは近代以降の文人の大方が経験した苦しみである。

私のアタマは確かにモダニズム文学で充満したけれど、下半身には自分が生い育った土の匂いが染み付いている。矛盾は未だに解決していない。というよりそれが容易に解決するときものを書く意味は消失すると私は考えている。石川啄木、宮沢賢治、太宰治、寺山修司。私がかつて入れあげた文学者たちに流れる東北的な血脈は、薄い薄いものとなっていようと凡才にも流れていると信じたい。バタ臭い文学の模倣にいそしみながらもその根っこを忘れられるものではない。才能の無さに絶望しかけた頃、受賞の知らせを受け、「……苦しからず」と思わずつぶやいたのだった。

萱ぶき屋根に寄せて

私の郷里南会津は東北最南部に位置している。このため東北地方でありながら古来関東圏の影響が濃厚である。いくつもの峻険な峠を往来しつつ労多い交通がなされてきた。

今、交通と書いたけれども、ボーダーを作っている分水嶺を越える圧倒的多数が私たちの地方からの出稼ぎ人だった（今日でもこの基本的構図は変わっていない）ことを思うと、交通という言葉はそぐわないかもしれない。もう遠い昔の話になるが、北関東への出稼ぎ人の中でもエキスパートとしてとりわけ名を馳せていたのは会津萱手とよばれた屋根ふき職人である。現在ではごくごく一部に残っているだけの萱（草）ぶき屋根は万葉、いや縄文時代にまでさかのぼる日本的なムラのいわば〝貌〟でありつづけた存在だ。

私の生家が萱ぶきである。村の大半の家々がトタン屋根にかわったのはずいぶん前のことだ。関東圏でルンペン暮らしをする筆者は〝かるかや資金〟なるものを自前調達してなんとかこの萱ぶきを守ろうとしてきた。町でただ一人活躍しておられる老親方に頼んでようやっと片面の補修を終えたのが三年前、この時の模様を私は小説の中にくり入れさせてもらった。私の小説は抽象的で難解な側面をもち、目鼻立ちの整った物語展開にも乏しいシロモノなので、名人の老職人に読んでいただけそうにないのが残念である。

この七月にも〝最後の職人〟のおいでを願い、雨漏りがひどい裏庭沿いの一角をさしかえてもらった。もう限界だろうね、という人々のささやき声が広がる。材料の萱を刈るのが一苦労だし、刈っても職人がいない。件の老親方一人がどんなに頑張っても、昔のような共同体意識が解体してしまっているため、手伝いの人を頼めない。百歩ゆずってこれらがすべて順調に運んで萱ぶき屋根が出来上がったとしても、萱ぶき滅亡の根源的理由が立ちはだかっている。かつてのように屋内で直火を焚く暮らしでなくなったため、実によく出来ていた乾燥システムが機能せず、屋根萱が容易に腐ってしまうのだ。

衰弱が指摘されて久しいいわゆる純文学のジャンルにしがみついている身には、危機に瀕する米作り以上に、萱ぶき滅亡の現実が痛々しく感じられてならない。伝統と近現代性との烈しい摩擦からいかなるジャンルも逃れ了せることは出来ないし、滅びるべきものは滅びるしかないのも自明だという大勢の声の中で、私は「ううう……」と呻いて立ち往生する。

伝統と近現代との葛藤それ自体を素材に独自のポリフォニー文学をうちたてたアメリカ深南部出身の作家フォークナーは一九五六年のインタヴューで「私自身の小さな郵便切手のような生れ故郷の土が書くに値するものであり、それを汲み尽すまではとても生きられないが、現実のものを架空のものに昇華することによって、どんな才能であれ、自分の才能を最後まで用いる完全な自由をもつであろうことを発見した」と語った。「最後」という意識に呪縛される者を鼓舞してやまない一節だ。近現代の無惨さはこの発言の時代より一層つきすすんでいる。「小さな郵便切手のような生れ故郷の土」を私も〝最後の職人〟として日々脳裏に刻む。精神の出稼ぎ人にとって「完全な自由」とは何か、と考えながら……。

縄文のこころ　東北のこころ——東北新幹線車内誌に寄せて

私は南会津地方の奥山の七軒しかない縄文的集落に生れ育った。原生林の残る深い山ふところをかいくぐるように流れる川沿いに村々が点在する。生業は、少なくとも明治期までは山仕事と畑作が中心で、弥生文化を代表する水稲耕作の伝播普及はずいぶん遅れたようである。生家は現在もカヤぶき屋根だが、そのたたずまいは大型の竪穴住居をいつも私に連想させる。

縄文などに対してよく便宜的に用いられる「先史時代」なる表現は、なんだか歴史が無かった時代のように誤解されてしまうきらいがあるが、近年のめざましい遺跡遺物の発掘はそうした先入観を完全にくつがえした。先入観がとり除かれたところに、巨大な姿をあらわしはじめたのが、縄文——とりわけわが東北に華ひらいた謎と霊的衝迫力にみちた文化の全貌である。

昨年、『縄文の記憶』という本をこしらえる過程で多くの事を学ばせてもらった。なにぶん直観だけが頼りの作家の仕事なので、学問的な著作になりえなかったのは断るまでもないけれど、思い入れを深くするわが祖霊の地東北の心を、たしかな物の手触りによってしみじみ実感できたのが最大の収穫だった。

二年近く遺跡・遺物の数々を実見し、モノとココロが一体と化したサンプルをつきつけられる思いがしたのだった。世界的人類学者レヴィ゠ストロースは、縄文土器の比類のない独創性を絶賛する来日講演の中で、特にわが会津からも大量に出土した火焔型土器を例にあげ、縄文精神といっていいモノが現代日本にも伝わっているのではないかと語った。面白いことに火焔型土器は雪国地帯に共通する出土品だそうであるが、有名な亀ケ岡式縄文文化に属するあの遮光器型土偶などと共に、モノとココロ（精神）が一体となった縄文サンプルとして多くの人の脳裡にうかぶ代表例だろう。

正直いって歴史文献時代に入ってからの日本史において、東北文化は西日本文化に較べ、終始劣勢に立たされつづけた観がつよいのだけれど、日本文化の基層をなす大いなる縄文文化の世界となれば、立場は逆転する。いわゆるお国自慢のレベルでなく、そう断言できることに、すっかり気を良くしてしまった。

私の生家につながる竪穴住居は、炉が家屋の中央部にあり、屋蓋の上頂部に排気口（これが日本家屋の「妻」になった）をもつ点で、私たちの国の住みかの基本的フォーマットというべきものだが、縄文文化の主導権を寒冷地の東北日本が握っていたことを竪穴住居の盛衰から指摘できるという専門家のレポートもある。この住居様式こそは土器の形態そのものと並んで、縄文が「北寄りの文化」であることを示すというのである。

あらためて考えてみると、物という言葉はじつに不思議な日本語である。私たちはふだんたいして意識せずに「大切なのは物じゃない、心だよ」などと言っている。しかし、同語の他の用法のいくつかを思いおこしてみれば明らかなように、縄文時代までさかのぼる古い古い私たちの言葉の世界において、物は心と切り離せない――あらゆる物は心を宿している、森羅万象は精霊をはらんでいる――そういう世界観のシンボル語だったのである。

これをアニミズムとくくってわかった気になるより、日常生活で誰もが何げなくつかっている「モノ(=道理・筋道)のわからない人」「モノ(=言葉)もいわずに」といった用法に潜む「心」に思いを寄せることの方が大事だ。

たとえば、私の職業はよくモノカキと総称される。モノゴトを描写するの意にとれないわけではないが、この場合のモノも「物は言いよう」などと同じで、物にこもる心をあらわす手段、つまりは言葉のことであろう。

縄文の遺物を通して心をおしはかるのに役立つ、日本語「モノ」の決定的な意味をさらにもうひとつあげておきたい。「モノにとりつかれる」と用いる場合の人間の精神生活=メンタリティを支配する、人間以上の不可思議な存在がそれである。古代の文献には、おそろしい「鬼」なる漢字をモノと読ませる例が出てくる。

精霊には人を幸福にさせる良きモノと、災厄や不幸や死をもたらす悪しき鬼としてのモノと二種類ある。前者には感謝の、後者(モノノケとよばれた時代もある)にはその怒りを鎮撫するためのたえざる祈りがふり向けられなくてはならない。縄文人たちにとって、自然はこの二種の、ありがたくもおそろしい神々に宰領される世界として映っていたに違いない。自然の恵みが豊かな時も、逆に飢餓にさらされる時も、マツリは必須だった。現代の私たちみたいに「困った時の神頼み」式のやり方は通用しない。むしろ恵まれた時こそ祈りは深かっただろう。物ばかりが豊かになった時代の私たちには視えなくなった「心と不可分の聖なるモノ」をひたすらことほぎ、かつ畏れる他なかったのだ。

日本語「モノ」のもともとの意味を再確認すれば、〈存在することが感じられる〉であり、それはさらに〈手で把《とら》えられるモノと把えられぬモノ〉の二種であった。言葉とその魂であるコトダマ、精霊や鬼が、手では把えられないが、疑いなく存在すると感じられるモノに相当するのは念をおすまでもない。

私たちが祖霊の心をおしはかる際のツールは文献が主である。たしかにそれらの書物は古代人の心を知る多くのヨスガを与えてくれる。だが、忘れてならないのは、文字に定着したかたちで出来上がったこれらの優れた作品が、歴史文献時代の画期的な出発点であると同時に、文字誕生以前にも豊かに存在していたはずの言葉のスピリット＝コトダマによって支えられているという一点である。

縄文から弥生にかけて、多くの劇的な変化がみられた。中でも重要なのは、実用的な道具類はその多くが弥生文化にも受け継がれていったのに対し、精霊をめぐるモノ（石棒・土偶など）はなぜかふっつりと姿を消してしまうことである。

もちろん弥生時代以降の日本人がココロとセットになったモノの感触を喪ったなどと単純なことをいうつもりはない。ただ、文字通り「モノすごく」美しいけれど、明らかに実用には適さない優品——その芸術性はまさしく空前絶後なのである。

日本が世界に誇る美術工芸品として、縄文の品々は立派に通用する。最後に唐突な願いを記しておくが、わが縄文優品のコレクションを西欧をはじめとする世界の人々の眼にふれてもらう展示の旅を、精霊のこもったモノたちに経験させてやりたい——そういう企画の実現をどこかで目指していただきたいものである。

卵と鶏肉

今現在「これだけは食べられない」ものは（いわゆるゲテモノを除いて）厳密にはないといわなくてはならないのだが、嫌いな食べ物がひとつもないと答えるのはなんとなく癪だ。「食べられない」ものの背後には、いわくいいがたい因縁、秘められた過去が豊かにむすびついているように思われる。当方もモノカキのはしくれなのだから、ここはひとつ「聞くも涙……」とまではゆかずとも、そこはかとなく同情を誘うほどのエピソードを、もちろん実体験の中からひっぱり出さなくてはなるまい。ニワトリが先か卵が先か、という有名な言い廻しがある。僕の場合どっちなんだろう。ふつうに用いられるこの表現の意味内容とは少しずれる話なのだが……。

東北の山奥の、じつに七軒しかない集落に僕は生れ育った。田畑、山林では暮らしが立ちゆかぬわが家の主たる副業が養鶏だった。物心ついた時すでに数十羽のニワトリがいた。これがどんどん数を増し、僕が身分不相応の私立大学に入って上京した頃には、二千羽にも達した。

卵は物価の模範生、と今でもいわれている通り、戦後これの値段ほど上昇しなかったものはない。

くわしい数値は忘れてしまったが、永井荷風の日記で昭和二十年代の卵の値段をみておどろき呆れたことがある。消費者にとっては願ってもないことだけれど、僕の心情では、数十年の労苦と引きかえにバク大な赤字を重ねたわが父母らが哀れでならなかった。どんなに赤字がひどくなっても、不肖の子らへの仕送りとなる現金収入は乏しかったのでやめるにやめられなかったのだ。

さてしかし、父母らの悲哀を通り越し、一家を支えてくれたぼう大な数のニワトリたち、その受難の全歴史を思う時、僕はただ〝供養〟の心に身を染めるしかない。

他にご馳走とてないわが家の食膳に三度三度のるのは卵料理であったが、ミソ汁にさえも卵が潜み、日々鶏汁をすする……といったおそろしく偏った食生活のためだったろう、およそ七、八年にもわたって、わが家の人々全員に身ぶるいするほどタチの悪い巨大なデキモノが取りついた。顔がなおると背中、お次は足、私がなおると姉が兄が祖父が祖母が……薄暗い裸電球の下、あのお岩さんのようにウミで腫れあがった顔を互いに眺めて、思わず叫び声を交した夜をつい昨日のように思い出す。

高校で下宿生活をはじめた頃から卵が食べられなくなった。鶏肉もだ。卵料理を見ただけで、文字通り「鳥肌がたつ」のである。

その後かなりうすれたが、アレルギーはずいぶん長いことつづいた。

ニワトリが先か卵が先か……おぞましいデキモノは鶏肉と卵を過剰に食した行為が生み出した卵だったのか……たしかなことはわからない。

数年前、暴落に次ぐ暴落の最中、ついに生家は養鶏を廃業した。農協に残った借金のうちエサ代の分だけようやく返済し終ったのがつい最近。父は借債苦の中で病死した。三人の息子が私立大学に進学するという暴挙で一軒の農家がツブレタよくある話。

金で返済しきれぬ負債がある。卵と鶏肉をみるたび、その負債をめぐる名状しがたい苦い思いが込みあげる。

不惑まで

十有五にして学に見棄てられ、三十にしてLumpen生活への志を固め、短からぬ年月「女子」に扶養されていたこともあるここなる典型的「小人」にあって、論語ふうの人格主義などもとより迂遠なものでしかないのだけれど、それでもこの一月に四十になってしまった時点で〝折り返し〟意識をめぐる感慨にとらわれないではいなかった。

二十歳前後の頃、周囲の四十歳の人間たちを見ると、たしかに人格の定まった惑わぬ印象をもったものだ。今、迷わぬ人間をわが身にさがし当てることはとうていできない。これはある意味で〝人間的な、あまりに人間的な〟ありふれた真実なのだろうか。

たとえば小学校に入学したての者の目に高学年生は心身ともに大人のようにそびえ立ってみえるが、中学生になってしまうとかれらへの視点は一変する。じっさいに変貌をとげているものがあることは疑いえないし、時間の化身によってわれわれがつねに造りかえられていることも実感的真実なのだが、私が持病のように抱えているのはバカバカしいほど変わっていないとしかいいようのない〝この感覚〟である。

不惑に達してなお〝この感じ〟が居座っているところをみると……と私は思う。「天命」を知り「耳」にしたがう年齢になっても、つまりは死ぬまで、狐に化かされたように変わらない感覚をひきずったまま朽ち果てるのだろう、と。

明日にも死するやもしれぬ四十男が、こんどは七十歳時点を空想する。性懲りもなく理想の姿を揺曳させる。まさかいくらなんでもその頃には、仕事らしい仕事をそれなりに果たし、性の妄執などカケラもない境地で安心立命しているにちがいない、云々……。いい事づくめのイメージを烈しく打ち消す〝この感じ〟ですぐ我に返る。そこでわが人生の〝折り返し〟とは他ならぬこの我に返る時の認識だと悟る。

中原中也の詩に出てくる風、ああおまえは何をしてきたのかと問うあの風がシンジツ身に沁みる季《とき》が「小人」にも到来したのである。

私はこれでも学校をおえてから七年ほど、まっとうな俸給生活をした。優れたサラリーマンだったというつもりはないが、当初から特に落伍者だったわけでもない。落ちこぼれ感覚は少しずつ、しかし確実に増大していった。かつての出家者のような心情でLumpen生活に入る直前、私はつぶやいていた、〈恥も積もれば山となる〉と。変わらない感覚の中核に私の場合、いわくいいがたい恥が居座っている。

サラリーマン時代に熱中していた文芸ジャンルは詩歌だった。あえて詩歌と総称するのは、いわゆる現代詩と短歌・俳句を同時に産出するという幼稚で無謀な企てを一種の戒律として課していたことによる。はじめは、シイカ甘いか酸っぱいか……などと鼻唄をうたいながらの慰み事だったのが、しだいにマナジリを決す仕事に変わった。一日に現代詩一篇、短歌五首、俳句十句——がノルマで、これを律儀にまもって五年もすると、異様な化物が身内に誕生し、面喰らうようになった。

いつだったかこの頃の話を近年知り合った詩人にしたところ、「まるでお菓子を三度の食事代りに大食するみたいな……」といわれた。詩人はさいごを口ごもったが、ほんとうは「……みたいにグロテスクでこっけいだ」といいたかったのであろう。

数撃ちゃ当たる式で撃ちつづけたへたな鉄砲による獲物・収穫物の全体を、私は「恥集」と名づけ、身内に誕生した化物へ詩人ではなく、恥人なる肩書をつけた。

恥人は三十にしてトラバーユを断行した。「恥集」をもとに、散文による正体不明の書物をでっちあげようと志した。三十代の主要な情熱のほとんどをこの作業に費やしたといっても過言ではない。わけもなく不惑までに完了させると誓ったのだったが、結果はいわずと知れている。四百字で二千枚近くまで書いて頓挫した。

不惑まで、不惑まで——とウワ言みたいにとなえ、時折ひっぱり出し、いじくり廻したりしていたが、突然というか案の定というか五年ほどで確実な落ちこぼれ意識がやってきた。とてつもない失敗作にひきずられた歳月を思って暗鬱になった。

風の問いに答えるべく、私はこの本体を隠ぺいし、不惑までの最低限の仕事を考えはじめた。れいの「恥集」の方を詩集といいくるめ、書物の形にしようと思いたったのである。

すでにワープロ版の私家本の体裁でこしらえたものがあった。電話帳さながらバカデカイ代物だったが、総身にポエジーのまわりかねるグロテスクなそれに私としては愛着をもっていた。しかしこれでは書物とは呼べないのではとの指摘をうけ、あらためてページを縮める編集にとりかかった。

そんな折、私はやはり唐突に外国の詩歌のにおいをかぎたい衝動に駆られた。英詩の専門家にむりやり弟子入りし、五年間英文科の大学院でモグリ聴講をした。それもこの一月で終った。当方に実力がついたゆえの終了ではなく、破格の好意を示してくれた恩師が停年で大学を去ることになったからだ。

ブレイクからはじまって、チャールズ・ラムやイェイツ、エリオットなどの原典購読は、十有五にして学に見棄てられた中年恥人にとって新鮮な体験だった。

詩の翻訳はタペストリーを裏側から眺めるようなもの、といったのはセルバンテスである。英詩体験によって私は「恥集」を書き直したいと一時は考えたが、それはやめにした。わが「恥集」は詩集というより、どこぞの未開国人の手になる詩集の翻訳に近いという思いが強まったからだ。

手製本作りの名人に頼むその費用を出してくれた恩師に「不惑までには」と固く約束したのに、今年いっぱいはゆうにかかる模様である。

読書日録

記録的な猛暑の最中より、せっせと〝四十の手習い〟をつづけている。

暑さもこれくらいになるとほとんど天変地異めいてくる。戦死者を悼むという本年節目となる行事を語る資格は僕にないとしても、くさぐさの個人的な供養のいとなみを秘かにとりおこなう洞窟の四十男にとって、すさまじい暑さは、〈圧がかかっている〉状態のシンボルのようで何やら似つかわしく思われる。

手習いの内容は哲学だ。どうしてそれが供養の類であるかといえば、当方の履歴に刻まれた「哲学科卒業」なる言葉が永らく宙に浮いたまま、その実質を求めていたからなのである。

必読の書とよぶのに誰もがやぶさかでない金字塔めいた代表的哲学書をノートをとりながらちゃんと読む——恥ずかしい事だけれど、哲学科学生なら当たり前すぎるこの学習態度が僕には身につかなかった。それでいて意欲だけは烈しかったのだから我ながらよく理解できない。

二十歳前後、種々の幼い夢を抱きながら〝魂の兵士〟を気取っていた時代から二十年がすぎた。昭和三十年生れのノーテンキな人間にも、それなりの終戦・敗戦経験はある。魂の兵士は次々と生活空間に埋没していった。

埋没者たちの骨をひろい墓を建てるその作業に哲学がじかに役立つというわけではない。哲学の言葉は今でも矮小な身には重厚すぎる。それはちょうど法事に読まれるお経のようだ。意味不明をおそれる必要はない。供養のアトモスフィアを醸すのに役立てばいいのである。

あまり欲ばらず、先頃文庫化されたフッサール『ヨーロッパ諸学の危機と超越論的現象学』(中公文庫)からはじめた。ノートもじつに学生時代それ用に生協から買っておいたものを使用している。作業自体をキルケゴール的「反復」とみなしているつもりなのだ。


哲学の「反復」は順調にすすんでいる。しかしこの作業がおよそひと夏で済むはずのものでないのもわかりきったことだ。

フッサールが『ヨーロッパ諸学の危機と超越論的現象学』でいっているように真の歴史を問い、受け取り直す哲学は「ジグザグに」進路をとる他なくなる。当方が後半生(?)を賭して取り組むことに決めた「反復」の道も相当にひどいジグザグ・コースのようである。

素人のアサマシサを逆用して僕が採用した哲学学習の指針の一つはこうだ。どんなにむずかしく感じられても、いわゆる啓蒙的解説書の類を遠ざけ、じかに原典にあたりつづけること。現象学のスローガン「事象そのものへ!」を学習に応用させたこの方法に固執すること。

僕の場合、原典といっても翻訳書にすぎないのだから指針はいつも危うくなる。解説を含まぬ翻訳などありえない。そもそも翻訳自体ひとつの解釈にすぎない……。それも十分承知の上である。デカルトの『方法序説』を「おれのやりかた」とルビを振るそのノリで、僕は独学者の袋小路をジグザグ行進する。フッサールのジグザグとは似ても似つかぬ「やりかた」と知りつつ、どうせ学者になるわけじゃないんだから――と、ソクラテスのような口ぶりで弁明する無知のたそがれ。

プラトン、アリストテレス、デカルト、カント、ヘーゲル……彼らのテクストはその都度たち返って読む。その都度、とは現代の大思想の中で言及されるたびに、ということだ。たとえばカントを読んで途方に暮れる時、ショーペンハウエルがニーチェがフッサールがハイデッガーが、どのようにカントを「解説」しているかが最良の夜間照明になる。偉大な哲学書は教育者としての貌を慎ましく隠しているものだ。

哲学の受取り直し作業を軌道にのせながら、四十歳の洞窟男はつぶやく――はて、ほんとうは何がしたいんだったか、と。ギリシャ哲学やらデカルト、カントやらを、主として現象学のテクストに拠りつつフィードバック式で学習する。それが一通り修了するのはうんと先の話だろうけれど、そうしたまっとうな学習とは別次元の、哲学版青雲の志を、二十歳時に訊き返す。当時、僕はキルケゴールとアンデルセンが〈書き話し生きた〉デンマーク語を独習していた。二人の出会いと別れにふれた乏しい文献を読みすすむにつれ、この極北の二精神を生んだヨーロッパ周縁の風土、とりわけおそろしく難解な発音の言語に取りつかれたのだった。

ここにいう哲学とはつまるところヨーロッパ精神の賜物である。フッサールの著作などにも〈周縁の人間の出る幕ではない〉といった調子が感じられる。なにせ西欧こそフィロソフィーの本場でありつづけたのだから仕方ないなりゆきではある。ニーチェのような叛逆思想家にすら〈中心〉のにおいは強い。

今読み直してみて、やはりニーチェは抜群に面白いし、フッサール、ハイデッガー、サルトルらの現象学をめぐる大著はノートしながら読むに値する文字通り大いなるテクストである。

だがキルケゴールの場合、ニーチェの面白さとは異質だし、またノートをとって読む気にもなれない。「学問」になってしまうことを永遠に拒絶している彼の思想は、息苦しいまでのキリスト教回帰が説かれているにもかかわらず西欧中心主義の印象がふしぎにうすい。ヨーロッパ中央語とデンマーク語の関係を僕は共通日本語とわが東北弁のようなものになぞらえて考えたことがある。キルケゴールのデンマーク語に関してだけは、「翻訳で読めばいい」と居直るのをやめて久しいのだけれど、十年以上も前にコペンハーゲンから取り寄せられた全集はアンデルセンのそれと共に書棚の奥に眠ったままだ。

故地への年賀状

南会津地方は昔から葉タバコ農家が多いのですが、私の生家も主要な副収入源として長い間耕作に従事してきました。年の暮れは荷作りを待つ乾燥終了後の葉タバコが家中にひしめきあい、晩秋の大仕事には「木の葉さらい」というのもありました。次年の苗床作りに欠かせぬ仕事で、家族総出で雑木林に出掛けたことを思い出します。

出版予定の幾冊かの本の準備に明け暮れる今、なぜそんな風景が記憶の中から現れるのかと自問し、〈先祖と同じことをやっているのだ〉という思いにとらわれました。

ただ「木の葉」を「言の葉」と置き換えさえすればいいのです。辛抱強くタバコの葉っぱを一枚一枚選別した眼ざし、色とりどりのおびただしい落ち葉をかき集めた手。そういう先祖と同じ眼ざしと手をもたなくては——と自らに言いきかせながら「言の葉選定」にいそしむ毎日です。

家族の肖像

生きている当の本人がつかう言葉として、あまり適切なものとも思えないのだけれど、四十歳をすぎたあたりから、世にいうライフワークにとりかかるべし、との声にしきりにせっつかれるようになった。

作家のはしくれなので、ライフワークとやらは、当然たっぷりと手間ひまをかけた小説を指すわけだけれど、私の場合、小説だけ書いていれば若い時からの夢が実現するという運びにはなってくれないようである。

大学は就職等にもっともツブシがきかないといわれた哲学科をえらんだし、七年もかかってようやっとそこを出た後は事務員をしながら何年も、これまた金に縁のない詩や評論を書きつづけた。小説の本格的なレッスンを始めたのは三十歳をこえてからだ。

いつ完結するかおぼつかぬ長い作品の構想を練りながら、現在、一世一代の意気込みでつんのめっている仕事（文芸誌「群像」連載）は、十九世紀北欧のデンマークが生んだ二人の天才キルケゴールとアンデルセンの関係史を洗う、学生時代からの懸案である。

キルケゴールはひと頃この国でもブームとなった実存主義哲学の祖といわれる思想家で、アンデルセンは知らぬ人とてない童話の王様だが、じつはこの二人、同時代のデンマークに生れ合わせ、若き日には同じ学生サークルに所属する仲間だったこともある。片や大金持ちの知的ドラ息子、片や貧乏のどん底にあえぐ靴直しの息子……対照的な境遇に生れ育った二人は、作品の面でも水と油のように異なる。一方は難解な思想の盛られた哲学的文体、一方は子供じみたおとぎ話の文体。

私はこの二十年余り、ろくに読めもしないデンマーク語原典版を買いもとめるまでして、この二人の両極端な創作世界に踏み入ってきた。どういうわけか、キルケゴールのこむずかしい文章を読むうちにアンデルセンのシンプルな語りの声に耳を傾けたくなったり、またその逆に、子供の心にたちかえってアンデルセン童話に接する最中、急にキルケゴールの高度に論理的でありながらとても抒情的な作品が恋しくなったり……そんなことを繰り返す歳月だった。

とりわけ興趣尽きないのは、この二人が描く家族の肖像である。

文学は程度の差こそあれ、家族への視点をもたざるをえない。たとえ家族に縁のない人間像を描く場合でも、〈疑似家族〉や〈反家族〉といった設定と無縁ではありえないのである。

小説によくある孤児の物語などでも、理想の家族像が主人公をつき動かす原動力となっていることが多い。

キルケゴールは哲学者、宗教思想家として知られているが、その本質はまぎれもなく詩人＝文学者であった。アンデルセンは今日童話作家として有名であるが、かれ自身は子供のための作家と位置づけられることを嫌った。

二人ともに独り身で生涯を終えたが、その人生の閲歴には興味深い謎が秘められている。キルケゴールは小説や童話を書きたいと望みながら実行にうつすことはできなかった。アンデルセンは児童文学作家といわれるのに反発し、多くの長篇小説を書いたが、小説家としてディケンズのように認められることはついになかった。

かれらが小説に代表される虚構作品にさいごまでこだわったのは、自分をめぐる家族のありようがあまりに異様なもので、その秘密を盛り込むためにはフィクションしかないと考えたためだろう。真実を見据えるのにどうして虚構というかたちに拠るのか？　文学永遠のこの問いにかんたんに答えることはできないけれど、かれらはそれぞれのやり方で、おのが家族をめぐる究極の真実を表現しつづけたのである。

キルケゴールの父は一代で財をなした商人だが、先妻も、キルケゴールの母である後妻も、そして長男と末子キルケゴールを除くすべての子供をも不治の病で次々と死神に奪われるという宿業を背負った人だ。この不治の病の正体を、私は、二十年来の読みの中でつきとめたつもりだが、キルケゴールがひたかくしにしたことを思えば、鬼の首をとったようにソレをいいふらしたくない心持ちでもある。

アンデルセン自伝も、貧困と病気におかされた家族の悲惨な実態をひたかくしにしている。私のみるところでは、若き日にこの二人が同じサークルの仲間だった事実と、ある不治の病とは密接なつながりをもつ。

うちつづく家族の死を、父の「秘密の罪」にむすびつけてふるえおののいたキルケゴール。父は若くして病死、祖父は精神を病み、母も祖母も私生児、おまけに叔母は売春宿の経営者といった家族に囲まれてなお、「私の生涯は一編の美しい童話である」と宣言したアンデルセン。二人の天才の描く家族の肖像は私の心を深く動かしてやまない。

《野》に棲む日々

不惑の年をむかえた年の春、共同通信文化部から縄文時代をめぐるエッセーを連載してみないかというお話があり、渡りに船とばかりに引き受けました。

以前より縄文研究を重ねていたわけではないのですが、仕事上の偶然にある種の必然の糸をからませる傾向の強い僕は、なんだかずいぶん昔からこのテーマをめぐって自分が何かいいたくてうずうずしていたような錯覚にすらおそわれたのでした。こうした心持ちを、僕は記憶とよびます。タイトルを「縄文の記憶」としたのもそのためです。

渡りに船で引き受けたなどと書きましたが、うずうずした思いの正体は実は「旅」への衝動に他なりません。不惑の凡愚にも、あの俳聖の手になる『おくのほそ道』に刻まれた「漂泊の思ひ」がおし寄せたのです。

昔々学校で習った「月日は百代の過客にして、行かふ年も又旅人也……」の名文が、実際に「片雲の風」となってしきりに漂泊せよと誘うのでした。けれども、新幹線や飛行機の時代の今日、俳聖と同じ形態の旅をしても、「風雅の誠」を体感するのはむずかしいと考え、「百代の過客」の彼方へインナー・トリップを企てることにしました。

『縄文の記憶』はつまり、凡愚版『野ざらし紀行』です。僕は《野》という言葉を愛惜してやまない人間ですが、在野精神などと四角ばって書いたところで、《野》にあることのカナシミを表現したことにはなりません。

ここ一年余、インナー・トリップを繰り返しながら《野》をめぐる連作小説（？）を細々と書きつないできましたが、閉塞的な場所からぬけ出して、遺跡や博物館を訪れ、縄文土器・土偶を見る小巡礼を併行できたことは大きな救いでした。

野ざらし――文を草して生きる者にとって身に沁み通る言葉である事情は今も変わりありません。文学は究極の《野》をめざす。……こういういい方自体すこぶる抽象的であることは承知の上です。野に《　》をつけて用いているのも、当方のインナー・トリップが、いわば〝抽象的な野ざらし紀行〟を志向するのに由来します。

縄文時代は心の故地である、こんどの仕事を通して、しみじみとそう実感しましたが、この場合の故地も抽象的な存在でしかありません。日本文化史上に初めて咲いた《野》の華である縄文文化を代表する土製品――そこに施された文様のほとんどが一種抽象的な美しさを孕んでいる謎をどう解くべきでしょうか。

理想郷をあらわすユートピアは、〝どこにも存在しない〟意味のギリシャ語から出来た言葉だそうです。縄文をめぐる記憶の糸をほぐす旅の途上で、僕が幻視していたのも非在の場所としての原郷だったような気がします。もはやどこにもない原郷＝幻郷＝ユートピア。それが僕にとっての故地＝縄文の《野》です。

連載エッセーに「架空講演」を加えた形でなんとか自分なりの縄文文化論を書きあげたばかりの頃に、一九九五年度ノーベル賞を受賞したアイルランドの詩人シェイマス・ヒーニーの第一評論集の翻訳をやってみないかという依頼をうけ、現在、悪戦苦闘しているところです。このすばらしい詩人が考古学的《野》にとり憑かれた文人であることがわかりかけ、その偶然の、いや必然の一致に、おどろいています。

彼の詩集のタイトル“Field Work”は、野良仕事、野外作業、自然観察、野外採集、実地調査等々をあらわす多義的な言葉ですが、ひとたび《野》に棲む日々を経験した者にはその具象と抽象が一体となって迫ってくるでしょう。

随想

地下鉄サリン事件や阪神大震災が起きた年、私は四十歳を迎えた。予想通り不惑という立派な言葉には実感がなく、「四十にして大いに惑う」のつぶやきがしきりに口をついて出たのを覚えている。

大事件を肌身で知る場所にいたわけでもないのに、フィクションを書くことにリアリティが感じられなくなった四十男は、惑いの渦の中へむしろ積極的に身を投げた。折しも、惑う男にとって渡りに船ともいうべき仕事が舞い込んだ。共同通信社から依頼された縄文文化に関する連載エッセーである。

期間は半年だったが、魂の野ざらし紀行に出立したいとうずうずしていた男は、連載終了後も各地の遺跡・遺物をもとめて歩きつづけた。まさしく俳聖芭蕉のいう「片雲の風に誘われて、漂泊の思いやまず」に似た心境で……。同じころ、北アイルランド出身の詩人シェイマス・ヒーニーの第一評論集を翻訳する仕事の依頼を受け、とてつもない苦労をすることになろうとは夢にも思わず、軽い気持ちでOKした。それから程なく、敬愛していたこの詩人が一九九五年度のノーベル文学賞に輝いた事を耳にし、驚き、かつ感激した。

九六年の八月、連載エッセーをまとめた『縄文の記憶』が紀伊國屋書店より刊行された時、畏敬する芭蕉が「野ざらし紀行」の執筆をはじめたのも四十一歳であると年譜で知り、この偶然の一致をたわいなくよろこんだ。

凡愚の野ざらし紀行は俳聖のそれとは似ても似つかぬ一種抽象的なものだが、中核に「風雅の誠」をもとめる切実な心がある点で俳聖の弟子を名のってもゆるされる、などと考えていた。しかし、師に近づくには「ただこの一筋につながる」志をもたなくてはならない。

一筋につながる「生涯のはかりごと」に思いをめぐらせながら四十一歳の凡愚は、とりあえず東京生活をやめようと決意したものの、郷里にもどることはできず、結局、千葉の四街道に落ち着いた。千葉は茨城と並んで世界最大の縄文貝塚密集地である。縄文時代の中心地のあちこちを、遺跡地図片手に歩き回るうち、衰弱しきっていた男に生命力がよみがえってきた。

今はチッポケだが、やがて「生涯のはかりごと」につながるはずだと自分を励ましながら長めの（といっても三百枚に満たない）抽象的野ざらし紀行小説を仕上げた直後、学生時代からの宿願となっていたテーマ――哲学者キルケゴールと童話作家アンデルセンの関係史を追う仕事に取りかかる機会が、めぐってきた。

九七年の初夏、生れてはじめてキルケゴールとアンデルセンの母国デンマークを訪れ、二人にゆかりの土地を歩いた。名目は取材だが、この駆け足の旅も私にとっては巡礼に近い野ざらし紀行といってよかった。

準備作業に丸一年を費やした後、「群像」一九九八年一月号から連載をスタート、二〇〇〇年目前の十二月号で完結させた。同時進行でヒーニーの共訳作業もつづいた。文字通り七転八倒の歳月だったけれど、この期間中ずっと縄文巡礼を欠かさなかった。長丁場の仕事をやりおおせられたのも縄文の神々の助けがあったからではないか、と今しみじみありがたく思うのである。

縄文土製品に接するたび疲れた心身がリフレッシュされる実感に滝のようにうたれた私は、何であれホンモノには名状しがたい霊力が潜んでいると確信した。

当初まったく異なると思っていた世界に、共通性があると気づいたのはつい最近のことだ。デンマークやアイルランドといった西欧の辺境国にわが縄文と同質の「風雅の誠」を特色とする古層文化が息づいている事実を、十九世紀の文人キルケゴールとアンデルセンや、同時代詩人ヒーニーの創作から告知され感動を新たにしたのだった。

近い将来、五年前とは別の視点でわが魂の故地への〝お礼参り〟ができたら……と夢想している。

二十年目の卒論

高校を出てから大学を終えるまで七年かかった当方のようなものを、昔なつかしの流行語でモラトリアム人間などといったものですが、先頃そうした遅れと道草のいとなみを絵に描いたふうの著書『キルケゴールとアンデルセン』（講談社）を上梓することができました。

もちろん私事にすぎないのですけれど、今度の仕事は学生時代からひきずってきたテーマであるだけに特別の感慨があります。言葉の壁をはじめ種々の障害と困難にぶつかり、つくづく生みの苦しみと喜びを味わわされました。

文芸誌に二年間連載した後、さらに時間をかけて修正、加筆したものですが、連載をはじめる前もたっぷり一年はノート作りに没頭しました。十年ほど前、モノカキの看板を掲げて間もない頃、同じテーマに挑んだことがありますが、準備不足のため頓挫せざるをえませんでした。さらにその十年前、つまり哲学科の学生だった時には、思想家キルケゴールと童話作家アンデルセンに同等の興味関心を抱く作業を徹底させることは不可能だったように思います。

当時教鞭をとっておられたキルケゴール研究の第一人者大谷愛人教授にあこがれて慶應に入り直し

たはずだったのに、結局、キルケゴールを専攻の対象にはせず、卒論はM・フーコーを選んでしまいました。説明のつかない混迷ぶりとしかいいようがありません。

フーコーの冷徹にして精緻な「知の考古学」の手法を学ぶ道草をくったことは、〈世界的哲学者と童話作家の邂逅を復元する文学的考古学の試み〉をうたい文句にした今度の仕事を遂行するに当たって、大いに役立ったともいえましょうが、それはあくまで結果的な視点です。

一九八五年二十五歳で学校を巣立って以来、ほんとうに書きたかった卒論がオクライリ状態になっているという思いにとらわれることがしばしばありました。

モノカキ稼業に入ってからも、〝夢の卒論〟は固定観念ふうの懸案事項としていつも脳裡にひっかかっていたのです。

真に愛情を抱く対象を中途半端に処理してはならぬ。その思いはいつしか一種の枷と化してしまい、テーマの蔵出しは不可能と感じたことも一度ならずあります。

つい先頃、書棚の整理をしていて、一九八八年八・九月合併号の「三田評論」を見つけました。知人の手になる当方についての紹介文がwho's who欄に載った号なので処分を免れていたのでしょう。それは当方が「東北弁で語っていたキルケゴールについてならまだしも」、見知らぬ作家ボルヘスについて書いた評論が新人賞を受けたことをめぐる一文なのですが、さらに「今から十年前」、学生だった頃の田舎者の言動をめぐって次のようにあります。

〈北欧語のヨーロッパ中央言語との関係は、東北弁の共通語に対するそれと似ているというのが氏の持論で、「俺は前世でデンマク語をしゃべってた気がする」と度々いうので、キルケゴールやアンデ

ルセンの作品も東北弁できこえるほどだった〉

古い知人の紹介文を読みながら、不惑半ばのモラトリアム人間は二十年目の卒論を提出した心持ちとなったのでした。

縁の下の声を聴く

不完全きわまる自らの生のありように嫌気がさす時、私は、旧約聖書の預言者イザヤの言葉「生きている人々は死者の声を聴くべきではないか」を思い起こしつつ、古今東西の優れた死者――私はかれらを〝縁の下の力持ち〟と呼ぶ――の記録に向かう。

死者を真に供養するため、すなわち神のように、また虫のように無私なる精神に教えをこうべく、われわれ生者は特殊な縁側に座し、その下からの声に耳を傾けねばならない。

二十世紀は戦争と革命の時代であったといわれる。昭和三十年南会津生れの私にとってはしかし、戦争も革命もむろん身近な出来事ではない。ために歴史をワガコトとして血肉化するいとなみは常に困難なものでありつづけてきた。

世紀末さいごの月日、ルンペンモノカキは、遠い大正の頃『田園の憂鬱』の詩人佐藤春夫がはかないセミの一生に託した言葉をまねて叫んだ、「この小さな虫は俺だ!」と。

またある日にはつぶやいた。やはり遠い時代、行乞流転の俳人山頭火が魂に刻んだ一句「死にそこなって虫を聴いている」を。

さてこうした〝虫の心〟で特異な縁側に座し耳を澄ませていた私は、遠藤太禅著『ビルマ蜻蛉』（しもつけ書房、一九七九年）という魂の記録に出遭ったのだった。

出遭いのオオモトをたどると、戦後五十年目の節目の福島県文学賞に新設されたノンフィクション部門で入賞した角田伊一氏との交流にゆき着く。氏が主宰する同人誌「河岸段丘」の最新号（第五号）にある自己紹介をかりれば――「農学を志し、果樹栽培をはじめたものの、害虫の命を尊厳した結果経営を放棄し、チョウと仲良しになってしまう」という希有の履歴をもつこの人物を、まさしく私の中の〝虫が好いた〟のである。

かかる人物を生み出した土地には先人の遺徳が潜み隠れているのではないかという〝虫の知らせ〟は正しかった。独自の生活詩運動を展開して久しいその土地――奥会津三島には、角田氏をはじめとする有為の人材が薫陶を受けた大いなる縁の下の力持ち――古刹西隆寺の故遠藤太禅が故人となってもにらみをきかせていたのだ。

二十年も前に世に問われた『ビルマ蜻蛉』の頁をめくりながら、軟弱な文学の虫であるルンペンは、モノを書く原点を告知してやまぬ所々で声をあげて啼いた。人間の泣き方というより、虫のように啼かずにはいられなかったといったら故人に無礼であろうか。

何かに夢中になる人を指す「虫」――手記を読みながら私はその虫と化した。戦後三十有余年にしてはじめて公にされた本書は戦争文学の系譜に属するものだが、高名な竹山道雄『ビルマの竪琴』と比較してみても、コシラエモノの印象がみじんもない点において後者にひけをとらぬリアリティを看取させる。共通点はといえば、苛烈な戦争の記録であるにもかかわらず、その底に聖にして清なる童心が貫流するところだろう。

「縁の下の力持ちのような任務」という表現が一度ならず登場するこの記録は、激戦の地で「死にそこなって虫を聴いている」姿を鮮やかに伝える。ひたすらノートに向かい、命がけで手記をつづる若き僧侶はささやく、「俺は子供でいい、子供で」と。

独特の童心は戦友らが次々と〝虫の息〟となってゆく極限状態の中でついに透明な羽をもつ虫を書き手に幻視させる。「断片抄はつまらなくノートを汚すけれど、私は一つ一つの断片が美しくすき透る羽を持ったトンボのように見えて、ノートの中をスイスイ飛びまわっているような気がする」

このトンボは「凪のようなコトバ」「縄文土器のような文字で書かれたコトバ」だ……とつづく書名の由来とおぼしき一節の前で、ここなる文学的一寸の虫は五分の魂をふるわせ、ひとしきり啼いた。

正月には、縁の下の力持ちがついたこの霊的なモチをまたしみじみと味わい、新世紀を生きぬく力をつけてもらうことにしよう。過酷な時代を生きた先人の魂よ、安かれと祈りつつ、文弱の虫はそうひとりごちたのである。

《一月一語》

おくれること、おくること

この二十年ほどの間に二度トライしていずれも〝お蔵〟になった宿題のテーマ——『キルケゴールとアンデルセン』が難産のあげく先頃ようよう書物のカタチを取るに至った。

文芸誌に二年間連載したものだが、前後の作業を含めるとまるまる四年を費やしてしまったことになる。大量のノートを作成し、満を持したつもりで連載をスタートさせたものの、実際には毎月ドロナワ式で対処しつづけた実感が強い。

定期便の容量は限られているのに、積み込むべき荷があまりに多すぎる。ドロナワ状態におちたいいわけをすればそうなるだろうか。しかし、すぐにそれは通り一遍の弁明にすぎない、もっと実存的ないいひらきがあってしかるべきではないかという声が聞こえてくる。

ドロナワとは、事件が起きてからあわてて準備をする〝遅ればせ〟なさまを指す言葉だが、異なる世界に侵入して以来永い間ドロヌマに足をとられてきた文学的コソドロの眼には、この表現自体キルケゴールふう反復＝おくれおくれの受取り直しの対象に数えられる。

感動に値する事件としての大ドロボーに遭遇してはじめて積み荷をしばる。大ドロボーに会えなければ見おくればいい。そんな心持ちで二年間の定期便に対応した。

一説によれば日本語のオクレ（後れ・遅れ）はオクリ（送り・贈り）と同根――オクリは意志的に後からついて行くのが原義で、転じて、後から心をこめて人に物をとどける意――だという。じっさいに連載原稿を遅らせたり見送ったりしたことは一度もなかったのだが、大ドロボーの正体をつかむべく対話のナワを持って右往左往したコソドロとしては、〈定期便など来ない不便なところへ追いつめられたい。何事かに徹底しておくれることで、心をこめたおくりものを準備するために……〉という心境にあった。

中国語の「縁」の第一義は「原因、理由、わけ」で、日本語的なエン、ユカリやヘリ、フチは二義である。日本語では他に、エニシ、ヨスガともよむ。

キルケゴールとアンデルセン――二人の関係にはまさしく「縁」なるナワが複雑にからみついている。その関係の「縁」側に座って定期便をおくり、流行便に正しく背を向ける仕方を学ぶ過程で、コソドロは望み通りウラシマタロウ感覚を十分に味わうことができたのだった。

新世紀到来の時節柄すこぶるズレた話になるけれど、連載終了後、いわゆる二千年問題が浮上した。ウラシマは玉手箱と信じるものをなでさすりながら〈これで十九世紀をおくることができる〉などとつぶやいた。ハイテクはいうに及ばず、流行モードのことごとくに置いてけぼりをくっている男と、二〇〇〇年を一九〇〇年とみなす恐れのあるコンピュータとが笑うべき〈呼応一致〉をとげたという縁（＝わけ）だ。

のるかそるか

私の郷里南会津は江戸期以来「おくらいり」という異名をもつ。幕府の直轄地（天領）を意味する命名だが、穀倉地帯とは縁遠い何のとりえもない山間僻地がなぜ天領たりえたのかよくはわからない。この命名には、収穫物が地元に還元されず、幕府代官の蔵に収められてしまうことへの恨みがこもっているとする説もあるようだ。

共通日本語の「お蔵入り」は、企画などが陽の目を浴びずにしまわれている状態、もしくは予定したことが没になる事態を指し、「お蔵」一語でも「発表しようとしたものを発表せずにそのままにしておくこと」の意を孕む。私の勝手な語源学では「おくら」は「遅れ」の縁語である。

蔵出シスルカシナイカ、ソレガ問題ダ。

おくらいり出身のウラシマこと遅れ男が長い間反復トリップしてきた十九世紀デンマークのイナカ竜宮城においてひんぱんに聴き収めた文言を翻訳し直せばそうなる。

文化周縁の国が生んだ〝二人のハムレット〟キルケゴールとアンデルセンは熱っぽくシェイクスピアを読みあさった。わけても、ハムレットの高名な問いを自らの実存をかけて受取り直そうとした。キルケゴール思想最初の金字塔『あれか、これか』（一八四三年）や、アンデルセンの長篇小説『生きるべきか死ぬべきか』（一八五七年）はその直接的なサンプルである。

To be or not to be – that is the question：

あまりに有名なこのセリフの日本語訳をあらためていくつかひろってみる。「生か、死か、それが疑問だ……」（福田恒存）、「生きるのか、生きないのか、問題はそこだ」（永川玲二）、「このままでいいのか、いけないのか、それが問題だ」（小田島雄志）、「生きてとどまるか、消えてなくなるか、それが問題だ」（松岡和子）。

愛惜する二人のハムレットの生涯と文業を、玉手箱をひらく心持ちで遅れ遅れて受取り直したウラシマは、この実存的問いを乾坤《けんこん》一擲《いってき》「のるかそるか」とパラフレーズしておきたいと思う。交流することも、モノを書いて発表することも、彼らにとってはハムレットのいう「のるかそるかの大事業」だった。「シェイクスピアの本当にすぐれたレトリックは作中人物が自分自身を劇的な光で見るという状況において現れる」といったのはT・S・エリオットだが、二人のハムレットが「自分自身を」表現するレトリックもまさしく劇的な光につつまれていた。

若き日のほんの一時期、二人はのっぴきならぬ心持ちで急接近した。立つ瀬ありやなしや？ とつぶやきつつ、オクレをともなう特別のオクリモノとしての作品と共に「自己自身」も蔵出しし、異種の劇的光を当てようと試みた。だがその友情（？）は永遠のお蔵入りとなる運命にあった。

私たちは何も知りえないということ

「おくらいり」という異名をもつわが故地南会津は広義の奥会津地方に属する。郷里から〝逃散〟してきた男は、何事かに追いつめられた時、――シンアイなる深会津よ、などと呼びかけることがある。何事にもオクれるたちの男はオクまった深部を愛するというわけだが、深南部（ディープサウス）にあやかるものならまだしも、さらに裏会津と呼んで郷党の人々のヒンシュクをかったこともある。

ヨーロッパのオク地＝ヘキ地出身の二人のハムレット（キルケゴールとアンデルセン）は合縁奇縁と形容するしかない不可思議なねじれの関係――キルケゴールの言葉をかりれば「誤解によって結ばれた聖なる友情」関係を生きた。自己自身のオクまったところを凝視しつづけた両者はともに「自分の最内奥の至聖所」へ閉じこもってしまう習性とたたかいつつ表現に没頭した。

その奥義を知りたい一心で、ここなるウラシマ男は二人の関係の裏をさぐろうとした。逆説的友情の裏面史をかぎまわったすえに見出した秘密の玉手箱はたしかにオクまったところに隠されていた。だが、遅れ遅れて開けてみた手箱からは、Das wir nichts wissen können――（私たちは何も知りえないということ――）。

と書かれたケムリのようなものがたち昇ってきただけだった。

ウラ悲しい関係を読みとく作業は、両者が読み書き話したデンマーク語に精通していないというウラの事情も手伝い、遅々として進捗しなかった。当方が特に眼をこらしたのはキルケゴールのアンデルセンに寄せる感情の深層だった。無意識の奥にあるそれをウラ書きできればテーマの半分は果たされると考えていた。キルケゴールはアンデルセンとの関係に限らず、言葉の深い意味で、ウラオモテのある人格に生涯みがきをかけながらシンアイなる他者をウラ切った思想家である。

E・ブレスドーフが一九八一年アンデルセン研究誌『アンデルセニアーナ』に寄稿した論文「アン

デルセンとキルケゴール」（日本・北欧文芸誌『ひかり』所収、福井信子訳）は脱稿後に読むことができた。二人の関係をめぐる客観的オモテ事情にふれたこの小文を最初に読んでいれば長年月に及ぶ素人探索の苦労は半減したであろうと思わないわけにはいかなかったけれど、しかし、ウラ事情に寄せる当方の探究欲についていえば予想通りほとんど満たされなかった。

二人は「互いに理解し合うことなどありえないほど、あまりにかけ離れた二つの気質であった」というブレスドーフの結論は正しいとあらためて思ったにもかかわらず、その関係には「アウラの射すウラがある」と確信したのも事実だった。

ウラのトマ屋にたちのぼる「私たちは何も知りえない……」というゲーテ・ファウストのセリフは、奥所探究欲をむしろかきたてるケムリなのである。

「どしょっぽね」再点検

母校の大学で教壇に立って二年が過ぎようとしている。なかなかに興趣尽きない体験であったが、今春からはその仕事にもケリをつけ、ルンペンモノカキの原点に帰ろうと決意した。約束の年限が経ち自分なりに責めは果たしたつもりでいたところへ思いがけぬ継続の依頼がきた。一度は更新をかんがえたのだけれど、思い直した次第である。

若くフレッシュな一方でまっとうな不安や迷いも多い若者たちに接触する時間は当方にとって予想以上に愉しく、心身ともに若返りをもたらしてくれる性質のものだった。

いわゆる〝ボランティア待遇〟に不満をつのらせたわけでもない。おそれ多くもひきあいに出せば、宮沢賢治が農学校教師をやめる際どこやらに書いたか語ったかしていたように記憶するが、むしろ〝愉しすぎる〟雰囲気にあらがいたくなった、とでもいったらいいだろうか。

遠い昔、それなりに気に入っていたサラリーマン生活に自主リストラ宣言をした日のことがよみがえる。南会津山中の百姓家出身の血も手伝ってか、〈ひとたびはじめた仕事は骨を埋める覚悟で……〉という妙に保守的な考えがしみついているにもかかわらず、一定年限がすぎると、掘り返された骨と一緒にどこやらへ向けて遁走の準備をはじめる……私はどうやらそういう度し難い人間であるらしい。死んだ祖母がよくいっていた言葉に「土性骨」がある。通常「どしょうぼね」と読むのだろうが、われわれの発音では「どしょっぽね」となる。人の性質・精神をののしったり強調したりするときに用いると辞書にはあり、「土性骨の悪いやつ」「土性骨をたたき直す」といった用例がのっている。峻烈な祖母のことを想い出すたび、私は自らの「どしょっぽね」の悪さ弱さを嘆き、それをたたき直そうという願いを新たにする。

弱くて悪い私の「どしょっぽね」は放っておけば、楽なことと愉しいことの中に自らを埋めようとしてしまうのである。

原点にもどった心持ちで、そんな「どしょっぽね」の再点検作業をしていた矢先、まったく新しい初体験へのいざないがあった。ベルリンで開催される日本文学祭に出席して、自作の朗読と対談をやれという依頼である。

日本国内でさえその種の催しに参加したことがほとんどないので、当初まったくもって面食らってしまったが、ドイツ在住の多和田葉子さんのおかげでなんとか準備をととのえることができた。

予想通り、拙作のドイツ語訳は難航したようだ。在日ドイツ人の日本語文学研究者とじかにお会いし、疑問点に応える体験は、モノカキとしての当方の土性骨を異なるやり方でたたき直してくれたといっていい。

朗読用に準備した小説とエッセーの一部は公刊されたものだが、私は今回の異なる世界への旅に特別の「どしょっぽね」のカケラを持参することにした。かつて十年余従事してまとめた貧しいブンガク的原点——私家版の詩歌句集『漆の歴史——history of japan』から選んだ短歌を十五首、先の翻訳者に独訳していただいたのだ。この私的原点＝詩的原典は未公刊の著作だから、〝異邦初公開〟となったわけである。当方好みの事態というべきか。

日本的に閉じられたポエジーなのでは？　という不安が意外なカタチで解消されたのには何度か驚かされた。むろん一切がすんなりと理解されるはずもないけれどブンガクにまつわる表現が、これまで私が想像していたよりはるかに豊かな伝達の可能性を秘めているという一点に、わが「どしょっぽね」のどこやらが烈しく感応したのだった。

裸になって、水にもぐる

キルケゴールは一八四一年の日誌の中で次のような意味のことを書いている。「すっかり裸になって世界になにひとつ、これっぽっちの物も所有しないということへの愛着、つぎに水にもぐることへの愛着、それについで私が好む楽しみは、外国語、とくに生きた言語を話して、いわば自分自身にたいして異邦人になることである」

一八四一年、キルケゴールは二十八歳だった。四十二歳で身罷った人間のいつ頃までを青年時代と呼ぶべきかは問わないとして、先のものいいは青年期特有の願望にそめあげられている。キルケゴールが愛用した表現をかりて補足すれば接続法的願望の世界となろう。

莫大な親の遺産を相続した青年キルケゴールにとって、裸一貫の無一物状態は観念的なものでしかなかった。先天的な骨格異常で病弱だったかれが、じっさいに水にもぐることを愉しんだとも思えない。かれはいくつかの外国語に通じていたが、どれも書き言葉のレベルにとどまるものであって、話すことはおぼつかなかった。唯一その可能性のあったドイツ語も、幾度かのベルリン滞在中、燭台がほしいと言いあらわすことさえできず、友人にあてて——ドイツ語をしゃべりたくない、だからここではできるだけ孤立して生活している——と書き送るありさまだった。

天才キルケゴールが残した莫大な精神の遺産と比較すれば現実のありさまなどとるに足らない……とみるのはかんたんだけれど、まもなく五十を迎えることなる凡愚は、天才の遺産を食いつぶすという接続法的行為とは別に、先の言葉をあくまで具体的に実践することを思いたった。

裸になって、水にもぐる。キルケゴール思想を体現することは生涯かかっても無理だろうが、コレナラデキルと運動神経ゼロの男は考えた。水泳教室に通いはじめて半年ほどになる。

持病の腰痛対策にもなるといいきかせて、重い心と身体をひきずるようにプールへ運びつづけた。むろんいまだに泳げる状態にはなっていない。何度も絶望し、挫折しかけたが、その都度〈参加することに意義がある〉という珍しくもない言葉が、何事にも不参加をきめ込んで久しいひきこもり男の上に新鮮な輝きを伴って降り下り、気をとり直させた。

運動神経が極端に鈍い人間なら誰でも実感できるだろうが、衰弱し硬直化した身体は指令通りには動かない。アタマではわかっていても指令がほとんど伝わらないそのありさまは、ちょうど外国語で意思をうまく伝達させられない時のもどかしさに重なる。

〈参加することに意義がある〉と反復してつぶやきつつ、以前は想像もできなかったおのが身体の「異邦人」感覚を愉しめる事態がなぜ急に到来したのか、自分でもよくわからずにいる。

ウルシとキジシ

1

宮沢賢治に「図書館幻想」という詩とも散文ともつかぬ一篇がある。ちくま文庫全集（8）で21行しかないごく短いものだが、この全集解説に記されている通り、賢治の他のいくつかの作品と興味深く関連する。この作品を行分け口語詩に改作した詩篇「ダルゲ」の他、謎めいた〈ダルゲ〉との出会いを語る「図書館幻想」に対して、それとの別れを扱う文語詩があり、また〈ダルゲ〉が歌い出すのが、賢治を代表する詩集として名高い『春と修羅』中の「雲とはんのき」の一節……といったぐあいである。

さてしかし、賢治のブリリアントな関連作品について語るのはここでの目的ではない。図書館の途方もなく天井の高い一室で話者の「おれ」が、「今度こそは会えるんだ」と考え、「胸のどこかが熱くなったか溶けたかのような気がした」とある〈ダルゲ〉がいったい何者なのか、はじめて読んだ当時も今も、わからない。おそらく誰にも説明することはできないだろう。

2

南会津のたった七軒しかない山村で生れ育った私は、十五歳の春、高校入学と同時に会津若松市で下宿生活をはじめた。新しいものとの出会いが、後年の上京時にまさるとも劣らぬカルチャーショックの形で田舎者におそいかかったのはいうまでもない。

同学年のうちわけが男五名女五名の小学校四年までの分校時代、すでに私は最も「遠方より来る友」の一人であったが、五年生で町の本校へ行くと、さらにその度合いは強まった。文化人類学にいう〈中心と周縁〉を一身に体現したコースだと、後に東京の友人たちにからかわれもしたが、十五の春の下宿生活はその決定打ともいうべき事件だった。

はじめて挨拶した時、下宿のおばさんからいわれた——「在のほうであらっかし」という方言(?)の意味を今もよくはつかめていないが、高校のクラスメートの中で市内出身の者らに、いささか軽蔑的にいわれた「郡部出身」と同じニュアンスを孕むものであったろうか。

3

十有五にして学に志し……といいたいところだが、「在のほう」から出てきた正真正銘の田舎者は、特に理数系の思考力にまつわる先天的障害(?)を抱えていたことも手伝い、たちまち学校の授業についてゆけなくなってしまった。

石川啄木や坂口安吾のような「偉大な落伍者」になる道はもとより選択肢の中にない。平凡な落ちこぼれが、社会学にいうアジール（避難所）として何度か自転車で通った記憶があるのが、県立図書館だった。

図書館は本のあるところ、本を読むところ、本を貸してくれるところだが、勉強熱心な生徒にとってはそこで学習できる場所となっている事情はたぶん今でも変わってはいないだろう。私の場合、はじめて出会った本格的な図書館がすでにそうだったが、本を借りて読むことや閲覧室で勉強することのいずれにも熱心でなかった。というか、そういうまじめな行為を持続させる精神の余裕がまるでなかった。大学時代以降も、図書館から次々と本を借りては読破する友人や、閲覧室で静かに長時間、勉強できる友人がうらやましくて仕方なかった。

4

賢治の〈ダルゲ〉とは似ても似つかぬものだが、周縁の地から出てきた〈在の者〉も、図書館というアジールで、えたいのしれぬ幻想を育てるようになっていた。

大学を出てから、まったく偶然の成り行きで図書館司書の資格をとり、実際に七年ほど図書館員だったこともある人間としては我ながら呆れはてるが、私は終始、図書館をそういう場所だと思いみなしていたのである。

鮮烈な初体験ともいうべき県立図書館の片隅で、田舎者が育てていた幻想を、賢治のように作品化するのは出来ず終いだったけれど、かわりに一つだけ、はっきりした記憶を書き記す。

その記憶を、〈ウルシとキジシ〉というキーワードでよびかえてみたい。

5

わが南会津は江戸時代を通して漆の産地だった。たしかに山野には漆の木が多かったし、漆掻き職人が生家にしばしば寝泊まりして仕事をつづけていたのを覚えている。小中学校の数年間、私は社会科研究クラブに在籍していたが、その顧問の先生のうけうりでいえば、江戸期には漆奉行なるものがいたそうである。会津若松で有名な漆塗りをもちろん私は知っていたが、その原材料の漆は南会津の有力な物産であった。会津若松で一種のホームシックにかかった私の脳裡に、なつかしい社会科研究クラブの顧問の先生が浮かんだ。

先生が何度か教えてくれた柳田国男という人の著作を、県立図書館で、はじめて〝この眼で見た〟のもそんな時だった。

しかし、すでに書いたように、当時の私が柳田のぼう大な著作集のただの一冊も読めたはずはない。顧問の先生はおおむねこんなことを私に語った。君がこれから高校・大学と進んで勉強する有名な著作家たちの作品は、一生かかっても絶対に読み尽くせない分量にのぼるけれど、君自身が生れ育った土地とその文化をめぐって書いてくれている一流の文人はどれくらいいるだろう。柳田国男はその数少ない一流の文人なのだ、と。

6

私は高校時代、宮沢賢治ばかりでなく、一流の文人の作品をほとんど読むことができなかった。混乱と焦燥の中で、じりじりと日をおくった在の者は、だから柳田の著作も受けつけなかった。

社会科研究クラブの顧問の先生が語った柳田の本は、たぶん『遠野物語』『山の人生』『史料としての伝説』等を収録した定本版でいう第四巻であろう。そういう推測ができるようになったのは、ずっと後のことだ。

したがって、〈ウルシとキジシ〉という、一種の詩的な韻を踏んだつもりのキーワードも、後から受取りなおしたものにすぎない。

つとめ人になってから買い揃えた定本柳田国男集（全三十一巻・別巻五）の中で、件の第四巻が――総索引を除いて――比較的、手垢の汚れが目立つのにも詩人鮎川信夫のいう「個人的なわけ」がある。

この巻には世に名高い『遠野物語』が収められているが、私がくり返し読んできたのは、『史料としての伝説』であり、これこそ〝オラがクニ〟のことを書いてくれているものに他ならない。

シェイクスピアはある作品の中で、詩人を登場させ――「詩は滲み出てくるゴムの樹液のように自然に生れ養われるもの」と語らせた。三文詩人の私は、これにあやかったつもりで、ウルシを〈原詩〉などと記し、詩歌句集のタイトル（『漆の歴史――history of japan』）にも採用した。そのウルシと、切っても切れない関わりを持つ漂泊の民、木地師のことが、『史料としての伝説』には類まれなる文章でつづられている。

賢治の岩手・花巻や柳田が一躍有名な存在にした遠野とは比較にならないものの、社会科研究クラブの活動でいいかげんに見聞を重ねた諸伝説（たとえば高倉以仁王の伝説）などが、全国にわたる知見に基いて、詩情あふれる文体で追尋されていた。賢治はまぎれもないホンモノの詩人だから当然だが、詩、ひいては文学を捨てたとされる柳田のような文人をも、私はウルシ（原詩）人とよぶことにしている。

7

ウルシ人の文体の全貌について語るのは出来ない相談だが、ほんの一節だけ引けば、木地師をめぐるくだりにこうある――「会津は東部の日本にあっては、殊に彼等の多く集合する一箇の中心地であった。即ち今日もなお盛んに産出せられるこの地方の名産、会津漆器業の有力なる参加者である」。周縁出身の私は、自分の産土＝ウブスナが「一箇の中心」とされる世界像にはじめて出会い、感動した。特に関心をひいたのが、柳田のいう「簡単に述べ尽しにくい興味ある沿革」だ。木地師を代表とする山の民が拓いた山上の尾根伝いの道をたどれば、一度も平地におりることなく全国どこへでも行ける。若年の私は、そういう一種ロマン主義的な世界に心ひかれた。『遠野物語』の序文で、「願わくば之を語りて平地人を戦慄せしめよ」と宣言されたスタンスは後に、もう少し慎重な〝物深さ〟の世界へ転位されるのだけれど、木地師の中の「歴史家は、歴史は小説と同じく人が製作してよいものと思って居たらしい。そうしてその趣向には定まった型があって、必ず中心を以仁王の如き、不遇の皇族にして居たのである」とか、木地師の移住史に、「日本の不思議な社会現象……をある程度まで説明させてくれる日が来るかも知れぬ」といった『史料としての伝説』の言葉に、私は、今でも、興趣尽きぬものを感じるのである。

鎮魂のために

悪夢が現実化するパノラマを遠方より茫然と眺めつづけるという浅ましい一週間がたった頃、私は多くの人々同様震撼のあまりただ絶句したままでいたが、それでもしかしペンを握り、五百キロにも及ぶ被災地域の主要な土地の名を、目下の状況を一行ほどずつ付けてノートに書き写す振る舞いに及んだ。

被害状況のほうはその後も刻々と変わっていったが、無力感にさらされながら、とにもかくにもそんなことでもしていないと、心のバランスがとれそうになかった。

白河市、いわき市、須賀川市、双葉町、浪江町、南相馬市、相馬市、新地町、山元町、岩沼市、名取市、仙台市、東松島市、石巻市、女川町、南三陸町、気仙沼市、陸前高田市、大船渡市、釜石市、大槌町、山田町、宮古市、田野畑村、普代村、久慈市、洋野町、八戸市、三沢市……。

今現在、これらの土地が直面する惨禍の全貌がどれほどのものか見当もつかない中、文字通りの「対岸の火事」視とのそしりを免れないかもしれないけれど、白河か海沿いに北上するこれらの震災ルートを〈沖の細道〉を遠望する奥の細道とみなし、日々、ボダイをとむらうような心で想像上の往来をくりかえしている。

かつて、明治新政府は、「白河以北一山百文」という言葉で東北を十把一からげに値踏みした。仙台に本拠を置く新聞「河北新報」は、この蔑みへの抗議をバネに東北の発展を祈念して名付けられたものだと伝え聞く。東北は、敗北と書きまちがえられても甘受する他ない悲しい歴史を負うが、戦後最悪の自然災害にまき込まれた今次、まさしく極北のゼロ地帯に陥没した。

連載「柳田国男の話」がはじまってちょうど一年近くになる。当初よりひそかに〝東北と柳田国男〟というテーマを追尋せんとしていた東北人のはしくれでもある当方にとって、震災ルート〈沖の細道〉の現前化は、柳田民俗学が重視した「目前の出来事」「現在の事実」そのものという他ない。この一年余りの過程でも、私は、柳田学が種々の意味での「中央集権の腹立たしい圧迫」に抵抗することで切りひらかれた事実をしみじみと体感してきたのだった。

柳田民俗学つまりは日本民俗学の誕生に東北がはたした役割の大きさは『遠野物語』によってだけでも容易におしはかることができるけれど、他のおびただしい著作の隅々に、かのザシキワラシのようなりで登場する切れ切れの祈念の言葉を聴取しうる。試みにその一部をあえて出処を示さずに、私自身の惑乱を鎮めるために列挙すれば、曰く――「……東北地方でなら調べることが出来る」「恵まれざる東北の住民のために……」「願わくは将来大いに東北を振興させ……」。

大正九（一九二〇）年の夏、柳田は『遠野物語』の原話の提供者の佐々木喜善と松本信広の二名と共に、二カ月にわたって東北の海岸を歩いた。

以後、旅の密度が民俗学的に一段と濃くなる機縁をつくったこの時のルートが、ほぼ今度の大震災・大津波が及んだ中でもとりわけ被害が烈しかった地域に重なっている。仙台を基点として海岸沿いに北上の旅を重ね、陸前の海岸に出、大島にわたり、最後に気仙沼から舟で釜石に、そしてさらにリアス式の登り下りの多い海岸線を一路青森八戸の辺まで向かったという。

柳田のこの〈沖の細道〉行が、名著『雪国の春』の重要な一部「豆手帖から」に結実することになるのだが、その詳細にここでふれるつもりはない。今はただ、鎮魂につながるものに、ワラをもつかむような仕方ですがりついているだけで十分だ。若い頃、柳田の著作に、各地の方言や地名などがえんえんと列挙されている箇所に出会うと私は正直、退屈したものだが、今般、そうした列挙に鎮魂の効用があることをはじめて悟った。冒頭に、被災地名を一つ一つ書きつけた所以である。

同じく若年時の特に辛い時に熱読した太宰治の作品の中でも特異な位置を占める――大戦末期、日本の非常時にものされた『津軽』の言葉のいくつかも、鎮魂のためにかりたい。太宰はこう記す――「芭蕉の『奥の細道』には、その出発に当り、『前途三千里のおもひ胸にふさがりて』と書いてあるが、それだって北は平泉、いまの岩手県の南端に過ぎない。青森県に到達するには、その二倍歩かなければならぬ」。

正確に記せば千葉・茨城から青森に至る被災の細道を、いつの日か巡礼として歩くことができるかどうかわからないが、この震災ルートが、思いを馳せるすべての人々の心の中で、一種の霊場と化すのは疑いない。柳田の著作と同様、太宰の『津軽』にも供養のためと思われる種類の列挙がみられる。その『津軽』のフィナーレの文言を引かせてもらう。

――さらば読者よ、命あらばまた他日。元気で行こう。絶望するな。では、失敬。

願文――「てんでんこ」創刊覚書に代えて

雑木林の明るい廃墟に、〝原子野〟という言葉が浮かんでいた、
誰の言葉、誰の影？
（吉田文憲『原子野』）

〈原子野に生きるもののおののき〉と帯に刻まれたウリ＝われわれの詩集『原子野』がウラ＝オラ＝オレのもとにオクラれてきたのは、二〇〇一年の夏のことでした。オクリ物の原義通り、そのほんとうの衝撃波は遅れて届きました。古代の枕詞「玉響」のヨミをめぐる一説――玉カギルが想いおこされます。響をなぜカギル（＝光る）とよむのかについて、音のとどろきと光のきらめきとが、感覚的に共通する面をもっているから、と註記されていました。

〈原子野に生きるもののおののき〉は、二〇〇一年の夏に、光として瞬時にオラを包んだはずですが、雷鳴のようなトドロキと共にオラの身心をさし貫いたのは、十年も遅れた二〇一一年三月十一日以降なのでした。ツナミのようなという比喩をうち砕くあの玉カギル衝撃波について、さらに時間が経過した今も多くを語れないでいます。

ウリ＝われわれの詩人は『原子野』「あとがき」に、タイトルをめぐって、こう書いていました。

原爆やヒロシマを連想されるかもしれない。そのことは不可避なことかもしれないが、そのことも含めて、ここでの「原子野」というタイトルは、原子がふりそそぐ野原、つまりはわれわれのいま生きているこの現在の場所にほかならない。ここが原子野なのであり、それはなにも特別な場所ではない。そのことは、新しい世紀に入ったいま、ますますはっきりしてきたのではなかろうか。

英文学・アイルランド文学研究者の佐藤亨は、右の玉＝魂カギル一節を〝魂合わせ〟する如くに、著書『異邦のふるさと「アイルランド」』の終章で引き、次のように解説してくれました。

「原子野」は、「原詩・野（フィールド）」とも読み替えられそうだ。とすれば、「原子がふりそそぐ野原」とは、言葉が発せられ、その言葉と生地とが交わって変幻を繰り返す詩というフィールドと読み換えることができる。

異邦に「ふるさと」を視る佐藤の著書が刊行されたのは二〇〇五年――この時すでに、われわれの詩人のポエジーを中核とした三者による《座敷童子の会》は発足していたと記憶します。吉田も佐藤も、ここなる伝言の発信者も東北出土の風狂の徒です。

異邦にひとしい生地という廃墟と、詩という廃墟は、東北風狂人元祖創設の協会玄関前の黒板に記された伝言文——下ノ畑ニ居リマス——の「下ノ畑」でつながっている、と佐藤は「吉田文憲とシェイマス・ヒーニー」なる副タイトルのついた終章を書きおさめています。
《座敷童子の会》のハジマリは、たぶん、『原子野』所収の一篇「息の〝光跡〟——五つの手紙に代えて」の2にあるでしょう。佐藤と本伝言の発信者が二〇〇〇年に共訳刊行したS・ヒーニーの第一評論集『プリオキュペイションズ』を吉田にオクったことへのオクれたオクリ物——吉田自身の註では〝返礼〟あるいは〝返信〟として、それは書かれていました。

bog、ボグ——沼沢地からの眼が、あなたからもらった手紙だった……
オンファロス、オンファロス、オンファロス、——涸れた井戸
私は声のこだまのなかを歩いていた、
ここはこだまの出るところ、ボグ（bog）の湿地帯、
土手にはたけにぐさが風に吹かれていた、

ランダムに引いた右の詩行には詩人自身の興味深い註がついていますが、割愛してすすむほかありません。
われわれの会は、二〇一一年の《3・11》によって玉＝魂カギル「変幻」を余儀なくされました。その事実をレトリックで飾ることの痛苦を背負ったまま、創刊覚書に代えた願文をコア・メンバーとなっていただいた諸氏にオクろうとしています。

僕は、いや東北訛語でbogは、トウヘンボグにおくられた詩篇に顔を出す雑草たけにぐさが、どんな姿をした野草なのかわからぬような人間でしたが、羅須地人協会発願者にしてイーハトブ国の住人が「さびしい」病床で思いを馳せた——一説に「迷いの火を吹き消した状態」としての「涅槃」の喩、あるいはこの世とあの世の境界の指標を思わせるともいわれる雑草が、突如リアルな存在のかたちで迫ってきました。と同時に、I'm down in the fieldというその下ノ畑を、今こそ輪耕せねばならない思いに駆られたのです。

風妖なる風野又三郎が好むたけにぐさが見出される下ノ畑に「涅槃」をもとめれば、ネハンの原義Néantが二重映しになり、やがて〈山への遠足〉に必須のNiemand氏の一行も近づいてきました。

ここなるトウヘンボグ、東北のデクノボーの生地であるFukushimaのガレキの歴史を書く資格を誰がもつのかわかりません。わからぬまま、Niemand氏の一行と、しょうこりもなくlalaと歌いながらのガレキの山への遠足を夢見ずにはいられないのです。

『原子野』には、別の詩人経由のこんな文言が刻まれていました。

ヒロシマの街は、元の地面から三〇センチほど、高くなっているそうです。……たくさんのガレキの山ですから、それをキレイに片付けることよりも、中国山地かどこかから大量の土を運び入れて、ガレキと、……ガレキの下にかくれてみつけられなかった人の骨も一緒に埋めてしまうほうが簡単だったのだろうと思いますが、歩きながらそのもともとの低い地面のことをよく考えていました。……

ガレキの山から成る「荒地」で、トウヘンボグもまた、やはり〈あらゆる透明な幽霊の複合体〉ともいうべきニーマントに向け、「誰の言葉、誰の影?」と問う一人の年若い詩人に出逢いました。本人に無断で、ボグの記憶の下にある詩篇のひとくさりを掘りおこして引けば――

南中高度を過ぎて太陽は煤けたように黒く大きい
溺れたら摑む岸辺を求めるだけの
透明な手
何本も何本もあらわれては揺れる
ニーマントたちのうつろな囁き
呪われてうっすら明滅し続ける空気の束から
切り離した意識でもって自分を支えようとして
うまくいかず何度でも転んだ
ここが天国なら良かったのに

多くを語れないといった以上、もうやめるべきでしょうか。〈この「覚書」は読まないでいただきたい、いや、ざっと眼をとおしたとしても、そのまま忘れていただきたいくらいだ。熟達した「読者」の理解のさらに先を行くようなことを、ここから学ぶことはほとんどない〉

佐藤は前記の著書で、「うた」と「禁忌」がつながって、「故郷＝異郷」が「禁忌」の意を孕む東北方言（に生きる古語）「うだでき」場所となる吉田のポエジーを語っていました。「いよいよひどく。まったく」とか「思わしくなく。情けなく、いやらしく。気味悪く」などを意味する日本古語〈ウタテ〉は、われわれの生地の方言「うだでのし」とか「うだでなし」を生んだのですが、詩人はこの二語のつながりに鋭敏でした。吉田は、「〈うた〉と〈うたて〉」なるエッセーで〈ああ故郷＝異郷とは「うだでき」場所であり、その「うだでき」場所で、そこから聞こえてくる〈うた〉をめぐるようにしておれは詩を書いてきたのだな〉とつぶやきました。

生れてすみません、とつぶやいたもう一人の東北風狂人元祖は、デビュー作の『晩年』中に刻んだ津軽方言詩「雀こ」で、かなしい「うたて遊び」の風景を点描してくれました。

ボグの生地の方言「うだでなし」は、なんだか「人でなし」みたいなひびきをもっていますし、また〈こんなものはウタ＝詩＝文学でない〉のようにも聞こえます。

羅須地人協会発願者は、かつて需めに応じて書き下ろした宗教テキスト〈法華堂建立勧進文〉のエピローグ部分を、その「作者」は七面講同人あるいは東都文業某とし、「小輩の名を出すなからんことを。必嘱！」とむすびました。

ウリ＝われわれの非在のてんでんこ協会も、「小輩の名を出すこと」ができない発願者のオラが勝手に撰んだ、オラを含めて七名から成る単独者組合ですが、われわれの場合、七面講同人を、七面妖同人とでも変幻させてあやかろうともくろんでいます。

単独者の組合とは、すなわち単独者の精神を極限にまで尊重し、各自の主体的創作行動を信頼し尽すという見果てぬ夢の組合、不可能性のギルドです。そこでは、めいめいが〈ひとり親方〉であるにもかかわらずニーマント氏の弟子でもあります。本誌創刊号のコア・メンバーが〈もし万一にもわたくしにもっと仕事をご期待なさるお方は同人になれと云ったり原稿のさいそくや集金郵便をお差し向けになったりわたくしを苦しませぬやうおねがひしたいと存じます〉というようなつぶやきに同調したとしても奇異でないのはこのためです。

〈日本に生れやがて地をば輝く七つの道で劃り、一天四海、等しく限りなきの遊楽を共にしようではありませんか〉と、再度幻師の口真似をしたうえで発願者曰く――〈原子野に生きるもののおののき〉を共有する七面妖諸氏よ、汚れちまった詩の廃墟で、ニーマントたちの透明な手を支えに、てんでんこのうたて遊びをつづけましょう。

アリギリスの歌

五十すぎての宮仕えを絵にかいたような仕方で大学の専任スタッフとなって五年目に大震災が発生した。震災一カ月後の四月、教授に昇格（?）、さらに数カ月たって耳鳴りに悩まされるようになった。当方のシンドロームの場合、正確にはズメイ（頭鳴）というのだそうだ。医学用語は味気ないので自分では「トカトントン」とよぶことにした。

大学付属病院の診察を受けたところ、あっさり「耳鳴りは典型的な加齢現象、治りません。なれるしかないです。そのうちなれます」と断言された。

頭鳴（耳鳴り）を「トカトントン」とみなすこと——そこには、やはり治らないシンドロームのドン・キホーテ病が潜み隠れる。

太宰治の「トカトントン」をはじめて読んだ二十歳の頃、そのおそらくはフィクショナルな幻音を、私はほんとうのものと思い込んだ。あるいは思い込もうとした。小説の中の人物にとりついた「トカトントン」がもし現実のものとなったら、すこぶる悲惨なはずだが、それを想像してみることをしないばかりか、そういう〈哲学的な〉幻聴につつまれる日の到来を夢見ていた。そのあかつきには、じぶんのようなものでも文学思想的に相当な存在になっているだろうというドン・キホーテ的妄想につつまれていたのだ。耳鼻科教授の言葉「そのうちなれます」を、まったく別の意味合いで自らにつぶやくのだった。太宰の「トカトントン」の内容は忘れてしまったが、凡愚の場合、〈そのうちなれます〉は「そのうちなります」に変わった。凡愚ヴァージョンの「トカトントン」がついに遅れ遅れて「なった」のである。

だが、深刻な幻聴と区別される耳鳴りの類であっても、現実のそれは名状しがたいほど辛く苦しい。種々の検査の結果、耳自体には異常がないという。加齢現象にはいささか不服の念もあり、私は自分なりの原因究明を余儀なくされた。特に、心因性のそれをめぐって。

「トカトントン」を読んだ若年期、私は自分が大学人になる姿を想像できなかった。漠然とモノ書きに「そのうちなれます」「そのうちなります」と思ったことはあったかもしれないが……。

教授職に任命された年の暮、私は頭鳴（耳鳴り）の根本的原因がわかった気がした。自分が間違った場所にいるという一種の迷い子感覚におそわれたあげく、頭鳴（耳鳴り）がアラーム＝警告音なのだと思った。むろんすべてはドン・キホーテの脳髄の中の思念なのだが。

その後、ドン・キホーテ沙汰ともいうべきすったもんだの末、私は辞表を提出した。教授職は一年しかもたなかった。

*

五十すぎての宮仕えで大学教員になったのもつかのま、たちまちアレルギーをおこしてやめることになった男のドン・キホーテ病はまさしく病膏肓に入るの感がある。世界文学の中で最も美しいセリフの一つ——サンチョ・パンサが、せっかく手に入れた島の太守の地位を捨てて出てゆくとき、シニョール（旦那衆）に向けて放つ言葉はこうだ。

〈道をあけてください、皆さん。私の昔の自由に戻らせてください。私は執政官のために生れたんじゃありません〉

このサンチョの名セリフを実人生でもどくことができただけで、五十すぎての宮仕えの苦闘が報われる気がしたのだった。

道に迷った時は、元の場所まで戻ればいいというが、当方の「もとの場所」は惨たんたる失敗の連続のスタート地点ともいえる若き日々に、感動を与えてくれた書物——原点としての原典＝古典以外のものではない。その古典の一つ『ドン・キホーテ』中の、ささいなセリフをまたひろってみる。はじめは半ば義務感から騎士の従者をつとめていた無知な百姓サンチョは、しだいに主人をこえるほどの才知の持主に変貌してゆく。その変貌ぶりに目を見張る主人キホーテが、〈とても哲学的になっているな、サンチョよ〉と語りかける。スペイン語学者によれば、セルバンテスは動詞の使い分けがじつに巧妙な作家なのだそうだ。サンチョが哲学めいたことを仮にいったとしても、当然ながら哲学者ではありえず、「哲学的になっている」にすぎない。「なかなかの哲学者じゃのう」（岩波文庫）といった翻訳文が間違いというわけではないが、サンチョは一時的に哲学的に「なっている」だけ、哲学的なことをいう状況に「なっている」だけである（清水憲男著『「ドン・キホーテ」をスペイン語で読む』）。

世界文学の名セリフに、わが身の卑小な現実を重ね合わせていいひらきする——というのが、還暦の遠くない男の慰めである。間違った場所に迷い込んでシンドロームに苦しむ事態は、五十すぎての宮仕えがはじめてではない。二十歳前後の頃、経世済民の学問とカン違いして大学の政治経済学部に入学後すぐに居たたまれなくなり、哲学科に入学し直したが、「いかに生きるべきか」といった古風なテーマなど一笑にふされるムードに困惑したままだった。曲りなりにも卒業はしたものの、名だたる哲学の古典をほとんど精読できたためしがないまま還暦に近づこうとしている。

それでも当方の現在の居直りめいた心理が、先のドン・キホーテのサンチョ評に隠されていることをわかってくれる人もいると信じたい。ついに学問としての哲学を理解できぬままだが、にもかかわらずそんな人間が「とても哲学的になる」瞬間はあるのだ、と。

＊

学問としての哲学ではなく、〈哲学的になる〉という気分の何たるか——いや、いかにして〈哲学的になるか〉について、二十代から今日に至る三十年余にわたりハンプクして学びつづけてきた思想家キルケゴールを、当初予定の哲学科卒業論文の対象から、どたん場で外したときのことを今も生々しく覚えている。あの時も、にぶい音ながら、実存の危機を知らせるアラームが鳴った気がする。

あらゆる学問は虚偽であり、真理は逆説にしか宿らないといい放ったキルケゴールを学問的に研究することの場違いに反応したわけだが、ドン・キホーテ病の根源からみると、こういう実存的ドタキャンの背後には、キルケゴールが思い入れを深くした〈肉の棘〉が横たわっている。

不肖の弟子の推測では、この宿業の〈肉の棘〉の持主だけが、〈ええい、やめてしまえ、解散を命ずる！〉という指令を聴きおさめる。せっかく手にしたものが、あっというまにとりあげられてしまう。キルケゴールが愛惜した聖書の文言では、〈神は与え、神は奪う〉となる。すべてをチャラにしてしまうこの声は、〈肉の棘〉のイデーを学問的に研究するのではなく、実存をかけて生きるようにうながす。

キルケゴールの実存思想を集約するキーワード〈撤収〉を、ここに祖述するのはできない相談だけれど、不肖の弟子の耳には、島からの撤収をめぐるサンチョ・パンサの名セリフも、同じ性質のイデーのエコーのように聞こえる。

キルケゴールは長らく「流行外れ」扱いの思想家である。実存主義とかいうジャーナリスティックにわかりやすいモードにおいて語られたこともあったようだが、キルケゴール的な〈肉の棘〉は、そうしたモード自体に〈ええい、やめてしまえ！〉という叫びを発しつづけていたといえる。

キルケゴールは、〈肉の棘〉のせいで、結婚することも、ビジネスとしての著作家になることも、また牧師として生きることも、ことごとく不可能だったと語っているが、〈肉の棘〉の正体については終生、沈黙を守った。

『死に至る病』の中で不肖の弟子が最も愛惜するのは、〈肉の棘〉を暗示的に語ったと思われる誤植のエピソードだ。なおしてもなおしても居座りつづける書物の中の誤植は、「著者に対する憎しみから訂正をこばみ」、著者に向かってあたかも——おまえが凡庸な作家であることの証人としてここに立っていたのだ、といっているかのようだ。

凡庸な著作家であることにイヤ気がさしたあげく、ビジネスとしてのモノ書きを廃業する準備をすすめてきた私はとりあえず「作家から編者へ」などとつぶやいた。ところが、数年前に公刊した『ドン・キホーテ讃歌』の奥付を何気なく眺めて驚いた。「著者」とあるべき欄が「編者」と印刷されていたのである。

＊

キルケゴールの最終着地点である新約聖書のキリスト教に不安を覚えたにもかかわらず、私は出逢いの当初から、この思想家の著作をくり返し読みつづけるだろうという予感につつまれた。その予感は的中した。事務職員としてつとめ人をやった二十代から三十代初めのいつだったか、正確な時期を思い出せないのだけれど、著作集と遺稿集（いわゆるパピーア）のデンマーク語原典をコペンハーゲンから取り寄せた時のことを鮮やかに記憶している。先頃、絶滅宣言が出されたニホンカワウソと同じ運命（?）にある男は、何につけ、多数派を誇るものに出会うと、意気沮喪してしまう。学生のころより、事実上の世界共通語になっていた英語はいうまでもなく、フランス語やドイツ語といったヨーロッパ中央語をみただけで一種の気おくれを覚えるたちだった。共通語を学習する時の東北人の心性と関わりがあるだろうか。

しかし、英語やドイツ語をものにできなかった人間が、そのスペシャルな方言版ともいうべき小さな国の小さな言語――まして高度な思想家の書いた言葉を読めるようになるはずもなく、ほぼ三十年以上、むなしく座右に置き、時折、既訳と首っぴきで辞書をめくりつつ、ひたすら門前の小僧の経文読みをくりかえしたにすぎない。それでも、大枚を払って購入したことを後悔していない。いや、それどころか、この永遠の受験生みたいなふるまいの中に、キルケゴールの主要著作の一つ『反復』を理解する重要なカギが隠されている気がする。

反復と訳されたデンマーク語には、じつは英語のリピティーションの意味しかない。つまりキルケゴールは、ごく日常的な「くりかえし、重複」なる語に、特別の新しいニュアンスを付加する思想詩を創作したのである。

むろん不肖の弟子の学習は、単なる重複の域を脱しえぬまま、今日に至っているわけだが、重複から真の反復へ跳躍できる瞬間を夢見て、私は死ぬまでうだつのあがらぬ学びをつづけるだろう。

宮仕えは、あのアリとキリギリスの話でいえば前者に分類されるのだろうが、私としては「歌」にもっぱら生涯を費やす者にも、ひたすら労働をくりかえす者にもなりえずに、苦しまぎれにアリギリスの道を模索してきたつもりなのだ。

『反復』には、語学学習のことなどどこにも書かれていない。しかし、この本をはじめ、キルケゴールの著作群は、私にとってカフカの超短篇「掟の門」のように在る。語学の壁一つだけでも、門番が立ちはだかり中に入れてもらえない。若いときには辛く感じられたが、今はそれも反復だとみなせるようになった。

＊

アドレッセンス。遠い昔となりはてたその頃をくり返し想う。過度に卑下することなく、また美化することなくソコにかえる。プルーストはこんなふうにいっている。「ほとんど心の落ちつくひまを知らない」若年時――その頃になした言動で、「のちに取り消すことができたらと思われないようなものは、ほとんど一つもない」、しかしにもかかわらず、「何かを真に学びとった」といえる唯一の時期は青春期なのだ。

カフカのノートには以下のような意味の記述がある。青春はあらゆるものを征服し、根源的欺瞞やかくれた悪魔的所業もたちまち見破る。しかし、せっかくのその勝利をしっかり手中におさめて、これを活かすことのできる者はいない。なぜなら、それができかかったときには、青春もまたとっくに過ぎ去っているからである。老年ともなればもはや勝利にかかわろうともせず、新たな世代の若者は自分たちなりの勝利を望むばかりだ。かくして悪魔は、たえず征服されるが、決して根絶されることはないのである。

ここで二人の天才作家の青春論を比較するつもりはない。私はただ老年にさしかかった今、痛切な心持ちで二人が見据えたアドレッセンスの原点をキルケゴール的な〈反復〉の対象とする。過誤だらけのあの時期、それでも学びとった唯一の何かを今こそ「しっかり手中におさめて」活かしたいと心から念じる。

その何かと若年時の夢は深くつながっているだろう。当時の私の世俗的な夢の具体的内容はと問われれば、〈ある種の著作家になりたい〉というものだったと素直に答えるしかないが、「ある種の」なる曖昧な限定語の中に私なりの夢が封印されていた気がする。

才能の欠如という明瞭な理由からだけでなく、私はいわゆる職業人としての作家にはなりたくなかった。書生的な存念によれば職業作家には〈天職〉のニュアンスが薄い。書くことをビジネスにできるのは才能のある者にしか可能でない道だと承知しつつも、ビジネス化の中に、カフカのいう「悪魔」が潜むとにらんだのだ。

他ならぬ「コノ私」の中に棲息するデーモンを生涯かけて追い出すことをテーマにかかげる著作家――それが若年の私の考える〈天職〉の作家で、キルケゴール、カフカ、プルーストは数少ないサンプルだと思われた。

〈天職〉作家の著作で私が最初に出逢ったキルケゴールの『反復』は、まさしく反復読書に値する本の何たるかを、当方に告知した。生涯にわたって読みつづけたい本には、ジャンル不明という特徴もあった。「喜劇でも悲劇でもなく長篇小説や叙事詩でも、諷刺詩や短篇小説でもない」その本『反復』の書かれ方に私は深く満足した。

＊

卑下することも美化することもなく過去をふりかえるのはほんとうに難しい。三十年以上の練習によって、アリギリスが「しっかり手中におさめ」ようと努めてきたつもりの〈反復〉のイデーは、こういいかえられてよいものだ。受取り直し・取り戻し・奪還・回復・よみがえり・若返り——。

単なる過去の追憶と質的な差異をもつそれと、アリギリスの反復読書の対象の一つ『失われた時を求めて』で強調される——意志的記憶と区別される無意志的記憶などに関わりがあるような気もするのだけれど、鈍いアタマが混乱するばかりなので、話を広げない。

思い出したくない過去でも、否応なく思い出されてしまうのが、アリギリスの場合、無理を重ねて心身に異常をきたした時のことである。

すでに、この十年ほどの間のドン・キホーテ沙汰の一端にふれた。卑下と美化を用心しつついえば、五十すぎての宮仕えという冒険に乗りだしたD・Q気取りの男が、たちまち、自らの妄想（たとえば大学はかくあるべし等々の理想）と現実との溝に転落し、さんざんな眼にあった。理想を掲げて挫折したと書けば、美化の筆致に染まるし、「今どきパソコンもできない」ような人間が学生指導の専任スタッフになったこと自体が過ちだったと書いても、卑下の匂いがただよう。

じつはこのドン・キホーテ沙汰のさらに前の十年間、アリギリスは、うつ病を患っていた。その原因を、やはり卑下と美化を用心してあげるとすれば、職業人としての小説家になるという無理な修練だった。

交通事故に遭遇するのと似た偶然で、かなり名のある新人賞に「当たった」ことを機に、アリギリスは種々の意味でなれるはずのない業界人になり了せる訓練をつづけ、ついにまぎれもないシンドロームにとらえられた。

さらにさかのぼると、アドレッセンスに近づいてしまうので、この二十年ほどの練習の意味だけに限って、自分なりの受取り直し・取り戻しをおこなってみる。

卑下とも美化とも距離をとったつもりの〈下ノ畑〉で、アリギリスの歌のタイトルを二つ記せば――〈余はいかにして小説家になり損ねしか〉あるいは〈余はいかにして大学人になり損ねしか〉……。

キルケゴール思想の集約語の一つに〈撤収〉がある。相応の熱心さで取り組んだものから最終的に退却すること。もちろんこの〈撤収〉も、〈反復〉が単なる繰り返し・重複をしか意味しないのと似た事情をもつ。つまり、世俗的な非難――「中途で投げ出す無責任な行動とどこが違うのか……最終的に棄ててしまうのなら、はじめからやらなければいいではないか」に、まともにこたえるのは難しい。

＊

職業小説家や大学人に失格すること。その〃業界人の死〃の自覚を得るまで、それぞれ二十年近くの歳月を要した事実にわれながら茫然とする。

今、実存思想の師のいう〈おそれとおののき〉をもって、アドレッセンスの夢を反復しつつ、想い出してみる。

当時の――サウイフモノニワタシハナリタイの内実を……。私が死に至るまで従事したいと願った魂の仕事は文学のようなものに近い。それは間違いないが、しかし、それ以上の具体性をもちえなかった。それは「哲学的」なものにも近いが、学問としての哲学ではない。当方が夢想する文学も学の名がついてはいても学問に分類されるものではありえない。

かかる夢想家が、キルケゴールの『あれか、これか』というようなタイトルの著作に出逢った時の驚きを、死に至るまで忘れることはないだろう。たとえその著作の内容について行けないところがあったままだとしても、だ。

著作に「何が」書かれているか、というよりそれが「いかに」書かれているか——に当方の眼は吸い寄せられた。

二十世紀に屹立する文芸思想家ベンヤミンについて、H・アーレントはこう形容した。かれは言語に深い洞察力をしめしたが言語学者ではなく、神学的な解釈に強く惹かれていたが、神学者ではなく、とびきりの文章家だったにもかかわらず、終始望んでいたのは引用文から成る作品をつくりあげることだった。プルーストやボードレールのすぐれた翻訳を残したが翻訳家ではなく、書評や作家論を多数ものするレビュー活動をしたが文芸評論家ではなく、ドイツ・バロック演劇について本を書き、十九世紀パリをめぐる膨大な未完の研究を残したが文学史家でも歴史家でもなく、詩的にまた哲学的に思考していたものの詩人でも哲学者でもなかった。

私がソウイフモノニナリタイと願った著作家の理想の姿についてのべられたものと実感した次第だが、キルケゴールの『あれか、これか』こそは、その理想が一点に集約された書物として私が最初に出会ったものである。

アリかキリギリスかの〈あれかこれか〉の問いから逃げられなくなった当方が苦しまぎれにあみ出

したのがアリギリスの道だが、その道の果てに偏頭痛や耳鳴りを伴うシンドロームが待ちかまえていようとは思わなかった。アリギリスの練習が先の理想からほど遠いものだったのはいうまでもない。しかし、一つだけキルケゴールやベンヤミンに肩を並べられるものがあると気づいた。カフカもそうだが、憂鬱気質の人＝メランコリカーの病がそれである。かれらに伍する作品を書くのは不可能だが、その実存の病の同類たりうると確信したのもわが青春期の夢の一つだ。

＊

キルケゴールが「絶望」的出来事に遭遇した時、その一節を日誌に引いた『少年の魔法の角笛』はドイツ各地に伝わる歌謡を集めたものだが、ベンヤミンの生涯の「旅の道づれ」もこの書に登場する。拙著『キルケゴールとアンデルセン』ではその重要な意味合いをとらえ損ねてしまった。

キルケゴールが「私の身辺に起る一切のことが」この仕方で進んでいる、と日記に記したのは〈ひとりの狩人が角笛を吹いていたのに突然、歌のすべてが失くなってしまった〉という意味の歌を指す。一方、ベンヤミンが少年時代から親しんだのは、だれかがころぶ時に足をかけたり、何かが手から落ちてこなごなになる時に関与しているという「しくじりやさん」とも呼ばれる「侏儒」である。ベンヤミンの母親も、幼時にありがちな無数の小さな失敗が起こった時にはいつも「しくじりやさんがよろしくって」と言ったそうだ。

ベンヤミンはこう書いている——「侏儒がみつめていた人間は何も気づいていない。自分のことにも、侏儒のことにも気づいていないのだ。気づいてみると、驚いたことにこなごなになったかけらの山の前に立っているのである」。ベンヤミンを幼い頃からおびやかし、死に至るまでとり憑いていた「しくじりやさん」に対し、キルケゴールのそれを、アリギリスはかつて「ごはさんやさん」と名づけたことがあった。

ごはさんやさんとしくじりやさん。もしアリギリスに童話を書く才能があれば、そういうタイトルでお話をでっちあげたかもしれない。五十代の坂をころげ落ちてしまった男は、職業人としての仕事をひとつもまっとうできず人の親になることもできず終いだった。その矮小な運命の背後にも、ごはさんやさんかしくじりやさんという魔物が潜んでいるのではないか。先の拙著で、キルケゴールが世界最初のアンデルセン論を書いた事実に衝撃を受けた当方は、その高度な弁証法的文体を裏で操るのが〈ゲンテルセン〉というアンデルセンによく似た名のお話作家であることをとき明かしたつもりだった。〈ゲンテルセン〉とは『反復』なるタイトルのデンマーク語である。

キルケゴール的反復は最終段階において「宗教」の原義の「レリガーレ」(再結合)とつながる。再生・よみがえりの前段階に「死」が在る。すでに記した〈撤収〉のイデーも、究極のところですべてがチャラになってしまうごはさんやさんの仕業といっていいだろう。

数限りない「しくじり」の果てに「こなごなになったかけらの山の前に」立つアリギリスは、あらためて、〈突然、歌のすべてが失くなってしまった……〉という角笛の歌を愛唱する。反復に値する歌として。

＊

アリギリスは時にこんな歌のカケラを口ずさむ……〈カゴの中の鳥はいついつ出やる〉。キルケゴールやベンヤミンの実存にとり憑いた『少年の魔法の角笛』の歌に出てくる「ごはさんやさん」や「しくじりやさん」のような魔物が、この歌のカケラにも棲みついているかもしれないという期待を抱いて、試みにカゴを「過誤」と表記してみる。

この三十年ほどの間、アリギリスが一度読むだけではなく、繰り返し読むに値すると実感し、実際に反復読書してきた著作家の一人プルーストは、かの大作で、われわれの「人生」を、すなわち「たえざる過誤の連続」といいかえているが、今再び、ひき寄せようとするのは、やはり反復読書の対象でありつづけたキルケゴールの『死に至る病』の、誤植をめぐるエピソードだ。

「ごはさんやさん」が発する〈撤収〉命令と、「しくじりやさん」が操る「たえざる過誤」は表裏一体である。

アリギリスは〈撤収〉のイデーを実行にうつすべく、まず相応に骨のおれる著作を十指に近い数、世に出した後、「ごはさん」宣言をひそかに発した。本を出すという行為そのものが過誤であったかどうかは問わず、ここで想い出すのが、その公刊本につきまとった誤植のことである。『キルケゴールとアンデルセン』（二〇〇〇年）の帯の文言が、「成人からまともにふりかえかえられることは稀なアンデルセン……」と、吃音的な（?）記述になっていたし、『カフカ入門』（二〇〇七年）の帯には、「苦い薬草」とあるべきところが「若い薬草」に……そして『ドン・キホーテ讃歌』（二〇〇八年）に至っては、奥付部分の「著者」が「編者」と記されていた。

〈撤収〉は段階的におこなわれることもある。特に凡愚の場合、いっきょにチャラにするのは難しいので、〝オレがオレが……〟を主張したがる、「著者」的スタンスを、まずは「編者」的なそれに変移させるのも悪くはないなどと考えていたのだから、この誤植は、フロイト的願望を体現するものといえるかもしれない。

『死に至る病』前半部の終りに出てくる書きそこない・誤植とはこうだ。それは、著作家に対して反逆を企て、あくまで訂正を拒んで叫ぶ——おれは抹消されたくない、おまえがへぼ著作家であることの証人として、ここに立ちつづけていたのだ、と。すでに引用したこの比喩には、注意していないと読みすごしてしまう補足が挿入されている——実をいえば、それは誤りなのではなく、はるかに高次の意味では、全体の叙述の本質的な一部をなすものであったかもしれない、と。

アリギリスが歌うカゴの中の鳥も、「本質的な一部」である限り「出やる」ことはできないと「しくじりやさん」はいうだろうか。

*

失われた自己の回復・再生に重なる〈反復〉という実存のあり方を探求する諧謔的な小説体の作品『反復』の翌年に刊行された『不安の概念』(一八四四年)は、『反復』を含む他の主要著作の多くがそうであるように、偽名著者がものした体裁になっている。

『不安の概念』の偽名著者のファーストネームは、ウィギリウスという。反復読書の対象となって久しいので、ウィギリウスは、かの『神曲』の詩人の導師ウェルギリウスのような位置づけにある。

当方のハンドルネーム（？）アリギリスには、これらの名前の反響が見出されるというわけだ。

いや、お前の場合は——と、件の「しくじりやさん」が姿を現していう——アリ的勤労とキリギリス的歌の道の中間をゆく〝ギリギリ〟生存の立場にすぎないのだから、あおぐべき師の名はギリギリウスとでもすべきでは……。

では、そのギリギリウスを導師として、キルケゴールやベンヤミン、そしてカフカといった三十年来の反復読書対象作家たちを、ひとしくメランコリカーにさせたモノノケを受取り直してみる。

「ごはさんやさん」と「しくじりやさん」。

後者は、ベンヤミンとつきあいの古いドイツに伝承される妖怪（あるいは妖精）だが、前者はキルケゴールの実存史に特記される「大地震」をひきおこした魔物として当方が命名したもので、導師ギリギリウスもみとめてくれた。

わが導師はさらにいう——こうした子供じみた妖怪妖精に魅入られることのない文学・思想（家）は、お前とは縁なきものであり、ただ見てすぎよ、と。

カフカは、子供じみたものが救済の役に立つことはあるといった。またべつのところで、〈家の守護神〉への信仰ほど心楽しいものがあるだろうか！　という謎めいたつぶやきを残した。

わが導師に伺いをたててみた。——この〈家の守護神〉＝ハウスゴットとは何でしょうか？　と。

導師答えて曰く、——わたしにもわからない。ただギリギリの推測によれば、お前の命名になる

「ごはさんやさん」や「しくじりやさん」のようなモノノケがそのハウスゴットに含まれるとはいえるんじゃないか……。

キルケゴールは膨大な日誌の中で、「大地震」なる言葉を一度しか使っていないが、その一連の手記に付された引用の一つにゲーテの〈少年時代〉をめぐる詩行がある——「なかば子どもの戯れに／なかば神を心に宿して」。

*

蟻のように勤勉に働くことにたえられないアリギリスが歌うにふさわしいギリギリの歌とは？　という自問に自答できたためしがない。やむをえず、もっぱら実存をめぐる練達の先人が紡ぎ出すスペシャルな「物語」に耳を傾ける。しかし、練達の士の一人カフカは〈「ある物語」を聞きとるためには耳が必要だし、その耳の成熟には永い時間がかかる〉といっている。

三十年余も反復読書したのだから、凡愚の耳にも少しは成熟した部分があると無理にも思いみなし、「ある物語」とは何なのか、それはついにどんなものにキワマルのか、といった問いを発してみる。答えてくれるのは、やはり練達の士だ。カフカはたしか日記の中で、こう書いていたはずである。生の栄光はどんな人間にも用意されているものの、ただ奥深く遠いところにある。正しい言葉で正しい名前で呼べば、それは現れる。作り出すのでなく〈呼び出す〉魔術の本質がそれである。

プルーストの話者は、難解な長篇小説の中で、こう書いていた。この小説は、あなた（読者）自身の実存の本質につながる扉をあける〈ひらけ、ゴマ！〉の呪文のとなえ方のヒントを与えるものである。

〈ひらけ、ゴマ！〉に相当する呪文は、各人各様だ。一人にしか有効でないマジナイを告げる声は、聞きとるのに良い耳を必要とする。正しい言葉で正しい名前で呼べば——の前提となる声の聞きとり……。

練達の士の一人フロイトは、『精神分析学入門』で、想像上の聞き手に向かってこう語りかける——言葉は、もともと魔術でした。

もちろんフロイトのいう魔術は、もともと無意識を合法則的に巻き込むような性質をもつ言葉を治療に使えるようにする術を指すだろうから、カフカ的な召喚魔術に重なるものではないが、メランコリカーにとってあくまで臨床的な姿勢を崩さぬフロイトの言説はいかなる哲学よりも信頼できる。暗示でも説得でも慰めでも助言でもない独特の地平にうちたてられた精神分析には、聞きとるに値する声がある。

練達の士が紡いだ言葉の織物＝テクストを「読む」という場合、そのヨムはたちまち「呼ぶ」に変換されうる。柳田国男によれば、ヨムという日本語は「読」よりも「誦」の字をあてるべきものであり、定義するなら、「聴く人に聞かせるために声をあげて、会話以外の調子をもって述べたてること」となる。

ソレを正しい言葉で、正しい名前で呼ぶために、正しく読むことが必須なのである。

＊

キルケゴールを哲学者としてではなく、思想的なお話作家として永いこと読みつづけてきた当方が少し遅れて出逢ったのが、ベンヤミンのいう「弁証法家のためのメルヒェンを書いた」カフカだ。そしてカフカが実存の危機に遭遇した折、特に熱読をくりかえしたのがキルケゴールだった。

当方がさらに遅れて決定的な出会いをしたプルーストはかの大作で「まったく別個の二つの傑作のあいだに、異なる色彩のかげからはっきり現れる無意識的相似」について言及しているが、「天職」作家の典型と思われるカフカとプルーストこそは、アリギリスにとって「無意識的相似」のサンプルともいうべきものである。

職業小説家見習いをほんの少しだけやって、望み通り業界人失格を自覚したアリギリスに「天職」作家の道がひらかれていたわけではないことは、ことわるまでもないだろう。ベンヤミンにならい「引用文から成る作品をつくりあげる」見果てぬ夢の作業に従事して、すでに短からぬ歳月が流れたけれど、件の「ごはさんやさん」と「しくじりやさん」は、凡愚の仕事においてもしょっちゅう姿を現すようになっている。「いつも読み返している」とプルーストの話者がいう『千一夜物語』について「どうしてよいか分からないときになると、突然、魔神か、うっとりするほど美しい少女が、他人には見えないが困っている主人公には姿をあらわし、正確に知りたいことを明かしてくれる」とあり、話者が「まさにそうした魔術的なものの出現にめぐまれた」ときのことが大作に描かれる。

一方カフカはアフォリズムの中で、「誰のまわりにも、またいつも申し分なくちゃんと用意されている」生の栄光について記す。「正しいことばで、正しい名前で呼べば、それは現われる。作り出すのでなく〈呼び出す〉魔術の、これは本質である」と。

ほんとうにそうなのか……と凡愚のアリギリスは半信半疑のまま、それでも、「異なる色彩のかげからはっきり現われる無意識的相似」に感動しつつ、召喚魔術をめぐる自分なりの見果てぬ夢の歌をうたいつづけたいと願う。

『ジャン・サントゥイユ』の扉にプルーストは「この書物を小説と呼べるであろうか? おそらくこれは小説以下のものだが、またはるかに小説以上のものでもあり、私の人生が流れていくあの引裂かれた時間のなかで、何もそこに加えることなく摘みとられた私の人生の本質そのものである。この書物は決して作られたのではなくて、収穫されたのだ」(鈴木道彦訳)と記す。

アリギリスの歌の中で、さいごの部分は、〈作られたのではなく、召喚されたもの〉と翻訳されている。

あとがき

隠者気取りの男が還暦を迎えた昨年の酷熱の夏、深夜叢書社の齋藤愼爾氏から、栞文の類で掌文集を作りたい旨の手紙をいただいた。節目の年だからといって何が変わるわけでもないだろうが、静かな耳順の秋風が吹き寄せることをひそかに期待していた男は、この手紙にある種の啓示をみてとった。いや手紙以前に、齋藤氏との出逢いそのものに、少なくとも凡愚の実存史上、類例のない〈反復〉＝原初の回復を見出し、驚嘆の思いを禁じえなかったことをどう伝えたらいいだろう。耳順の風はたしかに吹いた。悟達からはますます遠く、修養滞りがちにもかかわらず、見果てぬ夢にかなえば聞くところ何らの障害なく受容しうるようなドン・キホーテ的錯覚にあえて心身をゆだねる自分がいたのである。

機縁となったのは、大震災後に産声を上げた私どもの雑誌「てんでんこ」だ。同人雑誌なる呼称がそぐわないし、ぞっとしないので、ある人がおしえてくれた本源的日本語をかりて方人雑誌とでも呼んでおきたいが、かの日葡辞書にカタウドまたはヒイキヲスル、と記されている方人は、カタヒトの変化形で、一口にいえば、仲間を意味する。カタヒトは中古、歌合《うたあわせ》などで、左右に分かれて争う場合、その一方を応援する、もしくは一方に属する人を指す語だという。カタウドはつまり歌仲間の味方人のニュアンスを孕む。

アリギリスの歌を独りでうたいつづけて久しい私は歌仲間が欲しくなり（ああ、今頃になって！）、数少ない知友に――方々、カタウドしてたべ、と呪文めいた古言でよびかけたのだった。この世知辛い世の中、〈無償〉を前提とするてんでんこ舟の漕ぎ手を快諾した方人たちの出現にも驚いたけれど、カタウド（方人）の一人井口時男氏の「てんでんこ」連載俳句とエッセーに目を留め、出版したいと言ってこられたのが、他ならぬ深夜叢書社の齋藤氏である旨の一報に接した時のどよめきは頂点に達した。どさくさにまぎれて、私は井口氏に、遠い昔、若書きの原稿をつめた紙袋を深夜叢書社に持ち込み、たちまち後悔して数日後に〝回収〟しにおもむいた青春の恥の記憶の一端を白状した。そう、およそ三十年余り前、当方が本当に若かった頃のことだ。

＊

かつて柳田国男は、ワラシベにひとしい欠け端を架け橋につなげる一篇「モノモライの話」の中で、モラウという日本語を根源にさかのぼって開示してみせた。「今日いうところのモラウとはちょうど反対に、こちらから分けて与えても同じ」ということをめぐって、柳田は書いた――「人から貰うのと人に与えるのでは、プラスマイナス大きな勘定の差であるのだが、これが前代の論理では無視せられて、ただ多人数とともに一つの物を食うという点のみに、重きを置かれていたのは愉快なことだと思う」と。

「以前ほがい人の名をもって知られていた乞食の社会的意義も」もう一度見直されてしかるべきとつづく柳田の文に寄り添うのは、ここでの目的ではない。

私は柳田のいう「愉快なこと」を、モノカキすなわち根源的なモノモライの徒のいとなみにむすびつけて考えた。事実、不可視のカタライの場を夢見てはじめた一期一会ならぬ一号一会の方人雑誌を編むプロセスにおいてモノモライの原義を鮮烈に受取り直すことができたが、さらに遅れて、カタウドなる日本語がカタル、カタラウと有縁であることを教えられるに及んで目をまるくしたのだった。

齋藤氏が二十年近くも前からの拙文の読者であったばかりかそれらを「保存してある」と聞かされた時、私はやはりワラベのように目をまるくする他なかった。百年の知己を見出す思いとはこういうことを指すのであろう。

齋藤氏のうながしがなければ、一度は封印したつもりの四半世紀にわたる過去の遺物に向きあい、落穂ならぬわらしべ拾いをする勇気はとてもてなかったに違いない。予想通り、かくも長い間、よくも同じことをいいつづけていられるものだ、という思いと共に、現在の視点から異をとなえたいところは多々あったけれど、あえて大幅な修正を加えることはしなかった。

＊

私は栞文の類が好きだ。

案内、手引きの意にもなる栞は、本来、山道などで目じるしのために木の枝を折り、草を結び、紙を結びつけなどして道しるべとした「枝折り」にちなむという。読みかけの本の間に挟まれたりするそれは、柳田国男の話に寄り添えば猫の尻尾みたいなもので、「あってもなくてもよい」存在に近い。枕草子ふうにさらに列挙すると——余計者、オマケあるいはオバケ……。

〝誓わないでも信じていただけるだろう〟が、私は青草のシオリ変じたワラシベ集を、愉快で気のきいたものであれかしとその都度念願しながら書いた。しかし、〝道先案内になり迷子にもなる〟という宿業の資質にさからうことは不可能だったようである。

末筆ながら、編集と装丁でひとかたならぬお世話をおかけした髙林昭太氏、見事なまでに緻密な校正をしていただいた尾澤孝氏のお二方に、心から感謝申し上げたい。

二〇一六年夏　　室井光広

初出一覧

V　道先案内になり迷子にもなること

道先案内になり迷子にもなること――『シェイマス・ヒーニー全詩集 1966～1991』　「新潮」一九九六年三月号
作家案内　シェイマス・ヒーニー――『世界×現在×文学　作家ファイル』
　『世界×現在×文学　作家ファイル』（国書刊行会、一九九六年十月）
族長の戦略――ボルヘス編『アルゼンチン短篇集』　「群像」一九九〇年七月号
板子一枚下の幻想――フリオ・コルタサル『すべての火は火』　「図書新聞」一九九三年八月二十一日
時々の「逃げ場」――『オーデン詩集』　「文學界」一九九四年一月号
急場を凌ぐ幻想――アレホ・カルペンティエル『追跡』　「図書新聞」一九九四年四月十六日
里子に出た鬼子の日常――『ポール・マルドゥーンとの出会い』　「群像」一九九四年十二月号
読み書きソリチュード――エンリケ・アンデルソン＝インベル『魔法の書』　「図書新聞」一九九五年一月二十一日
シーニュとイマージュ――ミシェル・トゥルニエ『黄金のしずく』　「群像」一九九六年四月号
縁側で――『ユリシーズのダブリン』　「図書新聞」一九九六年五月十八日
差異化された場所にこだわる言葉――新しい〈世界文学〉刊行に寄せて　「図書新聞」一九九七年六月二十一日
遠さと近さ――イタロ・カルヴィーノ『なぜ古典を読むのか』　「新潮」一九九八年三月号
正しい背の向け方　その一――イタロ・カルヴィーノ『カルヴィーノの文学講義』　「図書新聞」一九九九年七月三日
正しい背の向け方　その二――ヴィトルド・ゴンブローヴィチ『バカカイ』　「文學界」一九九八年六月号

プルーストとジョイス――二十世紀ブックレビュー　共同通信配信（「福島民報」一九九八年十月他）
クラシック艦隊――マルセル・プルースト『失われた時を求めて』　「三田文学」二〇〇一年夏季号
生きいきと生息する矛盾――ハラルト・ヴァインリヒ『〈忘却〉の文学史』　「週刊読書人」一九九九年十月二十九日
非常階段と再試験――グリゴーリイ・チハルチシヴィリ『自殺の文学史』　「週刊読書人」二〇〇一年十二月十四日
文学への愛は隷従へと変わる――マリオ・バルガス＝リョサ『若い小説家に宛てた手紙』　「週刊読書人」二〇〇〇年九月十五日
ウミサチとヤマサチ――ル・クレジオ『偶然』　「群像」二〇〇二年七月号
自分を何よりもまず読者だと考えている文人――ボルヘス伝に寄せる三篇
その一　「東京新聞」二〇〇二年九月二十九日
その二　「週刊読書人」二〇〇二年十月十一日
その三　「学燈」二〇〇二年十二月号
オクタビオ三番勝負――オクタビオ・パス『鷲か太陽か?』　「すばる」二〇〇三年三月号
ファウスト的饗宴の系譜――ミハイル・ブルガーコフ『巨匠とマルガリータ』　「望星」二〇一五年九月号
詩小説の難所――インゲボルク・バッハマン『三十歳』　「望星」二〇一六年四月号

VI　けぶりくらべ

けぶりくらべ　「海燕」一九九六年十月号
めんどしい救済――大江健三郎『燃えあがる緑の木』三部作完結に寄せて　「文學界」一九九五年七月号
端をとらえる「横」の視線――埴谷雄高『死霊』九章刊行を機に　「週刊読書人」一九九六年一月十九日
ヤマの名前――時評としての辻原登論　「群像」一九九〇年十二月号
椋鳥主義あるいは混沌――森鷗外『椋鳥通信』　「望星」二〇一六年一月号
神話の娘――川端康成『眠れる美女』　「新潮」一九九二年六月号

聞こし召す本――古井由吉『陽気な夜まわり』　「日本経済新聞」一九九四年十月二日
富岡多恵子試論　「群像」一九九〇年十月号
同じことなれども……――富岡多恵子『ひべるにあ島紀行』　「群像」一九九七年十一月号
あやしのアルキミコ――多和田葉子『ゴットハルト鉄道』
多和田葉子『ゴットハルト鉄道』解説（講談社文芸文庫、二〇〇五年四月）
闇あがってくるもの――多和田葉子『ふたくちおとこ』　「新潮」一九九九年二月号
地母神ゼロの物語――多和田葉子『変身のためのオピウム』　「すばる」二〇〇一年十二月号
月裏人からのオマージュ　「ユリイカ」二〇〇四年十二月臨時増刊号
語り部たちの再来――「女性作家シリーズ」に寄せて　「週刊読書人」一九九七年十月三十一日
ウラで待つ――小野正嗣『森のはずれで』　「図書新聞」二〇〇六年八月十二日
雑神のおつかい――吉増剛造『表紙 *omote-gami*』　「現代詩手帖」二〇〇八年十二月号
充実と無常――井坂洋子『箱入豹』　「現代詩手帖」二〇〇四年三月号
アエ、トゼネノシ……　「現代詩手帖」二〇一四年六月号
野に暮れるヤボ――井口時男『柳田国男と近代文学』　「群像」一九九七年一月号
〈第一歩〉の受取り直し――井口時男句集『天來の獨樂』　井口時男句集『天來の獨樂』跋文（深夜叢書社、二〇一五年十月）
目をかけてやった記憶もないのに……――三田文学学生創作セレクションに寄せて　「三田文学」二〇〇八年冬季号
〈噤みの森〉への遠足――平田詩織『歌う人』　平田詩織詩集『歌う人』（思潮社、二〇一五年十一月）栞文
孤独と幸福――平田詩織『歌う人』　「望星」二〇一六年二月号

VII

実存の私語

扉詩　東北秘教　「るしおる」第26号（書肆山田、一九九五年）

東北的な血脈　時事通信配信（「山形新聞」一九九四年七月二十一日他）
萱ぶき屋根に寄せて　「東京新聞」一九九四年七月二十七日
縄文のこころ　東北のこころ――東北新幹線車内誌に寄せて　「トランヴェール」一九九七年六月号
卵と鶏肉　「週刊文春」一九九五年三月九日号
不惑まで　「文學界」一九九五年四月号
読書日録　「週刊読書人」一九九五年九月二十二日、二十九日、十月六日
故地への年賀状　「福島民報」一九九六年一月三日
家族の肖像　「ファミータ」第25号（一九九九年六月一日）
《野》に棲む日々　「新刊展望」一九九六年九月号
随想　共同通信配信（「千葉日報」二〇〇〇年二月十二日他）
二十年目の卒論　「三田評論」二〇〇一年二月号
緑の下の声を聴く　「福島民報」二〇〇一年一月三日
《一月一語》　「群像」二〇〇一年一月～三月号
「どしょっぽね」再点検　「福島民報」二〇〇三年一月三日
裸になって、水にもぐる　「群像」二〇〇四年九月号
ウルシとキジシ　「ふくしまうるし物語」（福島県立博物館、二〇一〇年十月）
鎮魂のために　「望星」二〇一一年五月号
願文――「てんでんこ」創刊覚書に代えて　「てんでんこ」第1号（二〇一二年）
アリギリスの歌　「てんでんこ」第1号（二〇一二年）～第8号（二〇一六年）他

室井光広　むろい・みつひろ

一九五五年、福島県南会津生まれ。早稲田大学政治経済学部中退、慶應義塾大学文学部哲学科卒業。著書に『猫又拾遺』（一九九四年、立風書房）、『おどるでく』（一九九四年、第一一一回芥川賞受賞）、『あとは野となれ』（一九九七年、ともに講談社）、『そして考』（一九九四年、文藝春秋）。文芸評論に『零の力』（一九八八年、群像新人文学賞受賞）、『キルケゴールとアンデルセン』（二〇〇〇年、ともに講談社）、『カフカ入門――世界文学依存症』（二〇〇七年）、『ドン・キホーテ讃歌――世界文学練習帖』（二〇〇八年、ともに東海大学出版会）、『プルースト逍遥』（二〇〇九年、五柳書院）、『柳田国男の話』（二〇一四年、東海教育研究所）。エッセー集に『縄文の記憶』（一九九六年、紀伊國屋書店）。訳書にシェイマス・ヒーニー『プリオキュペイションズ』（佐藤亨と共訳、国文社）などがある。

わらしべ集《しゅう》《坤《こん》の巻《まき》》

二〇一六年九月二十七日　初版発行

著　者　室井光広

発行者　齋藤愼爾
発行所　深夜叢書社
郵便番号一三四—〇〇八七
東京都江戸川区清新町一—一—三四—六〇一
Mail : info@shinyasosho.com

印刷・製本　株式会社東京印書館

ISBN978-4-88032-434-0 C0095